民國才女

林徽因

和她的時代

岳南

蓮燈

林徽因

如果我的心是一朵蓮花，
正中擎出一支點亮的蠟，
熒熒雖則單是那一蒴光，
我也要它驕傲的捧出輝煌。

不怕它只是我個人的蓮燈，
照不見前後崎嶇的人生——
浮沉它依附著人海的浪濤，
明暗自成了它內心的祕奧。

單是那光一閃花一朵——
像一葉輕舸駛出了江河——
婉轉它漂隨命運的波湧，
等候那陣陣風向遠處推送。

算做一次過客在宇宙裡，
認識這玲瓏的生從容的死，
這飄忽的途程也就是個——
也就是個美麗美麗的夢。

二十一年七月半，香山。

目錄

第一章

亂世驚夢

五臺山的神奇之旅

一九三七年六月下旬，做為建築學家的梁思成、林徽因夫婦，以中國營造學社研究人員的名義，踏上了赴山西考察的旅途。

這是他們從事中國古建築考察以來，第三次也是最重要的一次山西之行。梁、林夫婦在古建築考察領域的成就，有相當一部分應歸於山西的古建築實物。也正是這次意義非凡的旅行，迎來了他們考察生涯中最輝煌的顛峰時期。

此前，做為受過中西文化教育與專業學術訓練、且成名甚早的建築學家，梁思成、林徽因在對古建築學領域的絕世之作《營造法式》的研究過程中，認識到框架式木結構是中國古代建築的基本形式，而大唐時代做為中國社會的鼎盛時期，其建築風格不但具有自身獨到的特色，並負載著中華民族建築文化血脈啟承轉合的關鍵性使命，如能親眼目睹唐代的建築遺存，是任何一個研究古建築的學者都心馳神往、夢寐以求的。以現代人的眼光推算，當下的歲月距離輝煌的大唐顯然不是「白髮宮娥說明皇」可以比擬的，大唐在人們心中已成為遙遠的過去。但從整個歷史的大框架來看，這段歷程又算不上太久，其間雖經歷了幾個朝代的更換和無數次戰火兵燹，但按照事物的正常發展消亡規律，應該仍有少許的木框架建築存於中國大地的某個角落，發現它們的蹤跡甚或一、兩件完整的實物並非絕無可能。於是，尋找一座存留於人間的唐代木框架建築，就成為這對年輕夫婦久懸於心的、最為輝煌的一個夢。

從一九三二年開始，服務於中國營造學社的梁氏夫婦和莫宗江、劉致平等同事，幾乎考察了華北和中原所有可能遺存古建築的地區，獲得了極其豐碩的成果，但年代最古老的建築只是遼、宋時代的薊縣獨樂

天津薊縣獨樂寺觀音閣。

寺與應縣木塔[1]，唐代建築的蹤影始終沒有顯現，這不免令他們感到些許遺憾和淡淡的悵惘。難道偌大個中國就沒有一座唐代的木構建築物遺存於世了嗎？

就在他們懷揣著夢想與疑問，風餐露宿，四處奔波，所得結果又遲遲衝不破遼、宋這段狹窄的歷史隧道時，有幾位號稱對中國文化頗有研究的日本學者不無得意地放言道：在中國已不可能找到唐代的木構遺存了，要想看唐制木構建築，只有到大日本帝國的奈良或京都去開開眼界，那裡有著世界上獨一無二的完美的唐代作品[2]。這個狂妄的臆斷竟得到當代許多古建築學權威的認可，大唐王朝近三百年的輝煌功業，在它興盛發達的本土上，似乎真的是隨風飄逝，一點螢光也不復存在了。

然而，正一步一個腳印在北國大地上行走的梁思成、林徽因夫婦，依然堅守著積聚在心中那個誘人的陳年舊夢，絲毫未放棄追尋唐代木構建築的信念。此時，這對年輕的建築學家，憑著經過嚴格科學訓練的理性思索，以及實際考察所具有的直覺，堅定地認為在中國這塊博大凝重的土地上，一定還有唐代的木構建築在某個不被人重視的角落，默默地守望著故土，孤獨而寂寞地屹立在山野草叢之中，靜靜地觀望著雲起雲落、世事滄桑。只是要證實這個存在，尚需時間、智慧、勇氣，外加一點運氣而已。

正當梁、林夫婦懷著如此執著的念頭，連同對日人之說不服氣的雙重心理，為實現心中的夢想踏破鐵鞋、處心積慮地反覆揣度研討而不得時，一個偶然的機會，使他們從「山有小孔，彷彿若有光」的小隧道，一下望見了藏在深山人未識的桃花源。山門洞開處，梁、林夫婦眼前亮起了一道耀眼的希望之光。命運之神悄然降臨了。

這束光亮源於法國漢學家伯希和在中國

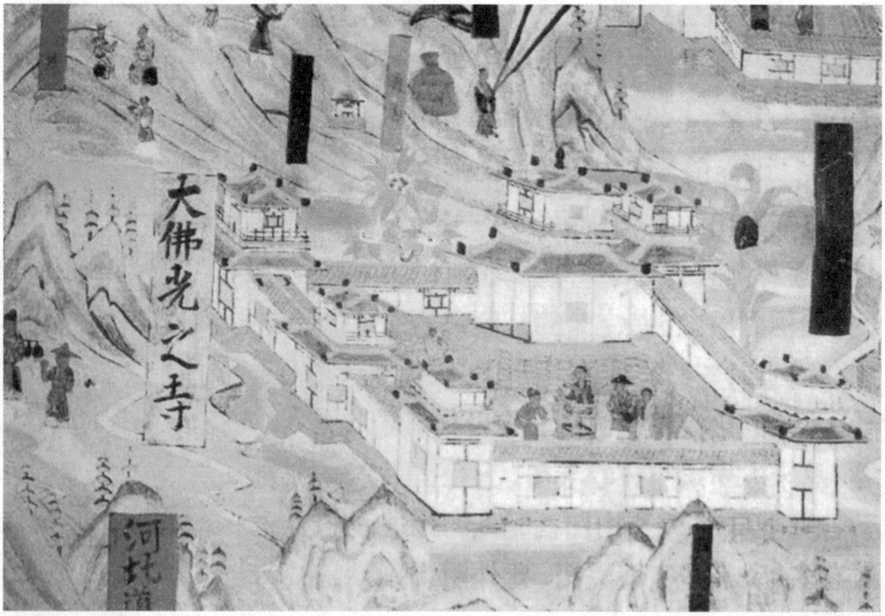

五臺山大佛光寺圖（局部）。

西部考察後，所著的《敦煌石窟圖錄》（*Les Grottes de Tunhouang*）一書，伯希和在書中披露了敦煌莫高窟第六十一號洞窟中的兩幅唐代壁畫。這兩幅壁畫不僅描繪了中國北方最著名的佛教聖地——五臺山的全景，還指出了每座廟宇的名字，其中一處名為佛光寺的古代廟宇尤其引人注目。梁思成、林徽因在對這兩幅壁畫做了精心研究後，突然迸發出靈感的火花，神情為之大振，當即發出「天不欺我，佛祖祐我」之慨嘆。按照這道光亮的指引，他們很快於北平圖書館查閱了《清涼山（五臺山）志》和《佛祖統紀》等相關志書，從這些珍貴的史料中找到了有關佛光寺的記載。據史料披露，佛光寺是五百里清涼山山脈頗負盛名的大寺之一，首建於北魏時期，唐武宗滅佛之時，佛光寺被毀，十二年後，隨著李唐王朝對佛教政策的改變，逃亡在外的該寺僧人願誠法師捲土重來，再度募資重建，並恢復了原有的規模，從此該寺做為五臺山最具影響的大寺之一，伴著綿延不絕的香火開始了新的生命歷程。

假如這座佛寺尚存，當是一處意義和價值都極其重要和非凡的唐代木構建築。根據以往野外調查的經驗，梁思成、林徽因認為，愈是號稱「名勝」的地方，古建築愈易遭到毀壞，或經戰火兵燹，或經三番五次毀壞、重修、再毀壞、再復建的大動盪、大折騰，待幾個回合下來，原物很難保存，有的只是愈來愈偏離古代建築神韻、特色和風格的假古董、假遺產，這也正是大唐時期中國有那麼多名寺古剎，而中國營造學社諸君苦苦尋覓五載而始終不得的癥結所在。

五臺山是由五座山峰環抱起來的蜿蜒曲折的山脈，當中是一個小盆地，有一個著名的古鎮叫臺懷。五峰以內統稱「臺內」、以外稱「臺外」。臺懷是五臺山的中心，四周寺剎林立，香火極盛，其中許多金碧輝煌用來吸引香客的寺院，都是近代的官宦富賈布施重修的。「千餘年來所謂『文殊菩薩道場的地方』，竟然很少有明清以前的殿宇存在。」[3]從史料中所示地理位置可以看到，佛光寺並不在五臺山的中心——臺

梁思成、林徽因夫婦去往五臺山途中。

懷這一地區，而是地處臺南之外。由於這個位置離世之矚目、萬人踏訪的所謂「名勝」中心相對較遠、地勢偏僻、交通不便，祈福進香的信徒較少，寺僧貧窮，沒有錢財和力量來反覆裝修倒騰，各種世俗權勢又多不關心，反而有利於原物的長久保存。也就是說，這座千年古剎保存至今或許是可能的。鑑於這樣一種經驗和科學推理，梁、林夫婦在向中國營造學社報告後，會同莫宗江、紀玉堂兩位助手，於這年六月下旬的炎酷夏季，開始了注定要在中國乃至世界建築史上留下光輝一頁、頗具神奇意境的大唐古蹟發現之旅。

梁思成一行四人帶著野外考察的必備儀器和生活用品，從北平搭火車來到山西太原，於當地政府部門辦完一切考察手續後，由太原折向北行，先乘汽車走了一百二十八公里，因前方道路崎嶇、泥濘遍布，便棄車換騎馱驢在荒涼險峻的山道上，一路左搖右晃地向五臺山進發。第二天黃昏時分，到達了此行的目的地——五臺山南臺外豆村東北約五公里的地方。此時，夏日的太陽正從不遠處的山巔漸漸沉沒，在夕陽的光照裡，前方一處殿宇正沐浴著晚霞的餘暉，以恢弘的氣度和卓爾不群的雄姿風采，傲然屹立於蒼山翠海之中，似在向幾位虔誠的造訪

山西五臺山佛光寺大殿。

者頻頻召喚——梁思成、林徽因朝思暮想的佛光寺神奇地展現在了眼前。

面對這於歷史嵐煙霧海中橫空出世的千古奇觀，幾個人跳下馱驢，懷揣對古老文化的敬畏仰慕之情，捧著一顆怦怦跳動的心，生怕驚動了佛祖聖靈般默默祈禱著，在西天最後一抹晚霞的瑰麗光影裡，一步一步小心而虔誠地向夢中的聖地走來。

漸漸地，面前的一切清晰明亮起來。從外部輪廓看去，寺院建立在山邊一處很高的臺地上，周圍有三十餘棵古老的松樹掩映其間。或許由於年代久遠和香客稀少而長年被冷落的緣故，整座寺院散發著一股破敗與荒涼的氣息。但院當中那座高聳的大殿，仍具有雄偉的身姿和磅礴的氣勢，並以歷盡風雨滄桑而泰然自若的文化神韻與輝煌氣度，令幾位瞻仰者的心靈為之震撼。大殿四周那微微翹起的巨大、堅固、簡潔的斗拱及超長的屋簷，更以一種奇特的力與美的天作之合，透射出特有的大唐遺風與古樸蒼勁的歷史蒼涼之氣，觀之令人熱血沸騰，思古之幽情油然而生。

寺院只有一年逾古稀的老僧和一年幼的啞巴弟子守護，待說明來意，那飽含歷史文化血脈的厚重斑駁的大門隨著「咯咯」

的聲響開啟了。在晚霞的餘暉中，梁思成、林徽因一行四人魚貫而入，瞻仰左右，驚喜異常。只見正殿分為七間，昏暗中顯得格外輝煌壯觀而富有氣勢。在一個偌大的平臺上，有一尊菩薩的坐像，侍者環之而立，形成了一座眾仙之林。在平臺左端，坐著一個真人大小、身著便裝的女子。詢問老僧，對之曰，此女子乃大唐篡位的則天武后。經過對塑像面貌特徵及相關物件的初步觀察，梁、林夫婦斷定面前景物應是晚唐時期的作品，假如這群泥塑像是未經毀壞的原物，那麼庇蔭它們的大殿必定也是原來的唐代建構，因為要重修殿宇必定會使裡面的一切受到不同程度的損壞。這個推論令幾位造訪者欣喜若狂。

經過了一個未眠之夜，第二天，梁、林夫婦以極度的興奮虔誠之情，率助手來到寺院開始仔細考察。從大殿主體及四周附設物件的斗拱、梁架、藻井及雕花的柱礎等觀察分析，無論是單項或總體建築，都明白無誤地顯示了晚唐的特徵。尤

林徽因測繪唐代經幢。

為令人驚喜的是，當梁思成、莫宗江爬進藻井上面的黑暗空間，意外地看到了一種屋頂架構，使用的是建築學上稱作雙「主椽」的構件，並未使用所謂的「玉柱」，心中頗為驚異，隱約感到了什麼，因為這種作法在五年前的考察中從未發現，且只在唐代繪畫中才偶有披露。此種方式和後世中國建築的作法全然不同，而這種不同，則意謂著其建造年限比宋、遼時代更為久遠。

由於整個寺院地理位置偏僻、交通閉塞、長久敗落和荒涼，大殿的「閣樓」裡伏臥著幾千隻蝙蝠。成群結隊的蝙蝠聚集在脊檁上方，其狀「如同厚厚的一層魚子醬塗抹了上去」，令觀者驚悚得頭皮發麻。按照常規，古建築的脊檁上都用墨筆寫有建造日期或相關的記載，由於成堆的蝙蝠占據了此一位置，已無法找到在上面可能寫著的日期或相關文字記載。而在大小梁柱的四周，則爬滿了千萬隻數不清的、專靠吸食蝙蝠血為生的臭蟲。頂棚的上面「積存的塵土，踩上去像棉花一樣」。像是幾百年來逐漸積存而成，用手電筒探視，發現塵土中不時有幼小蝙蝠的屍體橫陳其間，或是被同夥擠壓而死，或是被無

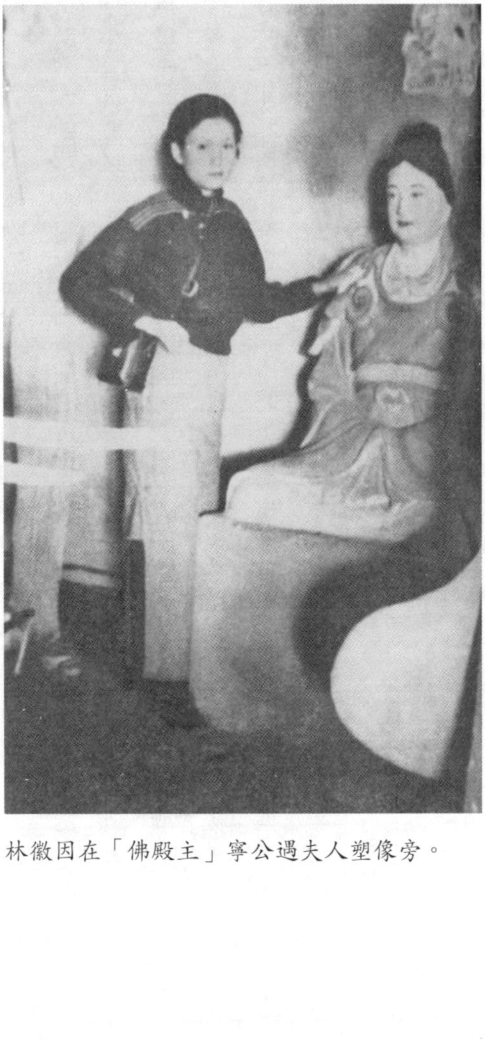

林徽因在「佛殿主」寧公遇夫人塑像旁。

孔不入的臭蟲活活咬死。其紛亂齷齪之狀，令人唏噓。

梁思成、林徽因連同莫、紀兩名助手，已顧不得這極具刺激性的奇特景觀，各自從背包裡摸出一個厚厚的大口罩掩蓋口鼻，在陰暗難耐的穢氣中輪番測量、畫圖，並用帶閃光燈的照相機拍照。每當閃光燈亮起，無數隻蝙蝠因受到驚嚇騰空而起，撲棱棱亂作一團，爭相向外逃竄，整個大殿濁塵飛揚、混亂不堪。當幾人耐著性子完成此項工作，從屋簷下鑽出來欲呼吸幾口新鮮空氣時，才猛然發現各自的背包和衣服裡爬滿了千百隻臭蟲，身體有多處遭到了叮咬。如此糟糕和令人狼狽不堪的工作環境，絲毫沒有消減幾位考察者的熱情。正是由於有了這一偉大的發現，此段生活反而成為梁、林夫婦多年來為尋找古建築而奔波勞累中最快樂的回憶。

在佛光寺連續做了幾天的清理、測量工作後，林徽因發現殿內有四架梁欅的底部隱約有墨跡顯露，只是字跡仍被塵土掩蓋，而梁底離地面有兩丈多高，殿內光線極其昏暗，梁欅上的文字難以辨認。四人聚在一起仰頭審視了許久，憑各自的目力所及，揣測再三，才認出一、兩個零星的官職，但尚不能辨別人名。令梁思成和莫、紀兩名助手意想不到的是，向來患遠視症的林徽因突然似得神助，冥冥中有一種奇妙的感應，使她對準一個略顯特殊的地方望了過去，隨著一道從外部天空穿透而來的亮光顯現，林徽因驀地從灰塵中發現了「女弟子寧公遇」這個對破譯歷史密碼極其重要的名字。

為了檢驗自己的發現是否正確，林徽因又詳細檢查了此前在階前石幢上發現的文字。幢上除明確寫有官職者外，竟然也有「女弟子寧公遇」墨跡字樣，此名又稱為「佛殿主」，位列諸尼之前。石幢上刻寫的年代是「唐大中十一年」，相當於西元八五二年。兩相對照，眾人方知這座大殿的施主乃是一位叫寧公遇的女子，而這位了不起的女性，其名字經過一千餘年的世事沉浮、風塵剝蝕，在湮沒日久的歷史深處重新被發現，並發出了它的靈光。意想不到的是，第一個發現這個名字並破譯這座中國最珍稀古寺的年輕建築學家，竟然也是一位女性。此一巧合，令人從內心感嘆世上可能真的存在著一種佛家所說的緣分。

為求得大殿梁檁題字的全文，梁思成請寺內老僧到山下的鄉村去募工搭架，以便將四周的土朱洗脫，弄清究竟。由於當地村僻人稀，老和尚去了近一整天，僅得老農兩人。根據現有條件，眾人一起動手，反覆籌畫、嫁接、安置，又用了近一天的時間，方才支起一座可以工作的腳手架。早已急不可待的林徽因第一個爬了上去，下面的梁思成和莫宗江等人將布單撕開浸水，傳遞給上面的林徽因做擦洗之用。令林徽因大為苦惱的是，把土朱擦掉，梁檁著水後墨跡驟然顯出，但尚未來得及看個明白，水又很快被吸乾，墨色隨之褪去，字跡遂不可見。如此這般上下左右折騰了大半天，才完成了兩

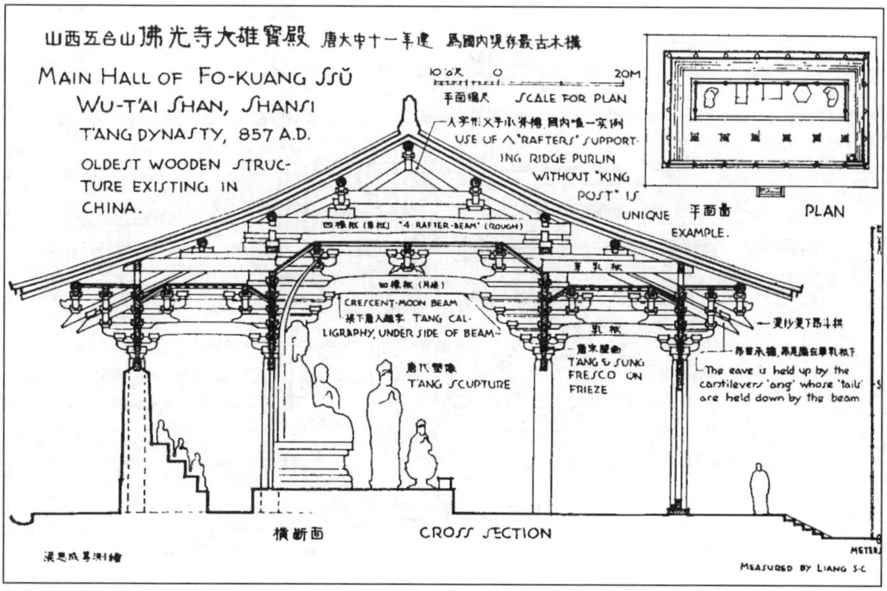

梁思成等人手繪的佛光寺大殿測繪圖。

道梁檁字跡的辨識工作。又費了三天時間，經幾個人輪番上陣，才算斷斷續續地洗去塵土，讀完並記錄了題字原文。從字體的風格看去，大唐風韻甚健，這當是證明該寺為唐構建築的又一無可置疑的鐵證。

只有到了此時，梁思成、林徽因才突然頓悟，第一天進寺廟大殿時看到的那個身著便裝、極具謙恭地坐在佛壇一端的女子塑像，並非如寺內老僧言稱的是篡奪李唐王朝大位的「則天武后」，而應是梁檁和經幢的文字紀錄中共同具有的大恩大德的施主——寧公遇夫人。至此，一個湮沒日久而遭訛傳的歷史之謎霍然揭開。

既然佛殿施主寧公遇夫人之名被寫在大殿的梁上，同時又刻在經石幢上，依此推理，石幢之建造年代應當與大殿同時期。即使不是同年興建，幢之建立亦應在大殿完工之時。佛光寺的建造年代由此可順之

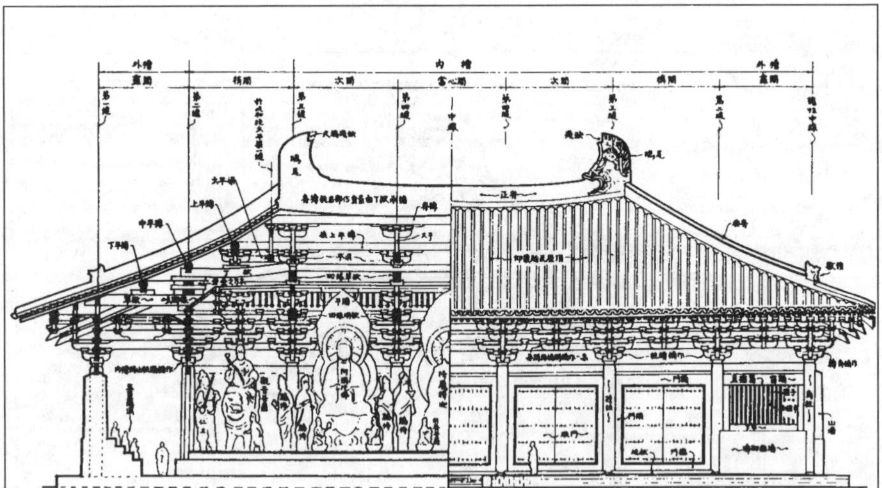

佛光寺大殿測繪圖。

佛光寺後山唐墓塔（左起村童、莫宗江、林徽因）。

推演而出。也就是說，大殿當建成於晚唐的西元八五七年。這個時代，不但比此前發現的最古老的木結構建築——獨樂寺早一百二十七年，而且是當時中國大地上已搜尋到的年代最為久遠、唯一的一座唐代木構建築。為此，驚喜交加的梁思成慨言道：「我們一向所抱著的國內殿宇必有唐構的信念，在此得到一個實證了。」[4]

在佛光寺的同一座大殿裡，還發現了李唐王朝的塑像三十餘尊、壁畫一幅，另外還有幾幅宋代的繪畫及其他小型的建築。唐代的書、畫、塑、建，四種藝術集於一處、薈萃一殿，在中國古代建築史上僅此一例。這一連串交相輝映的唐代遺存，對中國古代文化特別是唐代文化藝術的研究，具有無可替代的重要價值和作用。更因佛光寺正殿建於西元八五七年，與敦煌洞窟中多數的淨土變相屬於同一時代，將它與壁畫中所描畫的建築對照，可以知道畫中的建築物是忠實的描寫，這就從另一個方面得以證明壁畫作品之重要和可靠的程度。同時，佛光寺正殿之前，左有三重寶塔、右有重樓的建構格局，絕大多數與敦煌六十一窟「五臺山圖」中的六十餘處伽藍具有同樣的配置。這種建構格局和《營造法式》、與日本奈良的法隆寺（西元七世紀）的平面配置極其相似。此前，日本的建築史學家認為這種配置是南朝的特徵，非北方所有，佛光寺的發現，讓梁、林夫婦找到了強有力的反證——這種配置在中國北方也同樣使用。面對這巍然屹立於中國大地上氣勢宏闊、風采蓋世絕倫的大唐歷史建築殿堂，不僅令那些所謂「要看唐代建築需到大日本帝國奈良或京都去」的妄言不攻自破，也讓那些隨聲附和的東洋或西洋的所謂專家大師，不得不閉上極具偏見並「不懷好意」的嘴巴。

梁、林兩人及兩名助手在佛光寺工作了一個星期後，宣告考察結束。在離開寺院之前，林徽因又悄然步入那座曾賦予自己激情與夢想、貯藏著大唐文化鮮活骨血與生命的大殿，望著謙遜地隱在大殿角落中本寺的施主寧公遇夫人那端莊美麗的塑像，心中驀地生發了一種強烈的崇敬感念之情，她對著塑像凝望了許久，返身來到院子對梁思成動情地說道：「我真想在這裡也為自己塑一尊像，讓林徽因這位女弟子永遠陪伴這位虔誠的唐朝大德仕女，於這肅穆寂靜中盤腿坐上一千年。」此時的梁思成非常理解妻子的心情，怕傷感的氣氛過於濃重，很快換了話題，並向走過來的寺僧做最後告別。

梁思成告訴寺院老住持，自己準備把這一重大發現寫信向太原教育廳報告，並「詳細陳述寺之珍罕，敦促計畫永久保護辦法」等等。臨別之時，梁思成、林徽因向寺院的老僧鞠躬，以表達對這位寺院守護者的敬意與感謝之情。一向以談鋒銳利著稱的林徽因情緒激昂，心中充塞著許多難以割捨的情愫，但一時又不知從何說起，竟幾度語塞。面對顫顫巍巍、抖動著身子的寺院老住持和那位年輕的啞巴弟子，林徽因眼裡汪著一潭深情的淚水，答應明年再來，除了繼續對寺院進行更加詳盡的考察，還要爭取帶上政府的資助前來進行大規模的修繕云云。滿臉滄桑的老僧望著面前這位奇女子真誠的表情和道白，乾癟的雙手合於胸前，口誦「阿彌陀佛」，躬身施禮道謝，言稱自己一定要好好活著，精心照顧好這座寺院和佛祖神靈，等待和幾位大德施主相會的日子。

梁思成、林徽因連同兩位助手走出山門，在北國燦爛得有些剛烈的盛夏黃昏裡，騎上毛驢離開了佛光寺，左盤右旋向山下走去。

待他們來到山腳下豆村一家雞毛小店住下，正為此次神奇的發現和成功考察而沉睡在甜美的夢鄉之中時，夜裡，槍響了。

在盧溝橋。

淒風苦雨別北平

當盧溝橋槍聲響起的時候，梁思成等人沒有聽到，當然也不會聽到。此前，他們已經預感到，日軍遲早要對平津兩地乃至整個華北動手，但萬沒想到戰端就發生在將要離開佛光寺的夜晚。而這一夜，北平郊外的盧溝橋畔已是砲聲隆隆、大開殺戒，中日雙方軍隊激戰正酣。在陣陣喊殺與哀鳴聲中，一場民族性的血光之災，以泰山塌崩、大地陸沉之勢席捲而來。

第二天，五臺山區陽光燦爛、天際清新，壯闊的山河愈發俊秀雄奇。沉浸在美好憧憬中的梁思成、林徽因和兩名助手騎上毛驢，離開了那家風雨飄搖的客棧，懷揣著發現佛光寺的狂喜，意猶未盡地圍繞五臺山較知名的幾個地方，繼續展開尋訪調查，先後走訪了靜靈寺、金閣寺、鎮海寺、南山寺等廟宇。因沒有獲得理想的成果，幾天之後，開始越過臺北到沙河鎮，沿滹沱河經繁峙向西北方向的古城代縣奔去。抵達代縣縣城後，決定暫住幾日，除了恢復已疲憊不堪的體力，也藉機好好整理和回顧此前考察收集的大量資料。

辛苦忙碌了一天之後的七月十二日傍晚，梁思成接到了一捆報紙，這是專門拜託一位當地朋友從太原帶過來的。因連續幾天暴雨，山路被洪水沖毀，拖延了幾天。梁思成躺在帳篷中的帆布床上把報紙慢慢攤開，本想好好享受一下在野外讀書看報的樂趣，想不到目光剛一接觸，整個身心如遭電擊，血「轟」地一下衝上腦門，頓感天旋地轉。他下意識地起身衝出帳篷，表情嚴肅而沉重地對正在外邊乘涼休歇的林徽因和兩位助手大聲高呼：「不好了，打起來了，北平打起來了！」

眾人大驚，慌忙圍將上來，只見報紙一版的大字號黑色標題格外耀眼刺目，「日軍猛烈進攻我平郊據點，北平危急！」

此時，戰爭已經爆發五天了。

北平危在旦夕，家中老小都在砲火中不知生死，中國營造學社的同仁也一定是亂作一團，不知如何是好，必須立即趕回去。但據報紙透露的消息，津浦、平漢兩路已被日軍截斷，只有北出雁門關，經山陰道赴大同，沿平綏鐵路轉回北平。

經過了一個與前幾天截然不同的未眠之夜，次日清晨，梁思成一行四人從代縣出發，徒步來到同蒲路中途的陽明堡。此時，梁思成恐平綏路一旦斷絕，將不知何時返回北平，又恐已獲取的珍貴資料有閃失，便決定讓紀玉堂帶上圖錄、稿件等測繪資料，暫時返太原，一邊向山西省政府報告考察成果，一邊等候消息和返回北平的時機。主意已定，匆匆分手，各趨南北。梁、林夫婦和莫宗江出雁門關，沿著這條唯一的回歸之路，心急如焚地趕回各自的家中。此時，北平乃至整個華北的局勢，已如同一個巨大的火藥桶點燃了引線，天崩地裂的最後時刻即將到來。

這是一個注定要寫入中國乃至世界戰爭史的日子。

一九三七年七月七日，日本軍隊在經過長期的密謀策畫後，終於採取了占領平津、繼而征服整個華北和中國的侵略行動。是日夜，早已占領北平城郊宛平和長辛店一帶的日本軍隊，突然向盧溝橋龍王廟的中國守軍發起進攻，並砲轟宛平城。中國守軍第二十九軍何基灃、一一〇旅吉星文團在宛平城外的盧溝橋四周奮起抵抗，震驚中外的「盧溝橋事變」爆發。

隨著隆隆的砲火與日機的轟鳴，平津地區人心惶惶、謠言四起，各政府機關及工商界人士於紛亂中開始自尋門路紛紛撤離逃亡。以北大、清華、南開、燕京等著名高校為代表的教育界，同樣呈現出一派驚恐、慌亂之象，一些人悄然打點行裝、拖兒帶女、呼爹喊娘，隨著滾滾人流，頂著盛夏酷暑和瀰漫的煙塵，紛紛向城外湧去。一時來不及逃亡或因特別情形而不能逃亡的各色人等，則在恐懼與焦灼的煎熬中苦苦等待與觀望，心中暗暗祈禱並希望中國軍隊或許能贏得神助和佛祖保祐，盡快擊退日軍，保住北平這座千年古城與延續著民族文化血脈的校園。

時在廬山的蔣介石，除接二連三地向宋哲元、秦德純等拍發「固守勿退」的電令外，分別邀請各界人士火速趕往廬山牯嶺，頻頻舉行談話會及國防參議會，共商救國圖存大計。北京大學校長蔣夢麟、文學院院長胡適、清華大學校長梅貽琦、天津南開大學校長張伯苓、教務長何廉、中央研究院史語所所長傅斯年等一大批學界要人也應邀出席參加會議。

在民族生死存亡之際，保護和搶救平津地區教育界、文化界知識分子與民族菁英，愈來愈顯得重要和迫在眉睫。由廬山轉入南京繼續參與國事討論的北大、清華、南開三校校長及胡適、傅斯年等學界名流，日夜奔走呼號，與國民政府反覆商討如何安全撤退和安置各校師生。一時，南京與平津高校間密電頻傳，共同為之出謀畫策。

七月二十九日，北平淪陷。次日，天津陷落，整個華北大部落入敵手。

八月中旬，時任中央研究院史語所所長兼北京大學文科研究所副所長的傅斯年，在同北大、清華、南開三所大學校長及學界名流反覆商討、權衡後，力主將北大、清華和南開三校師生撤出平津，在相對安全的湖南長沙組建臨時大學，這一決定得到了南京國民政府同意。九月十日，國民政府教育部發出指令，宣布由北大、清華、南開三校校長蔣夢麟、梅貽琦、張伯苓三人為長沙臨時大學籌備委員會常務委員，迅速組織師生南下繼續辦學。九月十三日，籌備委員會召開了第一次會議，確定租賃地處長沙市韭菜園原美國教會所辦聖經書院做為臨時校舍，並明確院系設置、組織結構、經費分配等事宜。九月二十八日，開始啟用國立長沙臨時大學關防，校務由三校校長及主任祕書所組織的常務委員會負責。

在此之前，由教育部發出的撤退命令已在平津三校師生中用書信和電報祕密傳達，早已心力交瘁、翹首以盼的北大、清華、南開三校教職員工和學生們接到通知，紛紛設法奪路出城，盡快逃離淪於敵手的平津兩地，輾轉趕赴湖南長沙。中國現代歷史上最為悲壯的一次文化知識分子大撤退開始了。

就在北大、清華、南開三校師生紛紛南下之際，仍有眾多與三校無緣的知識分子在淪陷的北平茫然四顧，不知自己的命運繫於何處。按照南京政府的綱要草案，鑑於時局危殆、政府資金短缺，除天津南開大學之外，整個華北地區，包括燕京、輔仁在內的著名私立大學，非國立學校，私立文化科研機構，一概棄之不顧。這些學校和機構是存是亡、是死是活，除了自己設法尋找門徑求得一線生路外，只有聽天由命了。此時著名建築學家梁思成、林徽因夫婦所服務的中國營造學社正是一所民辦機構，自然屬於中央政府「棄之不顧」之列。

儘管政府無力顧及，但由於梁思成和劉敦楨這兩根支撐中國營造學社「宏大架構」（建築學語）的支柱，曾在七月十六日清華、北大潘光旦、查良釗等教授和文化名人致南京國民政府要求抗日的公開呼籲書上簽過自己的名字，且這批名單已被日本特務機關密切關注，自然不能留在已淪陷的北平。在內外交困、險象環生的大混亂、大動盪的危難時刻到來之際，梁思成於匆忙中來到中山公園內營造學社總部，找老社長朱啟鈐和同仁商量對策。商量的結果是：在如此混亂的局勢下，營造學社已無法正常工作，只好宣布暫時解散，各奔前程，是死是活，各自保重。老社長朱啟鈐因年老體衰不願離開北平，學社的遺留工作及學社未來的希望都託付給梁思成負責。此時令眾人最擔心和放心不下的是學社同仁工作的成果——大量的調查資料、測稿、圖版及照相圖片等如何處置。為了不使這批珍貴的文化資料落入日本侵略者之手，朱啟鈐、梁思成、劉敦楨等決定暫存入天津英租界的英資銀行地下倉庫。據當時一位助手透露，「所訂提取手續，由朱啟鈐、梁思成和一位名叫林行規的律師共同簽字才行。」否則無法開啟。

正當中國營造學社同仁緊鑼密鼓地處理各種繁雜事務時，梁思成突然收到了署名「東亞共榮協會」的請柬，邀請他出席會議，並發表對「共榮圈」的看法。此時的梁思成深知日本人已經注意到自己的身分和在北平文化界中的影響，要想不做和日本人「共榮」的漢奸，就必須立即離開北平。於是，他與愛妻林徽因一面聯繫可結伴流亡的清華大學教授、一面盡快收拾行李，準備第二天出城。倉皇中，除了必須攜帶的幾箱資料和工作用品外，生活方面只帶了幾個舖蓋捲和一些隨身換洗的衣服，其他的東西包括梁思成心儀的那輛雪佛蘭牌小轎車，不管貴重與否，也只好採取國民政府對待自己的政策，一概「棄之不顧」了。國破家亡、英雄末路，心中自有說不出的淒楚與愴然，如林徽因在給她的美國好友費慰梅的信中所言：「思成和我已經為整理舊文件和東西花費了好幾個鐘頭了。沿著生活的軌跡，居然積攢了這麼多雜七雜八！看著這堆往事的遺存，它們建立在這麼多的人和這麼多的愛之中，而當前這些都正在受到威脅，真使我們的哀愁難以言表。特別是因為我們正淒慘地處在一片悲觀的氣氛之中，前途渺茫……」

一九三七年九月五日凌晨，梁思成夫婦攜帶兩個孩子和孩子的外婆，與清華大學教授金岳霖及另外兩位教授，走出了北總布胡同三號院的家門。眾人行色匆匆，許多往事已來不及細想與回憶，但臨上車的一瞬，多情善感的林徽因，心像被什麼東西扯了一把，「咯噔」一下，一陣酸痛襲過，淚水奪眶而出。她知道，這一別，不知何時才能回來。儘管此前醫生曾警告過，說她的身體難以承受千里奔波的顛沛流離之苦，林徽因在無奈中悲壯地答道：「我的壽命是由天定的了！」

天地茫茫，江山蒼黃，不只是林徽因的壽命由天決定，一旦離開了這相伴了十幾年的故園，梁家五口的命運之舟也只有隨波逐流，聽憑陰曹地府的閻王爺，甚或哪個主事的判官、小鬼來打發處置了。

此時，北平的東部地區有日本傀儡冀東防共自治政府的偽軍萬餘人駐守、北面的熱河集結著大量的日本關東軍、西北面的察哈爾有偽蒙軍約四萬人駐防。三面受困的北平只剩下向南的一條通道——平漢鐵路。而這條緊挨盧溝橋的交通大動脈，由於戰爭爆發被切斷，流亡的路卻只有從北平乘車到天津，轉水路繞道南下。許多年後，梁、林夫婦的兒子，當時只有五歲的梁從誡，道出了在淒風苦雨中離別北平的情形，「臨行的那天應是一個特別悲涼的場面，但我什麼都不記得了，倒記住了在去天津的火車上，坐滿了全副武裝的日本兵，我們竟然和他們擠在一節車廂裡。爹爹閉著眼在那裡假寐，我卻極有興趣地在那裡觀察日本兵手裡的『真槍』，一個日本兵衝我笑笑，還招招手。我就挨了過去。他讓我摸摸他的槍，正在我十分興奮的當兒，只聽見背後一聲怒吼：『小弟，回來！』一回頭，爹爹正怒不可遏地瞪著我。我不知道自己做錯了什麼，嚇得半死，不敢再看那個日本兵，趕緊擠回媽媽身邊。就這樣，我們告別了北總布胡同三號。」（《不重合的圈》）到達天津後，梁思成一家和金岳霖等稍事休整，然後乘「聖經號」輪船到青島，再經濟南、鄭州、漢口，最後到達長沙。在天津上船前，梁思成把他此前用英文寫好的幾篇關於發現古建築的學術論文寄給美國的朋友費慰梅，請她設法在國外發表，並匆匆附上一張紙條說：「發生了這麼多事，我們都不知道從何說起。總之我們都平安，一個星期前我們抵達天津，打算坐船到青島，從那裡途經濟南，去到換車船不超過五次的任何地方，最好是長沙，而這期間盡可能不要遇上空襲。等到戰爭打贏了，我們就可以結束逃難生涯。」這正是，且將懷想此時，站在天津港「聖經號」甲板上的梁思成一家，眺望漸漸遠去的陸地與岸邊的點點漁火，一定沒有想到他們到了長沙之後再轉昆明，最後輾轉到一個未曾聽說過的地方——四川南溪李莊隱居下來。他們或許認為中國很快會打贏這場戰爭，自己也會很快隨之返回這座留下了人生無數美好與溫馨記憶的故園。但正如此時同他們一道站在甲板上，正眼望浪花翻騰、海鷗飛舞的寶貝兒子梁從誡在許多年後所說：我的父母「也許沒有料到，這一走就是九年。此時他們都年輕、健康、漂亮，回來時卻都成了蒼老、衰弱的病人了」。

李濟的梁家緣

一路顛簸動盪，梁思成一家與金岳霖等清華教授總算抵達了長沙。按照老金在致費慰梅信中的說法，「一路上沒出什麼大岔子，不過有些麻煩已經夠難應付了。我們繞來轉去到了漢口，最後總算到達長沙，這時已是十月一日了。聯合大學十一月一日開學。」

身體本來單薄、瘦弱的林徽因，經過近一個月的顛沛流離，早已疲憊不堪，剛剛抵達長沙，便患病發燒，痛苦異常，只好暫借朋友處休息。待病情稍有好轉，梁思成奔波幾天，總算在火車站旁租到了一個兩層樓房上層的三間做為全家的棲身之所。

梁家剛剛安頓下來，從北平流亡到此的北大、清華等高校的教授朋友們紛紛上門，除了尋找一點家庭的溫暖，更多的是聚在一起談論日趨激烈的政治、戰爭局勢，預測著中國的未來。大約十幾天後的一個傍晚，兩位從南京來的學者又主動找上門來，梁氏夫婦一看，大為驚喜。來人一是老友李濟、一是自己的弟弟梁思永。

就如同在流亡的路上，梁氏夫婦沒有想到與北平一別就是九年，此時他們同樣沒有想到，這個傍晚的不期而遇，意謂著未來九年的生活，將與眼前的兩個人及他們所在學術機關的朋友們緊緊維繫在一起。處於戰火連綿、危機四伏的異地他鄉，思成、思永兄弟相見，手足之情自不待言。而梁思成夫婦與李濟的會面，亦非一般朋友故舊之情所能言表，雙方自是百感交集，別有一番滋味在心頭。

站在面前的李濟，與梁氏家族兩代人有著非同尋常的淵源。

上有九頭鳥，下有湖北佬，此語是褒是貶，各有不同的理解與論斷，但「唯楚有材」，則是任何一個湖北人都樂意笑納的。

一八九六年六月二日生於湖北鍾祥縣的李濟，字濟之，四歲即入書房，師從一個表叔，開始念「盤古首出，天地初分」之類的古書。據李濟的弟子、後來成為著名考古學家的張光直說：「他那表叔是一個老秀才，最喜歡打悶棍，所以他（李濟）現在雖說記不清楚得了他多少教育的益處，卻記得那頭上發了幾次塊壘。」一九〇七年，李濟隨時為小京官的父親到了北京，進入北京兩個著名中學之一——南城的五城中學（北師大附中前身）讀書，十四歲考入清華學堂。關於這一人生轉折，用李濟後來的話說：「我進清華還是在前清的時候。進了清華半年，暑假以後就遇到了辛亥革命。雖說政治上起了變動，清華並未停課，秋天我仍然進了學校。」

八年的清華留美預備學校生活結束後，一九一八年，李濟以官費生的身分，悄然無聲地去了西方屬於資產階級和帝國主義的美利堅合眾國，開始了「放洋」生涯。與他同船離開上海浦江碼頭的一批官費、自費留學生與考察人員中，有後來成為中央研究院代院長的朱家驊、總幹事葉企孫，著名學者董時（任堅）、張道宏、查良釗、劉叔和，還有一個同船赴美籌備造反事宜的職業革命家汪兆銘（精衛）。在列位豪傑中，於社會上層和坊間名氣最大者，除當年曾「慷慨歌燕市」、後來當了頭號漢奸的國賊汪兆銘之外，應算是梁啟超的得意門生、著名詩人徐志摩。徐氏此次自費「放洋」海外，是他的導師、著名學者、曾出任過北洋政府財政總長的梁啟超的刻意安排。梁本意是期望這位風流瀟灑的青年才俊，按照政治家的要求在美國接受民主政治和財政管理方面的學習訓練，回國做一位改良社會的政治家或實業家。

清華學校畢業前夕的李濟（攝於一九一八年春）。

但事與願違，梁氏差點落了個引火焚身的結局。兩千年前徐福率領一大群童男童女東渡扶桑，為秦始皇尋求仙丹妙藥，其結果不但把自己的承諾和使命忘得一乾二淨，還在大海那邊安營紮寨做起了繁殖人口的事務來，此舉令秦始皇大為惱火。徐志摩的歐洲之行，儘管沒有仿照祖上徐福的經驗和規則行事，卻也很快改變了梁氏的初衷和自己的人生軌道，開始在事業與愛情兩條船上來回搖晃，直鬧得左右不安、四方不寧，還險些攪了梁家一段天作之合的美滿姻緣。不過這個時候的徐志摩與江蘇寶山淑女張幼儀結婚已近三年，並有了一子。做為一名風流倜儻、瀟灑飄逸、風月場上談情說愛的大師，與嬌小可人、傾國傾城的一代才女林徽因相識，並在太平洋與大西洋兩岸來回遊弋、興風作浪，生發出一段淒苦絕倫的情愛糾葛，還要等到兩年之後。

這年的九月十四日，船抵美國三藩市，李濟和諸友分手，與徐志摩等幾人進入麻塞諸塞州烏斯特的克拉克大學就讀。李與徐同居一幢公寓，後同居一室，關係極為密切。李主攻心理學，徐讀財政、銀行學專業。一年之後，徐志摩轉赴紐約哥倫比亞大學攻讀政治經濟學（一九二〇年暑期後轉赴倫敦），李繼續留在克拉克大學做為研究生攻讀社會學，並於一九二〇年獲碩士學位，同年轉入哈佛大學攻讀人類學專業，並成為當時哈佛大學人類學研究院唯一的外國留學生，同時也是哈佛創建以來最早到校的唯一的研究生。哈佛三年，李濟隨具有國際威望的人類學大師胡頓（E.A. Hooton）、羅蘭·B·狄克森（Roland B. Dixon）等教授，「利用民族學的一個觀點，也就是中國歷史上所指的中國與夷狄的說法，把中國的歷史材料做一種分析。」並進一步弄清整個中國民族是怎樣形成的這個「最突出的現象」。

一九二三年，李濟以他那凝聚了三年心血的《中國民族的形成》榮獲哈佛大學哲學（人類學）博士學位，成為獲此殊榮的第一位中國人。這一年，李濟二十七。

榮獲博士學位的李濟旋即收拾行裝，告別了風景秀麗的查爾斯河畔與浸潤自己三年青春汗水的哈佛校園，踏上了歸國的路途。一隻鮮活亮麗的「海龜」就這樣穿過波湧浪滾的浩瀚大洋，攜西學文化的新風與銳氣，精神抖擻、豪氣飛揚地爬上了黃土凝成、板結乾裂的遠東大陸，回到了曾賦予他青春和夢想的故都北平。此時的「海龜」與若干年後做為新生代的「海龜」有著較大不同，在李濟的夢想裡，有成為學術界大師的心願，卻沒有撈個大官或成為百萬富翁與千萬大亨的追求。從徐志摩於哥倫比亞大學致李濟的信中可以看出，這個被徐稱作「剛毅木訥，強力努行，凡學者所需之品德，兄皆有之」的「老兄」，心中裝填的是「新文化」、「科學救國」、「振興民族」等一類理想與抱負。這一鮮明的時代特徵，正如若干年後李濟所說：「那時的留學生，沒有一個人想在美國長久地待下去，也根本沒有人想做這樣的夢。那時的留學生，都是在畢業之後就回國的。他們在回國之後，選擇職業的時候，也沒有人考慮到賺多少錢和養家餬口的問題。我就是在當年這種留學風氣之下，選擇了我所喜愛的學科——人類學。」

回國後的李濟，受天津南開大學校長張伯苓之聘，先是擔任人類學、社會學兼礦科教授，第二年兼任

一九二一年前後，李濟與哈佛大學人類學研究所的師友們在一起（後排右一：李濟，前排左一：同窗好友印度的畢·古哈博士，前排左二：導師胡頓）。

文科主任。其間，由於礦科專業的關係，結識了當時中國著名的礦物學家、地質學家翁文灝，並通過翁再度結識了在李濟人生旅途上具有重要轉折意義的國際級地質學大師丁文江（字在君）。丁氏做為曾在歐洲劍橋、格拉斯哥等大學求學七載，並於一九一一年辛亥革命爆發時歸國的老「海龜」，此時已取得了中國地質學界的領袖地位，甚為學界同仁推崇敬仰。李濟懷著崇拜之情與丁文江相會於天津。此時，頗為年輕又具有遠大抱負的李濟，自從和這位「風度翩翩、學問淵博、見解超人」且「性格爽朗、直率、做事頗有決斷」的「丁大哥」做了一番交談後，從「非常投機」，很快轉化為「更加佩服」。正是這種志同道合的血性與因緣，使兩人結成終生摯友。未久，在丁文江的贊助與鼓勵下，李濟赴河南新鄭做了一次嘗試性的田野考古發掘，從而邁出了中國現代考古極其關鍵的一步。

一九二四年，美國華盛頓史密森研究院弗利

爾美術館（The Freer Gallery of Art）派畢士博（C.W. Bishop）率領一個代表團到中國進行考古發掘和研究，鑑於李濟在學術界日漸壯大的名聲，畢士博寫信至天津南開大學，邀請李濟加入他們在北平的考古工作隊。在丁文江的鼓勵下，李濟決定與對方合作，他在給畢士博的回信中首次提出了當時並沒有多少人意識到、但卻關乎國家與民族大義的兩個重要條件：「一個是在中國做田野考古工作，必須與中國的學術團體合作；一個是在中國掘出的古物，必須留在中國。」畢士博接信後即回華盛頓，向他的上司——弗利爾美術館館長洛奇彙報，並將李濟讚揚一番，終於達成一致意見。不久，李濟收到畢士博的回信，信中稱：「我們可以答應你一件事，那就是我們絕不會讓一個愛國的人，做他所不願做的事。」李濟對這個答覆很滿意，於是便辭去南開的教職，於一九二五年初加入畢士博等人的行列。此舉開創了「既維護主權，又公平合作」、利用外資搞科研的先河，為後來著名的「殷墟第二、三次發掘的資金問題的解決」打下了基礎。

幾個月後，李濟再度受「丁大哥」的鼓勵和支持，回到清華母校國學研究院進行教學和研究，加入了王國維、梁啟超、陳寅恪、趙元任等大師的行列。

* * *

註釋

1 獨樂寺，位於天津薊縣，梁思成、林徽因於一九三一年在考察中發現。該寺始建於遼代統和二年（西元九八三年），當時是已發現的中國現存最古老的木構建築，這座建築保存了不少唐代建築風格。

一九三三年九月，梁氏夫婦在山西大同沿線的考察中，發現了聞名於世的應縣遼代木塔（建於西元一〇五六年）。事後林徽因在《閒談關於古建築的一點消息》中說道：「山西應縣的遼代木塔，說來容易，聽來似乎平淡無奇，不值得心多跳一下、眼睛睜大一分。但是西元一〇五六年到現在，算起來是整整的八七七年。古代完全木構的建築物高到兩百八十五尺，在中國也就剩這一座獨一無二的應縣佛宮寺塔了。比這塔更早的木構已經專家認識和研究的，在國內的只不過五處而已。」

林徽因所說的五處中的另外三處是：大同下華嚴寺薄伽教藏，建於遼重熙七年（西元一〇三八年）；寶坻廣濟寺三大士殿，建於遼太平五年（西元一〇二　五年）；義縣奉國寺大雄寶殿，建於遼開泰九年（西元一〇二〇年）。見《林徽因文集．建築卷》，梁從誡編，百花文藝出版社，一九九九年版。

2 日本奈良、東京所存幾處模仿隋唐式的建築時間為：飛鳥時代（西元五五二—六四五年）、奈良時代（西元六四五—七八四年）、平安前期（西元七八四—九五〇年）。參見梁思成〈敦煌壁畫中所見的中國古代建築〉，轉引自《薪火四代》，梁從誡編選，百花文藝出版社，二〇〇三年版。

3、4 梁思成《記五臺山佛光寺的建築》，載《文物參考資料》一九五三年第五、六期。二十世紀五〇年代初，山西省文物管理委員會於古建築普查中，在五臺山離佛光寺不遠處發現了年代更加古老的南禪寺，該寺院重建於唐德宗建中三年，即西元七八二年，比佛光寺早七十五年，但殿宇規模較佛光寺小了許多。參閱《文物參考資料》一九五四年第十一期。

第二章

往事何堪哀

清華四大導師

清華學校自一九一一年建立後，在最初的十幾年中，其體制是做為一個普通的留美預備學校而設置，學生進入清華園，主要學習英文和一些歐美的文化知識，中國的傳統文化則相對薄弱。一九二四年初，清華學校欲正式「改辦大學」，校長曹雲祥專門函請周詒春、胡適、范源濂、張伯苓、張景文、丁文江六位名重一時的學術界、教育界大腕擔任清華大學籌備處顧問。是年十月，根據清華大學籌備委員會草擬的組織綱要，決定在籌建大學部的同時，籌備創建研究院，「以備清華大學或他校之畢業生，對特種問題為高深之研究」。由於財力、人力、所選之研究方向等諸方面的限制，經過多次研究，最終決定研究院先設國學門一科，也就是後來被

清華學堂的標誌性建築，時研究院就在這幢中西合璧的建築物裡開課。（作者攝）

社會廣泛稱謂的國學研究院。培養目標是訓練「以著述為畢生事業」的國學研究人才，學科範圍包括中國歷史、哲學、文學、語言、文字學，吸收歐美、日本等國際學術前沿的積極成果，重建中國傳統學術之魂。

一九二五年二月，在曹雲祥校長的主持下，清華學校國學研究院籌備處鳴鑼開張，聘請由美國哈佛大學學成歸國的一代名士吳宓主持研究院籌備處事宜。按照留美歸國的北大名教授胡適的建議，曹雲祥讓吳宓拿著自己簽發的聘書前往「精博宏通的國學大師」王國維、梁啟超等人的居處一一聘請。時年四十九歲的王國維，做為清王朝最後一位皇帝——溥儀的「帝師」，自然屬於舊派人物（按：王曾任清宣統朝五品「南書房行走」之職）。待吳宓到了北京城內地安門織染局十號王國維居所後，採取入鄉隨俗之策略，先行三叩首如儀大禮，然後再提聘請之事。此招令王國維深受感動，覺得眼前這個吃過洋麵包的年輕人很尊重自己，心中頗感痛快。據吳宓一九二五年二月十三日日記載，「王先生事後語人，彼以為來者必係西服革履、握手對坐之少年。至是乃知不同，乃決就聘。」並於四月十八日攜家遷往清華園古月堂住居（秋遷入西院十六、十八號）。

王國維到校後，鑑於他那如雷貫耳的顯赫聲名，曹雲祥校長曾有意請其出任國學研究院院長一職，但王卻以「院長須總理院中大小事宜，堅辭不就，執意專任教授」。曹雲祥乃請吳宓任主任之職。

與王國維處事風格不同的是，時年五十三歲的梁啟超一見吳宓送達的聘書，極其痛快地欣然接受。此時的梁啟超儘管年過半百，思想不再像當年「公車上書」，憑一介

王國維

書生的血氣與康有為等舉子在北京城奔走呼號，掀起著名的「康梁變法」驚天巨浪那樣激進和奮勵，且已有保守之嫌，但憑藉他那明快暢達、開一代學風的《飲冰室文集》和現代史學的奠基之作《中國歷史研究法》等文史巨著，奠定了其不可撼動的學術大師的地位。當時中國學界公認「太炎為南方學術界之泰山，任公為北方學術界之北斗」，南北兩大巨星相互映照，構成了二十世紀上半葉國學星河中燦爛的風景。誠如郭沫若在一九二八年發表的《少年時代》中所言：「在他那新興氣銳的言論之前，差不多所在的舊思想、舊風習都好像狂風中的敗葉，完全失掉了它的精采。二十年前的青少年，換句話說就是當時的有產階級的子弟，無論是贊成或反對，可以說沒有一個沒受過他的思想或文字洗禮的。」本身已是學貫中西、才情恣肆汪洋的儒林高手吳宓，前往梁府呈送聘書後，曾慨然道：「兒時讀《新民叢報》，即於梁任公先生欽佩甚至。梁先生之行事及文章恆大，影響我的思想精神。」、「及宓留學美國，新文化運動起後，宓始對梁先生失望，傷其步趨他人，未能為真正之領袖。然終尊佩梁先生為博大宏通富於熱情之先輩。」簡短幾語，對梁氏一生的為人為文，算是一個較為持平的論斷。

梁啟超欣然接受清華之聘，不是一時興起，而是有其深厚的歷史淵源。當時北平學界幾乎盡人皆知，梁啟超與清華學校有著相當長的密切關係與感情，其三位公子先後求學於清華學校，長子梁思成一九一五年入學，一九二三年畢業，次年留學美國賓夕法尼亞大學；次子梁思永一九一六年入學，一九二四年畢業後留學美國哈佛大學；三子梁思忠一九一八年入學，一九二六年畢業後留學美國，步入了著名的西點軍校。梁啟超本人於一九一四年前後，曾數次來清華學校做「名人演講」，開始與清華建立起真摯的感情與友誼。

梁氏不僅是名滿天下的國學大師，還是一位具有世界聲譽的「言論界的驕子」和「輿論界的權威」，他那宏闊深邃的思想、詞鋒如劍的演說，如一道道耀眼刺目的閃電，在昏沉沉的中國放射出灼人的光芒，無論是他在主辦《時務報》時期和《新民叢報》早期反對袁世凱稱帝，還是反對張勳復辟時期，都是一樣氣貫長虹，具有移山填海的浩浩威勢。連袁世凱的「太子」、曾野心勃勃想當皇帝接班人的袁克定也公開坦承梁為「領袖名流」，得他一言，「賢於十萬毛瑟（槍）也。」後來成為文學家的清華學生梁實秋在回憶中亦稱梁啟超的大師風範，呼之欲出。梁實秋在回憶清華求學時代聆聽梁啟超的某次演講時說：「在一個風和日麗的下午，高等科樓上大教堂裡坐滿了聽眾，隨後走進了一位短小精悍、禿頭頂寬下巴的人物，穿著肥大的長袍，步履穩健，神情瀟灑，左右顧盼，光芒四射，這就是梁任公先生。他走上講臺，打開他的講稿，眼光向下面一掃，然後是他的極簡短的開場白，一共只有兩句，頭一句是：『啟超沒有什麼學問，』眼睛向上一翻，輕輕點一下頭，『可是也有一點嘍！』這樣謙遜同時又這樣自負的話是很難得聽到的。」又說：「那時候的青年學子，對梁任公先生懷著無限的景仰，倒不是因為他是戊戌變法的主角，也不是因為他是雲南起義的策畫者，實在是因為他的學術文章對於青年確有啟迪領導的作用。過去也有不少顯宦及叱吒風雲的人物蒞校講話，但是他們沒有能留下深刻的印象。」而梁啟超的音容笑貌卻像釘子一樣牢牢地鍥在清華師生的心靈深處。

梁啟超

對這段歷史因緣，梁啟超曾自言：「我與清華學校，因屢次講演的關係，對於學生及學校情感皆日益深摯。」稍後，梁氏又不時來清華休假「小住」、著書立說，並對國學的前途有所關注。他曾在一次校方組織的教授座談會上直言不諱地說道：「清華學生除研究西學外，當研究國學。蓋國學為立國之本、建功之業，尤非國學不為功。」從一九二二年起，梁氏開始常在清華兼課。一九一四年，即清華剛剛建校三年時，他親赴清華演講，講題名為「君子」。他用《周易》中兩句關於「君子」中乾坤二卦的卦辭做發揮，以此激勵清華學子發憤圖強，「乾象言，君子自勵猶天之運行不息，不得有一暴十寒之弊。且學者立志，尤須堅忍強毅，雖遇顛沛流離、不屈不撓。……坤象言，君子接物，度量寬厚猶大地之博，無所不載，君子責己甚厚，責人甚輕……」在闡發「天行健，君子以自強不息；地勢坤，君子以厚德載物」的君子「大道」後，更明確提出「他年遨遊海外，吸收新文明，改良我社會，促進我政治，所謂君子人者，非清華學子，行將誰屬？深願及此時機，崇德修學，勉為君子，異日出膺大任，足以挽既倒之狂瀾，做中流之砥柱」。梁氏此次演講對清華優良學風和校風的養成產生了深遠的影響，清華大學校委會後來決定把「自強不息，厚德載物」訂為校訓並鐫刻在校徽上，以勵師生。自此，內含真正「強大」、「不息」玄機奧祕的八字校訓，如同一座高聳的路標，昭示著清華師生前行的方向。

除了以上這些歷史淵源和情感的交結，促使梁啟超萌動應聘之心的，還有另外一個插曲。這就是，出於對國學的摯愛和對國學發揚光大的目的。此時的梁氏正準備在天津籌辦一個專門用來培養國學人才的「文化學院」，正在他苦其宏願而總不得實現之際，清華國學研究院適時來聘，於是才有了梁啟超放棄舊構，欣然前往的行動。

王、梁兩位大師應聘後，按當初胡適的提議，清華方面欲聘另一位名蓋當世、為天下士子服膺的大師、外號「章瘋子」的章太炎前來聚會，但自視甚高、目空天下士、且素與梁啟超

陳寅恪

不睦的章氏，不願與王、梁兩人共事，得此禮聘，「瘋」勁頓起，拒聘不就，自此清華園錯過了一位儒林宗師。

國學研究院既開，僅王、梁兩位導師顯然不足以應付各科學業，於是，清華教務長張彭春積極薦舉與他同期留美、時年三十四歲、才情超群、知識廣博、號稱「漢語言學之父」的哈佛博士趙元任前來任教。曹校長聞知，欣然同意，立即發電聘請。做為主任的吳宓，此前亦向曹雲祥強力推薦正在柏林研究學業的號稱三百年才出一人的史學大師、三十七歲的陳寅恪來清華擔當教授之職，曹校長亦允之。未久，陳氏歸國應聘。

這就是當年令天下學界為之震動，被後世廣為流傳並影響深遠的清華國學研究院「四大導師」。

開田野考古先河的李濟

緊隨這「四大導師」之後進入國學院的另一位導師，就是後來被譽為中國人類學和考古學之父的最為年輕的「海龜」李濟。

在李濟加入畢士博考古工作隊不久，做為清華大學籌備處顧問的丁文江建議李濟去研究院，一邊任教一邊做研究工作，並把情況介紹給老朋友梁啟超，兩人共同出面向清華校長曹雲祥推薦，曹表示同意。由於李濟當時正和美國弗利爾美術館合作組織考古發掘事宜，在時間分配上，考古發掘占相當比重，因而大部分薪水由美方撥發，每月三百元，清華每月發一百元，兩者合在一起，正好和梁、王、陳、趙「四大導師」的教授薪水持平。因清華支付的一百元並不是教授的薪水，故只能以講師的身分出任國學研究院導師。

這一年，李濟二十九歲。

此時的李濟並未計較自己頭頂上的帽子是教授還是講師，他帶著自己的興趣與志向，滿懷激情地走進了清華園。從當年清華的「官方文件」上看，李濟以大師的身價、講師的頭銜做了清華國學研究院的導師之後，擔任的課程先後有普通人類學、人體測量學、古器物學、考古學等，其間還主持了一個考古學陳列室並兼任歷史系教授。令人稍感遺憾的是，他在清華任教期間，重點指導的研究生只有一個半：一個是後來中國龍山文化和南詔文化的發現者、著名考古學家吳金鼎，另半個是徐中舒（徐為第一屆研究生，主要師從王國維研讀古文字學與殷周民族史，故在李濟的名下只能算半個）。

在清華的日子，李濟與各位教授關係融洽，但走得最近的當是比自己大二十三歲的梁啟超，不僅因為梁對李有推薦保舉之恩，更重要的是兩人在對待近現代田野考古這門新興學科的看法上具有相同的眼光和熱情。梁啟超是最早介紹西方考古學理論、

一九二五年冬，在清華園國學研究院師生合影。前排左起：李濟、王國維、梁啟超、趙元任。後排左起：章昭煌、陸維釗、梁廷燦。時陳寅恪未到校。（引自《清華年刊》一九二六年二十六期）

方法，並系統總結中國傳統金石學成果的極富遠見卓識的史學大師，也是一位非常重視遺址搜尋和田野發掘的熱心宣導者。在清華任教時的梁正擔任著中國考古學會會長，而這時候的李濟是一位血氣方剛、朝氣蓬勃、滿身透著西方文明浸染的富有科學知識與理念的青年才俊，用他自己的話說，像「剛出籠的包子」，熱氣騰騰，許多想法與梁啟超一拍即合，兩人遂成亦師亦友的同事和朋友。由於梁、李都極為重視田野考古發掘所取得的第一手材料，李濟進入研究院後，在梁啟超的鼓動和弗利爾美術館畢士博的支持下，即開始著手讓考古人類學這門新興學問突破厚重的清華園圍牆，把教研課堂搬到田野之間，於是便有了在中國考古史上具有里程碑性質和深遠意義的山西考古之行。

李濟在清華研究院任教時期的故居——現照瀾院九號。（作者攝）

一九二六年二月五日，李濟與地質學家——曾隨瑞典著名學者安特生（J.G. Andersson）發掘聞名於世的仰韶文化的袁復禮同赴山西，沿汾河流域到晉南做考古調查。其間發現了幾處新石器時代的彩陶遺址，並取得了一些標本。在初步確定了幾個可供發掘的地點後，於三月底返回清華園。同年十月，在李濟的直接協調洽談下，由清華研究院和美國弗利爾美術館共同組織，由對方出大部分經費，李濟、袁復禮主持，赴山西夏縣西陰村進行田野考古發掘（按：發掘古物永久留在中國）。這是中國人自己主持的第一次正式的近現代科學考古發掘嘗試，也是李濟在清華任教的幾年間做成的唯一一次考古發掘，後雖又外出幾次，都因軍閥混亂而停止。對於這次發掘的意義和評價，許多年後，李濟的學生、世界級的考古學家張光直曾言：「這第一個中外考古合作計畫所採取的立場是明確的：學術是天下之公器，中外合作是可以的，而且在當時條件下還是必需的，但古物是公有的，而且是國有的。李濟先生的國際地位與國際眼光並沒有使他在愛國、在維護國家權益上做任何的讓步。這種眼光遠大的愛國精神是李濟先生一生事業的特色。」此次發掘，由於其在中國考古史上具有的開創性意義與奠基性地位而載入史冊。

對此項中外合作發掘事宜，梁啟超極感興趣，主動給予大力關懷與支持。他憑著自己的聲名與龐大的人脈背景，曾兩度親筆寫信給山西之主閻錫山，請他對這一新興科學事業給予官方支持。為此，李濟後來曾深情地回憶道：「梁啟超教授是非常熱心於田野考古的人，他主動地把我推薦給山西省模範省長閻錫山。」因為有了閻老西政府的撐腰和關照，使得這次考古發掘非常順利。

《西陰村史前的遺存》
（一九二七年出版）一書封面。

風聲燈影裡的梁家父子

此時，梁啟超的次子梁思永正在大洋彼岸的美國哈佛大學就讀，主攻考古人類學。這一專業的選擇來自於梁啟超的精心策畫與安排。具有博大學術眼光和強烈民族責任感的梁任公，眼望世界範圍的考古學迅猛發展，而號稱有五千年文明史的中國境內，從事考古工作的人都是以各種名義來華的外國學者，如瑞典人安特生、加拿大人布萊克（Davidson Black）、德國人魏敦瑞（J.F. Weidereich）、法國人德日進（P. Teilhard de Chardin）及日本人鳥居龍藏、水野清一等等。對這種現狀頗有些不滿和不服氣的梁啟超，很希望有中國人自己出面做此一工作。對這門學問的前景，他在一次演講中曾滿懷信心與感情地指出：「以中國地方這樣大、歷史這樣久、蘊藏的古物這樣豐富，努力往下做去，一定能於全世界的考古學上占有極高的位置。」正是有了這樣一種眼光和信心，這位決心以學術薪火傳家立業的「飲冰室主人」，讓長子梁思成赴美國學習建築、次子梁思永學習考古。這一安排，皆是為了讓當時不受中國學術界重視的冷僻專業能夠在中國大地上生根、發芽、成長、壯大，「為中華民族在這一專業學問領域爭一世界性名譽。」他在致子女的信中說：「思成和思永同走一條路，將來互得聯絡觀摩之益，真是最好沒有了。」後來的事實證明，梁啟超的目的達到了，梁思成與梁思永學成歸國後，分別成為自己專業學科中領一代風騷的宗師，只是天不假年，梁啟超

梁啟超（中）與梁思永（右）、梁思達上世紀二〇年代合影。

沒能親眼看到這一天的到來。

一九二六年十二月十日，梁啟超在寫給次子梁思永的家信中，多次提到李濟的田野考古發掘，「李濟之現在山西鄉下（非陝西）正採掘得興高采烈，我已經寫信給他，告訴以你的志願及條件，大約十日內外可有回信。我想他們沒有不願意的，只要能派做實在職務，得有實習機會，盤費、食住費等都算不了什麼大問題。」此前，梁思永在美國學習期間，曾參加了印第安人遺址的發掘，他寫信給父親梁啟超，表示想回國實習，並蒐集一些中國田野考古資料。為此，梁啟超除向這位遠在異國他鄉的兒子提供了有關統計資料外，還為其回國後的實習機會和條件做了精心安排。從信中可以看出，梁思永一旦回國，則可跟隨李濟到田野去一試身手。

李濟和袁復禮在山西工作了兩個多月，直到十二月三十日方結束。此次發掘收穫頗豐，共採集了七十六箱出土器物，分裝九大車，於次年元月初，歷盡數次艱險磨難和幾個晝夜的風餐露宿，總算安全無損地押運到清華研究院。山西夏縣西陰村遺址的成功發掘，真正揭開了中國現代考古學的序幕，標誌著現代考古技術在遠東這塊古老大地上開始生根發芽。做為人類學家的李濟也由這次發掘而正式轉到了考古學領域的探索與實踐中，從而奠定了他在中國現代考古學發展史上開一代先河的大師地位。

一九二七年一月十日，清華國學研究院歡迎李濟、袁復禮兩人山西考古發掘所取得重要成果的茶話會，在眾人的期待中召開。繼張彭春之後出任清華大學教務長兼理國學研究院事務的梅貽琦、國學院全體導師和學生皆出席了會議。梁啟超聽取了李、袁兩人所做的長篇報告後，精神亢奮，欣喜異常。當天晚上回到寓所，以極大的興致給遠在大洋彼岸的兒子梁思永寫了一封長達兩千餘字的長信。信中充滿激情地寫道：「他（按：李濟）把那七十六箱成績，平平安安運到本校，陸續打開，陳列在我們新設的考古室了。今天晚上，他和袁復禮（是他同伴，學地質學的）在研究院茶話會裡頭做長篇的報告演說，雖以我們的門外漢聽了，也深感興味。他們演說裡頭還帶著講他們兩個人『都是半路出家的考古學者（濟之是學人類學的），真正專門研究考古學的人還在美國——梁先生的公子』。我聽了替你高興又替你惶恐，你將來如何才能當得起『中國第一位考古專門學家』這個名譽，總要非常努力才好。」

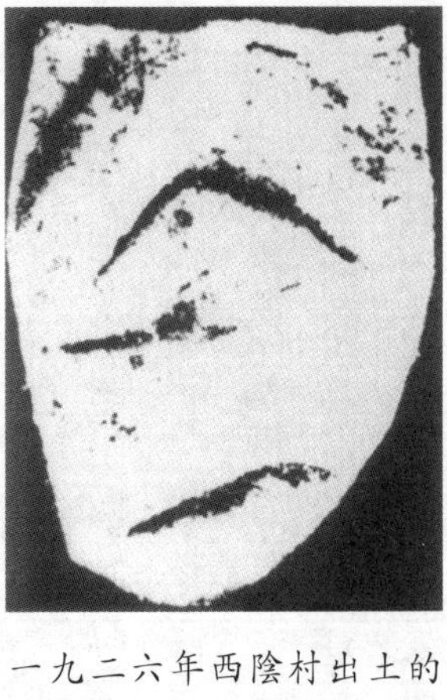

一九二六年西陰村出土的蠶繭，136cm×104cm，上部被割去。（李光謨提供）

梁啟超在信中談到出土器物有銅器、石器、骨器及複雜的陶器花紋問題時說：「此外，他們最得意的是得著半個蠶繭，證明在石器時代已經會製絲。」對此次考古發掘的重大意義，梁又說：「這幾年來（民國九年以後）瑞典人安特生在甘肅、奉天發掘的這類花紋的陶器，力倡中國文化西來之說，自經這回的發掘，他們想翻這個案。（李濟）所說：『以考古家眼光看中國，遍地皆黃金，可惜沒有人會揀。』真是不錯。」梁啟超再次建議兒子回國後「跟著李、袁兩人做工作，一定很有益」。又說，即使因時局動盪而無法外出做田野發掘，在室內跟著李濟整理那七十六箱器物，也「斷不致白費這一年光陰」。對兒子的殷切期望之情，皆溢於筆下那酣暢淋漓的瀚墨之中。按梁啟超的打算，他還想讓梁思永豐富一些古文物方面的知識，多參觀幾個新成立的博物館，然後再去歐美深造幾年，一定會受益更多。

梁思永接受了父親的建議，於一九二七年六、七月間回國，並來到了清華園。令人扼腕的是，當他在父親梁啟超的帶領下，於國學研究院一一拜見各位名師巨匠時，「四大導師」之一的王國維已經命赴黃泉了。

王國維在清華大學執教的兩年中，儘管生活趨於平靜，學問愈發精進，但仍「時時以津園為念」，每

清華西院三十二號，王國維故居。（作者攝）

年春節都要去天津晉見「皇上」，還常為「有君無臣」而憂慮。一九二七年三月間，聽說北伐軍到了河南，又聽說葉德輝、王葆心等人為北伐軍所殺，甚為恐懼，常與吳宓、陳寅恪等人議論應變之事。六月一日，清華國學研究院第二屆學生畢業，典禮過後，下午舉行「師生敘別會」。梁啟超、王國維、陳寅恪、趙元任四位教授各入一席，李濟、梅貽琦等在座，師生暢談別情。據當時在場的研究生柏生回憶：「座中（王國維）先生為吾儕言蒙古雜事甚暢，其雍容淡雅之態，感人至深。」宴席將散，梁啟超起立致辭，歷述同學們之研究成績，並謂：「吾院苟繼續努力，必成國學重鎮無疑。」眾皆聆聽，王國維亦點頭表示同意此說。宴畢，王國維與眾師生作別如平時，爾後隨陳寅恪至南院陳宅，兩人暢談至傍晚。是日晚，王氏在自家宅中會見謝國楨等同學，依舊是談笑和怡。六月二日晨，王國維餐畢，八時至研究院辦公，料理事務如常，並與同人談及下學期招生事宜。隨後離奇地向事務員侯厚培借了五元錢，獨自悄無聲息地走出清華園，在校門僱一輛洋車逕赴只有幾里地的頤和園，花六角錢買了一張門票，約十時步入園內，徘徊於長廊之間，後踱步至園內魚藻軒前的昆明湖畔獨立沉思，盡紙菸一支，十一時左右，懷揣剩餘的四元四角和一紙寫有「五十之年，只欠一死，經此世變，義無再辱。我死後當草草棺殮，即行槁葬於清華塋地」等字樣的簡短遺書，縱身一躍，沉入湖底。雖有園丁「忽聞有落水聲，爭往援起」，但王的頭顱已插入淤泥，前後不過兩分鐘即氣絕身亡。一代國學大師由此告別了充滿血腥、苦痛與悲傷的世界，時年五十一歲。

王國維神祕、詭異、怪誕地沉湖而死，引起了清華師生巨大悲慟，全國學界為之譁然，對他的死因產生了種種猜測議論，致有多種說法流傳於世，如殉清說、自殉文化說、悲觀哀時說、羅振玉逼債致死說等等，遂成為一個撲朔迷離的不解之謎。同時，也昭示了一個不祥的預兆，清華國學院「四大」支柱轟然斷裂一根，另外一根也岌岌可危，馬上就要坍崩——這便是學界中號稱泰山北斗、被陳寅恪譽為「清華學院多英傑，其間新會稱耆哲」的梁啟超。而盛極一時的清華國學研究院也已漸顯頹勢，大有唇亡齒寒、風雨飄搖之勢。

清華園中的王國維墓碑。（作者攝）

早在一九二六年初，梁啟超因尿血症久治不癒，不顧朋友們的反對，毅然住進北京協和醫院，並於三月十六日做了腎臟切除手術。極其不幸的是，手術中卻被「美帝國主義派出的醫生」、協和醫院院長劉瑞恆與其助手誤切掉了那個健全的「好腎」（右腎），虛弱的生命之泉只靠殘留的一只「壞腎」（左腎）來維持供給。

此時西醫在中國立足未穩，大受質疑，而手術主要主持者乃是畢業於美國哈佛大學的醫學博士、協和醫學校校長兼醫院院長劉瑞恆。劉的副手則是純種的美國人，聲名赫赫的外科醫生。為了維護西醫社會聲譽，以便使這門科學在中國落地生根，對於這一「以人命為兒戲」的事故，做為親身的受害者，在「他已證明手術是協和孟浪錯誤了，割掉的右腎，他已看過，並沒有絲毫病態，他很責備協和粗忽，以人命為兒戲。協和已承認了。這病根本是內科，不是外科」（梁啟超語）的情形下，梁啟超不但沒有狀告院方，相反在他的學生陳源、徐志摩等人以「白丟腰子」（徐志摩語）通過媒介向協和醫院進行口誅筆伐、興師問罪之時，梁啟超仍把西醫看作是科學的代表，認為維護西醫的形象就是維護科學、維護人類文明的進步事業。他禁止徐志摩等人上訴法庭，不求任何賠償，不要任何道歉，並艱難地支撐著病體親自著文為協和醫院開脫，在〈我的病與協和醫院〉一文中，梁啟超對做了錯事的協和醫院「帶半辯護性質」。文章的最後極為誠懇地講道：「我盼望社會上，別要藉我這回病為口實，生出一種反動的怪論，為中國醫學前途進步之障礙。——這是我發表這篇短文章的微意。」

梁啟超默默承受著內心的煎熬與苦痛，維護著他篤信的科學與進步事業，而代價是他的整個生命。與其說梁啟超「白丟腰子」是被他所「篤信的科學」所害，不如說他為科學所做出的犧牲更具理性和人道。

一九二七年那個溽熱的夏季，剛從美國歸來、正隨梁啟超在水木清華古月堂慢步的梁思永，當時尚未意識到，其父的人生之旅已是日薄西山，即將走到盡頭。

正應了古人「禍不單行」的一句讖語，由於時局變幻紛亂，軍閥之間刀兵不息、戰禍連綿，使得李濟精心籌畫準備與梁思永一道去山西和西北地方的兩次田野考古發掘皆成泡影。心懷焦慮與惆悵的梁思永，只好以清華國學研究院梁啟超助教的暫時名分留了下來，但大多數時間是憋在室內整理、研究李濟西陰村發掘的陶器。

一九二八年八月，梁思永帶著未完成的研究報告和一顆痛苦、滴血之心，再度赴美深造。當他剛踏出國門，死神就開始「砰砰」地叩擊梁府大門那個怪獸狀的銅環，梁任公的生命之火已是油乾薪盡、回天無術，父子倆這一別竟成永訣。

一九二九年一月十九日，梁啟超與世長辭，享年五十六歲。噩耗傳出，學界政壇天下同悲，清華同仁撫棺慟哭。

泰山崩塌，梁柱摧折，哲人已去。尚在人間的生者在巨大的悲慟中發出了「慟斯人之難再，嗟舉世之皆喑，天喪斯文，悲天憫人」的哀嘆。

五個月後，盛極一時的清華國學研究院宣告解體。

一九三〇年夏，梁思永於美國哈佛大學獲得碩士學位後歸國重返清華園，此時的李濟已投奔中央研究院歷史語言研究所，並出任考古組主任。感念舊情，李濟把梁思永推薦給史語所所長傅斯年，分配到考古組工作。

自此，繼梁啟超之後，命運之神又賦予了李濟一段奇特的因緣，與梁思成、梁思永兄弟開始了近二十年密切合作與交往的人生之旅。

八方風雨會羊城

一九二八年十月底，李濟以清華國學研究院導師的身分赴美講學歸國，途經香港，就在停留的短暫空隙，與一位在中國未來政壇與學界掀起驚天巨浪的重量級人物——傅斯年相識了。

關於兩人初識的經過，李濟後來有一個簡單的敘述：「因為我向來不曾到過廣東，所以順便到廣州去看看。又因為我不懂廣東話，而那時剛成立的中山大學，有許多從北方來的教授在那兒教書，我也不知道有什麼人在那兒，我只是去碰碰看。誰知一去，在門口碰到清華的老教授莊澤宣先生，我們彼此很熟。他一見我就說，你什麼時候來的？正有人在這兒找你呢！快去快去！我帶你見他去！我不免吃了一驚，問他什麼人要找我呢？他說：這個人你也知道的，就是傅孟真先生。哦！我真大吃一驚，因為我過去雖說很羨慕孟真先生在五四運動時創辦《新潮》的成就，不過也僅是羨慕而已，因為那時我正在美國。不過我在美國碰見過羅家倫先生，他常常提到一些孟真先生的事情。我說：孟真先生找我有什麼事呢？他說：你到那兒去就知道了。於是莊澤宣先生就領我去見傅先生。他一見面就像是老朋友一樣，一定要我在那兒住……這次，他跟我談的事就是在中央研究院辦歷史語言研究所這件事。談了不久，他就要我擔任田野考古工作。」正是這次會談，決定了李濟五十年的考古學術歷程。

李濟所說的這位傅孟真，名斯年，字孟真，山東聊城人，一八九六年出生於一個儒學世家兼破落貴族家庭，其先祖傅以漸乃大清開國後順治朝第一位狀元，後晉升為光祿大夫、少保兼太子太保、兵部尚書、武英殿大學士，掌宰相職，權傾一時，威震朝野。傅以漸之後，傅門一族家業興旺、歷代顯赫，故聊城傅宅「狀元及第」的金匾高懸於門額，在當地有「相府」之稱。據說傅以漸的這位後世子孫——傅斯年，自幼聰穎好學，熟讀儒學經典，號稱「黃河流域第一才子」、繼孔聖人之後兩千年來又一位「傅聖人」。這位現代「聖人」於一九一三年考入北京大學預科，後轉為國學門。

在校期間，傅斯年與同學好友羅家倫等人以陳獨秀、胡適等教授主編的《新青年》為樣板，搞起了一個叫做《新潮》的刊物，學著《新青年》的樣子鼓吹另類思想與另類文學。一九一九年著名的五四運動爆發後，素有「大砲」雅號的傅斯年擔任學生遊行隊伍的總指揮，扛著大旗在天安門前遊行示威後，又率眾赴趙家樓，上牆爬屋翻入院內，痛毆了賣國漢奸曹汝霖，一把火燒了趙家樓，從而引發了社會各階層的大震動。傅斯年由此聲名大噪、天下皆知。

就在這年夏季，傅於北大畢業後，考取山東省官費留學生，先後赴英國倫敦大學與德國柏林大學就讀，主攻心理學、歷史學、語言學等課程。七年之後的一九二六年秋，傅氏做為一隻滿身散發著海腥味的學界大鱷乘船歸國，受廣州中山大學主持校務的副校長朱家驊聘請，出任中大文學院院長。

一九二七年，傅斯年與北大、柏林兩校同窗何思源（右）、弟傅斯嚴（後站者）在廣州中山大學合影。

為人做事「磊落軒昂、自負才氣、不可一世」，執筆為文「雄辭宏辯，如駿馬之奔馳，箕踞放談，怪巧瑰琦，常目空天下士」的傅斯年（朱家驊語），來到中山大學後，與副校長朱家驊一見如故，且在學術見解與治校方略上一拍即合。傅視朱為難得的知己，以他過人的膽識、才氣與霸氣，主動幫助朱家驊籌畫校務，處理各類繁雜事宜。而朱也視傅氏為鐵桿朋友，放開手腳讓傅在中大校園內由著性子，盡情地翻著跟頭折騰。在傅斯年的策畫和主持下，文學院很快增聘了如吳梅、丁山、羅常培、顧頡剛、楊振聲、何思源等當時的學界名流與大牌「海龜」擔任教授，中山大學由此聲名鵲起、威望日隆，令全國學界為之矚目。

一九二八年四月，北伐成功，問鼎中原的國民政府成立了中央研究院，由原「北大之父」蔡元培出任院長，原孫中山祕書處祕書楊杏佛任總幹事。下設各研究所及首任所長如下：地質所李四光，天文所高魯，氣象所竺可楨，物理所丁燮林，化學所王進，工程所周仁，社會科學所楊端六。

由於受經濟條件的限制，當時未設立文科方面的研究所。

時在廣州中山大學的傅斯年得此消息，認為既然是中央研究院，就應該有文史方面的學科加入，否則將有失偏頗。於是開始結集「一部分熱心文史學的先進」，以「歷史語言研究的特別重要，現代的歷史學與語言學科是科學」等說詞（傅斯年語），對蔡元培、楊杏佛等幾位決策人物展開遊說攻勢。憑著北大時代與蔡元培校長結下的良好關係，傅斯年以他特殊的魅力和超人的才智加霸氣，終於「迫使」蔡元培與楊杏佛就範，「無中生有」地又繁衍出一個社會科學方面的研究所——後來名揚天下的歷史語言研究所。正如傅自己所言：「這一努力顯然是很快地成功了。」

一九二八年十月十四日，中央研究院歷史語言研究所正式宣告成立，所址設在廣州東山柏園。傅斯年辭去中山大學教職，出任歷史語言研究所所長。傅氏一上任，就大顯身手，四處網羅人才，並把目光投向了清華國學研究院。

此時清華研究院導師中的王國維已跳湖自盡、梁啟超的生命之燈即將熄滅、趙元任正張羅著出國講學、李濟的心思仍放在田野發掘和器物整理研究上、陳寅恪獨木難撐，研究院已成風雨飄搖、大廈將傾之勢。傅斯年趁此機會，憑著自己非凡的人脈關係，迅速向陳寅恪、趙元任伸出了橄欖枝，對方很快做出回應，表示願意接受傅的聘請，分別出任史語所下設的歷史組和語言組主任。

待搞定陳、趙之後，心中竊喜的傅斯年，沒敢忽視另一位講師銜的導師李濟的存在。儘管傅、李兩人同庚，都是盛極一時的「海龜」，但李濟畢竟是哈佛大學響噹噹的博士，且歸國後開創了田野考古發掘的先河，聲名日隆，為全國學界所矚目。鑑於這種現實的存在，繼陳寅恪、趙元任之後，傅斯年以極大的熱情與真誠準備邀請李濟加盟這一新生陣營。恰在此時，兩位學界鉅子在一九二八年那個初冬裡，於中山大學不期而遇。通過短暫的交談，傅斯年希望李濟能鼎力相助，並出任史語所第三組——考古組主任。

李濟聽罷，很是高興，因為從事新式的專職田野考古一直是他的夢想與追求，現在有這樣一個能實現夢想的地方，當然是件令人愉快的事。於是，立即決定辭去清華和弗利爾美術館的職位，加盟史語所，並集中全力主持考古組工作。自此，清華研究院殘存的三位導師盡數歸入傅斯年手中高高飄揚的大旗之下。

這一年，傅斯年三十三歲，李濟三十三歲，趙元任三十七歲，陳寅恪三十八歲。

一九二九年六月，在傅斯年主持的所務會議上，正式決定把全所的工作範圍訂為歷史、語言、考古三個組，通稱一組、二組、三組。主持各組工作的分別是陳寅恪、趙元任、李濟「三大主任」。後又增設第四組——人類學組，由留美的「海龜」吳定良博士主持工作。這一體制，直到史語所遷往臺灣都未變更（按：其中有一段時間，人類學組從史語所分出，成立人類體質學研究所籌備處，但終未正式獨立建所）。

萬事俱備，只欠東風，歷史語言研究所就要鳴鑼開張了。當三個組的人員各就各位後，傅斯年以非凡的處事能力與人際關係，很快為第一組找到了內閣大庫檔案，指定了漢簡與敦煌材料的研究範圍；為第三組劃定了安陽與洛陽的調查。二組的工作也相應地開展起來。

為了消除李濟擔心的「口號將止於口號」此一形式主義的痼疾，早在史語所正式成立之初，富有學術遠見的傅斯年就於這年的八月十二日，指派時任中山大學副教授、史語所通信員的董作賓，悄悄趕往安陽殷墟，對甲骨出土地進行調查並收集甲骨，為日後的發掘做準備。

所謂甲骨文，即刻在龜甲和獸骨上的一種古老文字，其作用就像遠古的先民「結繩紀事」一樣，屬於一種「記錄文字」。當這種文字未被識讀之前，這些龜甲和獸骨只是被當作不值錢的藥材出現在大小藥店。而一旦上面的古文字被確認，天下震驚，中華遠古文明的大門轟然洞開。

據可考的記載，光緒二十五年（一八九九年）秋，時任國子監祭酒（按：相當於皇家大學校長）的山東煙臺福山人王懿榮得了瘧疾，京城一位老中醫給他開了一劑藥方，裡面有一味中藥叫「龍骨」，王派家人到宣武門外菜市口一家老字號中藥店——達仁堂，按方購藥。待把藥買回後，王懿榮親自打開查看，忽然發現「龍骨」上刻有一種類似篆文的刻痕，憑著自己淵博的學識和金石方面深邃的造詣，他當即意識到這頗像篆文的刻痕，可能是一種年代久遠的古文字，且刻寫的時間要早於自己以往研究的古代青銅器皿上的文字。對於這一意外發現，王懿榮既驚又喜，於是又派家中跑堂的夥計迅

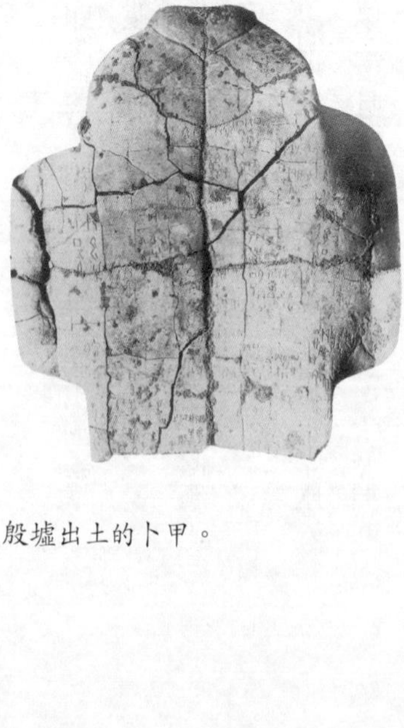

殷墟出土的卜甲。

速趕到達仁堂，把帶有文字的「龍骨」全部購回，加以鑑別研究，同時注意在京城各藥舖及「龍骨」出現的場所大肆收購。由於王懿榮在天下儒林中所具有的特殊地位，其收購、研究甲骨文的舉動在圈內逐漸傳開。不久，消息靈通、頗具生意眼光的山東濰縣古董商範維卿攜帶刻有文字的甲骨十二片，進京拜見王懿榮。王一見視若珍寶，將此物全部收購下來。此後，又有一位古董商趙執齋也攜甲骨數百片來京售賣，王懿榮聞訊後悉數認購，在不長的時間裡就收購了有字甲骨約一千五百片，並做了相關研究。王懿榮不僅做為認定商代文字第一人，確認了甲骨文世之無匹的學術價值，同時開創了甲骨文研究的先河，揭開了中國商代歷史研究的序幕。

繼王懿榮之後，一九一二年二月，著名古器物與古文字學家羅振玉，按照世間流傳和自己調查的線索，委託他的弟弟羅振常到河南安陽訪求甲骨。羅振常不負所望，在安陽小屯逗留五十餘日，不僅弄清了甲骨出土地的準確位置，而且搜求甲骨多達一萬二千片，分兩次通過火車運往北平。羅振玉通過對這批甲骨深入細緻的研究，並從《史記．項羽本紀》「洹水南殷墟上」的記載中得到啟示，認為此地為「武乙之都」。後來又在其所著《〈殷墟書契考釋〉自序》中，確定了小屯為「洹水故墟，舊稱亶甲，今證之卜辭，則是徙於武乙去於帝乙」的晚商武乙、文丁、帝乙三王時的都城。這個考釋，無論是當時還是之後，都被學術界認為是一項了不起的、具有開創性的重大學術研究成果。

如果說羅振玉通過對甲骨文的釋讀和研究，使殷商的歷史之門露出了一道縫隙，讓學界同人得以管窺廟堂之間的些許影像，那麼，王國維則把這扇封閉了三千餘年的殷商王朝的大門徹底撞開了。王國維通過對甲骨文的研究、考訂，使商代先公先王的名號和世系基本上得到了確認，並在整體上建立了殷商歷史的體系。為此，王國維做為「新史學的開山」（郭沫若語）登上了甲骨學研究的第一座高峰。所著的《殷商卜辭中所見先公先王考》和《續考》，為甲骨學研究和發展做出了劃時代的貢獻，從而直接引發了古代史，尤其是殷商歷史做為可靠信史研究的革命性突破。當三十四歲的河南南陽人董作賓到達安陽後，通過實地調查得知，小屯地下埋藏的有字甲骨，並不像羅振玉等人此前所說的那樣已被挖盡，他從當地農民盜掘甲骨留下的坑痕做出判斷，殷墟規模龐大，地下遺物十分豐富，且遺址破壞嚴重，有組織的科學發掘已到了刻不容緩的緊要關頭。他在向傅斯年的報告中頗為焦慮地宣稱：「遲之一日，即有一日之損失，是則由國家學術機關以科學方法發掘之，實為刻不容緩之圖。」

傅斯年得知安陽殷墟情形，驚喜交加，馬上籌措經費、購置設備、調配人員，在中央研究院蔡元培院長的大力支持下，組成了以董作賓為首的殷墟科學發掘團，奔赴安陽進行發掘，震驚中外的考古大發現由此拉開了序幕。

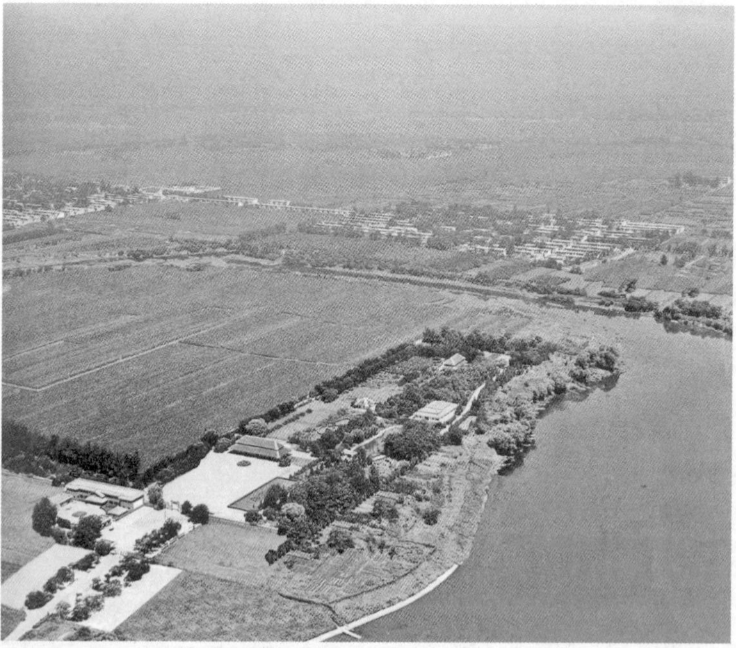

安陽殷墟鳥瞰。

梁思永踏上殷墟

這次考古發掘自一九二八年十月七日開始，至三十一日結束，前後共進行了二十四天，發掘土坑四十個，挖掘面積兩百八十平方米，掘獲石、蚌、龜、玉、銅、陶等器物三千餘件，獲得甲骨八百五十四片，其中有字甲骨七百八十四片，另有人、豬、羊等骨架出土。董作賓做為本次發掘的主持人，手抄有字甲骨三百九十二片，並做了簡單的考釋，這個成果與他前期的調查報告共同在後來史語所創辦的《安陽發掘報告》做為首篇文章刊載。此次發掘與著述的問世，正如李濟所言：「不僅結束了舊的古物愛好者『圈椅研究的博古家時代』，更重要的是為有組織的發掘這著名的廢墟鋪平了道路。」

當然，未受過西方近代考古學正規訓練的董作賓所帶領的發掘隊員皆本土學者，發掘中難免出現一些疏漏，甚至笑話。許多年之後，已成為著名考古學家的夏鼐曾說道：「我在一九三五年參加殷墟發掘時，還聽說過一個關於董作賓一九二八年主持初次發掘時『挖到和尚墳』的故事。書齋中出來的董作賓，從來沒有看見過出土的骷髏頭，只從筆記小說中知道死人頭髮是最不易腐朽的。所以，他發掘到一座時代不明的古墓時，便認為頭上無髮的墓主人一定是一位和尚。骷髏頭猙獰可怕，所以仍被埋起來。到了李濟、梁思永主持發掘時才注意到人骨標本的採集，並且用科學的採集方法和保存方法。」

董作賓在殷墟的發掘工地。

或許正是由於以上的缺憾，董作賓感到惶恐不安，並有了中途換將、由「海龜」李濟出任第二次發掘主持的因緣。按照中央研究院院長蔡元培的說法，「董先生到了那裡，試掘了一次，斷其後來大有可為。為時雖短，所得頗可珍重，而於後來主持之任，謙讓未遑。其時，適李濟先生環遊返國，中央研究院即託其總持此業，以李先生在考古學上之學問與經驗，若總持此事，後來的希望無窮。承他不棄，答應了我們，即於本年（一九二九年）二月到了安陽，重開工程。」

在美國弗利爾美術館的經費支持與董作賓的密切配合下，李濟率領考古隊於一九二九年春季和秋季，分別進行了第二次和第三次發掘，陸續發現了大批的陶器、銅器與三千餘片甲骨、兩件獸頭刻辭與聞名於世的「大龜四版」（按：一個完整的刻滿文字的烏龜殼）。尤其引人注目和振奮的是，這年的十一月二十一日，李濟於一堆碎片中發現了一片彩陶——這是安陽殷墟在抗戰前全部十五次發掘中，所記錄出土的二十五萬塊陶片中唯一的一片具有仰韶文化性質的彩陶。對於這一異乎尋常的發現，二十年後，李濟曾專門撰寫論文指出它在歷史研究中的重大價值和意義，「在開始這一工作時，參加的人員就懷抱著一個希望，希望能把中國有文字記錄歷史的最早一段與那國際上令人注意的中國史前文化連貫起來，做一次河道工程師所稱的『合龍』工作。那時安特生博士在中國所進行的田野考古調查工作已經到了第十個年頭了。這一希望，在第三次安陽發掘時，由於在有文字的甲骨

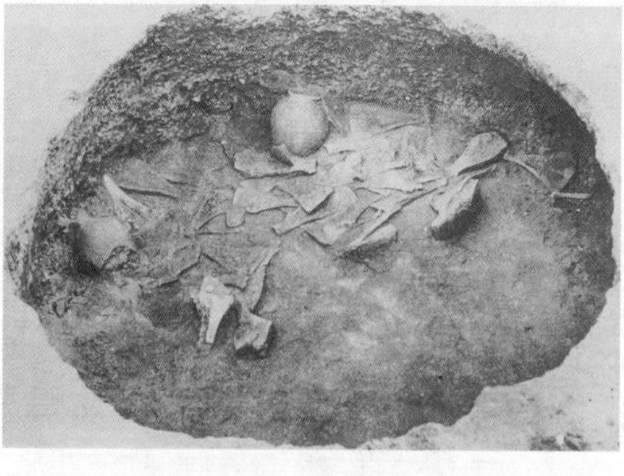

董作賓在安陽小屯發現的甲骨坑。

一九二九年第二次安陽發掘合影（坐者左一李濟、左二裴文中。右立者右二董作賓、右一董光忠。左立五人為馮玉祥派出的護兵，坐者右四人為護兵長官）。

層中一塊仰韶式彩陶的發現而大大增加。現在事隔二十年了，回想這一片彩陶的發現，真可算得一件歷史的幸事。」又說：「要不是終日守著發掘的進行，辛勤地記錄，這塊陶片的出現，很可能被忽視了。有了這一發現，我們就大膽地開始比較仰韶文化與殷商文化，並討論它們的相對的年代。」

一九三〇年春，當史語所準備對殷墟再度進行發掘時，卻產生了不祥的預兆，河南大雨、冰雹成災，所降「冰雹大者數斤、小者如雞卵」，這場災難過後，接著出現旱

一九二九年秋，李濟在河南安陽主持殷墟第三次發掘，挖出彩陶片的情形。

災，導致河南全境「每天平均餓死千餘人」。接下來，軍閥混戰時期著名的中原大戰爆發，以閻錫山、馮玉祥等地方軍閥組成的聯軍，與蔣介石為首的中央國民政府軍，以河南為中心展開激戰。交戰雙方投入兵力達到一百三十萬人（閻、馮聯軍六十萬，中央政府軍七十餘萬），大戰持續時間達半年之久，雙方共死傷三十餘萬眾。最後以張學良調集東北軍入關助蔣，閻、馮聯軍敗北而告終。史語所原訂對安陽殷墟的第四次發掘計畫，在大砲轟鳴、硝煙瀰漫、血肉橫飛、新鬼添怨舊鬼哭的風雲激盪中化為烏有。

做為以考古發掘和學術研究為職業的李濟等學人，並沒有因為戰爭而中斷自己為之追求的事業（除戰爭之外，一九二九年冬，中研院殷墟發掘隊與河南地方勢力為爭出土器物鬧糾紛，也是原因之一），既然河南不能發掘，李濟決定率部轉移到山東城子崖，繼續從事發掘工作。

一九三〇年秋，中原大戰硝煙尚未散盡，李濟與董作賓率部走出安陽，移駐山東濟南東約六十餘里的歷城縣龍山鎮一個叫城子崖的一處黑陶文化遺址，開始首次發掘。由於城子崖遺址地處龍山鎮，故將這一文化命名為龍山文化。

在中原大戰硝煙散盡、血跡風乾之後的一九三一年春，由李濟主持的第四次殷墟發掘宣布開始。此次發掘，在李濟的具體指導下，有計畫地將殷墟遺址劃分為五個大區，每個區由一位受過專業科學訓練或有經驗的考古學家指導，以

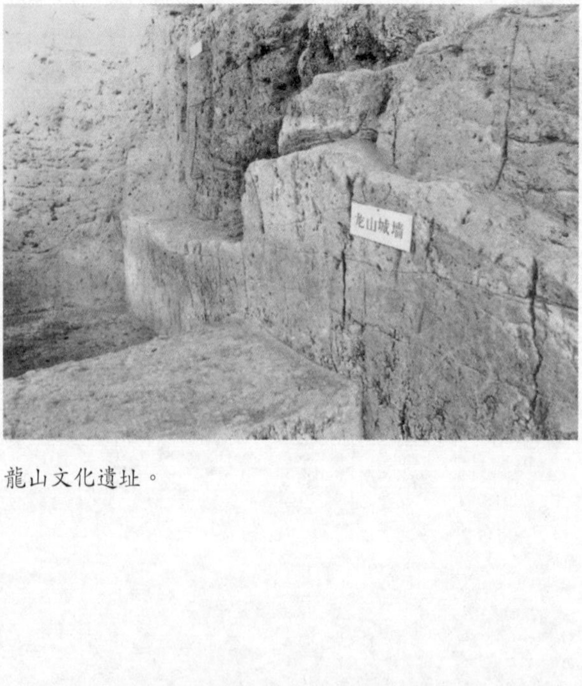

龍山文化遺址。

「捲地毯式」的新方法進行發掘。發掘隊除原有的郭寶鈞、王湘等人外，增加了十幾位年輕學者，史語所新招聘的吳金鼎、李光宇來了，河南大學史學系學生石璋如、劉燿（尹達）來了，最令人矚目的是，梁啟超的二公子、被李濟稱為「真正專門研究考古學的人」梁思永也在這個明媚的春天裡，帶著勃勃生機，神采飛揚地到來了。

梁思永於一九三〇年夏季在哈佛大學獲碩士學位後歸國，此時梁啟超去世一年有餘，清華研究院也已解體一年，梁思永舉目四望，物是人非，恍如隔世，其傷感悲慟之情無以言表。正在北平的李濟感念梁氏家族與自己的交情，主動把梁思永介紹給傅斯年。從此，梁思永正式加入了中央研究院歷史語言研究所考古組的行列。

就在李濟主持山東濟南城子崖發掘的那個秋日，地質學家丁文江得到來華考察的法國傳教士、古生物學家德日進神父提供的線索，說中國東北中東鐵路上有人發現黑龍江昂昂溪附近有個新石器時代的遺址。歷史語言研究所決定搶在日本人全面發動侵華戰爭之前，派梁思永前去實地調查、發掘。是年十月，梁思永頂著正在黑龍江地區流行的鼠疫、冒著戰火的危險，與助手從容來到偏僻荒涼的昂昂溪五福遺址開始調查發掘。當時該地的天氣已特別寒冷，梁思永與助手每天都必須脫掉鞋襪、褲腳捲至大腿根部、光著腳蹚著冰涼的積水往返於居地與遺址之間。在不長的時間裡，先後發現了三百多件石、骨、陶器，並在五福遺址水淀里親自發掘了四處沙岡與兩座墓穴。梁思永把調查發掘的文物做了初步研究後，得出昂昂溪文化係蒙古熱河一帶細石器文化的東支的結論。一九三二年十月，梁思永在《歷史語言研究所集刊》上，發表了長達四十四頁、近七萬字、插圖和寫生達三十六版的大型考古發掘報告《昂昂溪史前遺址》。從此，松嫩平原嫩江中下游沿岸廣泛分布的以細小壓琢石器為主的原始文化類型，被稱作「昂昂溪文化」，在中國和世界古代史上占有重要地位。梁思永此回首次科學考古發掘和研究報告的問世，為嫩江流域古代文化的研究，奠定了理論基礎和科學依據。特別在石器研究中，對細石器（當時稱為幺石器）的概念和分類標準的創新性時代劃分，為後來的研究樹立了科學的典範。

昂昂溪的考古發掘工作告一段落後，梁思永決定取道熱河回北平，以便沿途考察其他地方的史前遺址。一九三一年十月二十一日由通遼出發，在熱河境內考察了三十八天，行程上千里，發現了林西、雙井、赤峰等五處新石器時代遺址，並採集了大量陶片、石器等文物標本。十一月二十七日，梁思永結束了考察回到北平。翌年春，又告別新婚剛剛三個月的愛妻李福曼，意氣風發地來到了安陽。此前，殷墟附近有許多遍布陶片的遺址，只因不出有字甲骨而不被重視，當李濟主持第四次發掘時，認為有發掘附近這些遺址的必要，於是決定在殷墟遺址的東南部，靠近平漢路一個明顯鼓出地面、名叫後岡的地方進行發掘，並把該區劃為第五區，發掘工作由剛剛加盟而來的梁思永獨立主持。

由於梁思永是當時中國學術界唯一一位真正受過考古學訓練的獨特「海龜」，因而在田野考古發掘中，無論是思維方式還是技術技能，都比其他「海龜」和「土鱉」更勝一籌。在發掘中，梁思永帶領吳金鼎、劉燿等幾名年輕學者，採用了西方最先進的科學考古方法，依照後岡遺址不同文化堆積的不同土質、土色、包含物來劃分文化層，成功地區別出不同時代的古文化堆積，以超凡卓絕的曠世才識發現彩陶——黑陶——殷墟文化三者之間，以一定的順序疊壓著。這一奇特的現象引起了梁思永高度警覺，他以科學的思維方式和獨特的學術眼光意識到：既然彩陶文化代表著安特生所發現的仰韶文化，那麼黑陶文化是否代表著城子崖的龍山文化？如果假設成立，則意謂著龍山文化不僅局限於城子崖一地，所涉及範圍應更為廣闊，並代表著一種普遍的史前文化。此一極富科學眼光的洞見，無疑找到了解開中國史前文化之謎的一把鑰匙。面對史語所同人「天天夢想而實在意想不到的發現」，李濟等考古學者感到城子崖遺址是獲取這把鑰匙的關鍵所在，實有再度發掘以詳察內容及充實材料的必要。於是，傅斯年決定暫緩編印殷墟發掘報告，派梁思永率一部分考古人員赴城子崖遺址再度展開發掘，以驗證此地。一九三一年秋，梁思永率領吳金鼎、王湘等人由安陽轉赴山東城子崖，開始繼李濟之後的第二次發掘。發掘的結果再次證明，殷墟與城子崖兩地的黑陶文化基本相同，這一文化範式，證明了梁思永此前天才式推斷的正確。正是由於這次意義非凡的發掘，以鮮明亮麗的事實證據，糾正了瑞典學者安特生將仰韶與龍山兩種文化混在一起，並輕率地得出「粗陶器要比著色陶器早」的錯誤結論，進而推動了殷墟發掘中「地層學」此一先進考古技術方法的運用，使當時與後世學者認識到必須將殷墟文化與其他文化進行比較分析的重要原則，從而為中國考古學發展的科學化和規範化樹立了一座里程碑式的座標。

　城子崖發掘結束後，梁思永又率隊返回安陽。在以後的幾次發掘中，於殷墟西部的同樂寨發現了純粹的黑陶文化遺址。這個發現使梁思永堅信了在後岡關於仰韶文化——龍山文

城子崖遺址出土的龍山文化三足陶 。

城子崖遺址出土的黑陶罍。

化——商（小屯）文化三疊層按存在的先後時間劃分的科學依據。這一偉大發現，「證明殷商文化就建築在城子崖式的黑陶文化之上。」梁思永對後岡三疊層的劃分，成功地構築了中國古文明發展史的基本框架，使中國考古學與古史研究產生了劃時代的飛躍。自此，乾涸的歷史長河沿著時間的脈絡重新開始流淌起來。梁思永也由於這劃時代的偉大發現一舉成名，奠定了在近現代中國考古學上一代大師的地位。此一光輝成就，正應了其父梁啟超當年的願望，只是命運多舛的梁任公早已身赴黃泉，無法與之舉杯同慶了。

一九三二年春，在李濟主持的第六次殷墟發掘中，發現了殷墟宮殿基址，這一發現無疑較單純地發現甲骨更具有科學考古價值和意義。

從一九三三年秋到一九三四年春，由

中央研究院史語所於抗戰前發掘安陽殷墟大墓情形。

董作賓、郭寶鈞、李光宇、劉燿、石璋如為主力隊員的考古學者，在殷墟進行了第七、八、九次連續性發掘，並把目光由小屯轉移到後岡和洹河北岸的侯家莊南地、南臺等處，發現了夢寐以求的王陵區，而商代王陵之所在，此前從未見過記載。

一九三四年秋到一九三五年秋，由梁思永主持的第十、十一、十二次殷墟發掘，對已發現的王陵跡象緊追不捨，繼續擴大戰果。此時，參加發掘的專業人員達到了鼎盛，除總指揮梁思永外，另有董作賓、石璋如、劉燿、祁延霈、李光宇、王湘、胡福林、尹煥章、馬元材、徐中舒、滕固、黃文弼、李景聃、高去尋、潘慤、王建勳、李春岩、丁維汾、劉守忠、王獻唐、富占魁、夏鼐（實習）、吳金鼎（訪問）、傅斯年、李濟（視察），以及法國漢學家伯希和（訪問）、河南大學和清華

梁思永、傅斯年、李濟、董作賓在安陽殷墟發掘現場（由右至左）。

大學等部分師生。一時間，在幾十平方公里的殷墟發掘工地上，大師雲集，將星閃耀，氣勢如虹。胸有成竹的梁思永充分表現出一個戰略家的宏大氣魄、規畫周密、指揮若定，每天用工達到五百人以上，遺址得以大面積揭露，連續發掘了十座王陵，以及王陵周圍一千兩百多座小墓和祭祀坑。所揭露的商代大墓規模浩大、雄偉壯觀，雖經盜掘，但成千上萬件精美的銅器、玉器、骨器等出土文物仍舉世震驚。

一九三六年，繼郭寶鈞主持的第十三次發掘之後，梁思永主持的第十四次發掘在尋求甲骨方面又取得了突破性進展。在著名的編號為ＹＨ１２７號商代灰坑中，一次發現帶字甲骨一萬七千零九十六片，其中有三百多片是未破損的整版甲骨且刻有卜辭。更為重要的是，這些甲骨出於同一坑中，說明相互之間有某種內在的聯繫，比之零星出土的傳世甲骨殘片，其學術價值更高一籌。此一重大發現令學者們欣喜若狂。

一九三七年春，由石璋如主持的第十五次更大規模的殷墟發掘再度展開。此次發掘從三月十六日開始，一直延續至六月。此時，華北已是戰雲密布，局勢一日緊似一日，日本人磨刀霍霍，即將屠戮中原、血染長江。面對一觸即發的中日大戰，為防不測，殷墟發掘不得不於十九日匆匆

安陽殷墟 YH127 甲骨坑出土的完整甲骨灰土柱。

結束。這是抗日戰爭全面爆發之前的最後一次發掘。

至此，從一九二八年開始的殷墟發掘共進行了九年十五次，出土有字甲骨兩萬四千九百一十八片，另有大量人頭骨、陶器、玉器、青銅器等器物出土。其發掘規模之大、牽涉人員之多、收穫之豐，前所未有，世界罕見。這一創世紀的偉大成就，正如後來著名考古學家、美國哈佛大學教授張光直所言：「在規模上與重要性上只有周口店的研究可以與之相比，但殷墟在中國歷史研究上的重要性是無匹的。」

正當發掘人員於匆忙中將出土器物整理裝箱，風塵僕僕押運到南京欽天山北極閣中央研究院史語所大廈，喘息未定，額頭的汗水尚未抹去，震驚中外的盧溝橋事變爆發了。

第三章

流亡西南

長沙的救亡合唱

盧溝橋事變發生不久，傅斯年在出席了一系列會議後，隨蔣介石離開盧山回到了南京，開始處理中央研究院特別是史語所的各項事務。

史語所自一九二八年於廣州成立後，隨著國內局勢紛紜變化，先是遷到北平北海靜心齋，再到上海曹家渡小萬柳堂，後遷至南京北極閣史語所大廈，與中央研究院總辦事處在一起，算是落地生根，稍微安頓下來。

一九三六年春，繼楊杏佛之後擔任中央研究院總幹事的丁文江因煤氣中毒不幸在長沙去世，在蔡元培與傅斯年的勸進下，由朱家驊接任總幹事。時值朱家驊已離開中山大學，入主國民政府中樞，出任國民黨中央政治會議委員，重任在身，很難旁顧其他事務。是年冬，朱家驊被國民政府任命為浙江省主席，成為威震一方、權傾一時的封疆大吏，對中研院總幹事一職已無力顧及，只好請傅斯年出面代理。傅顧及各方面的情形，毅然挑起擔子。因而，從盧山回到南京的傅斯年，開始以事實上的總幹事身分處理中央研究院各項工作，史語所只是他掌控大局中的一個組成部分了。

就在傅斯年上下奔波，忙得焦頭爛額之時，「八一三」淞滬抗戰爆發了。

一九三七年八月十三日，駐上海日軍萬餘人突然向江灣、閘北中國駐軍發起進攻，中國軍隊奮起抵抗，舉世矚目的淞滬抗戰拉開了序幕。

八月十四日，蔣介石任命馮玉祥為第三戰區司令長官，負責上海對日作戰。同時電令京滬警備司令兼前敵總指揮張治中對日軍發動總攻擊。自此，中國的大江南北、長城內外，全面籠罩在戰火硝煙之中。

一九三七年八月十日，日軍上海海軍特別陸戰隊因大山事件緊急調集。

八月十五日，日本政府宣布全國總動員，成立作戰大本營，中日戰爭機器全面開動，就此踏上了不是魚死就是網破、不分勝負絕不罷兵的不歸路。

八月十七日，國防參議會最高會議在南京召開，胡適、傅斯年、蔣夢麟、梅貽琦、張伯苓等學界要人出席了會議。在這次會議上，蔣介石受全民抗日激情的影響，下定決心與日一戰，同時又希望在外交上能得到英、美等國的同情和支持。當天的會議還決定派胡適出使美國、蔣百里出使德國、孫科出使蘇聯，爭取國際援助，壓制日本的囂張氣焰。未久，胡適自香港乘飛機抵達三藩市，開始了他被譽為「過河卒子」的外交生涯。

九月一日，日軍精銳部隊第十二師團等三個師團抵達上海，實力大增，遂向中國軍隊發動全線攻擊，中國守軍拚死抵抗。蘊藻浜、蘇州河之戰，雙方死傷慘重，成堆的死屍阻斷了航道，血流成河，濱水皆赤。

九月十八日以後，中國軍隊轉入頑強的守衛戰。就在上海戰事正酣之際，南京國民政府開始設法動用一定的運輸力量，把國家珍寶、工業設施、戰略物資和科研設備，經長江、隴海鐵路和各條公路悄悄運往內地，以保存實力，準備長期抗戰。與此同時，根據國民政府的命令，中央研究院各研究所與平津兩地三所大學也開始了向長沙與南昌一帶遷徙的行動。傅斯年立即指示中央研究院各所捆紮物資儀器、打點行裝，準備啟程。

早在淞滬戰事爆發之前，中央研究院史語所考古組已根據戰爭形勢的演變，在富有遠見和責任心的李濟指揮下，開始對歷次發掘的器物和各種器材進行打包裝箱，準備內遷。據史語所《大事記》民國二十六年七月條：「本所隨本院西遷，先選裝最珍貴中西文圖書、雜誌及善本書共六十箱，首批運往南昌農學院，其餘一千三百三十三箱分批運長沙。但部分殷墟出土的人骨、獸骨及陶片等，限於運輸工具，暫留原

中央研究院舊址。（作者攝）

址。」八月條：「本院組織長沙工作站籌備委員會，本所遷入長沙聖經學院，所長傅斯年仍留南京，派梁思永為籌備會常務委員。」

此次行動，據史語所研究人員石璋如回憶：「因為南京離上海很近，戰事吃緊，所以先行裝箱。」在具體作業中，首先選擇重要的文物裝箱，「像骨頭就選人骨，其他部分就留下，這也是一種決定。」根據不同的情況，傅斯年與李濟、梁思永商定，已捆裝完畢的六十箱最珍貴的中西文圖書及善本書等，由李濟親自負責押運到南昌農學院保存，其他一千三百多箱出土器物陸續運到南京下關碼頭裝船，分批運往長沙，由梁思永總負責，組織僱用船隻、運輸和安置。

一九三七年梁思永在逃難途中拍的全家合影。

就在史語所人員裝船過程中，上海戰事已到了最為酷烈的階段，日本飛機開始飛往南京實施轟炸，做為國民政府首都的南京，瞬間被戰火硝煙籠罩。在砲火硝煙中，一批又一批滿載著成箱國寶的輪船悄然離開下關碼頭，沿浩浩長江溯水西行，向長沙進發。史語所大部分人員連同家眷一同隨船啟程，也有個別人員如那廉君、石璋如等乘火車從陸路繞道趕赴長沙，差不多到了十月中旬才開始安頓下來。由於梁思永一直在南京組織裝船運輸，當他隨最後一艘輪船抵達長沙時，已是十月上旬，這時梁思成、林徽因一家已在長沙安頓下來，兄弟兩家才得以在這塊流亡之地見面。

而此時，李濟正以中央博物院籌備處主任的身分，率領部下奉命押運一百多箱國寶級文物沿長江溯流而上，艱難地向重慶行進。這批文物是此前從北平搶運出來在南京暫時保存的。

一九三一年九月十八日，著名的「九一八」事變爆發，日本軍隊占領了中國東北三省，威脅平津，中華民族進入了危難之際。考慮到北平故宮等處所藏文物有可能在戰火中被焚燬或遭日軍搶劫，國民政府決定將北平幾家存有文物的部門於一九三二年底商定派員精選文物，並緊急裝箱南遷。除故宮博物院集中的一萬三千四百二十七箱零六十四包外，另有古物陳列所、太廟、頤和園、國子監、奉天、熱河兩行宮等處文物六千零六十六箱，由國民政府委託故宮博物院派員一起將其南遷。這便是歷史上著名的國寶大南遷。這批寶物後來大部分隨蔣介石政府遷往臺灣，並以此為基礎支撐起了臺北故宮博物院。

據資料顯示，這批南遷的文物先是由北平運到上海暫存，同時利用南京朝天宮舊址，修建故宮博物院南京分院以便長期存放。因南京分院只能容納原北平故宮運出的文物，一同運往上海的其他部門如太廟、頤和園等原有六千零六十六箱文物無處存放，在中央研究院院長蔡元培倡議下，於一九三三年四月在南京成立了國立中央博物院籌備處，暫時接管這批文物。中央博物院隸屬教育部，辦公地點設在雞鳴寺路一號，在中山門半山園徵地十二點九公頃，原擬建人文、工藝、自然三大館。由蔡元培親自出任第一屆理事會理事長、傅斯年為籌備主任，延請翁文灝、李濟、周仁分別為自然館、人文館和工藝館籌備主任。不久，中央博物院建築委員會特聘中國營造學社梁思成為專門委員，進行初期籌備建設規畫。梁思成的介入，是李濟繼與梁啟超、梁思永共事之後，又一次與梁氏家族成員密切合作。一九三五年，著名建築師徐敬直設計的方案當選，後徐氏會同梁思成將方案稍加修改，建築外部仿遼代宮殿式、內部結構則中西合璧，使整個建築群具有獨特風格和磅　的氣勢。意想不到的是，由於盧溝橋事變爆發及日寇大舉入侵上海，南京告急，第一期工程剛剛完成四分之三（人文館，即後來南京博物院大殿）即被迫停工，所有人員在李濟領導下，連同收藏的稀世珍寶，開始了又一次歷史上最為悲壯的大遷徙。

當一切安排妥當後，李濟從重慶急急趕往長沙與史語所同人會合。此時已是十一月下旬，中研院遷來的史語所、社會學所等幾個所已安頓下來。當得知梁思成一家從北平遷至長沙後，李濟決定登門拜訪，在梁思永的帶領下，兩人來到了梁思成一家的臨時住處，自此便有了離別後再度相會的機緣。

此時，雙方都沒有意識到，隨著這個機緣的重新聚合，梁思成一家與李濟又開始了長達九年的密切交往。

長沙臨時大學和中央研究院幾個研究所在聖經學校安頓下來之後，仍有大批機關單位、知識分子、工人、商人、難民、乞丐、流氓無產者等各色人物，潮水般紛紛湧向長沙，整座城市人滿為患、混亂不堪。而每一股難民潮的湧入，都標誌著前線戰場國民黨軍不斷潰退，以及大片國土的連連喪失。

一九三七年九月二十日，華北重鎮保定失守！

十月中旬，日軍突破晉軍閻錫山布設在晉北的長城防線，進逼太原以北的忻州要塞，駐忻口晉軍與日軍展開血戰，陣地多次反覆易手，爭奪持續二十餘日。日軍消耗兵力達兩萬餘人，晉軍更是傷亡慘重，中方第九軍軍長郝夢齡、第五十四師師長劉家麒等將領陣亡。日軍源源不斷地增兵，並藉助猛烈砲火步步進逼，晉軍力不支，敗退太原。自此，整個晉北淪入敵手，著名的風景名勝五臺山開始在硝煙砲火中呻吟，南臺外豆村佛光寺那位白鬚飄飄的老住持和啞巴弟子，整日吃齋念佛，苦盼著各路大德施主進香還願。但等來的不是燒香磕頭的眾生，而是端著滴血的刺刀「嗚哩哇啦」叫喊的鬼子和劈頭掄過來的響亮耳光。

十月二十九日，南京國防最高會議正式決定國民政府遷都重慶，並對外公告，向全世界展示了中國政府和軍民長期抗戰、絕不屈服於倭寇的堅定信念。

十一月五日，河南安陽淪陷。日軍的鐵蹄踏進了這座歷史古城，隨軍而至的日本「學者」竄到殷墟遺址，開始明火執仗地大肆盜掘、劫掠地下文物。

淞滬戰役中，國民黨軍八十七師一輛裝甲車孤軍進入日軍陣地，給日軍以重大威脅，後因缺乏後援，被日軍摧毀。

十一月八日，閻錫山棄守太原，三晉大部落入敵手。

十一月十一日，淞滬戰場上的國民黨軍隊已苦苦支撐長達三個月。此次戰役中日雙方共投入兵力約一百零三萬人，日本動用了二十八萬海軍陸戰隊與陸軍精銳部隊，挾四艘航空母艦、三十四艘大型軍艦、四百餘架飛機及近四百輛戰車，與約七十五萬的中國軍隊進行了一場空前慘烈的大兵團會戰，雙方死傷俱重，日方陣亡達十萬人，中方陣亡約三十萬人。其會戰的規模與死傷人數是整個「二戰」中最大型的會戰之一，無論是後來聞名歐洲的諾曼地登陸或太平洋戰場的硫磺島大血戰，都無法與之相比。由於裝備與兵員素質等諸方面的懸殊，中國軍隊在苦戰三個月後傷亡過重，力不能敵，被迫從蘇州河南岸撤出。

十一月十二日，遠東最大的海港城市上海失陷，日軍轉而圍攻國民政府首都南京，中華民族到了最危急的緊要關口。

十二月七日晨，蔣介石偕夫人宋美齡在前往中山陵拜謁後，匆匆飛離南京前往江西繼續籌畫戰事。蔣介石在當天的日記云：「對倭政策，唯有抗戰到底，余個人亦只有硬撐到底。」並準備在「全國被敵占領」的最壞情況下仍然堅持奮鬥。

國難當頭，民族危急，流亡到長沙的知識分子們從內心深處生發出一種悲憤交織的情愫，這種情愫又迅速鑄成哀兵必勝、置之死地而後生的堅強信念，一種與國家民族同生死共患難的英雄主義氣概，在這個群體中迅速蔓延、升騰、撞擊開來。這種令人熱血沸騰、魂魄激蕩的情愫和氣概，梁思成、林徽因的女兒梁再冰幾十年後仍記憶猶新，「那時，父親的許多老朋友們也來到了長沙，他們大多是清華和北大的教授，準備到昆明去籌辦西南聯大。我的三叔梁思永一家也來了。大家常到我們家來討論戰局和國內外形勢，晚間就在一起同聲高唱許多救亡歌曲。『歌詠隊』中男女老少都有，父親總是『樂隊指揮』。我們總是從『起來，不願做奴隸的人們』這首歌唱起，一直唱到『向前走，別後退，生死已到最後關頭』！那高昂的歌聲和那位指揮的嚴格要求的精神，至今仍像一簇不會熄滅的火焰，燃燒在我心中。」

既然戰火已燃遍大江南北，國民黨軍損兵失地、節節敗退，長沙自然不是世外桃源。上海淪陷後，日軍一面圍攻南京、一面派飛機沿長江一線對西部城市展開遠端轟炸，長沙即在被攻擊範圍之內。不久，梁思成一家即遭到了敵機炸彈的猛烈襲擊，災難來臨。

這是十一月下旬的一個下午，大批日機突襲長沙。由於事先沒有警報，梁思成以為是中國的飛機為保護人民大眾和流亡的知識分子突然到來，於是懷著感動跑到陽臺，手搭涼棚對空觀看。剎那間，只見幾個「亮晶晶的傢伙」從飛機的肚子裡噴射而出，「嗖、嗖」地向自己的住處飛來，梁思成的頭「嗡——」地一震，「炸彈」兩字尚未喊出，一枚「亮晶晶的傢伙」就飛到眼前落地爆炸。隨著一團火球騰空而起，梁思成本能地折回房中抱起八歲的女兒梁再冰。屋中的妻子林徽因眼望窗外的火光驚愣片刻，順勢抱起五歲的兒子梁從誡，並攙扶著一直跟隨自己居住的母親向樓下奔去。就在這一瞬間，炸彈引爆後的巨大衝擊波將門窗「轟」地一聲震垮，木棍與玻璃碎片四處飛起。當一家人連拉帶拽、跌跌撞撞地奔到樓梯拐角時，又有幾枚炸彈落到了院內，「轟隆——」的爆炸聲中，院牆上的磚頭、石塊隨著騰起的火焰向外迸飛，林徽因抱著兒子當場被震下樓梯滾落到院中，整個樓房開始軋軋亂響，門窗、格扇屋頂、天花板等木製裝飾物瞬間坍塌，劈頭蓋臉地砸向梁思成和懷中的女兒……等梁氏一家衝出房門，來到火焰升騰、黑煙滾滾的大街時，日機再次實施俯衝，炸彈第三輪呼嘯而來，極度驚恐疲憊的梁思成和林徽因同時感到「一家人可能在劫難逃」了，遂相互摟在一起，把眼一閉，等著死神的召喚。出乎意料的是，落在眼前的那個「亮晶晶的傢伙」在地下打了幾個滾兒後不再吭聲——原來是顆啞彈，梁氏一家僥倖死裡逃生。

當晚，梁家幾口已無家可歸，梁思成那「合唱隊指揮」的職位自然也隨之消散。面對如此淒慘的景況，清華大學教授張奚若把自己租來的兩間屋子讓出一間給梁家居住，張家五口則擠在另一個小房間裡苦熬。第二天，梁思成找了幾個人，把家中的日用物品慢慢從泥土瓦礫中挖掘出來。據梁從誡說，當梁思成回到被炸塌的房前時，發現在一塊殘垣斷壁上，有一個人形的清晰血印。據目擊者稱，此人被炸彈的衝擊波平地拋起後，活生生地摜在牆上，留下了這個鮮明的血色印記，牆上的人自然成為一塊模糊的肉餅。

這次轟炸，使梁思成、林徽因夫婦感到長沙如此動盪不安、擁擠不堪，每天面臨著不是家破就是人亡的威脅，很難做成什麼事情，遂萌生了離開長沙前往昆明的念頭。按他們的設想，遠在中國大西南的昆明，離戰爭硝煙或許還有一段距離，既可以暫時避難，又可以靜下來做點學問，是個一舉兩得的處所，於是決心奔赴昆明。臨行前，林徽因在給好友費慰梅的信中，對自己的心境做了如此披露：「我們已經決定離開此處到雲南去……我們的國家還沒有組織到可使我們對戰爭能夠有所效力的程度，以致至今我們還只是『戰爭累贅』而已。既然如此，何不騰出地方，到更遠的角落裡去呢？有朝一日連那地方（按：指昆明）也會被轟炸的，但眼下也沒有更好的地方可去了……除了那些已經在這兒的人以外，每一個我們認識的人和他們的家人，各自星散，不知流落何方。」

十二月八日，在一個陰風陣陣、星光慘澹的黎明，梁思成一家五口搭乘一輛超載的大巴車向蒼茫的西南邊陲重鎮——昆明奔去。

此時，戰場的局勢進一步惡化，前線傳來的消息已到了令每一個中國人都頓足捶胸、揪心裂肺的程度了。

十二月五日，日軍開始圍攻南京，中國十萬守軍在司令官唐生智的總指揮下拚死抵抗，傷亡慘重但未能阻止日軍的凌厲攻勢。十日，日軍以精銳部隊進攻雨花臺、光華門、通濟門、紫金山等戰略要地，切斷中國軍隊的後路，南京守軍十萬將士在血戰後不支。危急時刻，蔣介石命令著名戰將顧祝同向唐生智傳達棄城突圍、全軍沿津浦路北撤的命令。由於日軍早已切斷了後路，只有六十六軍、八十三軍少數部隊突圍成功，多數將士被困於城郊未能及時渡江而遭日軍阻截槍殺。

十二月十三日，日軍攻占了中國的首都南京，這座散發著濃重脂粉與墨香氣味的六朝古都，頓時淹沒在鮮血、呻吟與絕望的哀嚎之中。放下武器的國民黨軍官兵被集體屠殺，三十萬手無寸鐵的無辜市民遭到殺戮，日軍像出籠的野獸一樣在大街小巷瘋狂強暴無助的婦女。連續四十餘日的屠城，橫七豎八的屍骨滿目皆是，揚子江成為一條流動的血河，整個南京籠罩在人間地獄的陰霾恐怖之中。消息傳出，舉世震驚。大海那邊的日本國民按捺不住心中的狂喜，紛紛叫喊著湧上東京街頭，施放焰火，提燈遊行，歡呼著「戰爭就要結束，中國已被無往不勝的大日本皇軍全面征服」等口號。整個日本四島大街小巷燈火閃耀、人潮湧動，許多人擁抱在一起，喜極而泣。此時，全世界每一個關注中國命運的人，都感受到了一九三七年隆冬那來自遠東地區強烈的震撼與滴血的呼喊。

緊接著，杭州、濟南等重量級省會城市於十二月下旬相繼陷落。

由於平漢鐵路沿線的保定、石家莊、新鄉等軍事重鎮相繼失守，長江沿岸的上海、南京、蕪湖等地區陷落，驕狂的日軍開始集結精銳部隊，沿長江一線大規模向西南方向推進，地處兩條幹線交匯處的軍事要道武漢三鎮，立即成為中日雙方矚目的焦點和即將進行生死一搏的主戰場。

十二月十四日，蔣介石由江西抵達武昌，緊急布置軍事防務。國民政府最高統帥部加緊了武漢大會戰的策畫和兵力集結。與此同時，日本內閣與大本營召開聯席會議，提出對華四項新的和談條件：中國放棄抗戰；承認滿洲國；設立非武裝區；對日賠款。

日軍攻陷南京新華門。

十二月二十九日，蔣介石頂著汪偽投降派與一切悲觀主義分子的強大壓力，下定破釜沉舟之決心，與國民黨元老、監察院長于佑任談話，再次以強硬的姿態重申日本所提出的四項和談條件是「等於滅亡與征服，我國自無考慮餘地，並應堅決表明，與其屈服而亡，不如戰敗而亡」。這是一九三七年蔣介石在中國抗戰最為艱難的時刻最後一次重要談話，他再次以哀兵必勝之情表達了寧為玉碎、不為瓦全、魚死網破、誓與日寇決一死戰的信念。

大戰在即，而長沙與武漢只有三百公里之距，一旦武漢失守，長沙恐難獨撐。面對危局，無論是剛組建不久的臨時大學，還是中央研究院在長沙的幾個研究所，又一次面臨遷徙流亡的歷史性抉擇。

千里奔徙到昆明

一九三七年十二月，根據國民政府的指令，設在長沙的臨時大學撤往昆明，另行組建國立西南聯合大學。

幾乎與此同時，中研院總辦事處於重慶發出指示，電令在長沙的史語所與社會學所、天文所等幾個研究所設法向昆明轉移。據《史語所大事記》本年度十二月條載：「議遷昆明，圖書標本遷昆明者三百六十五箱、運重慶者三百箱、運桂林者三十四箱、待運漢口者兩箱、等運香港者五十二箱，其餘六十多箱封存於長沙。」

一九三八年春，中央研究院在長沙各研究所陸續向昆明進發。史語所人員押送三百餘箱器物，先乘船至桂林，經越南海防轉道抵達昆明，暫租賃雲南大學隔壁青雲街靛花巷三號一處樓房住居。此時梁思成一家已先期抵達昆明，並在翠湖邊一個大宅院裡落腳，史語所同仁與梁家在這個陌生的邊城再度相會了。

梁家自離開長沙後，乘長途汽車向遙遠的昆明奔去。多少年後，梁從誡曾這樣回憶路途的艱辛，「汽車曉行夜宿，幾天以後，在一個陰雨的傍晚，到達一處破敗的小城——湘黔交界處的晃縣。泥濘的公路兩側，錯落著幾排板房鋪面，星星地閃出昏暗的燭火。為了投宿，父母抱著我們姊弟，攙著外婆，沿街探問旅店。媽媽不停地咳嗽，走不了幾步，就把我放在地上喘息。但是我們走完了幾條街巷，也沒能找到一個床位。原來前面公路坍方，這裡已滯留了幾班旅客，到處住滿了人。媽媽打起了寒戰，闖進一個茶館，再也走不動了。她兩頰緋紅，額頭燒得燙人。但是茶舖老闆連打個地鋪都不讓。全家人圍著母親，不知怎麼辦才好。」（《不重合的圈》）後來，多虧遇上了一群空軍飛行學院的學員，才在他們的住處擠了個房間住了下來。此時的林徽因患急性肺炎已發燒四十度，一進門就昏迷不醒，多虧同車一位曾留學日本的女醫生開了幾味中藥治療，兩個星期

林徽因（中）與女兒、兒子在昆明郊區。

後才見好轉。

經歷了六個星期的顛簸動盪，梁氏一家翻山越嶺，歷盡艱難困苦，終於在一九三八年一月到達昆明。幾個月後，史語所的人員接踵而至。無論是梁思成一家還是中研院史語所人員，經歷了千山萬水的艱苦跋涉後，終於可以在這風景如畫、氣候溫暖的城市裡喘一口氣了。

待這口氣喘過之後，很快又面臨著沉重的生活壓力。地處西南邊陲，多崇山峻嶺，在國人眼中並不突出的雲南，由於戰爭爆發和國民黨軍大規模潰退，此地的戰略地位顯得愈來愈重要，省會昆明不僅成為支撐國民政府持續抗戰的大後方，同時也成了淪陷區各色人等的避難場所。原在上海的幾百家工廠企業、上海同濟大學等教育科研機關，紛至沓來，北平的一些機構如北平研究院等也相繼輾轉而來。同當初的長沙一樣，一向以安然靜謐聞名於世的昆明，因蜂擁而至的滾滾人潮而驟然擁擠、嘈雜、混亂起來。城中的大街小巷，隨處可見拖家帶口、風塵僕僕的外地來客在匆匆穿行，尋覓著一處安身立命之所。

大批流亡者突然湧進，導致交通不便的昆明貨物短缺、物價飛漲。毫無經濟來源的梁思成、林徽因為了生存，只好拿出他們做為建築師的特殊技能外出「打工」，為那些「卑鄙的富人奸商」（林徽因語）和發了國難財的暴發戶設計房子，如林徽因在信中向費慰梅抱怨的那樣，「雇主是一批可憎的傢伙，而且報酬很不穩定。」但為了解決「吃飯」此一首要問題，梁氏夫婦只好默默忍受、苦苦支撐。即便如此，令人尷尬甚至憤怒的生活也未長久，生存的重壓使梁思成患了嚴重的脊椎關節炎和肌肉痙攣症，痛得晝夜不能入睡，經醫生診斷是由扁桃體膿毒引起，決定切除扁桃體。昆明醫療條件有限，待手術做完，又引起牙周炎，索性再把滿口牙齒拔掉。當兩大「障礙物」被剷除之後，梁氏的身體仍不見好轉，關節與肌肉的疼痛使他不能在床上平臥，只有日夜躺在一張帆布椅上苦度時日。大約半年之後，在各種正方偏方、中醫西醫或中西醫結合的理療下才開始出現轉機。當梁思成身體痊癒、離開帆布椅重新站立起來時，中國營造學社也隨他一道在西南邊陲這塊散發著溫熱的紅土地上，奇蹟般搖搖晃晃地站了起來。

梁思成一家抵達昆明不久，劉致平、莫宗江、陳明達等中國營造學社的幾位同事得到消息，也從不同的地方先後趕了過來。儘管前線依然砲聲隆隆、戰火不絕，但此時的梁思成感到有必要將已解體的中國營造學社重新組織起來，對西南地區的古建築進行一次大規模的調查，唯如此，方不辜負自己與同事的青春年華，以及老社長朱啟鈐的臨別囑託。他開始給營造學社的原資助機構——中華教育文化基金董事會發函，說明大致情況，並詢問若在昆明恢復學社的工作，對方是否樂意繼續給予資助。中基會很快給予答覆：只要梁思成與劉敦楨在一起工作，就承認是中國營造學社，並給予資助。梁思成迅速寫信與在湖南新寧老家的劉敦楨取得聯繫，並得到了對方樂意來昆明共事的許諾。於是，中國營造學社的牌子又在迷濛的西南邊陲掛了起來。

就在中研院史語所等學術機構向昆明撤退的同時，長沙臨時大學也開始了撤退行動，師生們分成

旅行團隊伍抵達昆明後繞行近日樓，經過正義路、華山路，向圓通公園歡迎會場行進。

三路趕赴昆明。第一批從廣州、香港坐海船由越南海防到昆明；第二批沿長沙經貴陽至昆明的公路徒步行軍；第三批從長沙出發後，經桂林、柳州、南寧，取道鎮南關（今友誼關）進入越南，由河內轉乘滇越鐵路火車，奔赴昆明。

史語所人員抵達昆明半個月後，西南聯大步行隊的聞一多、曾昭掄等教授率領近三百名師生，徒步跋涉三千五百多里，日夜兼程六十八天，帶著滿身風塵和疲憊，從長沙、貴陽趕到了昆明。進城之日，大隊人馬正好經過史語所臨時租賃的拓東路宿舍門前。史語所語言組主任趙元任率領同人在路邊設棚奉茶迎接，隊伍的前鋒一到，眾人立即端茶送水遞毛巾。歡迎的人群還為這支歷盡風霜磨難的隊伍獻歌一首，這是著名語言學家兼音樂家趙元任特地為師生們連夜製作而成，詞曰：

> 遙遙長路，到聯合大學。遙遙長路，徒步。遙遙長路，到聯合大學，不怕危險和辛苦。
>
> 再見嶽麓山下，再會貴陽城。遙遙長路走罷三千餘里，今天到了昆明。

歌聲響起，如江河翻騰、大海驚濤，慷慨悲壯的旋律向行進中

張伯苓、梅貽琦、蔣夢麟（由左至右）。

的每一位師生傳遞著國家的艱難與抗戰必勝的信念，許多師生與在場的觀眾被感動得熱淚盈眶。

一九三八年四月二日，長沙臨時大學師生全部完成了由湘至滇的千里奔徙，在昆明正式組建了足以標榜青史、永垂後世的西南聯合大學。國民政府任命蔣夢麟、梅貽琦、張伯苓三人為西南聯大常委，共同主持校務。為了重振師生的精神，堅持文化抗戰的決心，表達中華民族不屈的意志，西南聯大成立了專門委員會，向全體聯大師生徵集警言、歌詞，制訂新的校訓、校歌。從眾多來稿中，專門委員會經過反覆篩選和討論，最後以「剛毅堅卓」四字做為聯大校訓。同時選定由聯大文學院院長馮友蘭用「滿江紅」詞牌填詞、清華出身的教師張清常譜曲的詞曲做為校歌，歌詞為：

萬里長征，辭卻了、五朝宮闕。暫駐足，衡山湘水，又成離別。
絕徼移栽楨幹質，九州遍灑黎元血。盡笳吹、弦誦在山城，情彌切。
千秋恥，終當雪。中興業，需人傑。便一成三戶，壯懷難折。
多難殷憂新國運，動心忍性希前哲。待驅除仇寇、復神京，還燕碣。

西南聯大校訓。

西南聯大校徽。

這是一曲二十世紀中國大學校歌的絕唱，它凝聚了中國文人學者、莘莘學子在民族危難時刻最悲壯的呼喊，濃縮了聯大師生在國危家難之際所具有的高尚情感和堅強意志。從此，西南聯大的歌聲開始響起，激昂的旋律震動校園內外，感染著師生，激勵著不同職業的中華兒女奮發自強。

西南聯大組建後，張奚若、金岳霖、錢端升、周培源等原與梁家關係密切的聯大教授，又得以與梁思成、林徽因夫婦相聚，於戰爭的苦難中，流浪的知識分子在陽光明媚、風景宜人、鮮花遍地的邊城，又找回了往日的溫馨與夢中的記憶。聯大常委梅貽琦在幾次登門看望梁思成這位清華的老學生後，專門邀請梁氏夫婦為聯大設計校舍，兩人欣然受命。據說，梁、林夫婦花了半個月時間，拿出了第一套設計方案，一個中國一流的現代化大學校舍躍然紙上。然而這一方案很快被否定，原因很簡單，西南聯大的經費對此無能為力。

自一九三八年起，隨著戰事不斷擴大和無限期的延長，國民政府教育部擬定了一個《平津滬戰區專科以上學校整理方案》，此方案規定新組建的西南聯大經費撥款按「北大、清華兩校預算及南開原有補助四成移撥」。即便如此，經費也難以如數到位，教職員工的薪水都無法按時發出，要建高樓大廈就無疑為癡人說夢了。

此後一個月，梁、林夫婦把設計方案改了一稿又一稿，高樓變成了矮樓，矮樓變成了平房，磚牆變成了土牆。幾乎每改一稿，林徽因都要落一次淚。當交出最後一稿設計方案時，聯大建設長黃鈺生很無奈地告訴他們：「經校委會研究，除了圖書館的屋頂可以使用青瓦，部分教室和校長辦公室可以使用鐵皮屋頂之外，其他建築一律覆蓋茅草……希望梁思成再做一次調整。」梁思成聽罷，感到忍無可忍，逕直衝進梅貽琦的辦公室，把設計圖紙狠狠地拍在桌子上，大聲嚷道：「改，改，改！從高樓到矮樓、又到茅房，還

西南聯大校門。

西南聯大校舍男生宿舍區。

要怎麼改？」

梅貽琦望著這位平日總是心平氣和的老學生一反常態地惱怒起來，知道是衝著政府削減經費過猛過狠又拖欠的作法而來，遂嘆了口氣，起身像對待耍小脾氣的小孩子般和顏悅色地說：「思成呵，大家都在共赴國難，以你的大度，請再最後諒解我們一次。等抗戰勝利回到北平，我一定請你為清華園建幾棟世界一流的建築物，算是對今天的補償，行嗎？」梁思成望著梅貽琦溫和中透出的堅毅目光，熱淚悄然從眼角滑了下來。

新校舍很快按梁、林的設計圖紙在一片荒山野地裡建起來了，其景觀是：所有校舍均為平房，除圖書館和東西兩食堂是瓦屋外，只有教室的屋頂用白鐵皮覆蓋，學生宿舍、各類辦公室全部都是茅草蓋頂。教職員工原則上均在昆明城內自行覓房屋租住，只有幾位校領導因職務關係住校，但所住房屋與學生宿舍相差無幾。幾年後，梅貽琦曾在日記中描述了自己住居條件的尷尬，「屋中瓦頂未加承塵（設備），數日來，灰沙、雜屑、乾草、亂葉，每次風起，便由瓦縫千百細隙簌簌落下，桌椅床盆無論拂拭若干次，一回首間，便又滿布一層，湯裡飯裡隨吃隨落。每頓飯時，嚥下灰土不知多少。」

住瓦屋的梅貽琦吃盡了雲南的灰土，而平時在鐵皮屋教室教課與上課的師生，同樣深為苦惱。教室內除了黑板、講桌、課椅（右邊扶手上有木板，便於記筆記），別無他物。在多雨的雲南，除了潮溼與悶熱使北方來的師生難以忍受，一旦遇到颳風下雨，鐵皮就開始在屋頂發瘋似的抖動搖晃起來，並伴有唏哩咣噹、叮叮咚咚的聲響。其聲之大、之刺耳，早已壓過了面呈菜色的教授的講課聲，真可謂苦不堪言。有苦中求樂者把明末東林黨人「風聲、雨聲、讀書聲，聲聲入耳；家事、國事、天下事，事事關心」的對聯抄錄在校園貼出，藉以激勵聯大同仁在新的艱苦環境中，「剛毅堅卓」地邁出前進的步伐。

跑警報的日子

住居在茅屋中上課的聯大學生，平靜的書桌未安放多久，凶悍的日軍飛機又帶著一肚子「亮晶晶的傢伙」主動找上門來了。

自一九三八年七月中旬始，日本作戰大本營指揮二十五萬日軍沿長江兩岸和大別山麓向西南地區圍攻而來，國民政府迅速調集百萬大軍，以武漢為中心，在大別山、鄱陽湖和長江沿岸組織武漢保衛戰。八月二十一日，蔣介石接見英國《每日捷報》駐華人員金生，並發表談話，謂：「揚子江陣線之一，不久即將展開激戰，此戰將為大決戰。」

十月下旬，日軍迫近武漢三鎮，中國軍隊與日軍展開了空前的大血戰，這是抗日戰爭初期最大規模的一次戰役。交戰雙方傷亡異常慘重，日軍傷亡人數達到了十萬以上，國民黨軍傷亡四十萬之眾。武漢保衛戰不僅有效地阻止了日軍進攻西南大後方的腳步，更重要的是為由上海、南京等地遷往武漢約三千多家兵工企業、民用製造業和大批戰略物資轉移到四川、廣西、雲南等地贏得了時間與空間。

十月二十五日，國民黨百萬大軍全線撤退，武漢淪陷。

就在武漢會戰尚未結束之時，日本軍部已將注意力轉移到切斷和封鎖中國國際通道的戰略與外交行動之中。日軍大本營首先派遣海軍航空隊轟炸昆明至越南、緬甸的滇越鐵路和滇緬公路，同時出兵侵占廣東和海南島，切斷了香港和中國內地的聯繫；進攻廣西，切斷了鎮南關和法屬印度支那越南的聯繫。

一九三八年九月二十八日，日軍以堵截和破壞滇越鐵路及滇緬公路為終極戰略意義的昆明大轟炸開始了。由九架日機組成的航空隊從南海一線突然飛臨昆明上空，首次展開對昆明的轟炸。昆明市民和無數難

日軍零式戰鬥機飛臨昆明上空。

民大多沒經歷過如此陣勢，見敵機轟響著一字排開向這座邊城壓來，一時不知所措，許多人好奇地停住腳步抬頭觀望。

無情的炸彈冰雹般從天空傾瀉而下，觀看的民眾立時血肉橫飛，人頭在空中如飄舞的風箏，四處翻騰，滿地亂滾。時在昆明西門外潘家灣昆華師範學校附近，聚集了大批外鄉難民和好奇的市民，幾枚炸彈落下，當場炸死一百九十人、重傷一百七十三人、輕傷六十餘人。

此時，西南聯大師生和中央研究院等學術機構人員，因在長沙時已有了跑警報的經驗，一看敵機來臨，立即向附近的防空洞或野外狂奔。中研院史語所駐地靛花巷，離昆明城北門只有幾十米的路程，出北門即是鄉下的曠野，學者們聽到警報響起，扔下手中的工作竄出室外紛紛向北門外狂奔。昆明市民政局一位參與賑濟救災的科員孔慶榮目睹了當時的悲慘場面，許多年後，他在一篇回憶中說：「炸彈落地爆炸，硝煙瀰漫，破片橫飛，死者屍橫遍野，倖存者呼天嚎地，慘叫之聲不息……最慘者為一年輕婦女領一歲多的小孩，婦女的頭被炸掉，屍體向下，血流不止，而孩子被震死於娘的身旁。除此，其他破頭斷足、血肉狼藉。」其淒慘之狀不忍追憶。

初試鋒芒，日軍感到兵不血刃就取得了如此輝煌的戰果，於是放開膽子繼續更大規模地對昆明實施狂轟濫炸。許多人都親眼目睹了這樣的景象：只見飛機在空中從容變換隊形，一架接著一架俯衝投彈，整個城市濃煙四起、烈焰升騰，爾後才是炸彈的呼嘯和爆炸聲，有時甚至可以清楚地看到一枚枚炸彈如何從飛機肚子裡鑽出來，帶著「嗖嗖」聲向城市飛去。

因有了「九二八」慘劇這一血的教訓，「跑警報」成了昆明城不分男女老少、貧富貴賤共同的一種生活方式。在黑市上倒賣的本地酒，也開始與時俱進地掛名「警報牌」，以此招攬生意。由於敵機經常前來轟炸，幾乎每天都要跑警報。時在西南聯大就讀的汪曾祺後來在撰寫的回憶文章〈跑警報〉中，做了這樣的描述：「我剛到昆明的頭兩年，一九三九、一九四〇年，三天兩頭有警報。有時每天都有，甚至一天有兩次。昆明那時幾乎說不上有空防力量，日本飛機想來就來。」、「西南聯大有一位歷史系的教授，——聽說是雷海宗先生，他開的一門課因為講授多年，已經背得很熟，上課前無需準備。下課了，講到哪裡算哪裡，他自己也

遭到日本飛機轟炸後的西南聯大。

敵機卅三架襲昆
市中心區被炸
毀房二千間死平民一人
同胞無家可歸者數千名

昨日上午九點零五分，敵驅逐機六架，轟炸機二十七架，由越境侵入，于十點十分，轟炸機二十七架，侵入市空，十點二十分在市中心區投彈百餘枚，十點二十九分，折向南飛，其驅逐機六架，于十點二十七分到達楊林，用機槍掃射，十點四十分折經本市轉向南飛，于十點十五分及十點三十分，先後向越境逸去，防部于九點十八分發預行警報，九點二十五分發空襲警報，九點五十分發緊急警報，十二點恢復空襲警報，十五點解除警報云。

日本飛機轟炸昆明之歷史的見證。

不記得。每回上課，都要先問學生：『我上次講到哪裡了？』然後就滔滔不絕地接著講下去。班上有個女同學，筆記記得最詳細，一句不落。雷先生有一次問她：『我上一課最後說的是什麼？』這位女同學打開筆記來，看了看，說：『您上次最後說：「現在已經有空襲警報，我們下課。」』」

頻繁的警報搞得人心惶惶、雞犬不寧，無論是學者還是學校師生，大好時光白白流逝。鑑於這種痛苦不安的情形，雲南省政府開始通知駐昆明的學校及科研院所盡量疏散至鄉下，以便減少損傷，同時也可騰出時間工作。西南聯大人員眾多，要選個合適的地方不容易，一時不能搬動，但有些教授還是自願住到了鄉下比較偏僻的地方。中央研究院史語所為保存明清檔案及書籍不受損毀，決定立即搬家，搬到一個既安靜又不用跑警報的地方去。此前，石璋如到過城外十幾里地的黑龍潭旁一個叫龍泉鎮的龍頭村做過民間工藝調查，並結識了龍泉鎮棕皮營村村長趙崇義。棕皮營有個響應寺，石認為此處條件不錯，便引領李濟、梁思永等人前去觀察。待看過之後，經趙崇義與鎮長商量並得到許可，史語所決定遷往此地。正在這個節骨眼上，傅斯年來到了昆明。

死神過往中的短暫沉寂

淞滬抗戰爆發後，傅斯年託史語所一位陳姓職員護送自己的老母前往安徽，暫住陳家，繼而讓妻子俞大綵攜幼子傅仁軌投奔江西廬山牯嶺岳父家避難，自己隻身一人留在危機四伏的南京城，具體組織、指揮中央研究院總辦事處和各所內遷重慶、長沙等地的事務。

自一九二八年六月中央研究院成立後，陸續按學科分科增設各研究所，到一九三七年抗戰爆發前，已設立物理、化學、工程、地質、天文、氣象、歷史語言、心理、社會科學及動植物十個研究所。理、化、工三個研究所設在上海，其餘各所均設於南京，並在南京成賢街舊法制局內設立總辦事處（北極閣新址落成後，辦事處遷往新址辦公），主持辦理全院行政事務。

一九三八年，梁思成一家在昆明西山華亭寺與清華好友合影。左起：周培源、梁思成、陳岱孫、林徽因、梁再冰、金岳霖、吳有訓、梁從誡。

當史語所等機構遷往長沙後，傅斯年在總辦事處度過了最後的留守歲月，於南京淪陷的前夜，奉命撤離，同年冬到達江西牯嶺，見到愛妻和幼子，隨即攜妻帶子乘船經漢口抵達重慶中央研究院總辦事處。一九三八年初夏，蔡元培終於同意朱家驊辭去總幹事職，本想請傅斯年繼任，但傅堅辭，說對昆明的弟兄放心不下，急於到昆明主持史語所工作，蔡只好請中央研究院化學研究所所長、原「科學社」的創辦人、著名科學家任鴻雋（字叔永）任總幹事。

傅與任交接總辦事處的工作後，攜妻帶子來到了昆明，與史語所同仁相會於昆明靜花巷三號一樓，繼之遷往龍泉鎮龍頭村。此時，梁思成主持的中國營造學社雖已恢復，但要開展工作，就需要有輔助這一工作可供查閱的圖書資料，否則所謂工作將無從談起。

在南遷的北大、清華、南開三校中，唯清華在盧溝橋事變之前和之後搶運出了部分圖書及設備儀器。自長沙撤退之後，清華通過本校名教授顧毓琇的關係，將圖書大部運往重慶，存放於顧教授之弟顧毓泉為負責人的經濟部下屬某所，攜帶昆明者只很少的一部分。想不到一九三八年六月二十六日，顧毓泉從重慶急電昆明的梅貽琦，告之曰：

> 昨日敵機狂炸北碚，燒炸之慘前所未有，敝所全部被焚燬，搶救無效。貴校存書全成灰燼，函詳。

此前南開大學的圖書館在津門被日機炸為灰燼、北大圖書沒有搶出，如今，搶運出來的清華圖書大部又成灰燼，陸續遷往昆明的三校幾乎無圖書可資參考。只有中研院史語所來昆明後，為方便研究工作，傅斯年設法將先期疏散到重慶的十三萬冊中外善本書寄運昆明靛花巷三號駐地，隨即又將靛花巷對面竹安巷內的一座四合院租下做為圖書館，算是為遷來的三校和其他學術機構研究人員的借讀緩解了燃眉之急。正處於孤助無援的梁思成，順便與史語所協商，借用其從長沙和重慶運來的圖書資料及部分技術工具，以便開展業務工作，傅斯年慷慨應允，表示支持。此後，中國營造學社與史語所這兩個本不搭界的獨立學術團體，就形成了老大與老二、國有與民營、依附與被依附的難分難離「捆綁式」格局。

既然營造學社與史語所已成了老大與老二的依附關係，也只好跟著搬入鄉下，在史語所旁邊的麥地村落腳，並尋租了一處尼姑庵做工作室。

一九三九年一月二十日，傅斯年為愛子仁軌畫了一張旅程圖，題記曰：「小寶第二個生日，是在牯嶺外公外婆家過的。爸爸在南京看空襲。生下三年，走了一萬多里路了！」言詞中透著鑽心的悲愴與淒涼。

就在史語所遷往龍頭村不久，中央博物院籌備處也從重慶遷往昆明，並在離史語所不遠的龍泉鎮起鳳庵暫住。據當時在籌備處工作的年輕研究人員趙青芳後來回憶，「此處是一個只有幾十戶人家的小村子，村子背靠山坡。起鳳庵內有個四合院，共十多間房屋，除尼姑占有少部分外，大部分都拿來做了辦公室。當時的工作人員不足二十人。

昆明郊外的中國營造學社辦公處。（作者攝）

村子在夜深人靜時常聞狼嗥，大狼小狼之聲清晰可辨，一時間頗使人生畏。好在白天環境十分幽靜，在辦公室窗前可以看見松鼠在樹上跳躍，給孤獨、清貧的工作人員帶來一點心靈慰藉。」

儘管生存環境差強人意，畢竟在敵機轟炸中又安下了一張書桌，眾研究人員心情漸漸平靜的同時，又在各自的專業領域忙碌起來。

已得到中基會贊助的梁思成率領中國營造學社工作人員，除在昆明城內外從事古建築調查，還親自帶隊赴四川西康一帶做野外古蹟考察，同時與史語所的李濟、石璋如等人組織成立了一個「天工學社」，專門調查昆明的手工製造業。傅斯年在龍頭村觀音殿內，用新發現的內閣大庫檔案研究成果校點《明實錄》。董作賓在自己的斗室裡埋頭研究甲骨文，撰寫他那後來轟動世界的皇皇巨著《殷曆譜》。梁思永則獨自研究殷墟西北岡出土的銅器，每當需要畫精確的銅器圖飾時，便請營造學社的陳明達、莫宗江兩位受過繪圖訓練的人員協助。據石璋如晚年回憶，陳、莫兩人繪圖功力深厚，既仔細又準確，兩人往往白天跟隨梁思成到城裡城外調查、晚上回來為梁思永加班畫圖，裡裡外外一時忙得不亦樂乎。

當此之時，從英國倫敦大學學成歸來的吳金鼎、王介忱夫婦及曾昭燏等人，先後加入了中央博物院籌備處隊伍，並以博物院籌備處專門委員的身分，與史語所、中國營造學社人員共同組成了「蒼洱古蹟考察團」，由吳金鼎任團長，赴雲南大理一帶蒼山洱海進行史前遺址調查，期間發現遺址十二處、墓葬十餘座。一九三九年，吳金鼎、王介忱、曾昭燏等組成發掘隊，開始對發現遺址進行發掘，先後發掘了馬龍、清碧、佛頂甲、佛頂乙、中和、龍泉、白雲等多處新石器時代遺址、古墓十七座。經整理研究，認為這一地區的文化面貌與中原地區有很大差異，鑑於發掘遺址分布於蒼山之麓和洱海之濱，故定名為「蒼洱文化」。這一文化的發現和命名，開創了西南地區文化研究的先河，為中國西南部考古奠定了基礎，同時對後來整個西南部地區文化體系的建立產生了廣泛而深遠的影響。一九四二年，蒼洱考古報告做為中央博物院籌備處專刊在四川李莊得以出版，從而引起了世人的關注。

身處戰時，寧靜無憂的生活總是顯得過於奢侈和短暫，到了一九四〇年三月，蔡元培在香港去世的消息傳到昆明，中央研究院各研究所、中央博物院籌備處與西南聯大同仁無不同聲悲泣。傅斯年在龍頭村旁邊的彌陀殿的大殿外，專門組織召開追悼會，除史語所與中央博物院籌備處人員外，梁思成、林徽因夫婦及營造學社同仁也前往參加。傅斯年做為主持人，在講述恩師蔡元培的生平，特別是上海淪陷前後一段經歷時，淚如雨下，幾不成語。

蔡元培去世後，按照規定，中央研究院院長一職由散落全國各地的評議會評議員於重慶選出翁文灝、胡適、朱家驊三

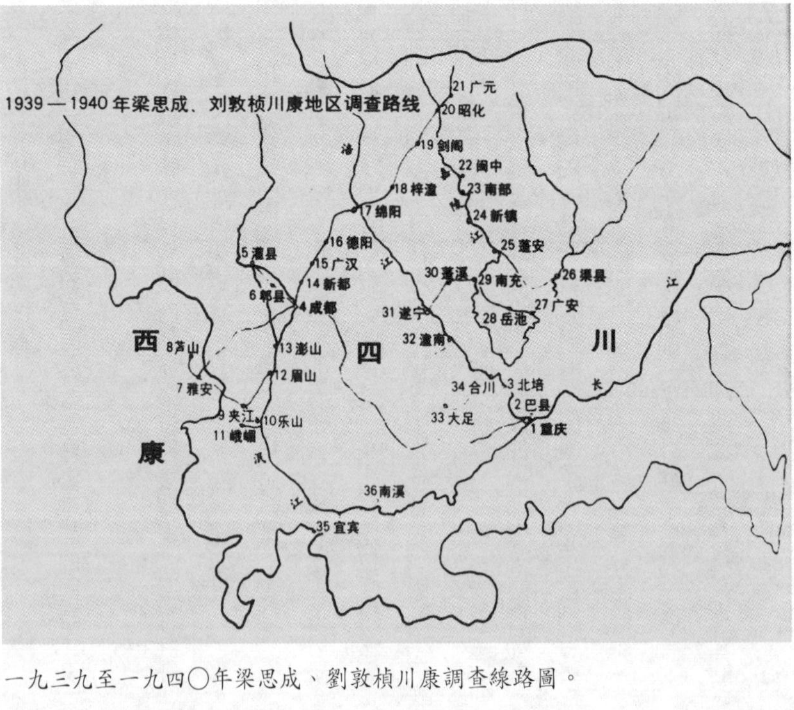

一九三九至一九四〇年梁思成、劉敦楨川康調查線路圖。

人，供蔣介石圈定。因胡適此時正擔任駐美大使，不能回國就職，院長人選只有在翁文灝與朱家驊之間選擇。蔣介石對翁、朱兩人皆不甚滿意，故左右搖擺、舉棋不定，直到蔡死後半年有餘的九月十八日，才最後下定決心棄翁而圈朱，不過蔣介石在圈定之後又加了個「代」字，朱家驊遂以中央研究院代理院長的名分被公示天下。

朱家驊本是合法選出的三位院長候補人之一，結果陰差陽錯地以暫代之名充當天下儒林盟主，心中頗為不快，但事已至此，回天無術，只好屈就。

坐上中央研究院第一把交椅的朱家驊，鑑於傅斯年在中央研究院非同尋常的霸氣和辦事才幹，根據「一朝天子一朝臣」的老規矩，上任之始便棄任鴻雋而請傅斯年出任總幹事一職。傅斯年此時正身患高血壓，並深受其累，不想戴這頂「閒曹」手下總幹事的帽子，但因朱家驊真誠相邀，感念當年朱氏在中山大學時期對自己有知遇之恩，遂「為了朋友，欣然的答應下來」（朱家驊語）。不過傅斯年還是有言在先，認為自己既然已擔任了史語所所長，不能再兼職，只是以暫時代理的身分出任總幹事職。在

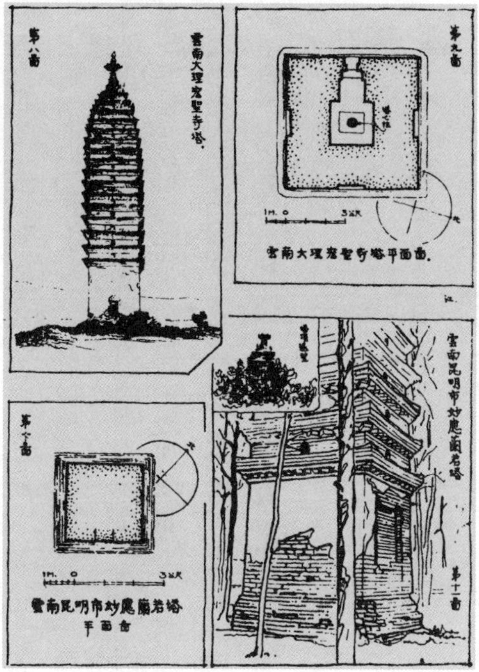

《營造學社彙刊》上刊登的劉敦楨對雲南地區古塔調查時的手繪圖。

代理之前，要先回昆明處理史語所的事務，然後回重慶就任。而這個時候，昆明的局勢則又進一步惡化了。

自一九四〇年七月起，為徹底切斷中國僅存的一條國際通道，日本人利用歐洲戰場上德國人勝利的有利時機，直接出兵強行占領了法屬印度支那的越南，不僅切斷了滇越鐵路，而且由於距離縮短，使得飛機轟炸滇緬公路和終點站——昆明，更加頻繁起來。到了八月底、九月初，日機對昆明的轟炸更加猛烈，轟炸範圍已擴大到昆明郊區，日軍開始組織精銳部隊向雲南境內進犯，形勢日趨危急。住在昆明郊外龍泉鎮的史語所與中國營造學社同仁，每天都在警報的嗚響中惶恐度日，其悲苦之狀從林徽因給費慰梅的信中可以看到：

> 日本鬼子的轟炸或殲擊機的掃射都像是一陣暴雨，你只能咬緊牙關挺過去，在頭頂還是在遠處都一樣，有一種讓人嘔吐的感覺。
>
> 可憐的老金，每天早晨在城裡有課，常常要在早上五點半從這個村子出發，而還沒來得及上課，空襲就開始了，然後就得跟著一群人奔向另一個方向的另一座城門、另一座小山，直到下午五點半，再繞許多路走回這個村子，
>
> 一天沒吃、沒喝、沒工作、沒休息，什麼都沒有，這就是生活。

而梁、林的兒子梁從誡在童年的記憶裡，曾留下了這樣的畫面：

> 有一次，日本飛機飛到了龍頭村上空，低到幾乎能擦到樹梢，聲音震耳欲聾。父親把我們姊弟死

死地按在地上不讓動。我清楚地看見了敞式座艙裡戴著風鏡的鬼子飛行員，我很怕他會看見我，並對我們開槍，感受到了死亡的威脅。

這樣的生活顯然難以繼續支撐下去，根據重慶國民政府的指示，西南聯合大學、同濟大學、中央研究院史語所、社會學所、中央博物院籌備處等駐昆明的學校和科研機構，全部向大後方轉移，並指出最合適的地方是三峽以西的四川轄境。因蜀地既有千山萬壑的阻隔，又有長江或岷江、金沙江、嘉陵江等支流和國民政府戰時首都重慶相通，是一個可進可守的天然避難場所與積蓄力量待機反攻的後方戰場。中國歷史上許多王朝在大難臨頭之際都逃亡四川避難，天寶年間的安史之亂，在長安城陷之際，唐玄宗攜帶部分文臣武將出逃四川劍南，使李唐王朝在天崩地裂的搖晃震盪中最終又站了起來。鑑於這樣的天然條件，駐昆明的機關、工廠及各教育單位與學術機構，紛紛派人入川考察，以盡快撤離昆明這個戰火熊熊的城市。

當年十月，赴四川考察的西南聯大人員已在瀘州南部的敘永找到了落腳點，準備先在此地建一分校，以待將來形勢演變再做全部搬遷的抉擇。而史語所派出的副研究員芮逸夫，也在宜賓下游十九公里處，找到了一個可供安置書桌的地點。回到昆明後，芮逸夫將赴川考察、洽談情況向傅斯年做了詳細彙報，傅與李濟、梁思永、董作賓、李方桂等人交換了意見。最後決定：在沒有更好的地方和去處的情況下，選擇此處暫時落腳。於是，中央研究院在昆明的幾個所，連同相關的中央博物院籌備處、中國營造學社等學術機構，與同濟大學一道，又開始了一次大規模遷徙，目標是一個「在地圖上找不到的地方」——四川南溪李莊。

第四章

霧中的印痕

滇川道上的流亡客

芮逸夫等人找到的李莊，是位於宜賓市下游十九公里處長江南岸，下距南溪縣城二十四公里一個不大的古鎮。此處上扼金沙江、岷江、符江河口，下控僰溪（又名涪溪）與長江匯合點。鎮區為一平壩，全壩東西長約五公里、南北寬一公里餘。北臨大江，隔江與雄奇壯美的桂輪山對峙，南倚天頂、銅錢諸山，自古為川南通往滇、黔兩省的重要交通驛道。自西漢至南齊均屬僰道縣轄境。梁武帝大同六年（五四〇年）在李莊置南廣縣，並置六同郡。從大同十一年起，南廣縣屬戎州所轄之六同郡，郡之所在地一直在李莊，延續到北周之末（五八〇年）。隋統一中國後，於開皇初（約五八一—五九〇年）廢六同郡，南廣縣直屬戎州。至仁壽元年（六〇一年）為避太子楊廣諱，南廣縣改名，因

長江邊上的李莊古鎮。

當時縣城主要在今李莊鎮北岸僰溪（今黃沙河河口段）之南，故易名為南溪縣。此地做為戎州治所和南溪縣治所所在，經唐末和五代時前蜀、後蜀至宋末，一直未再變動，其間歷四百餘年。

北宋乾德年間（九六三—九六八年），不知因何變故，南溪縣治由此地遷奮戎城（今南溪縣城）。此後李莊不再做為縣治所在，但經濟交往一直保持強勁勢頭，未曾衰落。從明代起，李莊成為川南第一大場鎮。明末，造反起事的農民軍首領張獻忠率部入川，開始大規模殺戮，未出幾年便把四川人屠了個乾淨，天府之國遂成為一片屍骨遍地的荒野。清王朝建立並控制四川後，為重振川省的繁盛景象，自康熙王朝起，就開始有計畫地詔令天下向川省移民，史稱「湖廣填四川」。在這股歷康、雍、乾三世，持續時間長達半個多世紀的「移民填川」大潮中，做為長江上游第一古鎮、川南重要的「米倉」和交通驛站——李莊，自然成為各路流民矚目的焦點和爭相占領的要地。隨著人口猛增和清朝歷史上著名的「康乾盛世」的來臨，李莊出現了歷史上最為鼎盛的經濟繁榮期，與之相配套的會館、佛寺、道觀開始復修興建，僅乾隆年間就先後修建了文武宮、桓侯宮、南華宮、文昌宮四座宮殿，以及佛光寺、萬壽寺、玄壇廟、永壽寺、關聖殿、伏虎寺、常君閣、天宮廟八座規模龐大的廟宇閣樓。後陸續修建禹王宮（初稱湖廣會館）、東岳廟、觀音堂等建築群。至咸豐朝末年，李莊鎮內外已形成了九座宮殿、十八座廟宇——號稱九宮十八廟，外加兩座教堂的輝煌建築格局，其勢力之盛、氣派之大，威震川南，遠播巴蜀，為一時所重。

除散落鎮內外的宮殿廟宇外，李莊鎮上游約五公里的長江邊上，有一座狀如犀牛的小山，山上有一株數百年的板栗樹，故名板栗坳。自乾隆年間始，從湖北孝感地區遷往李莊板栗坳的一支張姓家族，便在此處落地生根，打造宅院，歷經數輩人的辛勤積累，前後耗白銀兩萬多兩，用工不計其數，最終形成了由七處院落組成又相互聯繫貫通的栗峰山莊。山莊有一寬敞威嚴的大門，大門內共計一百零八道中門與小門，暗合三十六天罡星、七十二地煞星之數。整個山莊按照地勢起伏建有內、外兩道磚石結構的高大厚實的圍牆，以防兵匪盜賊的騷擾與搶劫。牆上修有防兵匪盜賊入侵的垛口，四角修有望樓與砲臺，幾十門威力巨大的火砲分列其上，看上去氣勢磅礴、蔚為壯觀。近百人的家兵衛隊日夜守護山莊，莊內安置打造槍炮的紅爐作坊，專門製造槍炮。所造兵器除山莊兵丁自用，兼對外出售，發往全國各地，儼然一兵器製造局。與此同時，山莊內還設有鑄造銅錢的模範器具，公開製造貨幣發放於全國。板栗坳張氏家族莊園以其雄偉的建築、宏大的氣派，如同一個獨立王國，傲然聳立在川南的栗峰山上，俯視大江南北。

正是由於鎮區內外有了九宮十八廟和板栗坳這樣龐大規模的山莊可以租用，才使同濟大學和中研院在昆明的幾個研究所共一萬餘人，全部遷入住居成為可能。在得到李莊鄉紳與國民黨李莊鎮支部書記羅南陔等人的積極贊成支持下，一場

南華宮：始建於清朝乾隆年間，光緒二十二年（一八九六年）重修，占地一千五百平方米。

對中國文化具有深遠影響的行動悄然開始了。

根據國民政府教育部和中央研究院總辦事處的指示，中央博物院籌備處和中研院在昆明的歷史語言研究所、人類體質研究所（籌）、社會科學研究所三個所，這也是中研院從事人文科研機構的全部力量，於一九四〇年秋冬時節，分期分批遷往李莊。與此同時，同濟大學也開始做全校大遷徙的準備，西南聯大亦在四川敘永找到了地點，準備將當年招收的新生遷往該地上課。

此時史語所的傅斯年已先行回到重慶，趙元任赴美講學，李濟、董作賓、梁思永各有一攤子業務須親自料理，史語所的搬遷事宜，由語言學組的研究員李方桂主持辦理，石璋如做為總提調予以協助。在中研院十幾個研究所中，史語所的物資之多是最著名的，甲骨、青銅器、陶器等出土器物，連同從各方陸續運來的共二十多萬冊珍貴書籍，共有六百餘箱之巨。面對這份國寶級的龐大物資，李方桂從利國公司僱用了二十多輛汽車，每三輛為一組，分批行動。按照計畫，第一批走的車隊需與第二批車隊在第一個關口會合，第二批人看第一批人要辦哪些手續。當第一批走後，第二批再帶第三批，依次類推，直到最後一批過關。

當一切安排妥當，由三輛車組成的第一批車隊於十月二日開始出發。由於中國營造學社與史語所的依附關係，梁思成、林徽因及學社的其他同人，儘管對遷往偏僻的李莊很不情願，但要繼續從事學術研究，就必須依靠史語所的圖書，萬般無奈中，只好隨車前往。為此，梁思成在給好友費正清的信中表白道：「這次遷移使我們非常沮喪。它意謂著我們將要和已經有了十年以上交情的一群朋友分離。我們將要到一個除了中央研究院的研究所以外遠離任何其他機關、遠離任何大城市的一個全然陌生的地方。大學將留在昆明，老金、端升、奚若和別的人也將如此。不管我們逃到哪裡，我們都將每月用好多天、每天用好多小時，打斷日常的生活——工作、進餐和睡眠來跑警報。但是我想英國的情況還要糟得多。」

因搬遷準備工作的混亂、焦急、疲勞，梁思成在行前突發高燒，只得暫時留下休養。林徽因獨自帶著兩個孩子和母親，隨史語所第一批車隊專門為家眷空出的一輛有篷客車，於十月二日離開了昆明向四川李莊進發。據林徽因事後對費慰梅說，她們所乘的那輛特殊的客車裡裝載了三十多人，其年齡從七十歲的老人一直到懷中的嬰兒，各個年齡段的男女應有盡有。由於人多物雜，車廂擁擠不堪，每個人只好採取「騎馬蹲襠式」，把兩腳叉開坐在行李捲上，盡量縮小占有空間，隨著車的顛簸動盪苦熬時日。

從昆明到李莊，需經滇黔公路入川，中途要翻越溝壑縱橫、坡陡路險的烏蒙山脈，並需渡過著名的赤水等幾十條水流湍急、險象環生的河流方能到達瀘州。按照石璋如許多年後的回憶，從昆明到李莊，一路要過曲靖、宣威、黑石頭、赫章、威甯、畢節、敘永、藍田壩等地。除了其他幾個地方的艱難險阻，在「黑石頭、赫章、威寧一帶的山區，其實都很危險，因為夜晚老虎會下山覓食，人都不敢出來。在黑石頭、赫章，司機、副手會留在車內，鎖上車門，不敢出來。到了威寧，地方稍微平坦一些，車子可以圍在一塊，司機還是留在車內，萬一有老虎過來，司機可以打開車燈嚇走老虎」。

當車隊歷盡艱險抵達瀘州後，停在長江南岸的藍田壩卸貨，由史語所先遣人員潘慤、王文林負責接貨，通過當地的轉運站轉送到大噸位輪船，再沿長江水道經南溪上行運往宜賓，最後從宜賓再返運到李莊碼頭上岸。根據傅斯年的指示，先遣人員潘慤、王文林等人與長江航線赫赫有名的民生公司聯繫，負責具體的轉送航運事宜。

史語所由昆明派出的第一批車隊行程並不順利，一輛在易隆附近的山區翻車，一輛中途拋錨，只有趴在山野草莽中暫且與虎狼為伴，林徽因等人乘坐的眷屬車也遇到了麻煩。據梁從誡回憶：「到威寧縣城，天已全黑，而車子在離城門幾裡處突然拋錨。人們既不能卸下行李掮進城，又怕行李留在車裡被人搶劫，最後只好全車人留在卡車裡過夜。而我又偏偏發起高燒，媽媽只好自己拖著一家人進城為我找醫生。次晨聽說，夜裡狼群竟圍著車廂嗥了半宿。」

包括載家眷的有篷車等三輛汽車，經過了近兩個星期的風餐露宿，「一路受了顛沛之苦。」（董作賓語）總算安全到達了瀘州南岸的藍田壩。在潘愨、王文林等先行人員與當地轉運站的交涉下，人與物資一起轉入民生公司輪船，沿江西行至宜賓，再轉乘小型木船到達李莊。身在重慶的傅斯年得到消息，於一九四〇年十月十五日致電王子傑轉呈四川省政府報告說：「謝撥給南溪縣李莊為遷徙所址，第一批人員物資已到達，餘在途中。」

十一月十二日，由史語所王崇武押隊的第三批共一百四十箱物資抵達宜賓，稍事停留後，分裝幾艘民生公司的小型駁船運往李莊。意想不到的是，剛駛出宜賓不遠，其中一艘駁船不幸失重傾覆，船上運載的貨物全部滾落於江水。眾人一看大事不好，急忙上岸找人打撈搶救，宜賓專員冷寅東聞知，深感事關重大，當即下令所屬水運局火速派遣潛水夫下水打撈。在上下左右一番緊急搶救後，總算把落江的箱子全部打撈上來。萬分遺憾的是，落水的偏偏不是出土的青銅器、陶器或甲骨，而恰恰是分裝於各箱中的拓本善本書籍，儘管裝箱時外部包了一層函套，但仍

民生公司的貨輪靠近碼頭後，貨物由小型駁船接運的情形。

全部被江水浸透。

此事迅速報知了先期到達李莊的董作賓和在重慶的傅斯年，兩人聞聽大驚，董作賓向重慶的傅斯年發電商討救治辦法，傅斯年早已氣急敗壞，大罵王崇武成事不足、敗事有餘，竟眼睜睜地看著幾十箱珍貴書籍翻落水中。罵過之後，一面派人和民生公司在重慶的總部聯繫索賠事宜，一面指示宜賓王崇武等人速把落水書箱搬到一個安全地方開啟驗示，並設法救治。

此後，傅斯年電請董作賓由李莊趕往宜賓，親自組織指揮對落水書籍的救治事宜，凡從江水中打撈出的箱子，全部集中到宜賓明德小學進行開箱、晾曬，並一一登記造冊。於是，在重慶與宜賓之間，傅斯年與董作賓的信函你來我往，頻頻交換救治情況和向民生公司通報，以便處理善後事宜。

在宜賓方面，除了王崇武的一隊人馬外，又加派了後到的一組同人共同晾曬救治。大約到了一九四一年一月十一日或十二日，才算告一段落，所有人員乘船押運物資抵達李莊板栗坳，正如石璋如所說，這一下「等於曬了三個多月的經」。除了王崇武的一隊中途發生意外，在昆明最後一批押車啟程的石璋如，途中也遇到了較大的麻煩。一輛汽車翻入赤水河橋下，所幸沒有摔入水流滾滾的河心，車上的箱子大都散落在橋頭，只有幾個滾落於河邊的淺水裡。石璋如與同行的王志維等人憋著悶氣到當地去找吊車求百姓幫忙拖吊，寒風呼號中，經過三天三夜的折騰，車子才被拖上來重新上路。來到瀘州裝船時，已是一九四一年一月九日。又經過了四天的裝船押運，全船物資才算安全運往李莊板栗坳。至此，史語所全部人員、物資已抵達李莊，眾人懸著的心才得以放下，並深深地噓了一口長氣。

一九四一年一月十八日，傅斯年從重慶匆匆趕往李莊，主辦分房事宜。

當傅氏前往李莊之時，同濟大學師生也陸續翻越烏蒙山脈、渡過赤水河，溯江而來。當時人口只有三千的李莊古鎮，突然要安置上萬之眾的「下江人」，儘管當地士紳和民眾早有心理準備，但當一隊隊人群扛著箱子、背著背包、提著行李，潮水般湧來時，還是感到震驚。在國難當頭、民族危急之際，李莊士紳和民眾敞開了博大胸懷，表示要克服一切困難，來者不拒，盡數接納。

當初聯繫遷徙地點時，同濟大學在先，且李莊鄉紳發的電文也是「同大遷川，李莊歡迎，一切需要，地方供應」。中研院所屬機構只是跟隨而來，因而在李莊的院落房舍分配上，如同當地豪門大戶分家，就形成了正房夫人與偏房二奶、三奶、四奶及小妾的主次關係。同濟大學憑著所具有的開山鼻祖地位，自然拔得了頭籌，凡李莊鎮內最適合外來人員辦公、學習場所，如「九宮十八廟」及「湖廣填四川」的各種會館、祠堂等，均被其所占。如南華宮成了同濟理學院、紫雲宮成了同大圖書館、曾家祠堂成了體育組駐地。鎮內位置最正、規模最大、廳堂最好、院內房舍最為寬敞明亮的禹王宮，成了同濟大學的校本部。在最具有代表性的建築——東岳廟，當地士紳組織人力用滑輪和長桿起吊神像，讓這些掌管著風調雨順、五穀豐登的天神們暫時集中到一間黑屋子裡。騰空的大殿、偏殿和各個大小不一的套院，支起了簡易的課桌。同濟大學規模最大的工學院在此敲響了上課的鐘聲。鎮內原小學校址——祖師殿，騰出後移交同濟大學醫學院，除平時上課，還做為學院解剖、實驗場所使用。當地駐軍十八師的一個團部住在東岳廟的偏殿內，經學校委婉勸說，也移遷他處，調給同大使用。同濟師生在這座千年古鎮找到了一片綠蔭與棲息之地。

與同濟大學相比，來李莊的中研院三個所和中國營造學社，則相對遜色了許多。史語所占據了離鎮五公里張氏家族最龐大的住居地——板栗坳栗峰山莊。半年之後，當西南聯大文學院教授羅常培來李莊時，對這座山莊的位置和形勢做過如下描述：

歷史語言研究所的所址在板栗坳，離李莊鎮還有八里多……離開市鎮，先穿行了一大段田埂，約有半點鐘的光景，到了半山的一個地方叫木魚石，已經汗流浹背，喘得上氣不接下氣。躲在一棵榕樹蔭下休息一會兒，等汗乾了才繼續登山。又拐了三個彎，已經看不見長江了，汗也把襯衫溼透了，還看不見一所像樣的大房子。再往前走到了一個眾巒逃拱的山窪裡，才算找到板栗坳的張家大院。

（《蜀道難》）

李莊慧光寺（原禹王宮）大門。抗戰中後期，同濟大學校本部所在地。

玉佛寺，建於道光二十五年（一八四五年）。抗戰期間為同濟大學醫學院所在地。

儘管板栗坳離鎮中心遠了點，且位居一座大山的山頂，要到那裡需過田埂、穿樹林，上山需爬五百多級臺階。但這個當年曾經暗藏刀兵的大本營，畢竟像當年水泊梁山的水寨一樣龐大，且自成一統，除有房舍存放大批物資外，還可安置研究人員和家眷住居，倒也不失為一處理想的避難之所。

傅斯年到來後，開始找人修整房舍，並著手分配。因板栗坳交通相對困難，特別是要爬五百多級臺階才能到達山峰頂部的山莊，來往異常辛苦，考古組的李濟與梁思永兩個重量級人物都不想上山，自己在李莊鎮內租房住居。另一位重量級人物董作賓則不怕山高路艱，樂意上山與眾人一起聚居。其餘的人有的樂意上山、有的不想頂風而上。但傅斯年有嚴格規定，凡是單身的研究人員與技工全部上山，並在山上成立

一九四二年梁思成在四川李莊拍攝的板栗坳民居。

二〇〇四年，李莊鎮攝影師王榮全拍攝的板栗坳同一地點。兩者相隔六十二年，卻風貌依舊。

伙食團，共同搭伙做飯，實實在在地過一段水泊梁山豪傑聚義的日子。板栗坳的住房按照等級制分配，職級較高的研究人員分配的房子相對明亮寬敞一些，職級低的自然要在小黑屋裡蹲著。為便於管理，整個住房與辦公場所基本以當地所命名的桂花坳、柴門口、田邊上、牌坊頭、戲樓院等大院落為主。

按照各機構的座次排列，中國營造學社做為一家被政府「棄之不顧」的民間學術機構和史語所的附庸，此次是被迫來到李莊，因其本身與中央研究院沒有直接的隸屬關係，面對安家置業這類事宜，傅斯年也無法顧及，只能在工作、生活方面給予一點道義上的照顧與支持。做為主持學社工作的梁思成因在離開昆明時突發高燒，直到一個月後才隨史語所最後一批車隊趕到李莊。此時，營造學社的另一位重要支柱劉敦楨和林徽因等人，已在李莊郊外約三里的上壩月亮田找到了一處農舍安居下來。這所農舍屬於普通的川南民宅，原有幾個當地農民住居，林徽因來後他們搬到別處，把院房全部讓給了營造學社。其

在李莊上壩月亮田的中國營造學社辦公處，站立者為學社成員莫宗江。（梁思成攝）

布局為前後兩個較大的院落，院中各有平房幾間，梁家與劉敦楨一家各占一部分，用於日常生活，其餘的房屋做為營造學社的辦公室用房。梁思成到來後，在本地找了幾個木匠製作了幾張桌子與條凳，算是辦公用具，以備同人看書、繪圖、寫作之用。

中國營造學社總算安頓下來，條件雖苦，但畢竟有史語所的圖書可參看，有過去野外考察的大批資料可供整理、編寫，有一個相對安靜的環境，學問可以慢慢做下去。相對這幾家機構而言，陶孟和所領導的社會科學研究所就顯得頗有些尷尬和狼狽了。

陶孟和是中國較早留學英國的海歸派，當他在北大做教務長時，傅斯年正在北大國學門讀書，算是傅的師輩人物。後來陶孟和辭別北大主持創辦北平社會科學調查所。中央研究院成立後，陶氏率部由北平遷南京，成為中研院下屬的一個所。一九三七年抗戰開始後，陶孟和帶領社會科學研究所全體人員，自南京西遷，由湘至桂、滇，直到遷往四川南溪縣李莊。

此前，既然陶孟和沒能像同濟大學或史語所那樣派出人員前往李莊考察、談判，當陶孟和一行來到李莊這塊陌生的地盤後，瞻前顧後，思考再三，陶孟和不得不放下師輩的身分，向學生輩的一代霸主傅斯年乞求。一九四一年十月二十八日，陶孟和致電傅斯年，「張家大院之房，務請撥幾間給社所暫用，傾社所已去十餘人。」也就是說，直到社會科學所的人拖家帶口、乘車在坡陡路險的烏蒙山區顛簸的時候，陶孟和都不知道這些人該在李莊的哪個地方落腳禦寒。

儘管陶氏是傅斯年的師輩人物，但由於兩人的性格及處事方式大不相同，傅斯年以他「目空天下士」的傲氣和頗有幾分綠林色彩的霸氣與豪氣，並不把這個原北大教務長的師輩長者放在眼裡。史語所在昆明時，與社科所相距並不遠，但兩所人員極少打交道，陶、傅兩人更是很少來往。現在，李莊板栗坳做為一個獨立王國式的龐大山莊是事實，但當地居民都在此住居，並沒有太多的空房專等著中研院的人來填補空白，一個史語所加上北大文科研究所的職員與家屬近百口人湧進，已顯得相當擁擠，怎好再霸王硬上弓，強行塞進一個社科所。倘若社科所的所長不是陶孟和，而是陶的朋友胡適之，傅斯年就算拚了命也要在板栗坳為其找到一個安息之所的。遺憾的是陶孟和不是胡適之，傅斯年也不會為其拚命效力，龐大的板栗坳栗峰山莊之門，轟然一聲無情地向陶孟和關閉了。

可憐的社會科學研究所，當大隊人馬全部抵達李莊後，李莊的士紳此前不知有個社會學所一同前來，故沒有任何為其找院備房的準備，弄了個措手不及，陶孟和的大隊人馬竟一時不知自己將在何處棲身。此時已是寒冬季節，李莊的天氣雖然沒有北方那樣冰冷，但長江的水氣瀰漫天空，擋住了陽光照射，使人感到有一種陰森森的寒意。而這種氣候對剛從四季如春的昆明遷徙而來的人員更是難以適應。為此，許多社科所研究人員，特別是隨所而行的老老少少家眷，先後病倒，呈現出了一片窮困潦倒、無家可歸的悲慘淒涼的景象。萬般無奈中，陶孟和只得和李莊的羅南陔、張官周等士紳協商，把社科所的人員連同家眷化整為零，分散於有空房的戶主家中暫住，先治病救人、

門官田宿舍，社會科學研究所人員於一九四一年遷入。歷史學家羅爾綱在這裡最後修訂完成了早年跟隨胡適做「徒弟」時的自傳體名著《師門五年記》。

恢復身體，等熬過嚴冬後，一切待來年春天再設法安置。直到一九四一年五月中旬，陶孟和等人總算在距李莊鎮五里地的石崖灣及閘官田（又稱悶官田，以夏日酷熱、不透風而聞名）兩個地方找到了落腳點。儘管兩處相隔四、五里路程，生活、研究等極其不便，且門官田的辦公室隔壁就是牛棚，中間僅有一道竹「牆」分離，整日牛喊驢鳴、臭氣熏天，真可謂實實在在地入了牛馬圈，但畢竟安下了一張平靜的書桌，有了自己的棲身之處。在陶孟和的親自指揮下，社科所人員分批遷入住居地和辦公處。

至此，李莊的外來人員達到了一萬一千人之眾，這些「下江人」在抗戰烽火中，隨著他們就讀和服務的學校與學術機構，在這塊陌生的土地上生根發芽，開始了新的生命歷程。

梅貽琦來到梁家

按照各自的工作計畫，史語所在李莊板栗坳安營紮寨的第三組董作賓等研究人員，繼續整理安陽殷墟出土的甲骨；李濟整理帶來的幾十萬塊陶片；梁思永做侯家莊大墓出土資料的研究。後來增加的四組吳定良等人整理殷墟出土的人頭骨（其時四組已成立人類學所籌備處，因而又以獨立的名號對外宣稱，但直到抗戰結束也沒能脫離史語所）；凌純聲、芮逸夫等則籌畫著做少數民族風土人情的調查。一、二組的人員繼續研究自己的業務，各項工作逐漸納入正軌，栗峰山莊不時閃動著學者們忙碌的身影。

一九四一年六月二十七日，西南聯合大學常委梅貽琦、總務長鄭天挺、中文系主任羅常培，自四川瀘州碼頭乘船，溯江而上，朝萬里長江第一古鎮——李莊奔來。梅氏一行自五月中旬陸續從昆明飛到戰時陪都重慶，在處理了一堆繁雜公務後，向國民政府教育部彙報並商談解決敘永分校回遷事宜。

自一九四〇年始，日軍飛機對昆明的轟炸愈演愈烈，處在硝煙砲火中的西南聯大形勢日漸嚴峻，總圖書館的書庫和若干科學實驗室，以及約三分之一的校舍被陸續炸燬。這一年的招生工作不得不推遲，七月份統考完畢，一直拖到十月才放榜。

為應付日益惡化的戰爭局勢，按照國民政府教育部的指示，西南聯大校委會決定，在長江上游的偏僻小城——敘永成立聯大分校，準備陸續搬遷，該年入學的新生全部遷往分校上課。於是，六百餘名新生在負責分校工作的楊振聲（分校校長）、鄭華熾等教授的帶領下，踏上了入川之路。經過艱難跋涉，終於在次年一月六日陸續到達敘永開始上課。此舉雖比正常時

原史語所在板栗坳牌坊頭的所在地，現已改為學校。

間整整晚了四個月，但總算把書桌安了下來。

敘永小城坐落在川江以南，位於瀘州的正南方，屬於川、黔、滇三省結合部，素有「雞鳴三省」之稱。此處有永寧河通往長江，往南可入雲貴高原，與西邊的南溪李莊雖有一段距離，但同屬於川南地區，兩地在各方面多有聯繫，風土人情也幾近相同。中研院史語所、同濟大學等機構從昆明遷李莊時，敘永是必經之地。史語所的石璋如在押運物資從昆明遷往李莊的途中，曾在敘永附近翻車於河中，晚年他對敘永及西南聯大分校的情況曾有片斷回憶，他說：「敘永算是一個關口，也不算小地方，不過查得沒有藍田壩厲害……當時很多搬遷的機構來到敘永附近，像西南聯大就把招考的新生搬到敘永上課，結果有很多在昆明考上的學生，千里迢迢來

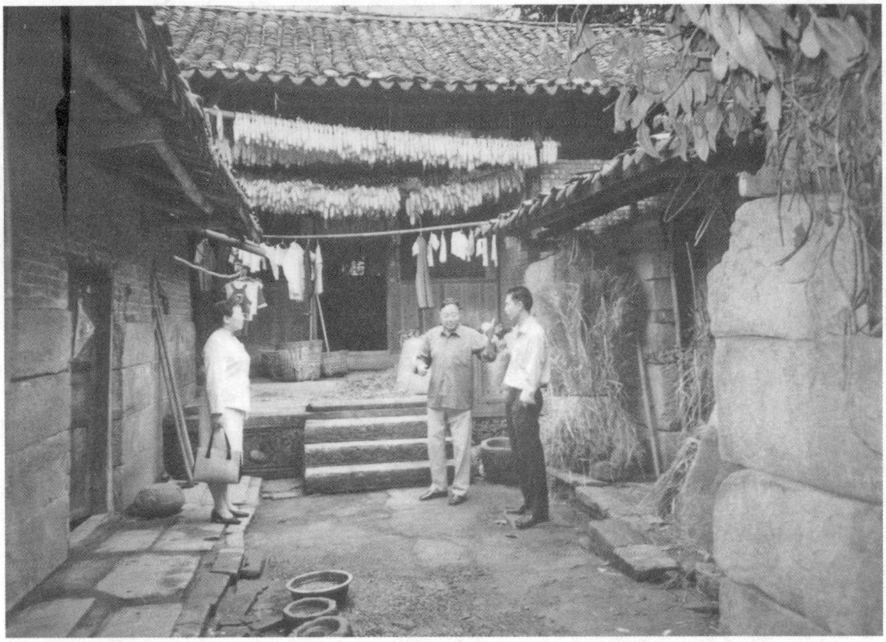

在李莊上壩月亮田的中國營造學社辦公處，站立者為學社成員莫宗江。（梁思成攝）

到敘永上課，但是在敘永上課的地方很小，是借用一間小廟來用。我們在敘永的時候，聯大正準備教室的布置，尚未正式上課。」

梅貽琦一行於六月九日由重慶到達敘永，因此處交通閉塞、地理位置偏僻，師生又窩在一座破舊荒涼的野廟中上課，條件簡陋，生活極端困苦，女生宿舍設在帝王宮，食堂設在城隍廟，故師生皆願遷回昆明校本部。鑑於前途未卜的情形，梅貽琦等三人返回瀘州後，於六月十九日分別致信昆明西南聯大主持日常事務的常委蔣夢麟、教務長潘光旦等人，謂：「詳告敘永分校諸君對於取消分校之意見，正反各列五條，末附本人意見……總之無論如何以早決定為宜。如敘校遷回，同人及眷屬旅費應酌予增加。」

蔣夢麟等接信後，同意敘永回遷昆明，並著手籌措旅費等事宜。梅貽琦一行繼續留川按原計畫行動。因瀘州方面一時無船上行，梅貽琦等人只好坐地苦等，九天之後，總算於六月二十七日登上長豐輪，一路顛簸來到了李莊。梅貽琦和他的同事此行的目的有二：一是赴樂山、成都一帶參觀考察抗戰中內遷的學術機關；二是由昆明遷往李莊的北大文科研究所部分青年學子的論文需要答辯，鄭天挺做為該所的副所長，羅常培身為直接授業的導師，需完成各自應負的責任。李莊古鎮在瀘州去樂山一線的長江邊上，此行正可一舉兩得。當然，除了這些，三人還有一個共同的願望，就是順便看望一下戰時流亡到李莊的老同事、老朋友。

創立於一九一八年的北京大學文科研究所，是以培養文、史、哲等學科研究生為主的學術機構。抗日戰爭爆發後，北大文科研究所停辦，後在傅斯年、蔣夢麟的主持下，又得以在昆明死而復生。由於胡適此時正出任駐美大使，所長一職暫由傅斯年代理，原北大總務長鄭天挺擔任副所長，全所借住中研院史語所在昆明靛花巷三號租來的房子。當史語所遷往四川李莊時，北大文科研究所招收的研究生一部分離開靛花巷三號，搬到郊外的龍頭村史語所舊址繼續攻讀。因西南聯大幾乎沒有圖書可借閱，而史語所藏書豐厚，於是，同中國營造學社梁思成等人的情況一樣，多數研究生不得不隨史語所遷往李莊，以便查閱圖書資料完成學業。據當時的檔案顯示，研究生中的馬學良、劉念和、逯欽立、任繼愈、楊志玖、閻文儒、張政烺等都隨史語所而來，並被安排在板栗坳與史語所同仁一起居住、生活，平時則各人在圖書館看書學習，著手撰寫論文。為了顯示這股力量的存在，傅斯年還專門讓研究生們在住居的門口掛起了一塊「北大文科研究所辦事處」的牌子，做為一個相對獨立的單位彰顯於世。若干年後，當地政府在統計李莊外來學術機構時，北大文科研究所也理所當然地被列入其中。

按照輩分排列，梅貽琦在李莊的幾

當年北大文科研究所學院在李莊板栗坳的宿舍，如今已是殘垣斷壁。

一九三一年在清華演講時的梅貽琦。

個科研機構中，除陶孟和之外，幾乎是所有人的前輩，尤其對清華出身的學子更是如此。聲名顯赫的李濟、梁思成、梁思永、李方桂等名流皆是梅貽琦的學生。一八八九年生於天津的梅貽琦（字月涵），於一九〇八年以第一名的成績畢業於南開私立學校第一屆師範班，當時的校長為張伯苓、助教陶孟和。一九〇九年，梅貽琦考取了清華學校的前身——遊美學務處招收的第一批直接留學生，入美國吳斯特理工學院（WorcesterPolytechnicCollege）機電工程系就讀，一九一四年畢業並獲得工學學士學位後回國。一九一五年到清華學校任教，先後講授數學、英文、物理等課程。據當年就讀於清華學堂的李濟回憶，「我是他（梅貽琦）所授的三角這門課程的學生，那時候所留下來的印象，保存到現在的只有兩點：他是一個很嚴的老師，我卻算不得一個好學生。」

梅貽琦生性不愛說話，被他那些出洋的弟子們稱為「寡言君子」（Gentleman of few words），若不與其太熟悉，一般看不到他的言笑。梅氏那修長的身材常穿著一身青布長衫，臉型如稜角分明的雕塑，風度翩翩，曾被來中國訪問的英國科學史家李約瑟譽為「中國學者的完美典型」和「中國學者的理想化身」。早在一九〇九年考取第一批庚款留美學生時，梅貽琦那「從容不迫的態度」就給人留下了深刻的印象。據說在放榜那天，考生們都很活躍，考上的喜形於色，沒考上的則面色沮喪。可能也有像胡適後來報考庚款留學一樣，慌里慌張地僱一輛洋車，滿頭大汗地挑燈夜看者，且是從下往上倒著看的狼狽相。而只有瘦高的梅貽琦，始終神色自若，「不慌不忙、不喜不憂地在那裡看榜」，讓人覺察不出他是否考取。而實際上，在六百三十名考生當中，他名列第六。

後來李濟赴美留學，所在的美國東部麻省吳斯特城的克拉克大學，與梅貽琦早年所讀的吳斯特理工學院在同一城中，這所大學已有許多中國留學生就讀。有一次李濟來到這所大學遊玩，便有中國留學生對他說：「梅月涵先生就是從這個工業學校畢業的高材生。」此一情景，給李濟「留下了一個深刻的印象」。

當李濟在清華研究院任導師不久，梅貽琦便接替張彭春出任清華學校教務長，負責全校的教務兼管研究院事務，開始有機會一展其治學思想與才能。一九二八至一九三一年，梅貽琦被派赴美國任清華留美學生監督。一九三一年冬，受南京國民政府教育部長李書華舉薦，回國擔任清華大學校長一職，並以「生斯長斯，吾愛吾廬」表達了他對清華的熱愛。同時也留下了注定要流傳久遠的一句至理名言，「所謂大學者，非謂有大樓之謂也，有大師之謂也。」盧溝橋事變爆發後，梅貽琦率清華師生遷長沙，再遷昆明。西南聯大成立後，以常務委員的名義執掌事實上的聯大事務。一九四〇年，美國吳斯特理工學院鑑於梅貽琦在清華服務二十五年且成績卓著，而在艱苦的抗日烽火中嘔心瀝血地主持西南聯大的高尚人格與不屈精神，特授予他名譽工程學博士學位。此次梅貽琦等人的李莊之行，受到眾位學者的普遍敬仰與尊重，則是順理成章的事情。

第二天上午，梅貽琦等三人在董作賓、梁思永、李方桂的陪同下，到吳定良等人的工作處室如戲樓院、田邊上、新院等地參觀，順便到北大文科研究所青年學子們的宿舍察看，並叮囑準備論文答辯事宜。

有朋自遠方來，不亦樂乎！一天的時間在愉快的交談與參觀中很快過去，據梅貽琦日記載：「晚飯為董家備辦，同座有凌純聲、芮逸夫，為第四組研究員、專民族學者。飯後因飲酒稍多，更覺悶熱，汗出如漿，燈下稍坐即先歸房睡下。李（方桂）太太給余萬金油，令塗額上，蓋余顯有醉態矣。」

關於飲酒，梅貽琦在學界尚以愛喝、能喝但不鬧酒聞名，每遇他人在酒場敬酒，總是來者不拒，極豪爽痛快地一飲而盡，因而落了個「酒風甚好」的美名。李濟曾專門著文說道：「大家都知道梅先生酒量很高，但他的酒德更高。他在宴會中飲酒總保持著靜穆的態度。我看見他喝醉過，但我沒看見他鬧過酒。在這一點我所見當代人中，只有梅月涵先生與蔡孑民先生才有這種『不及亂』的紀錄。」

同世間萬事萬物一樣，贏得這一連串的「美名」是需要付出代價的。對於此，在梅貽琦去世後，其子梅祖彥曾有過論述：「先父在外表上給人印象嚴肅拘謹，非對熟人不苟言笑，實際上他對生活仍是充滿熱情的。例如他喜歡喝酒，酒量很大，這可能是由於當時社交的需要，另外在閒暇時他也常與三五好友品嘗美酒。在日記中他承認自己喝酒太多，也有過自我批評，但似乎沒有什麼改變。」

人云「知子莫如父」，做為兒子的梅祖彥，看來也是頗知父親生活況味的。從梅貽琦日記看，在許多場合，梅氏都有喝酒過多且在事後自責的記載。就在此次由昆明飛往重慶，來李莊之前的五月二十三日，梅貽琦在日記中寫道：「（晚）六點餘至國貨銀行清華校友十六、七人之飯約，食時因腹中已餓，未得進食即為主人輪流勸酒，連飲二十杯，而酒質似非甚佳，漸覺暈醉矣。原擬飯後與諸君商量募款事，遂亦未得談。十點左右由寶弟（按：梅貽琦之弟梅貽寶）等將扶歸來，頗為愧悔。」一九四五年十月十四日，又記載道：「上午十時清華評議會，會後聚餐，共十一人。……食時飲『羅絲釘』酒甚烈，又連飲過猛，約五、六杯後竟醉矣，為人送歸家。以後應力戒，少飲。」兩個星期後的十月二十八日，又有「上午十時半清華服務社委員會討論結束事項，會後聚餐，為謝諸君努力，飲酒約二十杯。散後大睡……」的記載。

這次在李莊董作賓家中，梅貽琦雖沒有暢懷豪飲的「壯舉」，也未當場失態，但從記載看，也多少有些悔意。據梅祖彥推測，「實際上他（梅貽琦）晚年得的中風病，肯定是和飲酒過多有關。」看來梅氏博得的善飲美名，最終還是讓他付出了沉重的代價。由此引出一個生活感悟：人的生活習性一旦形成，很難因外力而改變，儘管理智、剛毅堅卓如梅貽琦者，亦不例外，悲夫！

七月三日是北大文科研究所研究生答辯之日。身處戰時，受各種條件限制，導師、學生皆被戰爭的砲火分割為幾地，且有的導師如魏建功等早已與北大文科研究所分道揚鑣，哪裡還有師生齊聚一堂的機會？因而，在一九四一年這個酷熱的夏季，於李莊板栗坳召開的這個答辯會，也只是一種形式而已，比不得北平時北京大學校園內的氛圍。來到此處的研究生，除相互切磋，依附史語所的藏書自學，主要依靠史語所在李莊的幾位大師指導。如羅常培在他的《蜀道難》中所言：此時的「馬、劉兩君（馬學良、劉念和）受李方桂、丁梧梓（聲樹）兩先生指導，李君（李孝定）受董彥堂（作賓）先生指導，李、董、丁三位先生對於他們都很懇切熱心。據馬君告訴我說，李先生常常因為和他討論撒尼語裡面的問題，竟致忘了吃飯，這真當得起『誨人不倦』四個字。任君（繼愈）研究的題目是『理學探源』，他在這裡雖然沒有指定的導師，可是治學風氣的薰陶、參考圖書的方便，都使他受了很大的益處。這一天聽說有空襲警報，但是史語所同人仍然照常工作並沒受影響，專從這一點來說，就比住在都市裡強的多。天還是照常悶熱，汗不斷地在淌，中午太陽曬在背上好像火烤一樣」。

經過一天的忙碌，答辯會結束，對各位研究生提交的論文，鄭、羅兩人均感到滿意，除個別地方提出需要「小修」外，全部能過，師徒雙方皆感歡喜。

七月五日凌晨，史語所的李方桂夫婦忽聞外面傳來槍聲，立即驚起，出門察看。只見板栗坳遠山近林籠罩在墨一般的黑暗中，並無異常動靜。剛要返回室內，槍聲再度傳來，且愈來愈密集、愈來愈清晰，似

李方桂（右）與徐櫻在清華園。

是沿長江邊向板栗坳推移。「土匪，是土匪，不是搶劫就是火拼。」暗夜裡，李方桂輕聲地做出判斷。

「要不要喚起梅校長？」李夫人徐櫻悄聲問著，此時梅貽琦就住在李方桂家中的樓上。

「他可能剛睡著，不要喚他，估計沒啥大事。」李方桂回答著，夫人徐櫻不再作聲。

槍聲響了一陣，漸漸稀疏起來，見板栗坳周邊仍沒異常動靜，李氏夫婦方回室內。

早上六點鐘，梅貽琦等即起床準備下山，於下午在李莊碼頭登船赴宜賓。早餐時，李方桂夫婦問道：「校長，昨夜聽到什麼異常動靜沒有？」

梅貽琦搖搖頭道：「開始熱得睡不著，等睡著了的時候就什麼也不知道了。」

當李方桂講述了昨晚外面槍聲大作，並斷定是土匪騷擾作亂時，梅貽琦略做驚奇狀，叮囑道：「看來你們以後要更加小心，我在瀘州和敘永分校時，就聽說川南一帶自抗戰以來，土匪像蝗蟲一樣在川江兩岸竄起了。亂世出盜賊，自古亦然，只是這裡別發生意外就好。」梅貽琦斷斷續續地說著，吃罷早餐，離開李家，同鄭、羅兩人一道告別了史語所與北大文科研究所諸君，在李方桂夫婦的陪同下，往山下走去。

至一山坡，李莊鎮的風物已看得分明，梅貽琦等在一棵大樹下站著向對方辭謝。李氏夫婦戀戀不捨地望著三位師友，各自眼裡蘊含著淚水，握別時，李方桂道：「今日一別，何時再得一見，天南地北，在水一方，恐遙遙無期矣！」一句話引得夫人徐櫻的淚水唰地落下，眾人頓感愴然。梅貽琦在當天的日記中寫道：「亂離之世會聚為難，惜別之意，彼此共之也。」

八點半左右，梅氏一行來到了李莊郊外上壩月亮田，走進了中國營造學社租住的院子，看望梁思成夫婦與劉敦楨等研究人員，並藉此告別。

四川氣候潮溼，秋冬時節陰雨連綿，這對在昆明時期就一直身體欠佳，特別對曾患有肺病未得到根除的林徽因無疑雪上加霜。當一九四〇年秋冬，梁家從昆明趕來時，天氣的陰寒加上路途的顛簸勞累，不到一個月，就致使林徽因肺病復發，連續幾個星期高燒四十度。此時李莊百事凋敝，醫療衛生條件極差。恰逢梁思成為了營造學社的生計，已赴重慶向國民政府教育部「乞討」活命與學術研究的經費。當他從信中得知愛妻發病的消息後，向重慶的朋友們借錢，買了些藥品匆忙回趕。儘管心急如焚，從重慶到李莊，也要在水上漂流三天三夜才能抵達。當時沒有治療肺病的特效藥物，也不可能進行肺部透視檢查，病人只能吃點與事無補的藥物，憑體力慢慢煎熬。從此，林徽因臥床不起。儘管在稍好時還奮力持家和協助梁思成做些研究工作，但身體日益衰弱，梁思成的生活擔子因而更加沉重。

按照輩分，梅貽琦與梁啟超應算是同代人，梁思成夫婦自屬晚輩，但平日相處做事卻沒有隔代之感，故雙方交情頗好。此次梅貽琦等人來李莊，沒有忘記這對可愛的夫婦，他們曾於六月三十日專程從板栗坳下山，登門看望過梁氏一家。只見學社租了兩個相連的小院做辦公室和宿舍，院內還有一棵大桂圓樹，在樹上拴了一根竹竿。據梁思成介紹，他每天都要領著幾個年輕人爬竹竿，為的是日後有條件外出測繪時，保持爬梁上柱的基本功。梅氏一行進得梁家的內房，林徽因依然臥病不能起床，幾人在其病室談約半小時便匆匆告辭，為的是「恐其太傷神也」。

此次梅貽琦等三人下山登門「再看梁夫人病」，令梁、林夫婦甚為感動，為表示禮節和禮貌，林徽因強撐著發燒的病體，令人將行軍床抬到室外與來客交談。「大家坐廊下，頗風涼。徽因臥一行床，雲前日因起床過勞，又有微燒，諸人勸勿多說話，乃稍久坐。」（《梅貽琦日記》）

當梅貽琦問梁思成近來生活、工作等情況時，梁氏有些傷感地說：「除徽因有病外，由於營造學社經濟窘迫，到重慶政府『化緣』又沒得到幾個錢，大半年來未開展什麼具有開拓意義的工作，也不能組織野外考察，只是貓在這房子裡，整理前兩年在昆明野外考察的資料，同時把抗戰前在山西五臺山佛光寺考察報告也找了出來，繼續整理。佛光寺的研究報告在長沙和昆明時整理了一大部分，遷李莊時草稿一併帶來，現在正好藉這個缺少外出考察經費的機會加以整理。如這部報告能順利完成，接下去準備寫一部中國建築史方面的著作……」

梅貽琦等人聽了，一股憂傷之情瀰漫心頭，不知話題如何說下去。最後，主客雙方又談了一些生活方面的事務，斜躺在帆布床上的林徽因提出重返昆明，與西南聯大的朋友住在一起工作、生活的想法。梅貽琦聽罷，以自己所知的醫學知識，深感對方的病情很難在短時間內好轉，恐怕還要在眼前這張帆布床上度過一段漫長的歲月。而且由李莊遷昆明，要經過千山萬水又談何容易，故未做響應。

談話在鬱悶與壓抑的氣氛中結束了，梅、鄭、羅三人離開營造學社，在李莊羊街六號李濟家中吃過湖北作法的涼麵後，至江邊一茶樓飲茶，等船來。此時，董作賓、芮逸夫、楊時逢、陶孟和、李濟、梁思成、梁思永等皆來送行。李濟的老父親、詞人——李老太爺（郢客）也從家中顫巍巍地走來參加到送行之列，此舉令梅氏等人很是不安。臨別時，李老太爺與梅貽琦握手曰：「江幹一別。」梅氏聽罷，一陣酸楚襲上心頭，

「言外之意，不禁淒然。」（《梅貽琦日記》）

下午三點鐘，長豐輪自下游開到李莊碼頭，仍以地漂（躉船）登輪，梁思成堅持獨自踏「地漂」將梅貽琦一行送到輪上。望著梁思成羸弱的身體和因過度勞累而灰黃的臉龐，想起林徽因躺在病床上送自己出在無盡的祝福和感念中，長豐輪載著三位學界鉅子，迎著滾滾的江水向宜賓方向駛去。

徐志摩叫板梁啟超

梅貽琦一行剛剛離去，成百上千的土匪就開始從四面八方向李莊雲集而來，並對史語所實施搶劫。此舉令史語所、社會學所、同濟大學及中國營造學社的梁思成、林徽因等大為驚慌，急電重慶詳述經過。傅、朱聞訊，同樣大為震驚，立即向國民黨最高當局報告，在俞大維、張群、陳布雷等高官的協助下，蔣介石親自下達手諭，令成都行營與宜賓行署聯合派兵剿匪，以保證李莊科研機關人員與同濟大學師生的安全。成都與宜賓方面立即行動起來，急派一個師的兵力，由宜賓行署專員、原川康邊防軍副司令、陸軍中將冷寅東任總指揮，乘火輪趕赴李莊，對散落於長江兩岸與山林荒野中的眾匪予以圍剿打擊。

就在宜賓至瀘州長江一線槍炮聲此起彼伏之時，有一個人自昆明悄然來到李莊探望梁思成夫婦。此人便是被學界朋友們親切地稱為老金的金岳霖。

老金的到來，與梅貽琦一行看望梁家有著只可意會、不可言傳的不同韻味，他給予梁氏夫婦、特別是病中的林徽因的慰藉，是梅氏等任何其他人所無法達到的。

因梁啟超和林徽因的父親林長民同為北洋軍閥時代的高官，又是多年的摯友，梁思成與林徽因於一九一九年在北平相識。儘管梁、林兩家的前輩很有結成兒女親家之意，但梁啟超並不想按傳統婚俗行事——指腹為婚，或弄個娃娃親之類的團圓媳婦（按：即童養媳）。他曾明確告訴年僅十八歲的梁思成與年僅十五歲的林徽因，「儘管兩位父親都贊成這門親事，但最後還是得由你們自己決定。」令梁啟超意想不到的是，第二年，在林徽因的感情世界裡便橫生了一股狂濤巨瀾。

一九二〇年，當時在段祺瑞內閣任司法總長的林長民受到各方排擠被迫卸任後，以中國國際聯盟同志會駐歐代表的身分赴英國考察，他的女兒林徽因一同前往。其時林長民四十四歲、林徽因十六歲。就在這年十月，徐志摩告別克拉克大學的同學好友李濟，由美國渡海來到倫敦，入劍橋大學學習。兩個月後，一個偶然的機會認識了林家父女。此時徐志摩在外留學已三年，在歐美國家的花花世界裡，已蛻變為百煉成鋼的情場老手。林徽因則是情竇初開、妙齡含春的美少女，徐志摩一見驚為天人，很快施出瞞天過海勾魂術向林徽因發起了愛情攻勢，用情之烈完全可與水泊梁山孟州道上十字坡下孫二娘店中的蒙汗藥或七步斷魂散一比高下。在浪急風高的異國他鄉憑空遭遇這樣一個猛漢的情愛襲擊，林徽因的惶恐失措就成為一種必然。好在林長民是個豁達大度

一九二〇年林徽因與父親林長民在倫敦。

青年時代的徐志摩。

之人，對有婦之夫的徐志摩夜裡挑燈看劍式的豪放作風，不但不予橫加指責，反而有些曖昧地為其開脫。從當年十二月一日林長民給徐志摩的信中可以看到這一時期徐、林各自內心情感的波動，「足下用情之烈令人感悚，徽亦惶恐不知何以為答，並無絲豪（毫）Mockery（嘲笑），想足下誤解耳。」信末附言：「徽音附候。」

按林徽因的兒子梁從誡的說法，「當時徐是外祖父的年輕朋友，一位二十四歲的已婚者，在美國學過兩年經濟之後，轉到劍橋學文學；而母親則是一個還未脫離舊式大家庭的十六歲的女中學生。據當年曾同徐志摩一道去過林寓的張奚若伯伯多年以後對我們的說法：『你們的媽媽當時梳著兩條小辮子，差一點把我和志摩叫做叔叔！』因此，當徐志摩以西方式詩人的熱情突然對母親表示傾心的時候，母親無論在精神上、思想上，還是生活體驗上都處在與他完全不能對等的地位上，因此也就不能產生相應的感情。母親後來說過，那時，像她這麼一個在舊倫理教育薰陶下長大的姑娘，竟會像有人傳說的那樣去同一個比自己大八、九歲的已婚男子談戀愛，簡直是不可思議的事。母親當然知道徐在追求自己，而且也很喜歡和敬佩這位詩人，尊重他所表露的愛情，但是正像她自己後來分析的：『徐志摩當時愛的並不是真正的我，而是他用詩人的浪漫情緒想像出來的林徽因，可我其實並不是他心目中所想的那樣一個人。』不久，母親回國，他們便分手了。等到一九二二年徐回到國內時，母親與父親的關係已經十分親密，後來又雙雙出國留學，

和徐志摩更沒有了直接聯繫。」（〈倏忽人間四月天〉，載《不重合的圈》）

事實上，林、徐之間的事情遠沒有梁從誡說的那樣簡單。

一九二一年十月，林徽因隨父回國，仍在英國讀書的徐志摩於一九二二年三月趕到德國柏林，由中國留學生吳經雄、金岳霖作證，與從國內追隨而來的結髮之妻張幼儀正式離婚。在徐的表弟、著名建築學家陳從周所編的《徐志摩年譜》一九二二年徐氏離婚條下按：「是年林徽音在英，與志摩有論婚嫁之意，林謂必先與夫人張幼儀離婚後始可，故志摩出是舉。他對於徽音傾到（倒）之極，即此可見。而宗孟（林長民）曾說：論中西文學及品貌，當世女子捨其女莫屬，後以小誤會，兩人暫告不歡，志摩就轉舵追求陸小曼，非初衷也。」

同年秋，徐志摩匆匆結束學業，由倫敦歸國。在南方家鄉和上海等地稍事停頓後，於十二月來到北平。徐之所以匆忙離開歐洲回到國內，一個重要原因就是他聽到了林徽因已許配給梁思成的消息。而回國的目的，除了弄清虛實，還想以自己的實力和手腕，贏得林氏的芳心，使其拋卻舊情，與己共結百年之好。

然而，徐志摩一到北平，便發現事情已沒有他想的那樣簡單了。當他尚未見到林徽因，更未能傾訴久積在心中的離別之苦、相思之情時，卻意外收到了自己的導師梁啟超一封言詞頗為凌厲的長信。信曰：

徐志摩與張幼儀夫婦。

……其一，萬不容以他人之苦痛，易自己之快樂。弟之此舉，其於弟將來之快樂能得與否，殆茫如捕風，然先已予多數人以無量之苦痛。其二，戀愛神聖為今之少年所樂道……茲事蓋可遇而不可求。……況多情多感之人，其幻想起落鶻突，而滿足得寧貼也極難，所夢想之神聖境界終不可得，徒以煩惱終生已耳。

嗚呼志摩！天下豈有圓滿之宇宙？……當知吾儕以不求圓滿為生活態度，斯可以領略生活之妙味矣。……若沉迷於不可必得之夢境，挫折數次，生意盡矣。鬱悒侘傺以死，死為無名。死猶可也，最可畏者，不死不生而墮落至不復能自拔。嗚呼志摩，可無懼耶！可無懼耶！（見陳從周《徐志摩年譜》）

梁啟超其信，表面上看似站在徐志摩之妻張幼儀與張氏家族的角度，同時又出於呵護弟子的考慮所發出的慷慨激昂、飽蘸感情的訓諭。此諭令徐志摩大為驚詫，猶如劈頭挨了一記悶棍，被打得暈頭轉向、眼冒金星，茫然不知所措。待慢慢甦醒過來，回味再三，驀地意識到表面之下另有深意，這是自己的導師親自動手所埋設的一道防線，意在阻擋自己威猛前行的腳步，以時間換空間，成就兒子梁思成與林徽因的好事。一旦認清了導師的此一真正意圖，徐志摩怒火攻心，決定不再顧及師生的名分，不畏「庸俗忌之嫉之」之痛責，誓與這位顯然已站到情敵隊伍中的恩師公開叫板，以彰顯自身的「獨立之精神，自由之思想」。徐在給梁啟超的回信中，慨然答道：

我之甘冒世之不韙，竭全力以鬥者，非特求免凶慘之苦痛，實求良心之安頓，求人格之確立，求靈魂之救度耳。

人誰不求庸福？人誰不安現成？人誰不畏艱險？然且有突圍而出者，夫豈得已而然哉？嗟夫吾師！我嘗奮我靈魂之精髓，以凝成一理想之明珠，涵之以熱情之心血，朗照我深奧之靈府。而庸俗忌之嫉之，輒欲麻木其靈魂，搗碎其理想，殺滅其希望，汙毀其純潔！我之不流入墮落，流入庸懦，流入卑污，其幾入微矣！

我將於茫茫人海中訪我唯一靈魂之伴侶，得之，我幸；不得，我命。如此而已！（見陳從周《徐志摩年譜》）

梁啟超見這位弟子不但不吃自己那一套，看樣子還狗坐轎子——不識抬舉，並有揭竿造反，勢要把自己的兒媳活生生地劫走之狂妄野心。面對如此嚴峻情勢，梁啟超加緊了與林家的攻守聯盟，很快又築起了一道堅不可摧的「馬其諾防線」。就在徐志摩聲稱要拉桿子造反，尋求「唯一靈魂之伴侶」的幾天後，梁啟超於一九二三年一月七日在給女兒梁思順的信中披露道：「思

一九〇六年梁思成（左）與父親梁啟超、姊、弟在日本東京。

成和徽因已互訂終身。」接著談到了各方面的意見，「我告訴他們，訂了婚就要趕快結婚。不過，我希望他們在訂婚之前一定要先完成學業。可是林家主張他們馬上訂婚，他們的朋友也多半這麼想。你認為呢？」

隨著這一消息在親朋故舊中廣為流傳，梁思成與林徽因締結百年之好的大局已定。仍蒙在鼓裡並癡心不改的徐志摩，儘管熱血滿腔、激情蕩漾、咬牙切齒地要「如此而已」，無奈前路已被斬斷，回天乏術，眼看著梁家在這場愛情角逐中公然拔得頭籌，自己只好強忍悲痛，暫時偃旗息鼓，蟄伏下來，暗中等待時機，準備做新一輪的絕地反攻。

梁思成乃清華出身，畢業於一九二三年，亦稱癸亥級，這一級的清華學生曾產生了陳植、顧毓琇、梁實秋、施嘉煬、孫立人、王化成、吳文藻、吳景超等後來聞名於世的著名人物。梁思成本欲在這一年出國留學，但一次意外的車禍，使他不得不推遲一年。

關於這次事故，有一個版本是這樣的：當時在北平西山養病的林徽因，和「她的追求者們訂下了一個賭賽：誰能以最快的速度從城內買到剛上市的蘋果給她，就證明誰對她最忠心耿耿。有目擊者稱曾見到梁思成先生的摩托自西山駛出」，於是在北平街頭發生了車禍，梁氏被撞翻在地。這個版本的作者援引了一段當年的「本報訊」並附加了一個證據：「本文資料由陳從周先生書面提供。交代一句：陳從周先生為著名建築學家，是梁思成先生和林徽因女士的同行，也是著名詩人徐志摩先生的表弟」云云。

另外一個版本是：一九二三年五月七日，梁思成騎摩托車帶著弟弟梁思永參加北平學生舉行的「國恥日」紀念活動

就讀於清華大學時的梁思成。

（按：一九一五年五月七日是日本向袁世凱政府提出企圖滅亡中國的「二十一條」的日子）。剛出南長街，就被北洋軍閥交通次長金永炎的汽車撞倒在地。梁思成當場血流滿面、昏迷不醒，尚清醒的梁思永飛跑回家說：「快去救二哥吧，二哥碰壞了。」等梁家的聽差曹五將梁思成從出事地點背回家時，梁的臉上一點血色都沒有。經送協和醫院緊急檢查，梁思成左腿骨折加脊椎受傷。而梁思永只是嘴唇碰裂了一處，流血很多但無大礙。因是當世名人梁啟超的兩位公子被撞傷，北京各報都做了報導並藉機大加渲染。梁啟超夫人見肇事者金永炎不前來賠禮道歉，便直奔總統府大鬧了一場。

有好事者考證，第二個版本當更可信一些。

極其不幸的是，這次車禍導致梁思成骨折的左腿沒能接好，後來發現左腿比右腿短了約一釐米，落下殘疾，走起路來有些微跛。更為嚴重的是，梁思成的脊椎受到了嚴重損傷，影響了他一生的

梁思成、林徽因遊歐洲（一九二八年春夏之交）。

健康，後來不得不穿上一件特製的厚重鋼背心，以此來支撐上半身的體重。因這次意外事故，梁思成只好決定推遲一年出國。

一九二四年，在梁啟超的精心安排下，梁思成與林徽因同去美國賓夕法尼亞大學建築系學習。許多年後，當梁思成談起自己為何進入建築專業，並成為中國建築史權威時，毫不諱言地說是得益於林徽因的提示。梁說：「當我第一次去拜訪林徽因時，她剛從英國回來，在交談中，她談到以後要學建築。我當時連建築是什麼還不知道，徽因告訴我，那是包括藝術和工程技術為一體的一門學科。因為我喜愛繪畫，所以我也選擇了建築這個專業。」愛屋及烏，梁思成先是被林徽因的個人魅力所吸引，爾後才走上建築這門學術道路的。當然，這一抉擇得到了梁啟超的大力支持，頗具學術眼光的梁啟超也很想讓自己的兒子到國外學習這些在世俗看來極其冷僻的專業，並對這一學科在中國的發展前途充滿期待。這對年輕的情侶結伴抵達美國後，因賓夕法尼亞大學建築系不收女生，林徽因只好進入該校美術學院學習，但仍選修建築系的課程。

梁、林赴美入學剛一個月，梁思成的母親李夫人病逝，梁啟超再三阻止梁思成回國奔喪。第二年，林徽因的父親林長民因參與郭松齡倒戈反對奉系軍閥張作霖，不幸被流彈擊中身亡。梁啟超親自寫信給梁思成，通知這一不幸的消息，給予林徽因極大的精神安慰。一九二七年，林徽因於賓夕法尼亞大學美術學院畢業後，又進耶魯大學戲劇專業學習了半年舞臺美術設計，成為中國向西方學習舞臺美術的第一位留學生。同年二月，梁思成獲賓大建築系學士學位，後又在哈佛大學獲建築學碩士學位。根據梁啟超的安排，一九二八年三月二十一日，梁思成、林徽因在加拿大溫哥華梁思成的姊姊家中舉行婚禮。

梁思成、林徽因的人生抉擇

一九二八年八月，梁啟超在國內為梁思成夫婦聯繫好了工作——去瀋陽東北大學創辦的建築系任教。這是中國大學最早設立的建築系，梁思成擔任教授兼系主任，月薪八百元；林徽因擔任教授，月薪四百元。

此前，梁啟超曾為梁、林夫婦聯繫了在清華的工作，但後來又改變主意，力主這對小夫妻去瀋陽，理

一九二八年梁思成與林徽因在溫哥華結婚。

由是「（東北）那邊建築事業將來有大發展的機會，比溫柔鄉的清華園強多了。但現在總比不上在北平舒服……我想有志氣的孩子，總應該往吃苦路上走」。對梁啟超的良苦用心，梁思成夫婦深以為然，表示完全聽從父親的指教。東北大學方面要求梁、林盡快到職，梁、林這對周身散發著溫熱、正沉浸在甜蜜幸福中的重量級留學生，不得不中斷婚後歐洲的考察和旅行，於這年九月匆匆趕回國內，赴東北大學就職。

而這個時候梁啟超的腎病日趨嚴重，已病入膏肓，將不久於人世。一九二九年一月十九日，梁啟超溘然長逝，與前些年去世的李夫人合葬於北平西山腳下。梁、林夫婦專程從瀋陽趕回北平奔喪，並設計了造型簡潔、古樸莊重的墓碑。梁思成沒有想到，自己一生中所設計的第一件建築作品，竟是父親的墓碑。

四十年後，梁思成在生命的晚年，終於從協和醫院得知梁啟超冤死手術刀一事的真相。當年梁任公躺在手術臺上，值班護士用碘酒在梁氏的肚皮上標錯了位置，執刀的院長劉瑞恆在動手術前，又沒有核對掛在手術臺旁的X光照片，結果割去的是一只好腎。此事當時即發現，但顧及梁氏的知名度與協和的名聲，這一錯誤被當成「最高機密」保護起來，結果不少傳媒把此事炒得沸沸揚揚，且成為一件祕聞流傳於坊間。其實梁啟超出院不久，協和醫院就已默認，梁啟超也已確切地得知自己的好腎被割掉，但為何割掉仍是霧中看花、不甚明瞭。梁氏在一九二六年九月十四日給孩子們的信中曾這樣寫道：「……伍連德（大夫）到津，拿小便給他看，他說『這病絕對不能不理會』，他入京當向協和及克禮等詳細探索實情云云。五日前在京會著他，他已探聽明白了……他已證明手術是協和孟浪錯誤了，割掉的右腎，他已看過，並沒有絲毫病態，他很責備協和粗忽，以人命為兒戲，協和已自承認了。這病根本是內科，不是外科。在手術前，克禮、力舒東、山本乃至協和都從外科方面研究，實是誤入歧途。但據連德的診斷，也不是所謂『無理由出血』，乃是一種輕微腎炎。西藥並不是不能醫，但很難求速效……他對於手術善後問題，向我下很嚴重的警告。

他說割掉一個腎，情節很是重大，必須俟左腎慢慢生長，長到大能完全兼代右腎的權能，才算復原。」又說：「當這內部生理大變化時期中，左腎極吃力、極辛苦、極嬌嫩，易出毛病，非十分小心保護不可。唯一的戒令，是節勞一切工作，最多只能做從前一半，吃東西要清淡些。……我屢次探協和確實消息，他們為護短起見，總說右腎是有病（部分腐壞），現在連德才證明他們的謊話了。我卻真放心了。所以連德忠告我的話，我總努力自己節制自己，一切依他而行。」

一九三〇年林徽因與女兒。

有研究者分析認為，對梁啟超而言，協和誤割好腎是致命的一個重要原因。但他若切實地按照伍連德醫生提出的要求進行療養，還是有可能多活一些歲月的。而不良生活習慣，也是導致梁啟超患病和屢醫無效的重要原因之一。加上後來夫人李蕙仙病故等刺激，又成為他發病的一個誘因。再有就是梁氏的寫作欲過於旺盛，夜以繼日地寫作，不願過「享清福」的療養生活，「家人苦諫節勞」而不聽，沒有認真考慮勞累為病體帶來的惡劣後果，是他早逝的第三個重要的甚至是最主要的原因。梁思成在追述父親得病逝世的經過時說：「先君子曾謂：『戰士死於沙場，學者死於講座。』方在清華、燕京講學，未嘗辭勞，乃至病篤仍不忘著述，身驗斯言，悲哉！」（《梁任公先生年譜長編》）

就在梁啟超去世的這年八月，林徽因在瀋陽生下一個女兒。為紀念晚年自號「飲冰室主人」的父親梁啟超，為這個女孩取名「再冰」。

梁、林夫婦在東北大學如魚得水，工作極其順利，遺憾的是東北地區嚴酷的氣候損害了林徽因的健康。第二年，林徽因那原本就有些孱弱的身體受到損傷，導致肺病復發，不得不返回北平去香山雙清別墅長期療養。自瀋陽的回返，標誌著林徽因肺病再度發作，自此之後，這個被時人視為像癌症一樣不可治癒的病症，一直與她形影相隨、糾纏不休，直至把這位才華橫溢的美麗女人拖向死亡的深淵。

由於林徽因的身體狀況已不允許她重返瀋陽東北大學工作和生活，梁思成不得不重新考慮以後的生活方向。恰在這時，一個新的機會出現在面前，這便是中國營造學社的聘請。

中國營造學社最早設

一九二九年梁思成（右）、林徽因測繪瀋陽北陵。

在北平天安門裡西廡舊朝房，屬於民辦學術團體的科研機構（按：後該地址成為中山公園的一部分），主要從事研究中國古代建築，堪稱中國歷史上第一家建築學研究機構。學社的發起人是朱啟鈐，字桂莘，人稱朱桂老。此大佬一八七二年生於河南信陽，民國三年（一九一四年）十月出任北洋政府的內務總長，後又出任國務總理，一九一五年奉袁世凱之命修繕皇宮時，對營造學產生了濃厚的興趣。一九一七年，朱啟鈐在江南圖書館偶然發現了一部湮沒日久、由宋代建築學家李誡（明仲）創作的《營造法式》抄本（按：此書編成於宋哲宗元符三年，即一一〇〇年，鏤版印刷於宋徽宗崇寧二年，即一一〇三年），驚為祕笈，遂將此書借出館外兩次出資刊行，引起了學術界的矚目。興致所至，他自籌資金，索性發起成立了一所專門研究中國古建築工程學的學術團體——中國營造學社，朱氏自任社長。最初學社設在朱啟鈐家中，初邀入社的成員大都是一些國學名家。

對於朱啟鈐為何拿出錢來興辦一個學術團體的問題，按後來營造學社工作人員羅哲文的說法，自有一些因緣巧合的複雜成因：其一，朱氏早期就從事過工程的實踐活動，對中國古代建築和工程有著濃厚的興趣；其二，他在軍閥政治生涯中受挫之後，倦於從政，欲把心力貢獻於自己愛好的事業。羅哲文在敘述這一歷史淵源時，只是說了個大概輪廓，外人仍迷迷糊糊不知其所云。其實，對朱啟鈐的經歷完全可說得再明白一點。那就是，朱啟鈐在袁世凱政府任上，曾逆歷史潮流而動，竭力攘助老袁重登皇帝大位，弄了一些「洪憲帝制」之類的東西，搞得烏煙瘴氣、天怒人怨。袁世凱死後，喧騰一時的「洪憲」也隨之煙消雲散，朱啟鈐和趙秉鈞、陳宧、梁士詒四大臣被新一輪當權者北洋政府同列「四兇」予以通緝。朱是個頗能搞錢之人，在臺上臺下結交了一大批巨賈名宦，事發後在徐世昌等當朝權貴的庇護下，朱氏隱匿於津門租界，家眷仍在北平，偶然輕裝回平，也安然無恙。如此這般過了兩年，奉令特赦，朱的罪狀一掃而光，並很快當選為安福系國會參議院副議長。在此期間，朱啟鈐即全力經營中山公園的修建工程，如來今雨軒、水榭、唐花塢、長廊、假山等等，無一不是他親手經營。在實際工程中，朱氏深入研究了中國古建築、中國園林藝術，由「票友」而漸漸成了這方面的專家學者。

一九三〇年春，朱啟鈐為籌措學社的經費，向支配美國退還「庚子賠款」的中華教育基金會申請補助。當時中基會的大權已從周詒春手中落入任鴻雋的掌心，朱啟鈐慮及學社沒有專門人才，要錢的理由不充分，便讓做過自己幕僚的周詒春（按：周於一九一三—一九一八年任清華學校校長、中基會原幹事長，時為董事、營造學社名譽社員），專程到瀋陽鼓動梁思成、林徽因加入學社。此時東大建築系剛剛籌辦，梁思成不便離開。另外，鑑於當年朱氏為老袁當皇帝吹喇叭抬轎子，吹吹打打、吆五喝六地出盡了鋒頭，被國人所詬病，梁、林兩人亦有所忌諱，不願與其合作，此事便擱置下來。

朱啟鈐晚年在家中。

一九三〇年秋，林徽因回北平養病不久，梁思成的清華同學、留美歸國並在東北大學建築系任教的陳植離開東大，到上海開了一家建築事務所謀生。

一九三一年「九一八」變前夕，東北地區瀰漫著濃重的火藥味，駐瀋陽的日本關東軍不斷以演習為名進行挑釁，經常闖入校園橫衝直撞。為了強行修建瀋陽至鐵嶺的鐵路，日本人竟把東北大學通往瀋陽城裡的一條大路截斷，豎起路障，上書「隨意通行者，格殺勿論」。

政治形勢日趨緊張，戰爭一觸即發，東大建築系的「弦歌」正處在存亡絕續之秋。中國營造學社的朱啟鈐探知此消息後，再次託人捎信，希望梁思成夫婦能加入該社工作。此時東北大學校園內已呈老鼠動刀——窩裡反之勢，幾位院長之間的派系鬥爭到了劍拔弩張、不是你死就是我活的地步。梁思成看不慣日本人的橫行和校內諸類「老鼠」的刀槍相向，加上林徽因身體不適，已不能回東大工作，於是決定離開他親手創建的建築系，一切事務交給當地人童寯料理，放棄了剛剛在瀋陽安下的家，毅然回到北平，應聘到營造學社，擔任了法式部主任，林徽因繼之被聘為營造學社校理。

當年梁思成夫婦在美國留學時，梁啟超就曾給他寄去過由朱啟鈐重印的《營造法式》，梁思成做為建築系的學生卻對書中的術語不知所云，視為「天書」。對於中國古建築的科學研究，在當時的學術界還是一塊尚未開拓的荒原，這部《營造法式》更是一個未解之謎。而這個時候，西方學者對於歐洲古建築，幾乎每一處都做了精確的記錄、測繪，並有深入而透徹的研究。這對於梁、林既是一種啟發，又是一種鼓勵，兩位海外學子似乎突然看到了光輝前景，一下找到了為之奮鬥的目標。梁思成懷著激動之情專門寫信給梁啟超，談了自己日後要寫成一部《中國宮室史》這類書籍的志向。梁啟超接信後大為驚喜，立即回信鼓勵說：「這誠然是一件大事。」正因為梁思成心目中始終懷揣著這樣一件「大事」，忽明忽暗的希望之火跳躍不息，才使他最終決定離開東北大學，為這件「大事」而來，轉入民辦的中國營造學社工作。後來梁、林夫婦有了一個兒子，取名梁從誡，有「跟從李誡」，並以此紀念《營造法式》的作者、宋代大建築學家李誡之寓意。

「九一八」事變後，東北大學建築系的畢業生劉致平、莫宗江、陳明達等人，一起到北平投奔老師梁思成夫婦，從而成為營造學社的骨幹。不久，曾畢業於東京高等工業學校建築科的著名建築學家劉敦楨，從南京國立中央大學轉赴北平，參加營造學社的工作，並出任文獻部主任。自此，梁思成、劉敦楨這兩位建築學界的健將，構成了營造學社兩根「宏大架構」的頂梁柱，並做為發起人朱啟鈐的左膀右臂，發揮著舉足輕重的作用。

梁思成和林徽因加入中國營造學社，標誌著他們古建築研究學術生涯的開始。而這個學社由於梁、林及劉敦楨等菁英的加入和卓有成效的工作，逐漸成為在中國乃至世界享有聲譽的學術組織。當然，營造學

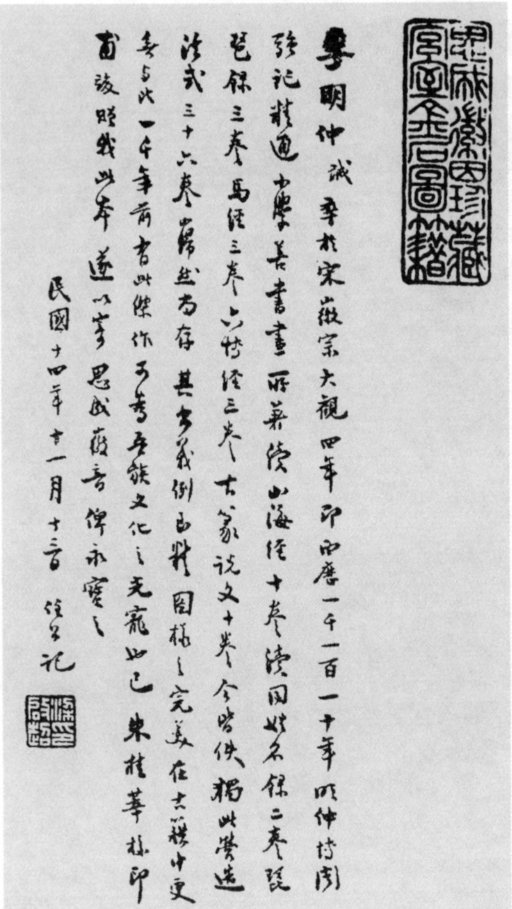
李明仲誡 卒於宋徽宗大觀四年 即西曆一千一百一十年 明仲博
學強記 精通小學 善書畫 所著續山海經十卷 續同姓名錄二卷 琵
琶錄三卷 馬經三卷 六博經三卷 古篆說文十卷 今皆佚 獨此營造
法式三十六卷巋然尚存 其書義例至精 圖樣之完美 在古籍中更
無與比 一千年前有此傑作 可為吾族文化之光寵也已 朱桂莘校印
甫竣 贈我此本 遂以寄思成徽音 俾永寶之
民國十四年十二月十二日 啟超記

一九二五年梁啟超贈梁思成、林徽因《營造法式》一書，在扉頁上題字。

梁思成、林徽因新婚後於北平。

社本身也為梁、林等人提供了施展才華、實現抱負的舞臺。梁思成後來之所以能成為著名的建築學家、中國古建築史學的開拓者、文物建築和歷史名城保護的先驅，與他在中國營造學社的這段生活經歷有極大關係。

梁、林從海外歸國時，家中已為他們準備了新房，即梁啟超在東四十四條北溝沿胡同的住宅（按：即今北溝沿胡同二十三號），但這對新婚的小夫妻在此住了不長時間即赴東北大學任教，當他們從瀋陽回來後，全家搬入東城區米糧胡同二號住居。當時米糧胡同一帶住著大批清華、北大的名流，如陳垣、傅斯年住在米糧胡同一號，胡適住在四號。後來，梁、林認為米糧胡同住宅過於狹窄，又搬到北總布胡同三號住居。同米糧胡同相比，這是一個頗具特色的四合院，寬敞明亮，是難得的住處。梁、林的摯友，美國學者費慰梅對這所院落曾做過這樣的描述：

一九三〇年秋天，梁思成把林徽因、他們的小女兒梁再冰和徽因的媽媽都搬到靠近東城牆的北總布胡同三號，一座典型的北京四合院裡。這裡將是梁家今後七年裡的住房。在高牆裡面是一座封閉但寬敞的庭院，裡面有個美麗的垂花門，一株海棠、兩株馬纓花……梁氏夫婦把窗戶下層糊的紙換成了玻璃，以使他們可以看見院子裡的樹木花草，並在北京寒冷的冬天放進一些溫暖的陽光來。但在每一塊玻璃上面都有一卷紙，晚上可以放下來，使室內和外面隔絕。在前面入口處有一個小院子，周圍的房子是僕人們的住房和工作區。

據費正清（John King Fairbank）回憶說，他與費慰梅（Wilma Fairbank）初識梁思成夫婦是在一九三二年，那時「我們剛剛來到北平要進行四年研究生的學習，而他們剛從瀋陽遷回到這裡，開始在中國營造學社的工作」。費慰梅後來在《梁思成與林徽因》中，對此做了更加詳細的說明，「在我們婚禮後的兩個月，我們遇見了梁思成和林徽因。當時我們都不曾想過這段友誼日後會持續那麼多年，但一開始彼此就互相吸引住了。他們很年輕，彼此深愛對方，同時又很樂意我們常找他們作伴。……他倆都會說兩國語言，通曉

梁思成、林徽因與費正清夫人費慰梅（右）在一起。從二十世紀三〇年代起，中美兩對夫婦成為至交。費正清、費慰梅夫婦知道梁、林的真正價值，幾十年後，費慰梅撰寫了第一部關於梁、林夫婦的書《梁思成與林徽因》。

梁思成、林徽因夫婦與費氏夫婦同赴山西調查古建築。

東西文化。徽以她的健談和開朗的笑聲來平衡丈夫的拘謹。談話間，各自提到美國大學生活趣味之事，她很快就知道我們夫婦倆都在哈佛念過書，而正清是在牛津大學讀研究所時來到北平。」又說：「我們離去時，她向我們要了地址。這時才驚訝地發現，原來我們兩家的房子離得很近，他們就在大街的盡頭東城牆下。……從那時開始，兩家的友誼與日俱增。」林徽因還專門為這對年輕的美國小夫妻起了極具中國特色的名字，這就是後來中國知識界多有所知的大名鼎鼎的「中國問題專家」費正清、費慰梅。

抗戰爆發前，梁思成夫婦與費正清夫婦曾共同赴山西一帶進行田野考察古建築藝術的活動。戰爭期間及戰後，費正清夫婦又做為美國政府的雇員，兩次來華工作，費正清本人曾一度出任過美國駐華使館新聞處處長等職，歷史的機遇與所處的政治地位，使費氏夫婦在中國有著廣泛的交往。正如加拿大傳記作家保羅．埃文斯在《費正清看中國》一書中所說：「費正清夫婦十分幸運地使他們的朋友圈超出了西方人團體的界限，他們與一些中國人建立了深厚、持久的聯繫，特別是與著名的政論作家和改革者梁啟超的兒子梁思成及他的妻子菲利斯（按：林徽因）關係更為密切。……梁思成夫婦向他們的新朋友介紹了其他一些學者，其中有哲學家金岳霖、政治學家錢端升，還有章士釗、陶孟和、陳岱孫，以及物理學家周培源——他是從事原子能計畫的負責人。這是一個對自己國家的未來、在費正清與這個國家的關係中起了重要作用的傑出群體。費正清與他們所進行的無目的的非正式交談，為他與中國的開明學術菁英的長期聯繫打下了基礎。費正清不只是把他們當作透鏡，通過他們去觀察中國的過去和現在，在他與他們的聯繫中還體現了他對充滿生氣的中國的深情依戀之情。」

費正清攜妻返國後，長期在哈佛大學任教，畢生研究中國與中國文化圈（包括日本、朝鮮、越南等國家），以及中國與西方關係等問題。歷任美國的遠東協會副主席、亞洲協會主席、歷史協會主席、東亞研究理事會主席等重要職務，對美國乃至整個西方的中國學界產生了重大影響，並在一定程度上影響著美國的對華政策。後來費慰梅還本著對梁家的了解，寫出了傳記文學《梁思成與林徽因》一書，並在美國出版。

當然，在創作這部傳記時，費慰梅已到了即將油乾燈盡的生命晚年，在描寫梁家院落時，時間上出現了一個誤差。那就是梁、林夫婦是一九三一年四月才辭去東北大學教職，夏秋期間陸續到中國營造學社工作的，因而不太可能在此前一年便在北總布胡同租下這個美妙的院子，並且住了進去。

第五章 林徽因的情感世界

冰心小說中的太太客廳

梁、林一家搬到北總布胡同的四合院後，由於夫婦兩人所具有的人格與學識魅力，很快團聚了一批當時中國知識界的文化菁英，如名滿天下的詩人徐志摩、在學界頗具聲望的哲學家金岳霖、政治學家張奚若、哲學家鄧叔存、經濟學家陳岱孫、國際政治問題專家錢端升、物理學家周培源、社會學家陶孟和、考古學家李濟、文化領袖胡適、美學家朱光潛、作家沈從文和蕭乾等等。這些學者與文化菁英常常在星期六下午陸續來到梁家，品茗坐論天下事。據說每逢相聚，風華絕代、才情橫溢的林徽因思維敏銳，擅長提出和捕捉話題，具有超人的親和力和調動客人情緒的本領，使眾學者談論的話題既有思想深度，又有社會廣度；既有學術理論高度，又有強烈的現實針對性，可謂談古論今、皆成學問。隨著時間的推移，梁家的交往圈子影響愈來愈大，漸成氣候，形成了二十世紀三〇年代北平最有名的文化沙龍，時人

二十世紀三〇年代初的林徽因。

稱之為「太太的客廳」。對於這個備受世人矚目、具有國際俱樂部特色的「客廳」，曾引起許多知識分子、特別是文學青年的心馳神往。當時正在燕京大學讀書的文學青年蕭乾，通過時任《大公報》文藝版編輯、青年作家沈從文，在該報發表了一篇叫做〈蠶〉的短篇處女作小說，心中頗為高興，「滋味和感覺彷彿都很異樣。」而令這位文學青年更加高興、甚至感動的事接著出現，對於當時的場景，多年後蕭乾本人做過這樣的描述：

> 幾天後，接到沈先生的信（這信連同所有我心愛的一切，一直保存到一九六六年八月），大意是說：一位絕頂聰明的小姐看上了你那篇〈蠶〉，要請你去她家吃茶。星期六下午你可來我這裡，咱們一道去。那幾天我喜得真是有些坐立不安，老早就把我那件藍布大褂洗得乾乾淨淨、把一雙舊皮鞋擦了又擦。星期六吃過午飯，我蹬上腳踏車，斜穿過大鐘寺進城了。兩小時後，我就羞怯怯地隨著沈先生從達子營跨進了總布胡同那間有名的「太太的客廳」。那是我第一次見到林徽因。如今回憶起自己那份窘促而又激動的心境和拘謹的神態，仍覺得十分可笑。然而那次茶會就像在剛起步的馬駒子後腿上，親切地抽了那麼一鞭。……一九三五年七月，我去天津《大公報》編刊物了。每個月我都到北平來，在來今雨軒舉行個二、三十人的茶會，一半為了組稿，一半也為了聽取《文藝》支持者們的意見。（林徽因）小姐幾乎每次必到，而且席間必有一番宏論。（〈一代才女林徽因〉，載《讀書》一九八四年第十期）

當然，這個時期和林徽因打交道的不只是像蕭乾這樣的傻小子兼文學青年，一旦承蒙召見便受寵若驚、感激涕零。有一些在文學創作上成就赫然者，特別是一些女性，不但不把林氏放在眼裡，還對此予以嘲諷。與林徽因過從甚密的作家李健吾曾對林徽因的為人做過這樣的描述：「絕頂聰明，又是一副赤熱的心腸，口快，性子直，好強，幾乎婦女全把她當作仇敵。」為此，李健吾還加以舉例說明，「我記起她（林徽因）親口講起一個得意的趣事。冰心寫了一篇小說〈太太的客廳〉諷刺她，因為每星期六下午，便有若干朋友以她為中心談論時代應有的種種現象和問題。她恰好由山西調查廟宇回到北平，帶了一壇又陳又香的山西醋，立即叫人送給冰心吃用。」對於這一趣事，李健吾得出的結論是：林徽因與冰心之間「她們是朋友，同時又是仇敵」。導致這種情形的原因，則是「她（林）缺乏婦女的幽嫻的品德。她對於任何問題（都）感到興趣，特別是文學和藝術，具有本能的、直接的感悟。生長富貴，命運坎坷，修養讓她把熱情藏在裡面，熱情卻是她生活的支柱。喜好和人辯論——因為她熱愛真理，但是孤獨、寂寞、抑鬱，永遠用詩句表達她的哀愁」。

與蕭乾不同，據可考的資料顯示，李健吾與林徽因相識是在一九三四年年初，當時林讀到《文學季刊》上李氏關於《包法利夫人》的論文後，極為讚賞，隨即寫信致李健吾，並約來「太太的客廳」晤面。與文學青年不同的是，李在年齡上只比林小兩歲，而且差不多在十年前就發表作品、組織社團，在文壇上已經算是個人物了，因而雙方見面後，李沒有像蕭乾那樣一副誠惶誠恐的傻小子兼土老帽相，而是在平起平坐的位置上把林引為知己的。這也是後來李對林的性格分析較之蕭乾等文學青年更趨公正、切實、深刻的一個重要原因。後來梁思成的外甥女吳荔明在她所著的《梁啟超和他的兒女們》一書中，也毫不避諱地說，林徽因和親戚裡眾多女性相處不諧，只與吳荔明本人的母親梁思莊（梁思成胞妹）沒有芥蒂。至於李健吾提到林的「仇敵」冰心，頗有些令人耳目一新的感覺，但冰心寫過諷刺文章倒是真的，確切的標題是「我們太太的客廳」，此文寫畢於一九三三年十月十七日夜，而從十月二十七日天津《大公報》文藝副刊開始連載。這年的十月，林徽因與梁思成、劉敦楨、莫宗江等人赴山西大同調查研究古建築及雲岡石窟結束，剛剛回到北平。從時間上看，李健吾的記載似有一定的根據，送醋之事當不是虛妄，此舉的確刺痛了冰心的自尊心。冰心的文章一開頭就單刀直入地描述道：

> 時間是一個最理想的北平的春天下午，溫煦而光明。地點是我們太太的客廳。所謂太太的客廳，當然指著我們的先生也有他的客廳，不過客人們少在那裡聚會，從略。
>
> 我們的太太自己以為，她的客人們也以為她是當時當地的一個「沙龍」的主人。當時當地的藝術家、詩人，以及一切人等，每逢清閒的下午，想喝一杯濃茶或咖啡，想抽幾根好菸，想坐坐溫軟的沙發，想見見朋友，想有一個明眸皓齒能說會道的人兒，陪著他們談笑，便不需思索的拿起帽子和手杖，走路或坐車，把自己送到我們太太的客廳裡來。在這裡，各自都能夠得到他們所想往的一切。

按冰心小說中的描述，「我們的太太是當時社交界的一朵名花，十六、七歲時候尤其嫩豔……我們的先生（的照片）自然不能同太太擺在一起，他在客人的眼中，至少是猥瑣、是市俗。誰能看見我們的太太不嘆一口驚慕的氣，誰又能看見我們的先生不抽一口厭煩的氣？」、「我們的太太自己雖是個女性，卻並不喜歡女人。她覺得中國的女人特別的守舊、特別的瑣碎、特別的小方。」又說：在我們太太那「軟豔」的客廳裡，除了玉樹臨風的太太，還有一個被改為英文名字的中國傭人和女兒彬彬，另外則雲集著科學家陶先生、哲學教授、文學教授、一個「所謂藝術家」名叫柯露西的美國女人，還有一位「白袷臨風，天然瘦削」的詩人。此詩人「頭髮光溜溜的兩邊平分著，白淨的臉，高高的鼻子，薄薄的嘴唇，態度瀟灑，顧盼含情，是天生的一個『女人的男子』」。只見：

> 詩人微俯著身，捧著我們太太指尖，輕輕的親了一下，說：「太太，無論哪時看見你，都如同一片光明的雲彩……」我們的太太微微的一笑，抽出手來，又和後面一位文學教授把握。
>
> 教授約有四十上下年紀，兩道短鬚，春風滿面，連連的說：「好久不見了，太太，你好！」
>
> 哲學家背著手，俯身細看書架上的書，抽出叔本華《婦女論》的譯本來，正在翻著，詩人悄悄過去，把他肩膀猛然一拍，他才笑著合上卷，回過身來。他是一個瘦瘦高高的人，深目高額，兩肩下垂，臉色微黃，不認得他的人，總以為是個菸鬼。
>
> ……詩人笑了，走到太太椅旁坐下，撫著太太的肩，說：「美，讓我今晚跟妳聽戲去！」我們的太太推著詩人的手，站了起來，說：「這可不能，那

一九三五年，林徽因在北總布胡同三號居所「太太的客廳」中。

邊還有人等我吃飯，而且——而且六國飯店也有人等你吃飯，——還有西班牙跳舞，多麼曼妙的西班牙跳舞！」詩人也站了起來，挨到太太跟前說：「美，妳曉得，她是約著大家，我怎好說一個人不去，當時只是含糊答應而已，我不去他們也未必會想到我。還是妳帶我去聽戲罷，妳娘那邊我又不是第一次去，那些等妳的人，不過是妳那班表姊妹們，我也不是第一次會見。——美，妳知道我只願意永遠在妳的左右。」

我們的太太不言語，只用纖指托著桌上瓶中的黃壽丹，輕輕的舉到臉上聞著，眉梢漸有笑意。

……

這幫名流鴻儒在「我們太太的客廳」指點江山、激揚文字、盡情揮灑各自的情感之後星散而去。那位一直等到最後渴望與「我們的太太」攜手並肩外出看戲的白臉薄唇高鼻子詩人，隨著太太那個滿身疲憊、神情萎靡並有些窩囊的先生的歸來與太太臨陣退縮，只好無趣地告別「客廳」，悄然消失在門外逼人的夜色中。整個太太客廳的故事到此結束。

冰心的這篇小說發表後，引起平津乃至全國文化界的高度關注。作品中，無論是「我們的太太」，還是詩人、哲學家、畫家、科學家、外國的風流寡婦，都有一種明顯的虛偽、虛榮與虛幻的鮮明色彩，這「三虛」人物的出現，對社會、對愛情、對己、對人都是一股頹廢情調和萎縮的濁流。冰心以溫婉伴著調侃的筆調，對此做了深刻的諷刺與抨擊。金岳霖後來曾說過：這篇小說「也有別的

冰心

意思，這個別的意思好像是三〇年代的中國少奶奶們似乎有一種『不知亡國恨』的毛病」。

當時尚是一名中學生，後來成為蕭乾夫人的翻譯家文潔若在〈林徽因印象〉一文中說：「我上初中後，有一次大姊拿一本北新書局出版的冰心短篇小說集《冬兒姑娘》給我看，說書裡那篇〈我們太太的客廳〉的女主人公和詩人是以林徽因和徐志摩為原型寫的。徐志摩因飛機失事而不幸遇難後，家裡更是經常談起他，也提到他和陸小曼之間的風流韻事。」

沈從文

冰心的夫君吳文藻與梁思成同為清華學校一九二三級畢業生，且兩人在清華同一寢室，屬於古義中真正的「同窗」。林徽因與冰心皆福建同鄉，兩對夫妻先後在美國留學，只是歸國後的吳文藻、冰心夫婦服務於燕京大學，梁、林夫婦服務於東北大學和中國營造學社。這期間兩對夫婦至少在美國的綺色佳，也就是當年陳衡哲與任鴻雋談情說愛的地方相識，並愉快地交往過。只是時間過於短暫，至少在一九三三年晚秋這篇明顯帶有影射意味的小說完成並發表，林徽因派人送給冰心一醞子山西陳醋後，兩人便很難再做為「朋友」相處了。無獨有偶的是，就在冰心發表〈我們太太的客廳〉的這一年，林徽因曾竭力提攜過的文學青年、後任教於青島大學的沈從文也發表了一篇叫做〈八駿圖〉的諷刺小說，作品以青島大學若干同事為生活原型，塑造了八位教授不同的生活態度與生活方式。小說一發表，就引起了圈內幾位人士的不快，曾在青島大學擔任過文學院長的聞一多更是勃然大怒。因小說中有這樣的一段描寫：「教授甲把達士先生請到他房裡去喝茶談天，房中布置在達士先生腦中留下那麼一些印象：房中小桌上放了一張全家福的照片，六個胖孩子圍繞了夫婦兩人。太太似乎很肥胖。白麻布蚊帳裡有個白布枕頭，上面繡著一點藍花。枕旁放了一個舊式釦花抱兜。一部《疑雨集》，一部《五百家香豔詩》。大白麻布蚊帳裡掛一幅半裸體的香菸廣告美女畫。窗臺上放了個紅色保腎丸小瓶子、一個魚肝油瓶子、一帖頭痛膏。」

有好事者考證出沈從文「把聞一多寫成物理學家教授甲，說他是性生活並不如意的人，因為他娶的是鄉妻子」云云。聞一多大怒之後與沈從文絕交，形同陌路。後來兩人共同到了昆明西南聯大，儘管朝夕相處，但「關係仍不融洽」。此點得到了沈從文的證實，小說發表十年後，沈在〈水雲——我怎麼創造故事，故事怎麼創造我〉一文中說：「兩年後，〈八駿圖〉和〈月下小景〉結束了我的教書生活，也結束了我海邊孤寂中的那種情緒生活。而年前偶然寫成的小說，損害了他人的尊嚴，使我無從和甲乙丙丁專家同在一處共事下去。」

抗戰後期，早年曾「站在革命對立面的聞一多」之所以後來在思想言論上來了個一百八十度的大轉彎，由最初的反共急先鋒轉變為反對當朝政府，據羅家倫說，這與他的家庭生活不幸福有很大的關係。

一九三八年之後，林徽因與冰心同在昆明住了近三年，且早期的住處相隔很近（冰心先後住螺蜂街與維新街，林住巡津街），步行僅需十幾分鐘，但從雙方留下的文字和他人的耳聞口傳中，從未發現兩人有交往的經歷。倒是圍繞冰心的這篇小說與徐志摩之死又滋生了一些是非恩怨，且波及後輩，這可能是冰心與林徽因當時沒有想到的。

林徽因與冰心是朋友還是仇敵

冰心的這篇小說在知識階層與坊間熱鬧了一陣子之後，隨著一九四九年江山易主、大地改色，加上一連串的政治運動和林徽因、梁思成相繼去世而被人們忘卻。直到新千年的世紀之交，二十世紀的知識分子又被重新定位和展開討論，梁、林夫婦的名字也從早已被人們遺忘的泥沙中再度浮出水面，並引起社會知識界的普遍關注，他們對文化學術的貢獻伴著當年那些扯不斷、理還亂的逸聞趣事也一併躍入大眾的眼簾。二〇〇一年十二月六日，南通地區有學者名陳學勇者，在《文匯報》發表了〈林徽因與李健吾〉一文，文中抄錄了李健吾抗戰勝利後寫的〈林徽因〉一文，冰心寫諷刺小說與林徽因送山西陳醋給冰心享用之事，皆來自於李健吾的這篇回憶文章。據抄錄者陳學勇說，他是從「不為世人所知」的多人合集的《作家筆會》（滬上「春秋文庫」）中查找到李健吾這篇已被世人遺忘了的文章的，陳轉抄後屬於第一次重新公開發表。看來這位轉抄者陳學勇是比較佩服李健吾之才識的，他評價道：「這是一篇十分真實、傳神的人物素描。近年來記述、描寫林徽因的作品很多，但或浮光掠影、有形無神，泛泛的才和貌而已；或無中生有、面目全非，電視劇《人間四月天》中的林徽因去歷史人物之遠，尤給群眾很大負面影響。唯林徽因生前摯友費慰梅所著《梁思成與林徽因》呈現了一個可信的歷史人物。不過費慰梅花了十幾萬言的篇幅，而李健吾只用了千餘字。赤熱、口快、性直、好強，這一組詞不足十個字，卻簡練、準確勾勒了林徽因的性格特徵。這些性格特徵往往被許多文章忽略。李健吾說熱情是林徽因生活的支柱，實在屬知己之言。」又說：「李健吾非常敬重女作家，然而他並不像一些文章那樣，把林徽因說成人人憐愛的社會寵兒。如李健吾說，林徽因有她的孤獨、寂寞、憂鬱。李健吾甚至直言，幾乎婦女全把她當作仇敵。我聽吳荔明女士說過，確實林徽因和親戚裡眾多女性相處不諧，只與吳女士母親梁思莊沒有芥蒂。林徽因在女性中不合群的事實，李健吾以林徽因『高傲』解釋箇中原因，怕未必契中癥結，我看更可能由林徽因的率真性情所致。林徽因絕頂聰明，過從皆知識界菁英，如政治學家張奚若、經濟學家陳岱孫、哲學家金岳霖、物理學家周培源，無不是他們各自學術領域裡的泰斗人物，就不必說胡適、沈從文、葉公超、朱光潛……毋庸諱言，女性鮮有此輩，才情多遠遠遜於林徽因。她們既不能和林徽因在同一層面對話，林徽因又不知做謙和狀和她們敷衍、周旋，那麼同性們的誤解、生分，乃至嫉妒、怨懟，可想而知了。我們從這裡窺見的，或許倒是林徽因脫俗的一面。脫俗在女性來說多麼難得，可惜，連相知匪淺的李健吾都未能理解女作家這一點，無怪乎林徽因要感到孤獨、寂寞、憂鬱了。」（《文匯報》二〇〇一年十二月六日）

李健吾的原文與陳學勇的借題發揮之作一經發表，立即在文化、學術界產生了反響，想不到此文惹惱了一個叫王炳根的人，王氏看罷感到「有些不舒服」。後來有山西作家韓石山者，在他的〈梁實秋的私行〉（《人民文學》二〇〇二年第一期）一文中對上述文章做了引用，藉此對冰心的品行給予了質疑。王炳根讀畢，立刻感到從頭腦到周身「不是不舒服的問

一九二五年夏，冰心（左）和林徽因在綺色佳風景區野炊。

題了，（還）有了不能不說的衝動」。在一股強大的激流衝擊下，王氏潑墨揮毫、文如泉湧，一口氣寫成〈她將她視作仇敵嗎？〉一文，對李健吾與陳學勇輩之觀點進行了尖銳的批駁。王氏認為冰心與林徽因並未結怨，更不是仇敵，反而是要好的朋友，其立論點主要有下列幾條：

一、林徽因才華過人確實不假，但也不至於連一個在同一層面上與其對話的人也沒有，如袁昌英、陳衡哲（算是前輩）、黃廬隱、蘇雪林、馮沅君、凌叔華、楊剛、韓素音、丁玲、蕭紅、張愛玲等都與林徽因一個時代，有的還與林有一定交往。當然，還有一個不可忽視的人，那就是冰心。

二、冰心與林徽因的交往有三重背景：第一是林與冰心的祖籍同為福州，黃花崗七十二烈士之一的林覺民便是林徽因的叔父（按：應為堂叔父）。林覺民在廣州出事後，家裡怕受株連，變賣了位於福州楊頭口的住宅大院，而買房子的恰是冰心的祖父謝鑾恩老先生。一九一九年冰心隨父從山東煙臺返鄉，住的就是林覺民住過的這座院子。第二是她們兩位的丈夫是清華住一個宿舍的同學，由於梁思成遭遇車禍，比吳文藻晚了一年出國。一九二五年暑期，已是戀人關係的冰心與吳文藻（兩人同一條輪船抵美留學）到胡適曾就讀過的康乃爾大學補習法語，梁思成與林徽因也雙雙來到康乃爾大學訪友。於是兩對戀人在綺色佳美麗的山川秀水間相會，林徽因與冰心還留下了一張珍貴的生活照。從照片上看，幾個人正在泉水邊野炊，冰心著白色圍裙，手握切刀正在切菜，而林徽因則在冰心的背後，微笑著面對鏡頭（按：照片可見《冰心全集》第二卷插頁）。按照王炳根的說法，這可以說是「她們做為友情的紀錄」。第三是冰心對梁任公非常敬重，梁啟超對冰心自然也呵護有加。冰心特別喜歡龔自珍的「世事滄桑心事定，胸中海嶽夢中飛」一句詩，梁啟超便手書此詩贈與冰心，冰心將其視為珍寶，六十餘年一直帶在身邊，每到一地便懸於案頭，直至離世。王炳根說：「因了這三重背景與關係，同時考慮冰心的一貫為人作風，我想冰心與林徽因之間應為朋友，而非仇敵。」

三、一九八七年，冰心在談到自「五四」以來的中國女作家時曾提到林徽因，並說：「一九二五年我在美國的綺色佳會見了林徽因，那時她是我的男朋友吳文藻的好友梁思成的未婚妻，也是我所見到的女作家中最俏美靈秀的一個。後來，我常在《新月》上看她的詩文，真是文如其人。」王炳根認為，這段文字再度證明了「她們之間的友誼與關係」。

一九三八年夏，冰心全家在燕南園富所前留影。此後，冰心全家離開北平，前往昆明、重慶等地。

四、一九九二年六月十八日，因為王國藩起訴《窮棒子王國》作者古鑒茲侵犯名譽權的事，中國作協的張樹英與舒乙曾拜訪冰心，請她談談對此事的看法。冰心在談了原告不應該對號入座後，便「不知道是她老人家因為激動，還是有意思留下一句話，忽然講到〈我們太太的客廳〉，冰心說：『〈我們太太的客廳〉那篇，蕭乾認為寫的是林徽因，其實是陸小曼，客廳裡掛的全是她的照片。』」。根據冰心的這句話，王炳根認為：「〈我們太太的客廳〉寫誰與不是寫誰，雖然在六十多年後說出，它出於作者本人，應是無誤了。」（王炳根〈她將她視作仇敵嗎？〉，載《文學自由談》二〇〇二年第三期）

王氏的批駁文章刊出後，本次「事件」的始作俑者陳學勇可能也感到「不舒服」，於是很快進行了回擊。對於王炳根提出的第一條，陳學勇未能回應，應是當初所言確有些過分之故，讓人抓住辮子竟有些鴨子呑筷子——無法回脖兒之勢，只有裝作沒看見避而不答。

對於第二條，陳氏的回擊是：王炳根只列了「背景」，並沒有舉出獨立的直接證據，因而並不能服人。如同鄉、同學以至對方與林徽因的友善，並不能說明冰心與林徽因兩人之間就不能「結怨」，進一步的反目成仇也不是不可能。至於兩人在美國綺色佳的留影，沒有看出有多麼親密，只不過是一般青年的聚會場景而已。即使親密，那也只能證明當時，不能代表以後的其他歲月仍是如此，魯迅、周作人兄弟就是很好的例證。冰心與林徽因「結怨」的公開化，當是自美返國後的事情。

對於第三條，陳氏認為，所謂冰心讚美林徽因的文章僅限於林的美貌與文才，所涉人際關係，只是我的——男朋友的——好友的——未婚妻，如此而已。但在介紹其他女作家時，有的卻溢滿情感。冰心在文章中為什麼不乾脆不提林徽因？不行，因為該文是應《人民日報．海外版》之約而寫，面向包括美國讀者在內的大批海外讀者，冰心不能不顧及林徽因當年在文壇和海外的影響。何況文中列舉女作家數十位（按：文中冰心列舉了前輩的袁昌英、陳衡哲等，後輩說到了舒婷、王安憶、鐵凝等女作家），豈能置林徽因而不顧，這是在哪方面都說不過去的。面上不得不如此，但私下裡就不一定了。陳學勇結合自己的親身經歷說：「我曾陪同澳大利亞墨爾本大學漢學家孟華玲（Diane Manwanring）走訪冰心，順便問到林徽因，我滿心希冀得悉珍貴史料，不料冰心冷冷地回答：『我不了解她。』話題便難以為繼。我立即想起訪問冰心前蕭乾說的，為了〈我們太太的客廳〉，林徽因與冰心生了嫌隙，恍悟冰心此時不便也不願說什麼的。」

對於第四條，陳學勇認為要研究一位作家，僅聽信作家自白是不夠的，必須經過分析並結合其他材料深入調查研究，且舉例說，冰心本人曾寫過一篇紀念胡適百年誕辰的文章〈回憶胡適先生〉（《新文學史料》一九九一年第四期），文中說：「我和胡適先生沒有個人的接觸，也沒有通過信函。」但在《胡適來往書信選》中冊和下冊，就各載一封冰心致胡氏的書信，且從信的內容看出，不僅冰心本人與胡適有所接觸，而且兩家都有來往。可見僅憑記憶與當事人自白是靠不住的。至於冰心說〈我們太太的客廳〉是指陸小曼尤顯荒唐。小說寫作的背景是北平，而陸小曼當時遠住上海，陸的客廳多是名媛戲迷，與小說描述的客廳人物互不搭界。只要看一下客廳裡的那位詩人捧著太太的指尖，親了一下說：「太太，無論哪時看見妳，都如同一片光明的雲彩……」就知道冰心筆下的太太影射的是誰，因為徐志摩在〈偶然〉一詩中關於雲彩的意象是眾所周知的。還有，陸小曼並無子女，倒是林徽因有一個學名叫再冰、小名叫冰冰的女兒，而小說中的女兒名曰「彬彬」，想來「彬」與「冰」的諧音安排不會是偶然的巧合。

由以上剖析，陳學勇認為冰心以小說公開譏諷「太太」，這令孤傲氣盛的林徽因絕對不容，「結怨」勢在必然，而且波及後代。陳氏舉例說：「林徽因之子梁從誡曾對我

陸小曼

談論冰心，怨氣溢於言表。柯靈極為讚賞林徽因，他主編一套《民國女作家小說經典》叢書，計畫收入林徽因一卷。但多時不得如願，原因就在出版社聘了冰心為叢書的名譽主編，梁從誡為此不肯授予版權。」

最後，陳學勇得出結論是：林徽因與冰心結怨幾乎是必定的，除非她倆毫無交往、毫不相識，愈是朋友、愈是同鄉，「結怨」的概率愈高。她倆均為傑出女性，但屬於性格、氣質，乃至處世態度、人生哲學都很不相同的兩類，兩人都看對方不順眼且又不把對方放在眼裡則是意料中的事。陳學勇還引用了梁實秋在〈憶冰心〉一文中，冰心對徐志摩罹難後與林徽因截然不同的態度，以證明兩人性格與處世哲學的不同，意思是林對徐敬重、愛護有加，而冰心「對浪漫詩人的微詞是十分鮮明」的。（〈林徽因與冰心——答王炳根先生〉，載陳學勇《林徽因尋真》，中華書局，二○○四年版）

王、陳論戰一時無果，而做為讀者的大眾自有不同於兩人的看法。就陳學勇的最後一段話而言，怕是對冰心的「意指」沒有琢磨透徹。徐志摩遇難後，冰心給梁實秋的信中關於徐的部分是這樣說的：「志摩死了，利用聰明，在一場不人道、不光明的行為之下，仍得到社會一班人的歡迎的人，得到一個歸宿了！我仍是這麼一句話，上天生一個天才，真是萬難，而聰明人自己的糟蹋，看了使我心痛。志摩的詩，魄力甚好，而情調則處處趨向一個毀滅的結局。看他〈自剖〉時的散文，〈飛〉等等，彷彿就是他將死未絕時的情感，詩中尤其看得出，我不是信預兆，是說他十年來心理的醞釀，與無形中心靈的絕望與寂寥，所形成的必然的結果！人死了什麼話都太晚，他生前我對著他沒有說過一句好話，最後一句話，他對我說的：『我的心肝五臟都壞了，要到妳那裡聖潔的地方去懺悔！』我沒說什麼，我和他從來就不是朋友，如今倒憐惜他了，他真辜負了他的一股子勁！談到女人，究竟是『女人誤他？』、『他誤女人？』也很難說。志摩是蝴蝶，而不是蜜蜂，女人的好處就得不著，女人的壞處就使他犧牲了。——到這裡，我打住不說了！」

（〈憶冰心〉，載《梁實秋散文》第三集，中國廣播電視出版社，一九八九年版）

信中可以看出，冰心對徐志摩的「微詞」是透著一種恨鐵不成鋼式的憐憫與冷顏之愛的，而這些「微詞」只不過是一個表達她思想的鋪墊，真正的爆發點則落在「女人的壞處就使他犧牲」上面，這是一句頗有些意氣用事且很重的話，冰心所暗示的「女人」是誰呢？從文字上看似泛指，實為特指，想來冰心與梁實秋心裡都心照不宣，不過世人也不糊塗。在徐志摩「於茫茫人海中訪我唯一靈魂之伴侶」的鼎盛時期，與他走得最近的有三個女人，即陸小曼、林徽因、凌叔華。而最終的結局是，陸小曼嫁給了徐志摩，林徽因嫁給了梁思成，凌叔華嫁給了北大教授陳西瀅。

林徽因小說《九十九度中》封面。

關於徐志摩與凌叔華的關係，當年在圈內和坊間並未傳出有與情愛相關的桃色新聞，直到許多年後的一九八二年，定居英國倫敦的凌叔華在給陳從周的信中再次做過如下說明：「至於志摩同我的感情，真是如同手足之親，而我對文藝的心得，大半都是由他的培植。」（〈談徐志摩遺文——致陳從周的信〉，載《新文學史料》一九八三年第一期）在次年給陳的信中，凌叔華再度表白道：「說真話，我對志摩向來沒有動過感情，我的原因是很簡單，我已計畫同陳西瀅結婚，小曼又是我的知己朋友。況且當年我自視甚高，志摩等既已抬舉我的文藝成就甚高，有此種原因，我只知我既應允了志摩為他保守他的遺稿等物，只能交予他的家屬如小曼，別人是無權過問的。」（〈再談徐志摩遺文——致陳從周的信〉，載《新文學史料》

一九八五年第三期）凌叔華的表白，除了向陳從周說明她與徐志摩沒有情愛關係外，還透露了文學史與徐志摩研究者幾十年來苦苦追尋和破而未解的一個懸案，即徐志摩遺稿和日記到底流落何處的問題，也就是圈內人士通常所說的「八寶箱之謎」。為了「八寶箱」中的遺物，凌叔華與林徽因、胡適等人之間曾發生過不愉快，但與死去的徐志摩已經沒有關係了。因凌叔華與徐志摩生前只是一般意義上的接觸與友情，徐對凌有所幫助，凌儘管沒有給徐多少「好處」，似乎也未從可考的資料中發現給徐多少「壞處」，因而凌叔華應排除在冰心所說的「女人」之外。那麼冰心所指就只能是林徽因與陸小曼。

凌叔華說：「可惜小曼也被友人忽視了，她有的錯處，是一般青年女人常犯的，但是大家對她，多不原諒。」（〈談徐志摩遺文——致陳從周的信〉）而梁從誡則說：「徐志摩遇難後，輿論對林徽因有過不小的壓力。」（〈空谷回音〉，載《林徽因文集．文學卷》）如果冰心不是專指林徽因，至少是把林與陸同等相視，而指林徽因的可能性當更大。聯想梁從誡一提到冰心就「怨氣溢於言表」，應該不僅僅是為了一篇〈我們太太的客廳〉的小說，其間必另有痛苦而又難以言傳的隱情。假如同王炳根所說的那樣，冰心與林徽因之間不但沒有結怨，反而是很要好的朋友，而朋友的後代卻又以德報怨，對與自己母親友好的這位阿姨心懷「怨氣」，那麼不是梁從誡腦子有毛病，就是這個世界出了毛病，而做為全國政協委員的梁從誡還不至於如此糊塗吧！

冰心可謂人壽多福，一直活到一九九九年，以九十九歲中國文壇祖母的身分與聲譽撒手人寰，差一點橫跨三紀、益壽齊彭。林徽因比冰心小四歲，然而命運多舛、天不假年，卻早早地於一九五五年五十一歲時乘鶴西去，徒給世間留下了一串悲嘆。

徐志摩之死

冰心與林徽因交惡並結怨，當是一個沒有問題的問題，〈客廳〉小說譏諷的那幫學界名流，並未因一個女人的「譏諷」或吃醋就成了縮頭烏龜、或對著鏡子喊王八——自罵自，而是義無反顧地仍在「太太的客廳」高談闊論，盡情發揮自己的才能與演技，並做為梁思成、林徽因夫婦共同的摯友和知音，於時間的長河中交往如故、綿延不絕。而「太太的客廳」最忠實的參與者乃屬當時著名的哲學家金岳霖。

老金在「太太的客廳」中是一位特別顯眼的人物，因研究邏輯學名聲顯赫，江湖上人送外號「金邏輯」。或許是滿肚子哲學的緣故，老金的思維與行事方式也顯得格外與眾不同。就冰心的小說〈客廳〉而言，此前的李健吾、沈從文及蕭乾等輩與眾多學界名流，皆認為是指梁家的客廳。而林徽因也認為小說中的「太太」影射的就是她本人，故有請人給冰心送山西陳醋品嘗之說。但老金卻不這樣看，他晚年在〈要說說「湖南飯店」，也就是我的客廳〉一文中說：「這裡要說說湖南飯店。所謂湖南飯店就是我的客廳，也就是我的活動場所，寫作除外。房子長方形，北邊八架書架子。我那時是有書的人，書並且相當多，主要是英文的。院子很小，但是還是有養花的餘地。七七事變時，我還有一棵姚黃，種在一個八人才抬得起的特製的木盆裡。一個光棍住在那樣幾間房子確實舒服。到了晚上，特別是上床後，問題就不同了。只要燈一滅，紙糊的頂棚上就好像萬馬奔騰起來，小耗子就開始牠們的運動會了。好在那時候我正在壯年，床上一倒，幾分鐘之後就睡著了。三〇年代，我們一些朋友每到星期六有個聚會，稱為『星六聚會』。碰頭時，我們總要問問張奚若和陶孟和關於政治的情況……有人寫了一篇文章，題目是〈少奶奶的客廳〉。……少奶奶究竟是誰呢？我有客廳，並且每個星期六有集會。湖南飯店就是我的客廳、我的活動場所。很明顯批判的對象就是我。

不過批判者沒有掌握具體的情況，沒有打聽清楚我是什麼樣的人，以為星期六的社會活動一定像教會人士那樣以女性為表面中心，因此我的客廳主人一定是少奶奶。哪裡知道我這個客廳的主人是一個單身的男子漢呢？」（《金岳霖的回憶與回憶金岳霖》）

從金氏的敘述看，他的「湖南飯店」是真實存在的，但不是「批判者沒有掌握他的具體情況」。恰恰相反，是他對批判者的具體情況不夠了解，沒有親自讀到這篇文章，甚至沒有打聽清楚冰心是什麼樣的人，或讀到了文章也知道冰心其人，但只當作耳邊風倏忽而過，事後回憶，便把〈我們太太的客廳〉中的太太，硬給變成了一位「少奶奶」，並誤認為別人說的這位「少奶奶」就是自己。就當時的冰心而言，縱使沒有親自到過北總布胡同三號，對梁家的客廳及客廳的故事，通過學界朋友的口耳相傳，想來是不陌生的。假如在這個客廳出盡鋒頭的主人是老金所說的「男子漢」，想來冰心是不太會做這篇小說的，即使做出來，林徽因也不會派人送山西老陳醋給對方享用的。其實一罈子山西陳醋，是完全可以概括事情的備料、發酵、醞釀、成品等全套程序的，豈容老金橫生枝節、自作多情乎？

為此，有人說林徽因之所以成為林徽因，離不開梁思成，少不了徐志摩，更不能沒有金岳霖，一語道出了這三位各具特色的男兒對林徽因一生所產生的重要影響與人格塑造。但從排序上看，金岳霖介入林徽因的生活較晚，他是通過徐的介紹才認識林徽因的。

徐志摩和陸小曼的婚柬。

當林徽因從英國歸來，再與梁思成赴美留學歸國這段時間，徐志摩完成了與髮妻張幼儀離婚，再娶畢業於美國西點軍校的中國軍官王賡夫人、京城名媛——陸小曼為妻的感情歷程。對這一曲折變故，梁從誡曾說：「徐志摩的離婚和再娶，成了當時國內文化圈子裡幾乎人人皆知的事。可惜他的再婚生活後來帶給他的痛苦多於歡樂。」不管痛苦還是歡樂，徐志摩與林徽因之間，看上去好像已沒有情愛方面的關係了。不料「事情正在起變化」。

一九三一年初，為了照顧新婚不久的陸小曼的生活，並陪其開心取樂，徐志摩捨北平同事朋友而跑到上海光華大學和南京中央大學任教。當他聞知正任教於東北大學的林徽因舊病復發後，心中塵封日久的感情像一個龐大的五味罐突然被搗毀了蓋子，一股酸甜苦辣香的混合氣體轟地噴射而出。在這股沖天之氣的激盪中，徐志摩禁不住誘惑，當即把陸小曼從懷中推開，翻身下床走出家門直奔瀋陽而去。在寒風凜冽、雪花飄蕩的北國，徐、林的兩顆心漸漸消除了寒氣，大有「面朝大海，春暖花開」之意。因有了這股暖意，徐志摩就無心在上海與南京教書而圖謀北歸了。

這年春季開學後，徐志摩受胡適聘請，到北京大學英文系任教授，並兼北平女子大學教授，自此得以經常到瀋陽與林徽因相會。當林徽因舊病復發時，「眾人商議著，不知該怎麼辦，他（徐）主張她（林）搬到北平來，這兒的醫療條件較好，而氣候也較溫和。」在徐志摩的力主下，林徽因攜女兒再冰回到北平香山雙清別墅療養。天助佳人才子，徐志摩藉此機會不斷地跑到香山探訪林徽因，兩人的

徐志摩任上海光華大學教授時的工作照。

一九三五年在北平香山養病期間的林徽因。

接觸更加頻繁，感情再度升溫，此時的徐志摩與新婚不久的妻子陸小曼之間已出現裂痕，徐、林之間的感情大有春風化雨、舊樹發新枝之勢。有了這樣一種不可遏止的情勢，「（梁家）北總布胡同的房子（就）成了徐志摩的第二個家。」除了平時吟詩作賦、大擺「龍門陣」，徐志摩還經常要在此留宿過夜。據林徽因的美國女友費慰梅說：「徽因和思成待他如上賓，一見了他們，志摩就迸發出機智和熱情。他樂意把那些氣味相投的朋友介紹給他們……無疑地，徐志摩此時對梁家最大和持久的貢獻是引見了金岳霖——他最摯愛的友人之一、清華大學哲學系教授、『老金』。」

老金的加入使「太太的客廳」更加熱鬧起來，但這種氣氛未能持續多久，一個不祥的重大事件出現了。

一九三一年十一月十九日早上八時，徐志摩搭乘中國航空公司「濟南號」郵政飛機由南京北上，他要參加當天晚上林徽因在北平協和小禮堂為外國使者舉辦的中國建築藝術的演講會。當飛機抵達濟南南部黨家莊一帶時，忽然大霧瀰漫，難辨航向。機師為尋覓準確航線，只得降低飛行高度，不料飛機撞上白馬山（又稱開山），當即墜入山谷，機身起火，機上人員——兩位機師與徐志摩全部遇難。

在「濟南號」起飛之前，徐志摩曾給梁思成、林徽因發電報，囑下午三時到北平南苑機場接他。梁思成驅車在南苑機場，直等到下午四點半仍無飛機的蹤影，只好返回。林徽因預感事情不妙，立即打電話告知胡適，請胡設法打聽飛機動向。第二天，當胡適看到《晨報》登載了中國航空公司飛機遇難的消息後，斷定徐志摩可能已遇難身亡，遂立即借中基會任鴻雋的汽車至中國航空公司詢問，沒有得到死者的姓名。直到十二點多鐘，打電報給山東省教育廳廳長何思源，才得到了確切消息——徐志摩駕鶴西去。噩耗傳來，林徽因當場昏倒在地。下午，梁思成、林徽因、張奚若、陳雪屏、錢端升、張慰慈、陶孟和、傅斯年等相聚胡適家中，眾人相對淒婉，張奚若慟哭失聲，林徽因潸然淚下。二十二日下午，受北平學界同人委派的梁思成、張奚若、沈從文等人於不同地點趕到濟南白馬山，收殮徐志摩的遺骸。梁思成帶去了他與林徽因專門趕製的小花圈以示哀悼。

按照沈從文後來的說法，徐志摩是他走上文學之路的導引者兼「恩人」，徐遇難時，沈正在青島大學任教，他是從青島直接趕赴濟南與梁思成等人會合料理善後的。對徐之死因，沈在給好友趙家璧的信中說道：「徐南去，主要因小曼不樂意去北平，在上海開銷大，即或徐先生把南京中央大學和北大教書所得薪金全寄上海，自己只留下三十元花銷，上海還不夠用。因乘蔣百里先生賣上海遇園路房子時，搞個仲介名義，簽了點字，得一筆款給小曼，來申多留了幾天。急於搭郵件運輸機返北平，則因為當天晚上林徽因在協和小禮堂為外國使節講中國建築藝術，急於參加這次講演，才忙匆匆地搭這次郵件運輸機回北平。到山東時（白馬山只隔濟南二十五里）因大霧，飛機下降觸及山腰，失事致禍，一切都這樣湊巧，而成此悲劇。」（陳從周〈記徐志摩〉，載《陳從周散文》，同濟大學出版社，一九九九年版）

沈的說法大致不差，更具體的細節他可能不太明瞭，據山西作家韓石山對這段歷史事實研究後說：徐離北平是搭乘張學良專機飛南京的，當時張以全國陸海空軍副總司令的身分駐北平，顧維鈞幫張學良辦外交，常乘坐張的專機在南京與北平之間飛行。此次是南京政府要顧維鈞代理外交部長，顧仍乘張學良專機赴寧，徐志摩與顧友善，藉機一道前行。而「從南京返回北平，徐志摩原打算仍乘坐張學良的專機，但顧維鈞一時還不能回去，

徐志摩乘坐飛機失事的報導。

他便決定不搭乘了。正好離開上海時，他順便將去年保君健（航空公司財務科長）贈給他的免費機票帶在了身上，經聯繫後獲准第二天一早可搭乘航空公司的郵政飛機。徐志摩之所以要匆匆趕回北平，前面說了，是因為北大的教員有活動，要一起表示抗日的精神，但也不能說，與林徽因當天下午要在協和小禮堂做報告，給外國人講中國的建築藝術無關。十一月十九日早上八時，徐志摩乘『濟南號』飛機從南京明故宮機場起飛。十時十分，飛機抵達徐州，徐志摩在機場發信給陸小曼，說頭痛不欲再行，但最終還是又走了。十時二十分，飛機繼續北上，及飛抵濟南附近黨家莊時遇大霧，觸開山山頭，機身著火墜毀，徐志摩遇難身亡，終年三十五歲」。（韓石山《悲情徐志摩》，同心出版社，二〇〇五年版）

徐志摩（左）與陸小曼（中）在野外，身後少年為陸的表弟。

關於徐志摩墜機事件，十一月二十日的《晨報》以「京平北上機肇禍，昨在濟南墜落機身全焚，乘客司機均燒死，天雨霧大誤觸開山」為題，做了如下報導：

〔濟南十九日專電〕十九日午後二時中國航空公司飛機由京飛平，飛行至濟南城南三十里黨家莊，因天雨霧大，誤觸開山山頂，當即墜落山下，本報記者親往調查，見機身焚燬，僅餘空架，乘客一人、司機兩人，全被燒死，血肉焦黑，莫可辨認。郵政被焚後，鈔票灰彷彿可見，慘狀不忍睹……

徐志摩遇難後，社會議論蜂起，哀悼者有之，慨嘆者有之，做為各種佐料添油加醋以供飯後談資者有之。學人雅士有興文追祭者，絲竹之輩有為之作詩吟賦緬懷者，有謂「徐先生之死，等於除東三省以外，我們又失去了一省」者（見鄧雲鄉《文化古城舊事》，中華書局，一九九五年版），有大談徐志摩與林徽因、陸小曼之「三角關係」者。如此這般吵吵嚷嚷、談來說去，直到國民黨敗退臺灣、新中國成立，隨著政治運動接踵而至，億萬人捲入政治漩渦不能自拔，這個老幼皆宜的消遣話題才算偃旗息鼓、暫時沉寂。想不到幾十年之後，隨著政治解凍、思想開禁、文化復昌，徐志摩又「死而復活」，重新成為大眾明星和巷里坊間的熱門話題，尤其與此相關的電視劇《人間四月天》的出籠與熱播，如同火上澆油，釣起了億萬觀眾的胃口，從而引起了一場圍繞主人公是是非非的論爭。媒體與網友的評論自不待言，圍繞著主人公林徽因、梁思成、徐志摩等人的故事，徐家和梁家後人都捲了進來，並給予激烈抨擊。各色人等在這條看不見的戰線上奮力角逐，從而演繹了一場現代版的紛爭訴訟大戰。

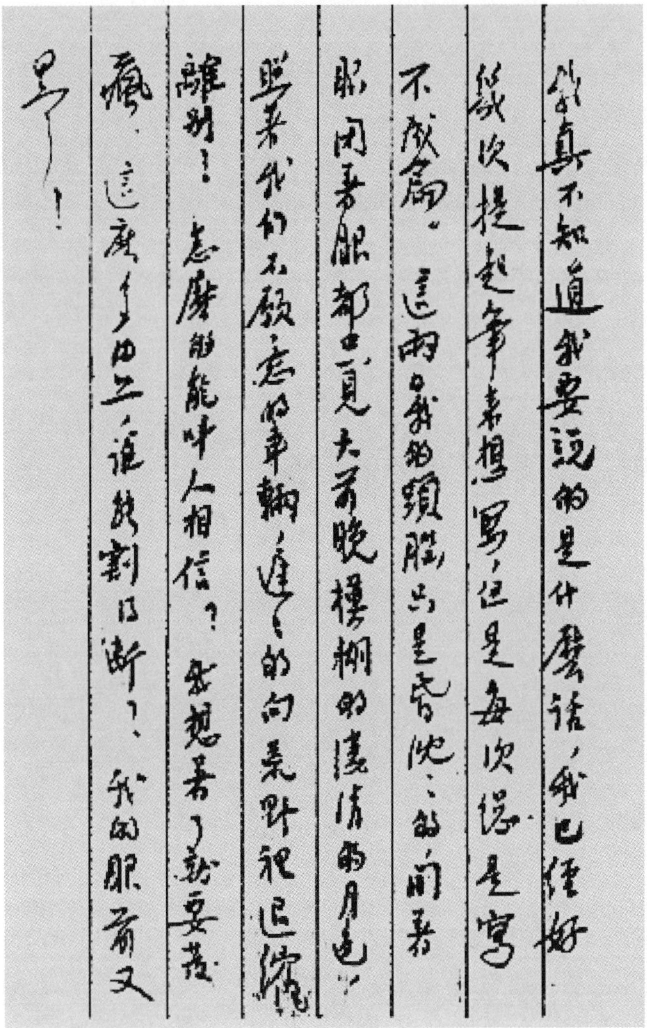
我真不知道我要說的是什麼話，我已經好幾次提起筆來想寫，但是每次總是寫不成篇。這兩日我的頭腦只是昏沉沉的，開著眼閉著眼都只見大前晚模糊的淒清的月色，照著我們不願意的車輛，遲遲的向荒野裡退縮。離別！怎麼的能叫人相信？我想著了就要發瘋，這麼多的絲，誰能割得斷？我的眼前又黑了！

徐志摩寫給林徽因的信。

第五章

往事俱沒煙塵中

梁從誡：徐、林之間沒有愛情

由中國內地與臺灣合資拍攝的電視劇《人間四月天》於二〇〇〇年首先在大陸播出後，徐志摩的堂侄徐炎從上海回到老家做客時，在徐志摩故居對陪同參觀的鄉親說：「《人間四月天》違背歷史事實，歪曲了徐志摩的形象，他在上海的親屬看了都感到很失望。」

報載，徐炎是徐志摩伯父徐蓉初的孫子，當時七十二歲，退休前是上海同濟大學教授。據說他小時候就生活在海寧硤石鎮徐府的大家庭中，熟知詩人和家庭中的許多事情。他說，徐志摩是五四新文化運動的一員幹將、是一位才華橫溢的詩人。那時候，他辦刊物、創《新月》、宣導新格律詩，對文學很熱情、很努力，在短短十年中，寫下了幾百首新詩和上百萬字的散文，他是一個有很大抱負的人。然而，在電視劇中，這些都被淡化了，抽掉了在當時時代背景下他的文學活動，劇中的徐志摩不像一個詩人，而成了一個只會成天追逐女孩的「花花公子」。最後，徐炎對《人間四月天》的評價是「不真實」，「詩人怎麼成了泡妞郎？」又說：「對陸小曼也不公平，她的才情到哪兒去了？在戲裡她只是一個交際花，這樣的人徐志摩怎麼會愛

徐志摩在家鄉硤石鎮的故居。

上她？」二十世紀六〇年代陸小曼在上海去世時，徐炎曾前去憑弔，至今還珍藏著她的一幅遺照，並為她保存了《志摩全集》的紙版等等。（《羊城晚報》二〇〇〇年五月四日）

就在徐炎發表評論第三天的五月七日，梁思成、林徽因夫婦的長女梁再冰向媒體發表聲明，與徐炎南北呼應，明確表示林與徐中間只有友誼沒有戀情。梁再冰說：「徐志摩去世時我年紀還小，但做為林徽因和梁思成的女兒，我很了解徐志摩同我父母之間關係的性質。徐志摩是我家兩代人的朋友。他曾經追求過年輕時的母親，但她對他的追求沒有做出回應。他們之間只有友誼，沒有愛情。徐志摩是在母親隨外祖父旅居倫敦時認識她的，那時她只有十六歲，還是一個中學生。當時對她來說，已結婚成家的徐志摩只是一個兄長式的朋友，不是婚戀對象。破壞另外一個家庭而建立的婚姻是她感情上和心理上絕對無法接受的，因為她自己的母親就是一個在沒有愛情的婚姻中受到傷害的婦女。」又說：「母親在世時從不避諱徐志摩曾追求過她，但她也曾明確地告訴過我，她無法接受這種追求，因為她當時並沒有對徐志摩產生愛情。她曾在一篇散文中披露過十六歲時的心情：不是

十六歲的林徽因。

初戀，是未戀。當時她同徐志摩之間的接觸也很有限，她只是在父親的客廳中聽過徐志摩談論英國文學作品等，因而敬重他的學識，但這並不是愛情。她曾說過，徐志摩當時並不了解她，他所追求的與其說是真實的她，不如說是他自己心目中一個理想化和詩化了的人物。」

梁再冰對該電視劇的看法是：「為了渲染林徐『愛情故事』，這部電視劇還對我父母的關係進行了歪曲描寫，暗示他們的結合是家庭操縱的，林徽因是迫於家庭壓力才選擇了梁思成。但我父母之間真實的『愛情故事』並非如此。……該劇還把我的祖父梁啟超、外祖父林長民及我的祖母和外祖母等也都扯進了『故事』，這種作法實在是太惡劣，不能不引起我們這些後代的強烈反感。在此，我必須指出，梁啟超、林長民、梁思成、林徽因等不僅是我的父母和長輩，他們也是中國近代史上和知識界有影響的人物，在涉及他們的電視片中，應當根據事實，採取對歷史和觀眾負責的態度，反映他們之間關係的真實性質，而不應利用名人效應，虛構『故事』，進行商業炒作，誤導觀眾。」

最後，梁再冰態度強硬地表示：「該劇播放後，已在社會上造成了很壞的影響。我在此對該劇的編導和攝製方提出強烈抗議，他們必須向受到嚴重傷害的家屬公開道歉。」（見當日新浪網「梁再冰：徐志摩與其母『愛情故事』純屬虛構」）

梁再冰的「聲明」最終沒能讓該劇編創人員為之道歉，反而提升了收視率與傳播面。隨著媒體的熱炒與電視劇在社會廣泛的傳播，徐、林相愛一時成了坊間最熱門的話題與談資。林徽因和梁思成之子梁從誡在沉默了一陣後，終於坐不住了，他在媒體上多次指出《人間四月天》多處失實，並稱該電視劇是對「歷史事實和文化精神的雙重歪曲」。梁從誡認為林徽因對徐志摩是親密的友誼，但不是愛情。在接受媒體採訪時，梁從誡說：「林徽因很坦然承認她與徐志摩之間的友誼與感情，但不是那種愛，不是談婚論嫁的那種愛。可是那個編劇就是不承認這一點。他們都非常懂得，愛一個人，首先是尊重一個人、寬容一個人，給對方留有餘地，這才是它的魅力所在，所以我們才說它崇高。可在電視劇中，徐志摩恰恰是不尊重林徽因的，我這麼愛妳，妳為什麼不愛我？我徐志摩難道還不夠可愛嗎？妳不愛我徐志摩還想愛誰？——徐志摩是這樣的人嗎？電視劇裡甚至還有這樣的臺詞：『梁思成可不是我的對手。』怎麼會淺薄到如此地步呢？當然林徽因也知道徐志摩愛她，她雖然沒有接受徐的感情，但是也沒有說：『我不愛你，你給我滾開。』費正清的夫人費慰梅在回憶林徽因的時候說，林徽因在談到徐志摩的時候，總是把他和英國的詩人、大文豪聯繫在一起。可見林徽因對徐志摩更多的是待之以文學上的師友，其實這才是他們之間的真實關係。」

梁從誡舉例說當年父親梁思成親口對他講，林徽因〈人間四月天〉這首詩是寫給自己的，「但他們還是非要說這是寫給徐志摩的。——看來林徽因剛生的兒子確實不如徐志

一九二四年，林徽因、徐志摩與印度詩人泰戈爾（中）留影。

摩更有戲劇性、更有賣點。編劇如此霸道、如此不顧事實，真是豈有此理。我要說的第二點是，你要表現男女之間的愛情，特別是表現文化人之間的感情，就要體現出時代背景、體現出這些人物自身的文化內涵，否則把不同時代、不同的性格的人的關係都弄成那種很淺俗的男女關係，那不是什麼意思都沒有嗎？……可以說，電視劇不僅把林徽因歪曲了，也把徐志摩歪曲了。徐志摩並不是一個成天哭哭啼啼、只知道追女孩子的人，如果是那樣的話，泰戈爾訪問中國，他的邀請者梁啟超和林長民也不會選徐志摩去陪同。徐志摩其實是個很有抱負的人。一九二四年，他曾在給金岳霖的信中表示要辦一個英文雜誌，邀金回來一同做事。他要辦這個雜誌，是為了讓世界了解當時的中國新一代知識分子的思想。像電視劇裡這樣只知道追女人的『徐志摩』，哪裡都可以找得到，不過那也就不是徐志摩了。」

梁從誡還特別提到：「電視劇裡還把徐志摩和梁思成描寫成情敵，其中有這樣的臺詞，徐志摩對林徽因說：『我回去告訴梁思成，讓他好好待妳，因為我還沒有放棄。』（大意如此）——意思是說，你梁思成要小心，你要一鬆勁，我徐志摩就要搶過來了。可實際情況如何呢？梁思成、林徽因夫婦和徐志摩三個人是很要好的朋友。……後來徐志摩遇空難，也是梁思成和沈從文趕到濟南去收的屍。他們之間的友誼的確不尋常，怎麼會是那種低俗的『三角戀愛』中『情敵』的關係呢？……其實問題遠不止於此。劇中我所了解的幾個重要人物，梁啟超、林長民、梁思成等都被庸俗化、醜化了。可見編導從未認真讀過那一段歷史，沒有讀過與主題相關的原始作品和文獻，只能憑那種低俗、市儈心理編出這麼一部廉價產品來。」（祝曉風〈林徽因〈人間四月天〉是寫給徐志摩的嗎？〉，《中華讀書報》二〇〇四年六月七日）

梁從誡在答《文藝報》記者問時，同樣提及了上述觀點，並反問道：「為什麼徐愛林，林就非得愛徐呢？」

此話一出，引出了不少是非，一個叫陳子善的人對此著文反唇相譏道：「梁先生話說得如此斬釘截鐵，我卻疑竇頓生。林徽因與徐志摩泛舟劍橋、情迷英倫時，梁先生在哪裡呢？不要說梁先生尚未出生，就是他父親梁思成與林徽因的戀情也尚未開始，梁先生何以斷定他母親與徐志摩之間什麼事也沒有發生過？」按陳子善的觀點，林與徐發生過愛情故事是正常的，否則便是不可思議的。陳說：「儘管徐志摩的有關日記至今下落不明，儘管徐、林之間的通信僅有兩封倖存於世，但根據現存史料，還是不難梳理兩人之間的情感歷程。徐志摩在劍橋留學時對林徽因一見鍾情，決心『於茫茫人海中訪我唯一靈魂之伴侶』，而林徽因雖然與徐志摩相差七歲，同樣也愛上了徐志摩。」（《文藝報》二〇〇四年六月一日）

陳子善之說的基礎和理由，很大一部分是建立在陳從周撰寫的《徐志摩年譜》與凌叔華給陳的信上。陳從周與徐志摩兩家自他們的祖父輩就相識並友善，陳的二嫂是徐志摩的堂妹，徐的表妹蔣定是陳從周的夫人，故有「三代相交，雙重姻親」之稱。不過徐志摩去世那年陳只有十四歲，因感念詩人的才華和命運，立志為徐志摩撰寫一部年譜，使詩人史料不致湮沒於世，後終於撰成《徐志摩年譜》一書。這部書自一九四九年出版後，幾乎成為所有研究者案頭必備的參考書目。陳在《徐志摩年譜》一九二二年志摩離婚條下特加按語說：「是年林徽音在英，與志摩有論婚嫁之意，林謂必先與夫人張幼儀離婚後始可，故志摩出是舉，他對於徽音傾到（倒）之極，即此可見。而宗孟曾說：論中西文學及品貌，當世女子捨其女莫屬。後以小誤會，兩人暫告不歡，志摩就轉舵追求陸小曼，非初衷也。」這是徐、林戀情關係的最早記載。

神祕的「八寶箱」之謎

與梁思成結婚後，林徽因仍與徐保持著親密的朋友關係。徐志摩活著時，林徽因即便知道徐的日記中記載有彼此戀情，也不會或無法刻意提防，她相信徐不會做出對不起她的事來。但隨著徐志摩突然罹難，事情就變得複雜而詭譎起來。令林徽因感到最緊迫、最不放心的就是徐志摩生前在號稱「八寶箱」中存放的日記。因而圍繞這個神祕的箱子，各色人物展開了一場明爭暗鬥的激烈角逐。

據梁從誡說：「一九三一年十一月，徐志摩突遇空難。生前，他曾將一箱日記及書信存放在朋友（一位女士）處，其中包括他初識林徽因時的康橋日記。徐遇難後不幾天，葉公超（按：清華外文系教授）告訴林徽因，他剛（梁自註：準確地說，是一九三一年十一月二十六日晚）在這位女士處看過這份日記。於是林去向保存者要求借來一看，這位女士先是幾次聲稱『遍找不得』，後來，在她手裡保存的這份日記中，與林有關的一部分又神祕地被裁去，以致林徽因本人始終未能看到這件與她的生活有過密切關係的材料。」又說：「徐志摩遇難後，輿論對林徽因有過不小的壓力，更有原來被她視為朋友的人，顯然是出於嫉妒，對她施以欺騙和侮弄。雖然她在私事上從不輕易與人計較，這次卻被這事『氣糊塗了』，於是寫下了平時難得吐露的心聲。」

梁從誡所說的這位收藏「八寶箱」的「女士」，就是北大外文系教授、文學理論家陳西瀅的夫人、時與林徽因處於同一個層面上的小說家凌叔華。所謂林徽因遭到了朋友的嫉妒與侮弄，這個「朋友」不能全指凌叔華，但指凌的成分極大。「難得吐露的心聲」，是指林徽因給胡適的信中所說的言辭激烈的話。當時林徽因除了向胡適訴苦，還力主胡應在這一事件中挺身而出，拿凌叔華是問，並讓對方無條件地、一件都不能少地交出「八寶箱」中的所有資料。後來胡適果然按林徽因的意思辦了，開始召集學術界的名將大腕一起向凌叔華夾擊。凌在四面擠壓中，終於被「降伏」，無條件地把神祕的「八寶箱」拱手讓給了胡適。本來事情就此解決，雙方鳴鑼收兵、各不相干。但事情又突起波瀾，據胡適與林徽因對外聲稱，「八寶箱」中《康橋日記》中最重要的一部分，卻不翼而飛，因而外界有了被凌叔華裁掉或中途截留的說法——梁從誡此說即指其人其事。

陳西瀅、凌叔華夫婦。

關於這件事的來龍去脈，林徽因曾在一九三二年一月一日下午與晚上，於匆忙中連致胡適兩封信，報告《康橋日記》最重要的一部分，也就是徐志摩與林徽因從相識到離開那一時期的記載，神祕失蹤，去向不明，劍鋒直指凌叔華。信曰：

胡適先生：

志摩剛剛離開我們，遺集事尚覺毫無頭緒，為他的文件就有了些糾紛，真是不幸到萬分，令人想著難過之極。我覺得甚對不起您為我受了許多麻煩，又累了許多朋友也受了些許牽擾，更是不應該。事情已經如此，現在只得聽之，不過我求您相信我不是個多疑的人，這一樁事的蹊蹺曲折，全在叔華一開頭便不痛快——便說瞎話——所致。

我這方面的事情很簡單：

（一）大半年前志摩和我談到我們英國一段事，說到他的《康橋日記》仍存在，回硤石時可找出給我看。如果我肯要，他要給我，因為他知道我留有他當時的舊信，他覺得可收藏在一起。

註：整三年前，他北來時，他向我訴說他訂婚結婚經過，講到小曼看到他的「雪池時代日記」不高興極了，把它燒了的話，當時也說過：不過我尚存下我的《康橋日記》。

（二）志摩死後，我對您說了這段話——還當著好幾個人說的——在歐美同學會，奚若、思成從渭南回來那天。

（三）十一月二十八日星期六晨，由您處拿到一堆日記簿（有滿的一本，有幾行的數本，皆中文；有小曼的兩本，一大一小，後交叔華由您負責取回的），有兩本英文日記，即所謂 Cambridge（按：康橋）日記者一本，乃從 July（按：七月）31, 1921 起。次本從 Dec. 2nd（按：十二月二日）（同年）起始，至回國為止，又有一小本英文為志摩一九二五在義大利寫的。此外，幾包晨副（按：晨報副刊）原稿、兩包晨副零張雜紙、空本子小相片、兩把扇面、零零星星紙片、住址本。

註：那天在您處僅留一小時，理詩刊稿子，無暇細看箱內零本，所以一起將箱帶回細看，此箱內物是您放入的，我絲毫未動，我更知道此箱裝的不是志摩平日原來的那些東西，而是在您將所有信件分人分類揀出後，單單將以上那些本子紙包聚成這一箱的。

（四）由您處取出日記箱後約三、四日或四、五日聽到奚若說：公超（按：葉公超）在叔華處看到志摩的《康橋日記》，叔華預備約公超共同為志摩作傳的。

註：據公超後來告我，叔華是在十一月二十六日開會（討論，悼志摩）的那一晚約他去看日記的。

（五）追悼志摩的第二天（十二月七號）叔華來到我家向我要點志摩給我的信，由她編輯，成一種《志摩信札》之類的東西，我告訴她舊信全在天津，百分之九十為英文，怕一時拿不出來，拿出來也不能印，我告訴她我拿到有好幾本日記，並請她看一遍大概是些什麼，並告訴她，當時您有要交給大雨（按：孫大雨）的意思，我有點兒不贊成。您竟然將全堆「日記類的東西」都交我，我又embarrassed（按：不好意思）卻又不敢負您的那種trust（按：信任）——您要我看一遍編個目錄——所以我看東西絕對的impersonal（非個人化的）帶上歷史考據眼光。Interesting only in（只有興趣於）事實的輾進變化，忘卻誰是誰。

最後我向她要公超所看到的志摩日記——我自然做為她不會說「沒有」的可能說法，公超既已看到。我說：聽說你有志摩的《康橋日記》在你處，可否讓我看看等等。她停了一停說可以。

林徽因一九三二年春致胡適信函。

我問她：「你處有幾本？兩本麼？」

她說：「兩——本。」聲音拖慢，說後極不高興。

我問：「兩本是一對麼？」未待答，「是否與這兩本（指我處《康橋日記》兩本）相同的封皮？」

她含糊應了些話，似乎說「是，不是，說不清」、「似乎一本是——」等，現在我是絕對記不清這個答案（這句話待考）。因為當時問此話時，她的神色極不高興，我大窘。

（六）我說要去她家取，她說她下午不在，我想同她回去，卻未敢開口。後約定星三（十二月九號）遣人到她處去取。

（七）星三九號晨十一時半，我自己去取，叔華不在家，留一信備給我的，信差帶覆我的。

此函您已看過，她說（原文）：「昨歸遍找志摩日記不得，後檢自己當年日記，乃知志摩交我乃三本：兩小，一大，小者即在君處箱內，閱完放入的。大的一本（滿寫的）未閱完，想來在字畫箱內（因友人物多，加意保全），因三、四年中四方奔走，家中書物皆堆疊成山，甚少機緣重為整理，日間得閒當細檢一下，必可找出來閱。此兩日內，人事煩擾，大約需此星期底才有空翻尋也。」

註：這一篇信內有幾處瞎說不必再論，即是「閱完放入」、「未閱完全」兩句亦有語病，既說志摩交她三本日記，何來「閱完放入」君處箱內。可見非志摩交出，乃從箱內取出閱，而「閱完放入」，而有一本未閱完而未放入。

此箱偏偏又是當日志摩曾寄存她處的一個箱子，曾被她私開過的。（此句話志摩曾親語我。他自叔華老太太處取回箱時，亦大喊「我鎖的，如何開了，這是我最要緊的文件箱，如何開鎖，怪事——」，又「太奇怪，許多東西不見了，missing（按：不見了）」，旁有思成、Lilian Tailor 及我三人。）

（八）我留字，請她務必找出借我一讀。說那是個不幸事的留痕，我欲一讀，想她可以原諒我。

（九）我覺得事情有些周折，氣得通宵沒有睡著，可是，我猜她推到「星期底」，必是要抄留一份底子，故或需要時間（她許怕我以後不還她那日記）。我未想到她不給我。更想不到以後收到半冊，而這半冊日記正巧斷在剛要遇到我的前一、兩日。

（十）十二月十四日（星期一）

half a book with 128 pages received（dated from Nov.17, 1920 ended with sentence "it was badly planned".）（按：收到半本共一百二十八頁，始自一九二〇年十一月十七日，以「計畫得很糟」一句告終。）叔華送到我家來，我不在家，她留了個 note（按：便條）說「怕我急，趕早送來」的話。

（十一）事後知道裡邊有古（故）事，卻也未胡猜，後奚若來說叔華跑到性仁（按：陶孟和夫人沈性仁）家說她處有志摩日記（未說清幾本），徽音要，她不想給（不願意給）的話，又說小曼日記兩本她拿去也不想還等等，大家都替我生氣，覺得叔華這樣，實在有些古怪。

（十二）我到底全盤說給公超聽了（也說給您聽了）。公超看了日記說，這本正是他那天（離十一月二十八日最近的那星期）看到了的，不過當時未注意底下是如何，是否只是半冊未注意到，她告訴他是兩本，而他看到的只是一本，但他告訴您（適之）「refuse to be quoted」（按：我拒絕被引用），底下事不必再講了。

二十一年元旦

此信發出後，林徽因覺得氣憤難平、意猶未盡，於當天晚上再次修書向胡適傾訴哀怨，特別強調性地表白「我也不會以詩人的美譽為榮，也不會以被人戀愛為辱」、「有過一段不幸的曲折的舊曆史也沒有什麼可羞慚」。信中說：

適之先生：

下午寫了一信，今附上寄呈，想歷史家必不以我這種信為怪，我為人直爽性急，最恨人家小氣曲折說瞎話。此次因為叔華瞎說，簡直氣糊塗了。

我要不是因為知道公超看到志摩日記，就不知道叔華處會有的。誰料過了多日，向她要借看時，她倒說「遍找不得」、「在書畫箱內多年未檢」的話，真教人不寒而慄！我從前不認得她，對她無感情、無理由的，沒有看得起她過。後來因她嫁通伯（按：陳西瀅），又有《送車》等作品，覺得也許我狗眼看低了人，始大大謙讓真誠的招呼她，萬料不到她是這樣一個人！真令人寒心。

志摩常說：「叔華這人小氣極了。」我總說：「是麼？小心點吧，別得罪了她。」

女人小氣雖常有事，像她這種有相當學問知名的人也該學點大方才好。

現在無論日記是誰裁去的，當中一段缺了是事實，她沒有坦白地說明以前，對那幾句瞎話沒有相當解釋以前，她永有嫌疑的。（志摩自己不會撕的，小曼尚在可問。）

關於我想著那段日記，想也是女人小氣處或好奇處多事處，不過這心理太human（按：人情）了，我也不覺得慚愧。

實說，我也不會以詩人的美譽為榮，也不會以被人戀愛為辱。我永是「我」，被詩人恭維了也不會增美增能，有過一段不幸的曲折的舊歷史也沒有什麼可羞慚（我只是要讀讀那日記，給我是種滿足，好奇心滿足，回味這古怪的世事，紀念老朋友而已）。

我覺得這樁事人事方面看來真不幸，精神方面看來這樁事或為造成志摩為詩人的原因，而也給我不少人格上知識上磨練修養的幫助，志摩 in a way（按：意為從某方面）不悔他有這一段苦痛歷史，我覺得我的一生至少沒有太墮入凡俗的滿足，也不算一樁壞事。志摩警醒了我，他變成一種 Stimulant（按：激勵）在我生命中，或恨或怒，或 happy 或 sorry（按：或幸運或遺憾），或難過或苦痛，我也不悔的，我也不 proud（按：得意）我自己的倔強，我也不慚愧。

我的教育是舊的，我變不出什麼新的人來，我只要「對得起」人——爹娘、丈夫（一個愛我的人，待我極好的人）、兒子、家族等等，後來更要對得起另一個愛我的人，我自己有時的心、我的性情便弄得十分為難。前幾年不管對得起他不，倒容易——現在結果，也許我誰都沒有對得起，您看多冤！

我自己也到了相當年紀，也沒有什麼成就，眼看得機會愈少——我是個興奮 type accomplish things by sudden inspiration and master stroke（按：興奮型，靠突然的靈感和神來之筆做事）。不是能用功慢慢修練的人。現在身體也不好，家常的負擔也繁重，真是怕從此平庸處世，做妻生仔的過一世！我禁不住傷心起來。想到志摩今夏的 inspiring friendship and love（按：富於啟迪性的友誼和愛）對於我，我難過極了。

這幾天思念他得很，但是他如果活著，恐怕我待他仍不能改的。事實上太不可能。也許那就是我不夠愛他的緣故，也就是我愛我現在的家在一切之上的確證。志摩也承認過這話。

徽音二十年正月一日（按：應為二十一年，此係作者筆誤）

從林徽因的信中可以看出，「八寶箱」中的《康橋日記》之下落不明，就是凌叔華的陰謀與搗蛋的結果，凌叔華可謂是真小人。凌叔華又是一種什麼態度呢？

一九八二年與一九八三年，在海外的凌叔華分別由倫敦寄給陳從周兩封信，就當年紛紛揚揚的「八寶箱之謎」做過解釋，此說與胡說、林說，甚至梁說大不相同。按凌叔華的辯解，事件的來龍去脈是這樣的：

在徐志摩遇難的前兩年，也就是「他去歐找泰戈爾那年，他誠懇的把一支（只）小提箱提來交我保管，他半開玩笑的說：妳得給我寫一傳，若是不能回來的話（他說是意外），這箱裡到（倒）有妳所需的證件（日記文稿等）。他的生活與戀史一切早已不厭其煩的講與不少朋友知道了，他和林徽音、陸小曼等戀愛也一點不隱藏的、坦白的告訴我多次了（按：林徽因原名林徽音，因與一位男作家同名，後改為林徽因，但凌叔華等人仍以徽音相稱），本來在他的噩信傳來，我還想到如何找一、兩個值得為他寫傳的朋友，把這個擔子託付了，也算了掉我對志摩的心思。（那時他雖與小曼結婚，住到上海去，但他從不來取箱子！）不意在他飛行喪生的後幾日，在胡適家有一些他的朋友，鬧著要求把他的箱子取出來公開，我說可以交給小曼保管，但胡幫著林徽音一群人要求我交出來（大約是林和他的友人怕志摩戀愛日記公開了，對她不便，故格外逼胡適向我要求交出來），我說我應交小曼，但胡適說不必。他們人多勢眾，我沒法拒絕，只好原封交與胡適。可惜裡面不少稿子及日記，世人沒見過面的，都埋沒或遺失了。」（《新文學史料》一九八三年第一期）又說：「我

二十世紀五〇年代的凌叔華。

因想到箱內有小曼私人日記兩本，也有志摩英文日記兩、三本，他既然說過不要隨便給人看，他信託我，所以交我代存，並且重託過我為他寫『傳記』，為了這些原因，同時我知道如我交胡適，他那邊天天有朋友去談志摩的事，這些日記恐將滋事生非了。因為小曼日記內（兩本）也常記一些是是非非，且對人名一點不包含，想到這一點（彼時小曼對我十分親熱，她常說人家叔華就不那樣想法，裡面當然也褒貶徽音的日記）我回信給胡適，說我只能把八寶箱交給他，要求他送給陸小曼。以後他真的拿走了，但在適之日記上，仍寫志摩日記有兩本存凌叔華處。他的（胡的）日記在梁實秋編的徐志摩傳上也提到。趙家璧也看到胡的日記上如此寫。這冤枉足足放在我身上，四、五十年，至今方發現。」（《新文學史料》一九八五年第三期）

據精明的凌叔華推斷，胡適派人取走「八寶箱」後，沒有把全部日記交出，「小曼只收回她的兩部日記（她未同志摩結婚前的日記，已印出來了！但許多人還以為另有日記）」。那時林徽音大約是最著急的一個，她也來同我談過，我說已交適之了。」一九四七年二月，為紀念徐志摩五十週歲生日，陸小曼蒐羅家中的舊日記，勉強編起了一本薄薄的《志摩日記》，顯得很是孤單凋零。對此，陸小曼在序中無奈地說：「其他日記倒還有幾本，可惜不在我處，別人不肯拿出來，我也沒有辦法。」這時候，陸小曼探知胡適已把徐的兩、三本英文日記全部交予林徽因，而林是不可能讓這

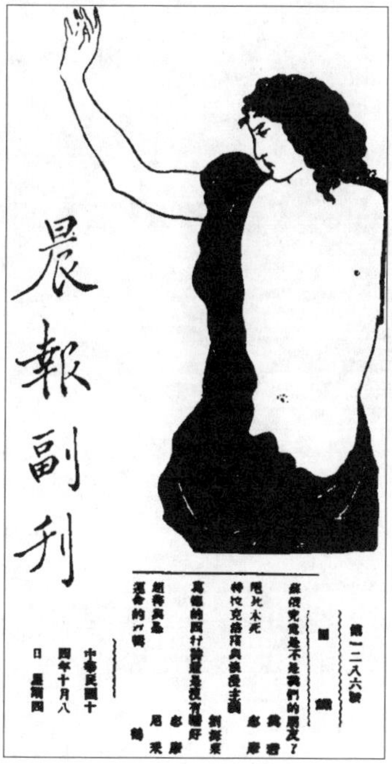

凌叔華為《晨報》設計的刊頭畫。為這幅畫，曾引起徐志摩、陳西瀅與魯迅之間的一段糾紛。

一九四七年三月由上海晨光出版公司出版印行的《志摩日記》和二〇〇三年一月由北京圖書館出版社出版印行的《徐志摩未刊日記》，都沒有編入林徽因致胡適信內反覆念及的徐志摩《康橋日記》。

一涉及自己隱私的日記面世了。

對於凌叔華在信中的說法，陳從周並不懷疑，當年他在編寫《徐志摩年譜》中，通過各種信息透出的蛛絲馬跡，就曾懷疑胡適並未將徐的日記交給陸小曼，而是交給了林徽因，而林把徐在英國劍橋向其求愛時的兩、三本日記藏而不露，才有了後來陳子善等人力主徐、林相愛者所說的「徐志摩的有關日記至今下落不明」之事。陳從周讀了凌叔華給他的信後如釋重負地說道：「這個疑案，總算可以澄清了。另一方面證實了當年林徽音和我所說的她藏有兩本志摩英文日記的來源了。胡適日記所寫志摩日記有兩本存凌叔華處之事非真實也。」

胡適深信他的日記最終是要出版的，因而在他把徐志摩英文日記悄悄交予林徽因處理的同時，又放了一顆煙幕彈，於自己的日記中故意寫下「志摩日記有兩本存凌叔華處」的文字，以達到掩護林徽因的目的。至於凌叔華這邊在得知後是否會喊冤叫屈，在一時無法兩全的情形下，胡就顧不得那麼多了。「八寶箱」中的日記最終結果如何，大多研究者認為胡適送給林徽因之後，林在晚年自知將不久於人世時一把火燒掉了。但也有學者認為此事不那麼簡單，最大的可能是，向來對資料頗為重視的胡適，當年將有關林的部分給了林，與林無關的自己偷偷收藏了起來，如果銷燬，也只銷毀燬對自己不利的那一部分，而不會是全部。據說胡適還有一部分文獻由於涉及面太廣，仍封存在一個保險箱中未能開啟。或許這部分文獻中就有「八寶箱」中的日記，究竟結果如何，也只有等胡適的保險箱啟封之日，再聽下回分解了。

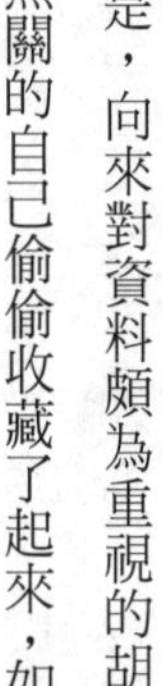

胡適

正如陳子善所云：「儘管徐志摩的有關日記至今下落不明……」但仍有一大批研究者相信徐、林之間確實有過愛情。韓石山以陳從周《年譜》和著名的「八寶箱」為線索，結合徐與張幼儀、林徽因、陸小曼等人的傳記、書信、日記和口述實錄等，進行研究、考證之後，對於相互之間的感情糾葛，曾肯定地說：「（張）幼儀不記恨陸小曼，她記恨的是林徽因。她的記恨並非是為自己，倒有一半是為了志摩。她恨林答應了他，卻沒有嫁給他。……兩人的戀情，肯定是有的。徐志摩是為了趕聽林在協和小禮堂的報告，才匆匆坐飛機殞命的。」（〈徐志摩和他愛過的女人〉，載《南方週末》二〇〇〇年五月十二日）

對「坐實了這段愛情」之說，梁從誡不予承認，並對徐志摩的人格進行了鞭伐。一九九三年四月，梁從誡在為某出版社出版的《徐志摩林徽因詩集》而寫的序文〈空谷回音：關於這本詩集的作者——林徽因〉中說道：「關於林、徐之間的感情關係，幾十年來都是社會上一些人喜歡議論的話題。但也可以說，這是一個帶有悲劇色彩的故事。其悲劇性就在於：做為詩人，他們在志趣上是那樣投合，徐對林又是那樣地一往情深，但兩人卻不僅始終無緣，而且事實表明，他們本來就不可能走上同一條生活道路。可以說，徐志摩的精神追求，林徽因後來是完全理解的，而反過來，林徽因所追求的，卻未必都能得到徐的理解，更談不到專業性的支持。從古建築研究和美術創作的角度看，林徽因和梁思成是天生的搭檔。雖然梁思成不搞文學，但抗戰前那幾年，林徽因在古建築研究方面的成就不僅沒有妨礙她的文學活動，而且實際上兩者相得益彰，使她在兩個方面都取得了相當輝煌的成績。但如果真是徐志摩和林徽因生活到了一起，那麼，我們就肯定不會有——如最後她的墓碑所銘刻的——『建築師林徽因』了；而生活裡沒有了建築和美術活動，又會有我們所認識的這個『詩人林徽因』嗎？回顧徐志摩的一生，可以看出，他是一個易受情緒支配、充滿幻想、有時甚至放蕩形骸之外的浪漫主義者；而林徽因在精神上卻比他保守、比他更重務實。她在少年時代就一心要以『把美術創作與日常生活需要結合起來』的『建築學為自己的終身事業』。說明了她氣質上和徐詩人之不同。」又說：「徐志摩的詩人生涯，可以說是倫敦邂逅林徽因之後開始的，在隨之經歷了巨大的感情波瀾和生活挫折之後，他生命之路的終結，竟又是為了趕去聽林徽因關於古建築的一場學術報告。這是不幸的巧合呢？還是天意？」（此文後來收入梁從誡所著《不重合的圈》一書）

文中的語氣透出，梁從誡相信徐志摩被燒死是冥冥之中有一隻上帝之手在操縱的，徐之死就是上蒼的旨意。這股具有強烈個人色彩的情緒，到了十年之後，隨著電視劇《人間四月天》的播出，異常激烈地噴射而出，一時引得眾人側目，紛紛駐足觀望。梁從誡在答媒體記者提問時忿然說道：「我一直替徐想，他在一九三一年飛機墜毀中失事身亡，對他來說是件好事，若多活幾年，對他來說更是個悲劇，和陸小曼肯定過不下去。若同陸離婚，徐從感情上肯定要回到林這裡，將來就攪不清楚，大家都將會很難辦的。林也很心疼他，不忍心傷害他，徐又陷得很深。因而我一直覺得，徐的生命突然結束，也算是上天的安排。」（《文

藝報》二〇〇〇年五月六日）

梁從誡的憤慨之言，立即招來了徐志摩粉絲們的反「憤慨」，並很快做出了回擊，韓石山在〈梁從誡不該這樣說〉一文中，對梁指責道：「當晚輩的說這樣的話，實在太不應該了。為了自己的家聲，竟說他人燒死是好事，不像個有文化的人說的話。……不看這些話，人們還不知道一九三一年在北平，徐、林之間的感情已發展到這樣危險的地步。」（韓石山〈林情徐愛有多深〉，載《尋訪林徽因》，人民文學出版社，二〇〇二年版）

在旁觀者的眼裡，梁從誡與韓石山的話看起來各有道理，但似乎又缺失了點什麼。當年海涅在他的名作〈兩個波蘭人〉中曾寫過這樣的詩句，「為祖國犧牲是很好的，可要是活著那就更好了。」或許處於各種考慮，或許一時情緒失控，梁從誡的言論顯然有些過激了。而韓石山輩這些徐志摩的超級粉絲們，在梁從誡一再否定徐、林之愛的情況下，非要把「徐林愛情」進行到底。再加上電視劇的火上澆油，整個社會輿論就變得硝煙瀰漫、烽火連天了。假如不存偏見，對這段歷史和歷史人物是不是可以這樣看待，不管徐與林之間是有愛還是無愛，如套用海涅的詩句，不妨理解成「為了避免雙方日後更大的苦痛，徐志摩適時被燒死是很好的，可要是活著那就更好了」。

除了圍繞徐志摩該不該被燒死，是燒死好、還是活著更好的論爭外，梁從誡對電視劇《人間四月天》的公開批評中，還說把梁思成演得窩囊了一些。韓石山則針鋒相對地認為：「這是做兒子的還沒完全了解父親。正因為梁思成深愛著林徽因，也正因梁思成是當時新舊交替之際接受西方文明的君子代表式人物，所以他對徐志摩表現得特別寬厚仁慈，包括後來同樣地對待金岳霖先生，他得體的言行絕非窩囊，而是知識文明在身上的崇高體現，是海闊胸懷。」梁從誡則堅持認為，若是林當年真的從了徐，那麼林徽因只是一個詩人的林徽因。而從了梁思成，其結果是林徽因既是詩人的林徽因、又是建築學家的林徽因，可謂一舉兩得矣！對這一說法，社會輿論各有不同的看法，贊成與否定各有各的理由。否定者說，若按以成什麼名與什麼家為座標的邏輯去推理，似乎離「愛」與「愛情」偏遠了一些。有贊成者說當年的邏輯大師金岳霖曾公開表達過此意，認為梁思成是林氏最佳的人選，徐志摩只是個不自量力的醜八怪而已。

金岳霖是說過林與梁結合比林與徐結合好的話，但要說把徐描繪成一個醜八怪，似乎是後人添油加醋的結果。

許多年後，有研究者陳宇與陳鍾英兩人，曾於一九八三年對金岳霖進行過一次有針對性的訪問，從當時的談話紀錄，可知金氏晚年對徐志摩的人格學問的評價：

我們（按：指採訪者陳宇與陳鍾英等人）取出另一張林徽因相片問他。他（按：金岳霖）看了一會兒回憶道：「那是在倫敦照的，那時徐志摩也在倫敦。——哦，忘了告訴你們，我認識林徽因還是通過徐志摩的。」於是，話題轉到了徐志摩。徐志摩在倫敦邂逅了才貌雙全的林徽因，不禁為之傾倒，竟然下決心跟髮妻離婚，後來追林徽因不成，失意之下又掉頭追求陸小曼。金岳霖談了自己的感觸：「徐志摩是我的老朋友，但我總感到他滑油，油油油，滑滑滑——」又說：「當然不是說他滑頭。」經他解釋，我們才領會，他是指徐志摩感情放縱、沒遮沒攔。他接著說：「林徽因被他父親帶回國後，徐志摩又追到北平。臨離倫敦時他說了兩句話，前面那句忘了，後面是『銷魂今日進燕京』。看，他滿腦子林徽因，我覺得他不自量啊！林徽因、梁思成早就認識，他們是兩小無猜，兩小無猜啊！兩家又是世交，連政治上也算世交。兩人父親都是研究系的。（按：是一個政治派別，非某學院某系。）

徐志摩總是跟著要鑽進去，鑽也沒用！徐志摩不知趣，我很可惜徐志摩這個朋友。」（陳宇〈金岳霖憶林徽因〉，載《傳記文學》一九九九年第四期）

說這話時，金岳霖已八十八歲高齡（翌年去世），和梁從誡一家住在一起，梁家後人以尊父之禮相待，呼曰「金爸」。為此，金岳霖頗感欣慰。關於金晚年對徐的這段評價，若紀錄無誤，顯然帶有抑徐揚梁的感情色彩。

卻說當年林徽因、凌叔華、胡適等名流，經過一陣拉鋸式的「八寶箱」的爭奪戰，各方均感精疲力竭，無力再較勁對壘了，隨著時間的推移漸漸消停下來，大家又各自朝著自己的目標奮進，只有給徐志摩生前帶來愛情與煩惱的陸小曼，一改過去吸食大菸的頹廢習氣，立志將徐志摩的著述編輯出版。在陸與眾多親朋好友的幫助下，在徐志摩去世後的一九三一年十一月二十七日，上海良友圖書印刷公司出版徐志摩遺作《秋》（第四部散文集）。翌年七月，新月書店出版徐志摩遺作《雲遊》（第四部詩集）。徐志摩、陸小曼合著的《愛眉小札》（收有信札、日記等），於一九三六年三月，由上海良友圖書印刷公司出版。為悼念「一手奠定中國詩壇的詩人」，《新

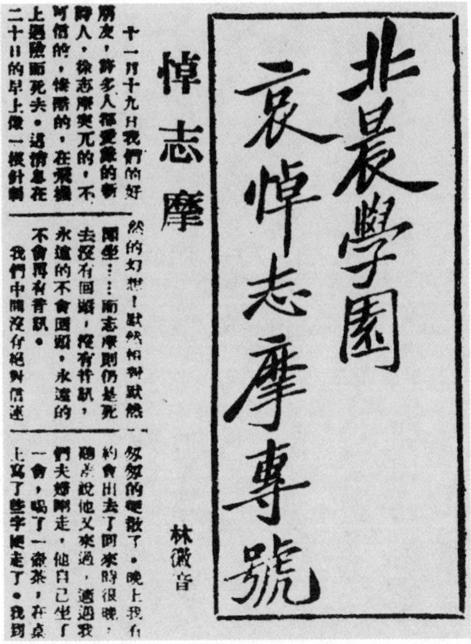
北晨學園哀悼志摩專號

悼志摩

林徽音

十一月十九日我們的好朋友，許多人都愛戴的新詩人，徐志摩突兀的，不可信的，慘酷的，在飛機上遇險而死去。這消息在二十日的早上像一根針刺

然的幻想！默然相對默然圍坐……而志摩則仍是死去沒有回蹤，沒有音訊，永遠的不會回蹤，永遠的不會再有音訊。

我們中間沒有絕對信迷

匆匆的輕微了。晚上我有約會出去了回來時很晚，聽差說他又來過，適遇我們夫婦剛走，他自己坐了一會，喝了一壺茶，在桌上寫了些字便走了。我到

林徽因發表的悼念徐志摩的文章。

月》月刊第四卷第一期、第五期和《詩刊》第四卷出特大號，定名為《志摩紀念號》專刊。計有陸小曼、胡適、周作人、郁達夫、梁實秋、楊振聲、韓湘君、方令孺、儲安平、何家槐、趙景深、張若谷、陳夢家、方瑋德、梁鎮、朱湘、程鼎鑫、虞岫雲、陸費逵、舒新城等發表悼念文章、哀辭輓聯，繼後還出版了徐志摩文選、評傳及專著等，以不同方式紀念這位「新月派」開山人物徐志摩。

一九三二年春，徐志摩的靈柩被迎回家鄉硤石安葬，當時與徐志摩同鄉，只有十幾歲的查良鏞（金庸）曾隨母前往弔唁這位詩人表兄，後來查氏曾有紀念文字表達了對這位元才子加情愛大師的感懷之情。

海寧古海塘。

徐志摩罹難之時，徐的另一位姻親表弟陳從周為感念詩人的才華和命運，立志為徐修一年譜，使詩人史料不致湮沒於世。經過數年努力，《徐志摩年譜》終於修成並出版問世。也正因為這部《年譜》，陳從周後被誣「為反動文人樹碑宣傳」而橫遭批鬥。未久，相濡以沫四十年的妻子（徐志摩表妹）撒手人寰。繼而，遠在美國讀書的獨子死於非命……天耶，命耶，對陳從周而言，只有仰天一嘆了。

徐志摩原被葬在其家鄉海寧硤石鄉東山，墓是徐志摩父親徐申如請當地工匠製作。該墓在一九六六年秋被造反的紅衛兵小將們砸毀。墓碑折斷，石墩砸毀，詩人的骸骨和衣服揚撒了一地。幸有徐的同鄉、東山中學的教師許逸雲，出於對詩人的敬重，在「文革」風潮退卻之後，利用課餘時間走村串戶，輾轉打聽，終於在硤石鎮東南三里多一個僻靜處發現了墓碑。當時「殘碑已埋入土中，碑面撲地，渾身泥濘，幾乎不能辨認。經當地群眾協助挖出，一經翻身，幾個大字赫然入目。『張宗祥題』一行小字也清晰可見。同時發現的還有後土碑及祭石臺。自此墓碑得過且過以保存」（《徐志摩年譜》）。

「文革」結束後，一些有識之士開始向當地政府反映要重新築徐志摩墳塋，許逸雲更是積極上下奔波，終於得到了當地政府的支持，並邀請已成為著名建築學家、同濟大學教授的陳從周到硤石主其事，徐志摩墓乃得以重建。重建後的徐墓為陳從周設計，改建在西山。形制、規模與原墓稍有出入，只是徐的屍骸早已蕩然無存，僅埋有一書一石：書是《徐志摩年譜》；石為陳從周參加廬山風景區規畫時所得金星之石，上有刻文，載墓葬由東山遷西山事。此墓一九八三年清明節正式開放。徐志摩與張幼儀之子徐積鍇曾於一九八五年、一九九〇年及一九九七年，三次回海寧祭掃父親墳墓，其情其景令人唏噓感嘆。

林徽因與金岳霖的一世情緣

徐志摩乘風西去，世間與林徽因最為相知相愛的男兒，只有梁思成和老金了。

生長於三湘大地的老金，比梁思成大六歲，比林徽因大九歲，在梁、林面前是名副其實的老大哥。金岳霖一九一四年畢業於清華學校，後留學美國、英國，又遊學歐洲諸國近十年，所學專業由經濟轉為許多人看來枯燥無味的哲學。他按照當時風行的清華——放洋——清華的人生模式，於歐洲歸國後執教於清華大學，轉了一圈又回到了起點。但此點非彼「點」，不一樣就是不一樣，已經受歐美文化的薰陶，生活相當西化的金岳霖，重返清華後總是西裝革履、打扮入時，加上一米八幾的高個頭，可謂儀表堂堂，極富紳士風度。自清朝同治年間老金的家鄉出了一個曾文正公之後，湖南人的雄心壯志就空前地膨脹起來。據老金說，他少年讀書時，就跟著學長們齊聲高唱「中國若是古希臘，湖南定是斯巴達；中國若是德意志，湖南定是普魯士；若謂中華國果亡，除非湖南人盡死」等等。這種「捨我其誰」的豪氣、霸氣和「與天鬥，與地鬥，與階級敵人鬥」的「鬥爭哲學」，似乎沒有引起金岳霖的興趣，他的血脈中流淌的是浪漫、天真、風流、率性、淳樸的因數，他做為三湘大地的一個異數，拋棄了湖南人叫得最起勁的「鬥爭哲學」，而漸漸轉向「形式邏輯」的研究。超然物外，視名利金錢如糞土，則是金岳霖的典型特性，他的身上沒有像多數知識分子那樣有不可擺脫的雜質。老金曾有一句常掛在嘴邊的名言：「與其做官，不如開剃頭店；與其在部裡拍馬，不如在水果攤子上唱歌。」著名哲學家馮友蘭對金岳霖這位多年的同事和舊友，曾做過如此的評價：「金先生的風度很像魏晉大玄學家嵇康。」馮氏的比喻未見得完全妥帖，但在老金身上看到人們想像中嵇康的影子當是不差的。

留學美國時的金岳霖。

在所有關於金岳霖的軼聞趣事中，最引人注目的一件事是他終生未娶。好事者們闡釋的版本相當一致：他一直戀著建築學家、詩人林徽因。據說，老金在英國讀書時，曾得到很多妙齡少女的青睞，其中有一風流俊美、整天高喊「哈囉」、「OK」的金髮女子，還神神道道地追隨老金來到北平，並同居了一段時期。自與林徽因相識後，這位風流美女便被老金打發到美國娘家去了，再也沒有回來。

據好事者研究考證，跟金岳霖同來中國的是中文名字叫麗琳（莉蓮）的美國女人。此女與老金何時相識相戀記載不詳，外界所知的是，該女子與老金同於一九二四年赴法國遊歷，後又去義大利轉了一圈，於一九二五年十一月來中國同居。在當時看來，麗琳屬於婦女界的另類，她宣導不結婚，但對中國的家庭生活又極感興趣，表示以同居的方式體驗中國家庭內部的生活與愛情真諦，於是便和老金在北平悄然蟄住下來。對於這段生活，當時北平學界許多人都知此事，並識其人。徐志摩與麗琳同樣相識，他在一九二八年十二月十三日由上海到北平後，給陸小曼寫的信中對此事有所披露，「老金他們已遷入（凌）叔華的私產那所小洋房，和她娘分住兩廂，中間公用一個客廳……麗琳還是那舊精神……」至於這位來自美國的麗琳，因何事、何時離開了老金回歸家鄉，並黃鶴一去不復返，在已發現的文字中少有記載，而當時的學界中人又因愛護老金的面子，對此事大多諱莫如深，後人也就無從知曉。人們所看到的是，隨著老金與梁、林夫婦相識，並成為朋友，思維與處事方式頗為另類的他，一高興乾脆捲起床上那張狗皮褥子、提了鍋碗瓢盆，搬到北總布胡同三號「擇林而居」了（金岳霖語）。

據可考的資料顯示，老金是一九三二年搬到北總布胡同與梁家同住在一處的，只是按老金的說法，「他們住前院，大院；我住後院，小院。前後院都單門獨戶。三〇年代，一些朋友每個星期六有集會，這些集會都是在我的小院裡進行的。因為我是單身漢，我那時吃洋菜。除了請了一個拉東洋車的外，還請了一個西式廚師。『星六碰頭會』吃的咖啡冰淇淋和喝的咖啡都是我的廚師按我要求的濃度做出來的。除早飯在我自己家吃外，我的中飯、晚飯大都搬到前院和梁家一起吃。這樣的生活一直維持到七七事變為止。抗戰以後，一有機會，我就住在他們家。」這段話是老金晚年的回憶，並自稱「一離開梁家，就像丟了魂似的」。

金岳霖孑然一身、無牽無掛，始終是梁家沙龍中的座上常客。梁家與老金之間，文化背景相同、志趣相投，交情也就自然地非尋常人可比。金岳霖對林徽因的人品才華讚羡至極、十分呵護，而林對老金亦十分欽佩敬愛，他們之間的心靈溝通達到了只可意會、不可言傳的境界。徐志摩死後，金與林之間的感情愈來愈深，最後到

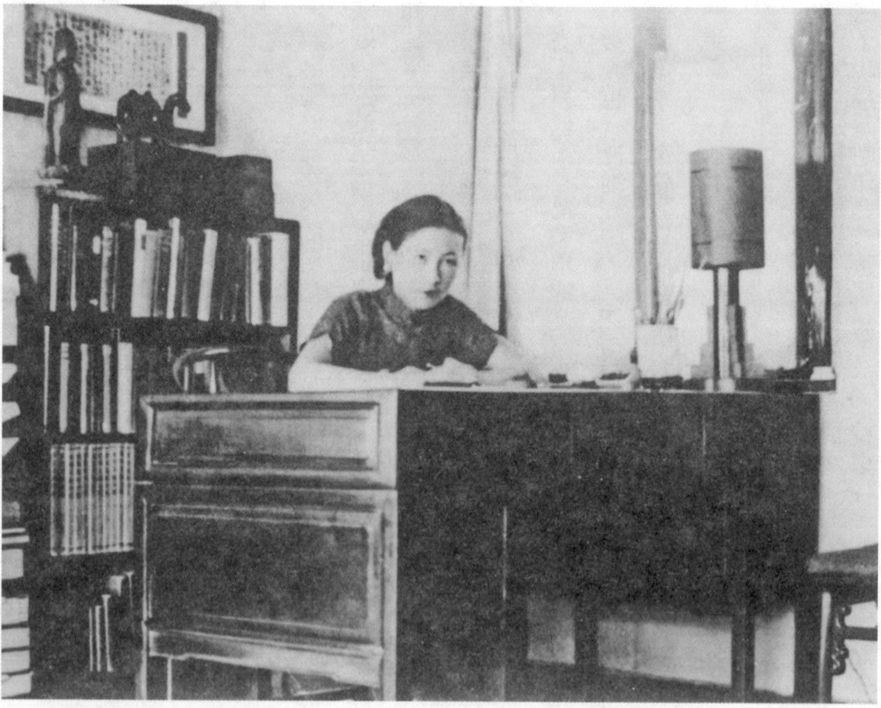

林徽因一九三六年夏在北京家中。

了心心相印、難捨難離，甚至乾柴烈火加草木灰攪在一起不可收拾的程度。

關於金與林之間的這段情緣，許多年後梁思成曾有所披露。據梁的後續夫人林洙說：「我曾經問起過梁公關於金岳霖為林徽因而終生不娶的事。梁公笑了笑說：『我們住在總布胡同的時間，老金就住在我們家後院，但另有旁門出入。可能是在一九三一年，我從寶坻調查回來，徽因見到我哭喪著臉說，她苦惱極了，因為她同時愛上了兩個人，不知怎麼辦才好。』她和我談話時一點不像妻子對丈夫談話，卻像個小妹妹在請哥哥拿主意。聽到這事我半天說不出話，一種無法形容的痛苦緊緊地抓住了我，我感到血液也凝固了，連呼吸都困難。但我感謝徽因，她沒有把我當一個傻丈夫，她對我是坦白和信任的。我想了一夜該怎麼辦。我問自己，徽因到底和我幸福，還是和老金一起幸福？我把自己、老金和徽因三個人反覆放在天平上衡量。我覺得儘管自己在文學藝術各方面有一定的修養，但我缺少老金那哲學家的頭腦，我認為自己不如老金，於是第二天，我把想了一夜的結論告訴徽因。我說她是自由的，如果她選擇了老金，祝願他們永遠幸福。我們都哭了。當徽因把我的話告訴老金時，老金的回答是：『看來思成是真正愛妳的，我不能去傷害一個真正愛妳的人。我應該退出。』從那次談話以後，我再沒有和徽因談過這件事。因為我知道老金是個說到做到的人。徽因也是個誠實的人。後來，事實也證明了這一點，我們三個人始終是好朋友。我自己在工作上遇到的難題也常去請教老金，甚至連我和徽因吵架也常要老金來『仲裁』，因為他總是那麼理性，把我們因為情緒激動而搞糊塗的問題分析得一清二楚。」

梁思成進一步解釋說：「林徽因是個很特別的人，她的才華是多方面的。不管是文學、藝術、建築，乃至哲學，她都有很深的修養。她能做為一個嚴謹的科學工作者，和我一同到村野僻壤去調查古建築，又能和徐志摩一起，用英語探討英國古典文學或我國新詩創作。她具有哲學家的思維和高度概括事物的能力。

所以做她的丈夫很不容易。中國有句俗話，『文章是自己的好，老婆是人家的好』。可是對我來說是，老婆是自己的好，文章是老婆的好。我不否認和林徽因在一起有時很累，因為她的思想太活躍，和她在一起必須和她同樣地反應敏捷才行，不然就跟不上她。」

從口傳與殘存的文字看，這三人間的關係頗有點像西洋小說裡的故事，這個故事的結局是：金和林一直相愛、相依、相存，但又不能結成夫妻，金終生未娶，以待徽因，只是命運多舛，徽因英年早逝，只留得老金繼續孤獨的愛情行旅了。

當欲望之火熄滅，只存溫熱的灰燼之後，金岳霖理智地看待自己所處的位置，並理性地掌控著他的處世哲學，許多時候用「打發日子」來形容自己長期不成家的寂寞。他在後來著述的文章中，把自己與梁、林三人間的親密關係做了簡單的、純粹外表上的描述，並發揮了對「愛」和「喜歡」這種感情與感覺的分析。按老金的邏輯推理，「愛與喜歡是兩種不同的感情或感覺。這兩者經常是統一的，不統一的時候也不少，就人說可能還非常之多。愛，說的是父母、夫婦、姊妹、兄弟之間比較自然的感情，他們彼此之間也許很喜歡。」而「喜歡，說的是朋友之間的喜悅，它是朋友之間的感情。我的生活差不多完全是朋友之間的生活」。看得出，此時的老金已真的把愛藏在心底，與梁、林夫婦以純粹的朋友相互「喜歡」了。

由於老金在日常生活中名士氣或曰書呆子氣太重，在當時的北平學術界流傳著許多令人為之捧腹的故事。老金閒來無事，平時迷戀養雞、養蛐蛐等小動物，想不到這養雞、鬥蛐蛐竟鬧出了奇事。據趙元任的妻子楊步偉晚年在回憶錄《趙家雜憶》中說：趙家在北平時，有一天，金岳霖忽然給趙元任家打了一個電話，說是家裡出了事，請趙太太趕快過來幫幫忙（按：楊原在日本學醫，專業是婦產科）。楊步偉認為大概老金那時正跟一位莉蓮．泰勒（Lilian Taylor）小姐做朋友，可能出了什麼男女私情方面的事，跑去一看，原來是金家的一隻老母雞生不出蛋，卡在後窗的半當中，情急之下老金忙請楊醫生前來幫忙助產。

就在楊步偉「助產」不久，又發生了這樣一件奇事。據當代作家黃集偉說：「某日，伏天，數位友人同往金先生舍下閒坐。一進門，便見金先生愁容滿面、拱手稱難：『這個忙諸位一定要幫啦！』友人既不知何事，又不便細問，但念及『金老頭兒』獨身一人，不便諸多，便做英雄狀慷慨允諾。俄頃，廚師為來賓每人盛上一碗滾沸的牛奶……英雄言辭尚餘音繚繞，無奈，只得冒溽暑之苦，置大汗淋漓於不顧，將碗碗熱奶一飲而盡。誰知幾位不幾日再次光顧，重又承蒙此等禮遇，且金先生口氣堅定，有如軍令。事隔旬日，好事者向金先生問及此事，方知原來金先生冬日喜飲奶，故訂奶較多；時至盛夏，飲量大減，卻又棄之可惜，故有『暑日令友人飲奶』一舉。也許金先生以為訂奶有如『訂親』，要『從一而終』，不得變故。殊不知奶之訂量增減盡由主人之便的通例。當友人指點迷津甫畢，金先生照例回贈四個字的讚許：『你真聰明！』」

除上述所列，還有更令人拍案叫絕者。據金岳霖自己回憶：陶孟和在北平時與老金是好朋友，陶也是介紹金在北平較早吃西餐的引路人。當時陶住在北平的北新橋，電話是東局五十六號，金岳霖平時記得很牢，可有一天給陶孟和打電話，突然發生了意外。老金撥通後，電話那頭的小保母問：「您哪兒？」意思是你是誰。老金一聽，竟一時忘了自己是誰，但又不好意思說自己忘了，即使說，對方也不會相信，一定認為是搞惡作劇，但是老金真的是忘了。憋了半天，急中生智，說：「妳甭管我，請陶先生說話就行了。」可那位小保母仍不依不饒地說：「不行。」老金好言相勸了半天，對方還是說不行。萬般無奈中，老金只好求教於自己僱來的洋車夫王喜，說：「王喜呵，你說我是誰？」王喜聽罷，將頭一搖，有些不耐煩地答道：「你是誰我哪裡知道。」老金著急地說：「你就沒聽見別人說過我是誰？」王喜頭一扭說：「只聽見人家叫金博士。」一個「金」字才使老金從迷糊中回過神來，急忙答道：「呵，我老金呵！」電話那頭早已掛斷了。

以上故事是說老金的「癡」與「愚」，下面兩例則是老金的「直」與「憨」。

留美才子、當年清華研究院的實際負責人吳宓是老金的好友。一次，吳按捺不住愛情對他的折磨，公然在報紙上發表了自己的情詩，其中有「吳宓苦愛毛彥文，九州四海共驚聞」之句（吳與自己的髮妻陳心一生下三個女兒後離婚，轉而追求一代才女毛彥文，但終生未果）。眾人聞見，大譁，認為吳有失師道尊嚴、不成體統，便推舉老金去勸勸吳，希望對方以後多加收斂，不要鋒芒畢露，刺痛了別人，也傷及自身。於是，老金便唏哩糊塗地找到吳說：「你的詩如何，我們不懂，但內容是你的愛情，並涉及毛彥文，這就不是公開發表的事情。這是私事情。私事情是不應該在報紙宣傳的。我們天天早晨上廁所，可是我們並不為此宣傳。」話音剛落，吳宓勃然大怒，拍著桌子高聲喝斥道：「你休在這裡胡言亂語，我的愛情不是上廁所，廁所更不是毛彥文！」老金聽罷，不知如何是好，只有木頭一樣呆呆地站著聽吳罵了半天。後來老金曾自我檢討說：「我把愛情和上廁所說到一塊兒，雖然都是私事情，確實不倫不類。」

清華時代的吳宓。

「七七」事變後，金岳霖與梁家一起離開北平，轉道天津赴長沙。後來，又先後抵達昆明。梁、林夫婦繼續經營中國營造學社，老金則任教於西南聯大哲學系，但多數時間仍與梁家住在一起。據當時就讀於西南聯大、受業於金岳霖、後成為知名作家的汪曾祺說：「金先生的樣子有點怪。他常年戴著一頂呢帽，進教室也不脫下。每一學年開始，給新的一班學生上課，他的第一句話總是：『我的眼睛有毛病，不能摘帽子，並不是對你們不尊重，請原諒。』他的眼睛有什麼病，我不知道，只知道怕陽光。因此他的呢帽的前簷壓得比較低，腦袋總是微微地仰著。他後來配了一副眼鏡，這副眼鏡一只的鏡片是白的，另一只是黑的。這就更怪了。後來在美國講學期間把眼睛治好了，——好一些，眼鏡也換了，但那微微仰著腦袋的姿態一直還沒有改變。他身材相當高大，經常穿一件菸草黃色的麂皮夾克，天冷了就在裡面圍一條很長的駝色的羊絨圍巾……除了體育教員，教授裡穿夾克的，好像只有金先生一個人。他的眼神即使是到美國治了後也還是不大好，走起路來有點深一腳淺一腳。他就這樣穿著黃夾克，微仰著腦袋，深一腳淺一腳地在聯大新校舍的一條土路上走著。」老金這一頗具特色的鮮明形象，給整個西南聯大師生留下了深刻印象。做為國文系出身的汪曾祺還回憶道：「金先生是研究哲學的，但是他看了很多小說。從普魯斯特到福爾摩斯，都看。聽說他很愛看平江不肖生的《江湖奇俠傳》。有幾個聯大同學住在金雞巷……沈先生（從文）有時拉一個熟人去給少數愛好文學、寫寫東西的同學講一點什麼。金先生有一次也被拉了去。他講的題目是『小說和哲學』。題目是沈先生給他出的。大家以為金先生一定會講出一番道理。不料金先生講了半天，結論卻是：小說和哲學沒有關係。有人問：那麼《紅樓夢》呢？金先生說：『紅樓夢裡的哲學不是哲學。』他講著講著，忽然停下來：『對不起，我這裡有個小動物。』他把右手伸進後脖頸，捉出了一個跳蚤，捏在手指裡看看，甚為得意。」

汪曾祺講的只是生活中幾個逗人的片斷，就金岳霖而言，當然還有他生活嚴謹和憂國憂民的一面，否則金岳霖將不再是金岳霖，而成為王岳霖或張岳霖了。

金岳霖和他同時代的許多著名學者一樣，基本上都是早年清華、然後留美、回國做大學教授，屬於名重一時的歐美「海歸」派。雖然各自的專業不同，但整體教育背景決定了他們對政治的態度，即「參政意識」。老金的專業真正懂得的人不多，但他在自己的專業領域則是首屈一指的大師級人物。老金年輕的時候，雖然對中國社會的利弊有清醒的認識，但並沒有失去信心，他在一九二二年二十八歲時，曾經對知識分子改良社會充滿了信心和希望。他說：「有這種人去監督政治，才有大力量，才有大進步。他們自身本來不是政客，所以不至於被政府利用，他們本來是獨立的，所以能使社會慢慢地就他們的範圍。有這樣一種優秀分子或一個團體，費幾十年的工夫，監督政府，改造社會，中國的事，或者不至於無望。」他不止一次說過他一生對政治不感興趣，卻又不知不覺地對政治投入了熱情，與當時許多清華、北大「海歸」派一樣，在許多公開發表的宣言中簽過名，對學生運動，也和其他教授一樣，有自己的一貫看法和一套為人處世的道德哲學。

為此，金氏的學生殷福生（後改名海光，一九四九年赴臺灣，在臺大任教多年）曾這樣描述金岳霖對他的影響，「在這樣的氛圍裡，我忽然碰見業師金岳霖先生。真像濃霧裡看見太陽！這對我一輩子在思想上的影響太具決定作用了。他不僅是一位教邏輯和英國經驗論的教授，並且是一位道德感極強烈的知識分子。昆明七年教誨、嚴峻的論斷，以及道德意識的呼喚，現在回想起來實在鑄造了我的性格和思想生命。透過我的老師，我接觸到西

殷海光與夫人、女兒在臺北留影。

洋文明最厲害的東西——符號邏輯。它日後成了我的利器。論他本人，他是那麼質實、謹嚴、和易、幽默、格調高，從來不拿恭維話送人情，在是非真妄之際一點也不含糊。」正是得益於金岳霖的言傳身教，殷海光才有了後來在思想與學術上的發揚光大。尤其到臺灣之後，殷氏成為臺灣二十世紀五、六〇年代最具影響力的學者、政論家、哲學家和邏輯學家，並成為中國現代最重要的思想家之一、中國現代自由主義思潮的重要代表人物。

殷海光去世後，由臺灣遠景出版社出版記錄殷氏臨終前話語的《春蠶吐絲》（陳鼓應編）一書，書中多處談到殷海光與金的交往及其對金的評價。其中有一段講到抗戰前北平的邏輯研究會。在一次聚會時，有人提起哥德爾（K. Goedel）工作的重要，老金說「要買一本看看」，他的一個叫沈有鼎的學生當場對金說道：「老實說，你看不懂的。」老金聞言，先是「哦，哦」了兩聲，然後說：「那就算了。」當時殷海光在一旁看到他們師生兩人的對話大為吃驚，認為「學生毫不客氣的批評，老師立刻接受他的建議，這在內地是從來沒有的」。後來，老金在西南聯大的一位叫王浩的高徒，在美國讀到這個故事後，認為此事「大致不假」，而且覺得「大家都該有金先生這種『雅量』，如果在一個社會裡，這樣合理的反應被認為是奇蹟，才真是可悲的」。所言是也。

或許，正是由於有了這樣的學生，金岳霖精神的血脈得以延續，薪火代代相傳。而他來李莊的故事，因其做為一代哲學大師的地位，以及非凡的人格魅力與道德座標，成為整個中國抗戰文化中不可或缺的組成部分，並長期存活、綿延於一代又一代學人的記憶裡，成為一道亮麗、永恆的風景，鐫刻在滾滾東逝的揚子江頭。

第七章

回首長安遠

鴻雁在雲魚在水

老金來到李莊，無論是林徽因的病情還是梁家的生活環境，都比他想像的還要糟糕。林徽因舊病復發，他早已從通信中得知，只是想不到病得如此厲害。林舊病復發的原因，老金來到之後，才真正體會到與當地氣候、環境有極大關係。抗戰時期曾在重慶工作、生活的德國人王安娜博士，在她的回憶錄《中國——我的第二故鄉》中曾描述過重慶一帶的環境，「從飛機上俯瞰重慶，但見迷茫一片。每年十月至第二年四月末，全市都覆罩著濃霧。風平浪靜時，長江及其支流嘉陵江這兩條大川的水蒸氣，與含硫量很高的煤塊燒出來的煤煙混在一起，便成了煙霧。無數的煙囪冒出滾滾濃煙，使得重慶到處都彌漫著硫黃的氣味。因此，重慶自不待說，河岸的各個村莊的空氣對健康都很有損害，肺結核病蔓延得很廣。」儘管李莊離重慶幾百公里，但上游的瀘州、宜賓等中等城市的情形與重慶極為相近，硫黃的氣味並未消滅，林徽因與後來梁思永，還有陶孟和的夫人——民國時期一代名媛沈性仁相繼發病，且皆是肺病，與氣候和環境污染有著極大的關聯。

老金看到，梁家唯一能給林徽因養病用的「軟床」，是一張搖搖晃晃的帆布行軍床。自晚清至抗戰前的幾十年，川南軍閥混戰不斷、戰禍連綿，李莊已衰落凋零，整個鎮子沒有一所醫院，也沒有一位正式醫生，更沒有任何藥品。林徽因告訴老金，家中唯一的一支體溫計已被兒子從誡失手摔碎，搞得她大半年竟無法測量體溫，只有靠自己的感覺來估計發燒的度數。在這種條件下，林的病情日漸加重，眼窩深陷、面色蒼白、晶瑩的雙眸也失去了往日的神采，成了一個憔悴、蒼老、不停咳喘的衰弱病人。此前林徽因在寫給西南聯大沈從文的一封信中，曾這樣表露過自己痛苦、無奈的心情，「如果有天，天又有旨意，我真想祂明白點告訴我一點事，好比說我這種人需不需要活著，不需要的話，這種懸著的日子也不都是奢侈？好比說一個非常有精神喜歡掙扎著生存的人，為什麼需要肺病，如果是需要，許多希望著健康的想念在我也就很奢侈，是不是最好沒有？」每當看到愛妻躺在病床上痛苦地掙扎時，束手無策的梁思成便在心底呼喊著：「神啊！假使祢真的存在，請把我的生命給她吧！」

好在隨著天氣轉暖，林徽因發了幾個月的燒有點消退，只是時退時燒，無法穩定，身體仍然十分虛弱，大多數時間都躺在行軍床上，不能隨意行動。這對好動慣了的林徽因而言，無疑是一件莫大的痛苦。自林徽因病倒後，梁思成毫無怨言地承擔起所有家務，並盡心竭力地照顧病妻的一切。由於李莊沒有任何醫療條件，梁思成只好自己學著給林徽因打針，並學會了肌肉注射和靜脈注射。經過大半年的治療和靜養，人總算掙扎著活過來了，梁思成對妻子的堅強和上帝的惠顧心懷感激。

在四川李莊生病時的林徽因，睡的是一張老式的帆布行軍床。

林徽因的病情，對本來生活就極其困難的梁家，可謂雪上加霜。在李莊鎮讀小學的梁再冰與梁從誡，也開始同父母一道經歷生活的艱辛痛苦，此時的梁家窮得連一雙普通的鞋子都買不起了。據梁從誡回憶，他幾乎長年穿著草鞋或赤腳，只有到了最冷的冬天，才穿上外婆給他親自縫製的布鞋。偶爾有朋友從重慶或昆明帶來一小罐奶粉，就算是林徽因難得的高級營養品。有時梁從誡禁不住這高級營養品的誘惑，偷偷吃一點，被父親發現後，往往要挨一頓揍。梁思成有愛吃甜食的習慣，但李莊除了土製紅糖外沒有別的甜食可吃。梁氏只好開始動腦筋，把土糖蒸熟消毒，當成果醬抹在饅頭上食用，戲稱之為「甘蔗醬」。為了保證不間斷林徽因用藥，梁思成經常把家中的衣物拿到宜賓城中變賣，以購買藥物和必需的生活用品。關於這段生活，梁再冰在許多年後曾有一段令人辛酸的回憶：

四川氣候潮溼，冬季常陰雨綿綿，夏季酷熱，對父親和母親的身體都很不利。我們的生活條件比在昆明時更差了。兩間陋室低矮、陰暗、潮溼，竹篾抹泥為牆，頂上席棚是蛇鼠經常出沒的地方，床上又常出現成群結隊的臭蟲。沒有自來水和電燈，煤油也需節約使用，夜間只能靠一、兩盞菜油燈照明。

我們入川後不到一個月，母親肺結核症復發，病勢來得極猛，一開始就連續幾週高燒至四十度不退。李莊沒有任何醫療條件，不可能進行肺部透視檢查，當時也沒有肺病特效藥，病人只能憑體力慢慢煎熬。從此，母親就臥床不起了。儘管她稍好時還奮力持家和協助父親做研究工作，但身體日

梁再冰（後排右一）、梁從誡（後排右三）與夥伴們在一起。

益衰弱，父親的生活擔子因而加重。

更使父親傷腦筋的是，此時營造學社沒有固定經費來源。他無奈只得年年到重慶向教育部請求資助，但「乞討」所得無幾，很快地就會被通貨膨脹所抵銷。抗戰後期物價上漲如脫韁之馬，父親每月薪金到手後如不立即去買油買米，則會迅速化為廢紙一堆。食品愈來愈貴，我們的飯食也就愈來愈差，母親吃得很少，身體日漸消瘦，後來幾乎不成人形。為了略微變換伙食花樣，父親在工作之餘不得不學習蒸饅頭、煮飯、做菜、醃菜和用橘皮做果醬等等。家中實在無錢可用時，父親只得到宜賓委託商行去當賣衣物，把派克鋼筆、手表等「貴重物品」都「吃」掉了。父親還常開玩笑地說：把這只表「紅燒」了吧！這件衣服可以「清燉」嗎？（轉引林洙《困惑的大匠》）

一九三五年，金岳霖（左一）、梁再冰（左二）、林徽因（左三）與費正清（右一）、費慰梅（右二）及費氏夫婦的朋友在北京天壇。

梁思成在給費慰梅的信中，也毫不掩飾地提到了李莊的生活。費慰梅說：「從來信中看，那大大小小和形形色色的信紙，多半是薄薄的、泛黃發脆的，可能是從街上帶回來，包過肉或菜的。有時候，也有朋友給的寶貴藍色信紙。但共同的特徵是，每一小塊空間都填滿了密密麻麻的字，天頭地腳和分段都不留空，而最後一頁常常只有半頁或三分之一頁，其餘的裁下來做別的用途。那用過了的信封，上面貼的郵票一望即知，當時即使是國內郵件，郵資也令人咋舌。我們終於明白，為什麼一個信封裡裝了好幾封信，這樣一次寄出去，可以在郵資上避免一次揮霍。」

林徽因床頭上的飛機殘片

除疾病的折磨和生活的艱難，對林徽因的另一個重大打擊就是她弟弟林恆與其他飛行員朋友們的不斷罹難。

自林徽因與梁思成結婚後，因父親林長民已去世，林徽因的母親與三弟林恆便跟梁家一起生活。「七七事變」時，已考取了清華的林恆受抗日愛國風潮影響，毅然決定退學，轉而報考空軍軍官學校，成為中國空軍航空學校第十期學員。

一九三七年十一月，梁家在雨雪交加中由長沙趕往昆明，在湘黔交界的晃縣，林徽因突患肺炎病倒。梁思成攜妻抱子，在那只有一條泥濘街道的小縣城裡到處尋找投宿的客棧。幾次聯繫未果，於走投無路之際，幸虧偶然遇上了一批同樣往昆明撤退、暫時在此地住宿的中國空軍杭州筧橋航校的第七期學員。看到林徽因的病情，年輕的學員們騰出一個房間讓發燒已四十度的林徽因和孩子、老母躺下。旅途中的這次重病，對林徽因的身體造成了嚴重損害，埋下了幾年後於李莊肺病復發的禍根。也正是這次重病，使梁家與這批飛行員相識相知並結下了深厚的友誼。

事後得知，這是一批抗戰前夕來自沿海大城市投筆從戎的愛國青年，後來大多數家鄉淪陷。當他們在昆明集訓時，每當休息日，總是三五成群結伴來到梁家，並把梁、林當作長兄長姊看待，對他們訴說自己的鄉愁和種種苦悶。有些巧合的是，做為空軍航校第十期學員的林恆，不久也奉命撤往昆明。因這層關係，梁家與這批航校學員的友誼更加密切。又因為梁、林的關係，航校的學員們和西南聯大的一些教授，如張奚若、錢端升、金岳霖等也有了交往，一身戎裝的青年軍人與長衫布褂的知識分子，在昆明共同度過了一段快樂時光。

一九四〇年在成都陣亡的林恆。

大約一年之後，這批學員從航校畢業，並做為驅逐機駕駛員編入對日作戰部隊。由於學員們沒有任何一位有親屬在昆明，當這批學員畢業時，梁、林夫婦被邀請做他們全期（第七期）的「名譽家長」出席畢業典禮並致詞。

據梁從誡回憶，當時國民政府只用一些破破爛爛的老式飛機來裝備自己的空軍，結果是抗戰沒有結束，這批學員便全都在一次次與日寇力量懸殊的空戰中犧牲了，沒有一人倖存。因為多數學員家在敵占區，他們陣亡後，部隊便把一封公函和一個小小包裹——一般是一份陣亡通知書、幾個日記本、一些信件和照片等私人遺物寄到梁家。每一次接到遺物，做為「名譽家長」的林徽因睹物思人，都要哭上一場。當時梁、林沒有想到，此種作法後來竟成為這支部隊的慣例。當梁家遷往四川李莊後，雙方只靠通信聯繫，但部隊仍按原有的慣例向梁家不斷寄陣亡飛行員的遺物。此時林徽因已重病在身，難以承受一次次感情上的打擊。梁思成為了保護妻子，每有陣亡飛行員的遺物寄來，便默默藏起來，不再聲張。未過多久，剛剛從航校畢業的第十期學員林恆，也在成都上空陣亡了。

梁思成得知噩耗，沒敢立刻告訴愛妻，自己藉到重慶出差的機會，匆匆趕往成都（林恆的訓練基地此時已由昆明遷往成都）收殮了林恆的遺體，掩埋在一處無名墓地裡。為了向林徽因的母親（與梁家同居李莊）隱瞞此一不幸的消息，梁思成歸來後，把林恆的遺物——一套軍禮服和一把畢業時由部隊配發的「中正劍」，小心翼翼地包在一個黑色包袱裡，悄悄藏到衣箱最底層。後來老人還是從鄰居口中得知了實情，悲慟欲絕，當場暈厥。與自己的母親相比，林徽因得此消息，尚能直面慘澹的人生，承受住了感情打擊。據說，梁思成還專門在林恆的遇難地找到了一塊飛機殘骸，帶回了李莊。後來，林徽因把這一塊殘骸掛在自己的床頭，以示永久紀念。梁思成在給他的好友費正清、費慰梅夫婦的信中寫道：「剛到李莊不久，我就到重慶去為

林徽因的媽媽（右一）與梁思成、林徽因、梁再冰合影。

營造學社籌點款，而後徽因就病倒了，一病不起，到現在已有三個月。三月十四日，她的小弟林恆，就是我們在北總布胡同時叫『三爺』的那個孩子，在成都上空的一次空戰中犧牲成仁。我只好到成都去幫他料理後事，直到四月十四日才返家，我發現徽因的病比她在信裡告訴我的要嚴重得多。儘管是在病中，她勇敢地面對了這一悲慘的消息。」

在寄費正清夫婦的同一個信封裡，林徽因加補了一張字條：「我的小弟，他是一個出色的飛行員，在一次空戰中擊落一架日寇飛機，可憐的孩子，他自己也被擊中頭部而墜機犧牲了。」這句話後來被費慰梅記錄於她所著的《梁思成與林徽因》一書中。

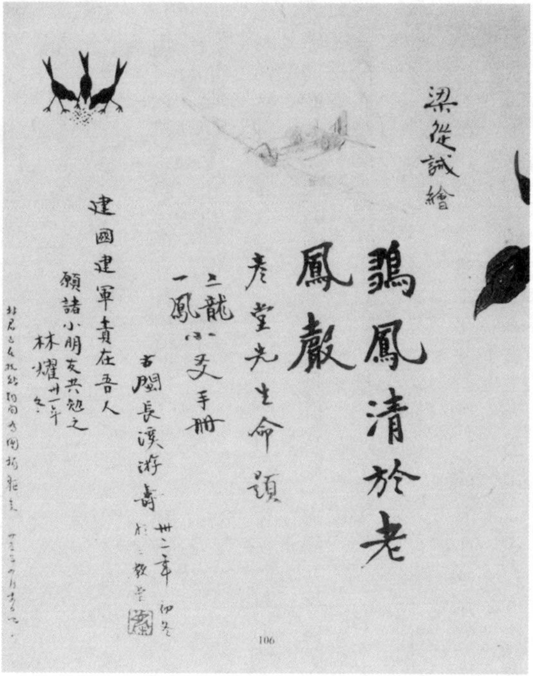

梁從誡畫的飛機作戰圖。林恆的戰友林耀與當時在中央研究院史語所工作的福建人游壽分別加了題款。林耀的題款是「建國建軍責在吾人，願諸小朋友共勉之」。

與費的紀錄不同的是，梁從誡在談到林恆陣亡情形時說：「那一次，由於後方防空警戒系統的無能，大批日機已經飛臨成都上空，我方僅有的幾架驅逐機才得到命令，倉促起飛迎戰，卻已經太遲了。三舅（林恆）的座機剛剛離開跑道，沒有拉起來就被敵人居高臨下地擊落在離跑道盡頭只有幾百米的地方。他

甚至沒有來得及參加一次像樣的戰鬥，就獻出了自己年輕的生命。」（梁從誡〈長空祭〉，載《中華英烈》一九八六年第三期）

儘管林徽因與梁從誡母子說法不同，但林恆在抗戰中為國捐軀當是鐵的事實，後世有好事者也沒有就林恆是否打下敵機與在什麼狀態下犧牲一事進行爭論，倒是圍繞梁思成撿回的一塊飛機殘骸，舊事重提，開始了喋喋不休的唇槍舌戰。

當年徐志摩在濟南白馬山墜機身亡時，按照林徽因的叮囑，前去收屍的梁思成特別帶回一小塊失事的飛機殘骸。此後的歲月，這塊飛機殘骸一直掛在林徽因臥室的牆壁上，以表達對徐志摩的永久懷念。就是這塊飛機殘骸，令好事者視為林愛徐的「鐵證」。有一名叫苗雪原者，在《書屋》二〇〇一年第十一期上，發表了〈傷感的旅途——徐志摩情愛剖析〉一文，內中著重提出梁思成是否真正愛著自己的妻子林徽因的問題。經過苗氏的一番論證，認為「日後成為中國第一流建築大師的梁思成與林徽因看起來郎才女貌十分般配，實際上梁與林的婚姻本質上極為不幸。梁在徐生前一直與之保持著良好的朋友關係。徐飛機失事後，親赴出事地點參與料理善後事宜，並給林帶回失事飛機殘骸上燒焦木片一塊。但林徽因的反應一定令梁始料不及，林竟將此木片懸掛於臥室正中央，並一直掛了二十四年，直至辭別人世。梁深知徐、林過去的交往，對其也並非沒有一點本能的戒心，但既然能夠主動帶回存留著詩人印跡的遺物，說明梁此舉是在信任徐、林朋友關係的基礎上，出於尊重和理解妻子的感情而為之的。但梁在徐死後才驚覺林與徐之間的關係絕非友誼所能包容——詩人是林心中永遠的痛，占據著任何人都無法占據的位置——而這在徐死前，一直超出梁的理解力。至於梁是否真正愛著自己的妻子林徽因呢？由於缺乏足夠的史料，難以下斷語。也許在徐死前是愛的，由於父蔭而得到林的梁或許出於對林所承受的痛苦而心懷內疚，對林的舉動加以遷就包容，但這並不成為永恆的愛的充分證明。幾十年如一日懸掛於臥室牆壁中央的焦木片所包蘊的含義遠遠超出梁最初的定義——它以遲到的勇氣寄託了始而柔弱終而剛強的女詩人，對不幸婚姻的無言控訴和對意中人無限的深情。在它面前，梁做為一個男人、一個丈夫的尊嚴及其對妻子的感情直至整個婚姻，在每一天每一晚都將受到挑戰、考驗和折磨」。

為了證明梁、林之間沒有愛情，苗氏舉例加以說明，「林徽因於一九五五年辭世後僅一年，梁就有了新夫人林洙的事實，或許能夠說明一切。就人之常情而言，即便是緣分平常的夫妻，幾十年的共同生活，也會產生相濡以沫的感情，在如此短的時間內追思亡靈之痛尚未平復，遑論再議迎娶新婦？兩人貌合神離的婚姻其裂痕以至於此！」

苗氏此說一出，在坊間與學術界引起了不小的波瀾，林徽因與徐志摩、梁思成的關係，一時又成為新一輪的飯後談資。苗氏之說，看似獨闢蹊徑、另立門戶、成一家之言，但細一考察又

梁思成、林洙婚後於清華園。

不盡然。第一，梁娶新夫人林洙與林病逝「僅一年」，此說明確有誤。從當事人留下的材料看，梁與林洙相愛是在一九五九年之後，結婚是一九六二年，此時離林徽因去世已七年矣（見林洙《困惑的大匠》）。如此時間間隔，無論對生者還是死者都是可以說得過去的。第二，如果說林在臥室懸掛徐志摩遇難飛機殘骸是林愛徐的「鐵證」，那麼林在李莊懸掛弟弟林恆罹難飛機殘骸之舉就不好解釋了。對於林收集飛機殘骸的真偽，有一位名叫陳宇的徐志摩研究者曾專門到古城西安採訪過林徽因的堂弟、已由大學講堂退休在家的教授林宣。據說，林徽因跟他情同手足，幾乎無所不談。林宣與徐志摩也很熟，當年林徽因在香山養病，就是林宣陪徐志摩不斷看望、照顧林徽因的。已進入耄耋之年的林宣對陳宇回憶說：「我陪徐志摩下了香山後不久，就聽到徐志摩再次北上飛機失事。關於林徽因保存飛機殘片，確有其事。但不是一塊，而是兩架飛機的兩塊殘片，並且都是由梁思成去取回的。一次是抗戰期間，林徽因當飛行員的胞弟林恆在對日空戰中陣亡，梁思成參與後事處理帶回的。另一次即徐志摩出事時，林徽因叫梁思成馬上趕去濟南取回的。」兩塊殘片他都見過，有燒焦的痕跡，

一九四一年，日機轟炸下的重慶。

都用黃綾紮著，放置地方並無定所。（陳宇〈一路解讀徐志摩〉，載《傳記文學》一九九九年第十二期）

如果林宣的回憶無誤，這兩塊「鐵證」唯一合理的解釋是，林只把此物視作一種親情、友情的紀念性標誌，並不專含男歡女愛的愛情之「愛」。這一標誌儘管不盡如梁從誡所說徐、林兩人一生都沒有男女之愛的「愛」，但至少可說明所謂的「鐵證」並不太「鐵」。至於梁思成到底愛不愛林徽因，就如同鞋子穿在腳上，只有自己知道合不合適一樣，也只有梁思成自己心裡明白，外人看到的都是表象，不足為憑。據梁的後續夫人林洙在《困惑的大匠》中記載，梁思成生前針對社會上流傳的「老婆是人家的好，文章是自己的好」一語，曾對人說過「文章是老婆的好，老婆是自己的好」，此語是否可代表梁氏的心境，只有待識者明察了。

林恆不幸犧牲，儘管林徽因以驚人的毅力強抑住內心的悲慟，但相當長的一段時間，梁家仍沒法完全從林恆陣亡的陰影中擺脫出來。老金的到來，使林徽因又想起了年輕漂亮、靦腆得像個女孩般時刻微笑的林恆，想起了與老金交情極好的這位年輕的弟弟。遙想當年北總布胡同時代，林恆還是個蹦來跳去的頑皮孩子，經常與老金開一些頗為幽默的玩笑，其志向與才識深得老金的讚賞。而在昆明的時候，老金仍時常掛念著這位年輕的朋友，無時無刻不關注著這位飛行學員的命運。想不到昆明一別，竟成永訣，再也無緣相見了。林徽因目睹老金如睹自家的親人，不覺悲從中來，當她躺在病床上敘述弟弟的往事與陣亡的經過時，幾度泣不成聲。坐在一旁靜心聆聽、極富理性的老金，禁不住為失去這位年輕的朋友而痛心疾首、潸然淚下。

抗戰爆發後，中國空軍的裝備一直處於極端的劣勢，根本無法與日本空軍的先進裝備抗衡。直到一九四一年底，日軍偷襲珍珠港，美國被迫參戰，才開始向中國提供新型飛機，同時在印度支那等地為中國培養新一代飛行員，中國空軍在裝備上的劣勢有了較大改觀。而這個時候，梁家在昆明認識的那批老飛行員，除了一位叫林耀的傷患外，已全部壯烈殉國。這些烈士沒有一人死在陸地，全部犧牲在慘烈的對日空戰中。他們的遺體被埋藏在遠離故鄉和親人的地方，紀念著他們的，也許只有梁氏一家。據梁從誡回憶說：「每年七月七日『盧溝橋事變』紀念日中午十二點，父親都要帶領全家，在飯桌旁起立默哀三分鐘，來悼念一切我們認識的和不認識的抗日烈士。對於我來說，那三分鐘是全年最嚴肅莊重的一刻。」

一九四四年秋，衡陽大戰爆發，梁家認識的老飛行員中，最後一位叫林耀的傷患強行駕機參戰，不幸被敵擊中後失蹤。由於中國軍隊的潰敗，林耀的戰機殘骸和本人一直未能找到。林耀的罹難，對梁家特別是林徽因在感情上再度造成了重大創傷。於深深的哀慟中，林徽因提筆在病床上寫下了醞釀已久的詩行〈哭三弟恆〉。

哭三弟恆——三十年空戰陣亡

弟弟，我沒有適合時代的語言
來哀悼你的死；
它是時代向你的要求，簡單的，你給了。
這冷酷簡單的壯烈是時代的詩
這沉默的光榮是你。
……

弟弟，我已用這許多不美麗言語
算是詩來追悼你，
要相信我的心多苦，喉嚨多啞，
你永不會回來了，我知道。
青年的熱血做了科學的代替，
中國的悲愴永沉在我的心底。
……
你相信，你也做了，最後一切你交出。
我既完全明白，為何我還為著你哭？
只因你是個孩子卻沒有留什麼給自己，
小時我盼著你的幸福，戰時你的安全，
今天你沒有兒女牽掛需要撫恤同安慰，
而萬千國人像已忘掉，你死是為了誰！

詩成時，離林恆殉難已三年。林徽因所悼念的，顯然不只是自己弟弟一人，而是獻給抗戰前期她所認識的所有那些以身殉國的飛行員朋友們。詩人對這批朋友們寄予了無限深情，正如梁從誡所說：「從中可以看出當時她對民族命運的憂思和對統治當局的責難。」許多年後，梁從誡在〈長空祭〉一文中再次回憶道：「我的母親早在一九五五年便去世了。十年浩劫開始時，只有父親、外婆和我的繼母生活在一起。清華園中那些戴紅袖章的暴徒們把父親打成『頭號反動學術權威』……父親的住房幾次遭到他們的洗劫。從我家一只幾乎從不打開的箱底，他們翻出了那個久已被遺忘了的黑色包袱，發現了三舅（林恆）那把鐫有『名譽校長』蔣介石名字的佩劍。『梁思成還藏著蔣介石贈的短劍！』一時成了清華園中聳人的頭號新聞。年老多病的父親為此受到更殘酷的批鬥折磨，直到他一九七二年含恨長逝。母親當年悲憤的詩句『而萬千國人像已忘掉，你死是為了誰！』，竟在這批人身上再一次得到印證。這歷史的回聲該有多麼刺耳！」（《不重合的圈》）

苦難中的淺吟低唱

無論是對當局的責難，還是刺耳的回聲，對於身處李莊偏僻一隅的林徽因與同仁來說，生活還要繼續，並在連綿不絕的苦難拚上性命，繼續堅持著他們的學術事業。自離開北平南下後，輾轉近萬里的逃難，梁家幾乎把全部「細軟」都丟光了，但戰前梁思成和營造學社同人們調查古建築的原始資料——數以千計的照片、實測草圖、紀錄等等，卻被緊緊地帶在身邊，完整地保留了下來——這是他們生命中被視為最寶貴的財富。那些無

一九三九年天津大洪水。（日本川名吉郎提供）

法攜帶的照相底版，還有一些珍貴文獻，在離開北平前，經老社長朱啟鈐同意、梁思成經手存進了天津英租界的英資銀行地下保險庫，就當時的情形論，這是最安全的一種方法。意想不到的是，一九三九年夏季，天津暴雨成災，整個市區呈水漫金山之勢，那家銀行的地下室頃刻間變成了一座水庫，營造學社所存資料幾乎全部被毀。消息兩年後才傳到李莊。此時，老金正在梁家，當聽到這個不幸的消息時，林徽因傷心欲絕，梁思成與老金也流下了悲痛的熱淚。

抗戰後期梁、林夫婦就是在四川李莊的這間農舍裡，用英文寫出了劃時代巨著《圖像中國建築史》。

失去的永不再來，劫後餘存的資料使營造學社同仁倍加珍惜。在李莊上壩月亮田幾間四面透風的農舍裡，梁思成與劉敦楨、莫宗江、劉致平、陳明達等幾位共患難的同事，請來當地木匠，做了幾張半原始的白木頭繪畫桌，攤開他們隨身攜帶的資料，著手全面系統地總結整理營造學社戰前的調查成果，梁思成開始撰寫《中國建築史》。與此同時，梁、林為了實現多年的夙願，決定用英文撰寫並繪製一部《圖像中國建築史》，以便向西方世界科學地介紹中國古代建築的奧祕和成就。淒風苦雨中，夫婦兩人一面討論，一面用一台古老的、噼啪震響的打字機打出草稿，又和他們親密的助手莫宗江一道，處心積慮地繪製了大量英漢對照註釋的精美插圖。此時，梁思成的頸椎灰質化病再度發作，常常被折磨得抬不起頭來，他只好在畫板上放一個小花瓶撐住下巴，以便繼續工作。林徽因只要身體稍感舒適，就半躺半坐地在床上翻閱《二十四史》和各種資料典籍，為書稿做種種補充、修改、潤色工作。床邊那一張又一張粗糙發黃的土紙上，留下了病中林徽因用心血凝成的斑斑字跡。

這段時期，林徽因給在重慶工作的美國好友費慰梅的信中，較為詳細地談到了李莊的生活：

儘管我百分之百地肯定日本鬼子絕對不會往李莊這個邊遠小鎮扔炸彈，但是，一個小時之前二十七架從我們頭頂轟然飛過的飛機仍然使我毛骨悚然——有一種隨時都會被炸中的異樣恐懼。它們飛向上游去炸什麼地方，可能是宜賓，現在又回來，仍然那麼狂妄地、帶著可怕的轟鳴和險惡的意圖飛過我們的頭頂。我剛要說這使我難受極了，可我忽然想到，我已經病得夠難受了，這只是一時讓我更加難受，溫度升高、心跳不舒服地加快……眼下，在中國的任何角落也沒有人能遠離戰爭。不管我們是不是在進行實際的戰鬥，也和它分不開了。

老金來到李莊梁家之後，為了滋補林徽因的身體，他從自己微薄的薪水中拿出一部分，到集鎮上買來十幾隻雞飼養，盼望著早日生蛋。老金是圈內知名的養雞能手，早在北總布胡同時代，就養著幾隻大鬥雞，並有同桌就餐的經歷，當然也有請楊醫生「助產」的笑話。據梁從誡說，在昆明的時候，「金爸在的時候老是坐在屋裡寫呀寫的。不寫的時候就在院子裡用玉米餵他養的一大群雞。有一次說是雞鬧病了，他就把大蒜整瓣地塞進雞口裡，牠們吞的時候總是伸長了脖子、眼睛瞪得老大，我覺得很可憐。」正是由於老金具有豐富的養雞和取蛋經驗，在李莊集鎮上買來的十幾隻雞長勢很快，不但沒生病，後來還開始下蛋了，這讓所有的人都為之開心。

至於老金自己，他對生活的艱難與當時的通貨膨脹總是用哲學家的觀點對待，他對梁、林夫婦說：「在這艱難的歲月裡，最重要的是，要想一想自己擁有的東西，它們是多麼有價值，這時你就會覺得自己很富有。同時，人最好盡可能不要去想那些非買不可的東西。」老金的「金口玉言」，使正處在艱難困苦中的梁思成夫婦在精神上獲得了一絲慰藉。

就在梁思成緊鑼密鼓地準備他期待已久的《中國建築史》寫作之時，老金也借營造學社的一張白木桌子，開始了他那部煌煌巨著《知識論》的寫作。按老金晚年的說法，他一生中共寫了三本書，比較滿意的是《論道》，寫得最糟的是大學《邏輯》，花時間最長、災難最多的是《知識論》。此書之所以有此不幸的遭際，其中有一段頗為離奇的插曲。一九三九年，老金剛到昆明不久，洋洋六、七十萬言的《知識論》

從昆明休假來到四川李莊的金岳霖（餵雞者），為給病中的林徽因增加營養親自養雞。右立者是梁思成、梁再冰、梁從誡，前背影是鄰居家小孩。

就已基本殺青。有一天，敵機忽來轟炸，整個昆明警報大作，而老金正伏案趕寫他那視若生命的《知識論》，且靈感大發、沉醉其中、欲罷不能。遲疑間，突然幾聲巨響，房屋晃動，桌椅跳騰，碎片紛飛，塵土飛揚。癡迷的老金晃晃腦袋、抖抖手稿，繼續沉浸在忘我的寫作中。待警報解除，師生歸來把他叫出，才看到前房後屋皆被炸彈擊毀，老金於驚恐中喊了聲「幸哉」，自此再也不敢只管書本不管炸彈了。每逢日機轟炸昆明，他便攜帶書稿跑到郊外，一邊躲避，一邊埋頭修改。

當然，除視若生命的《知識論》之外，老金箱子裡還裝著視為自己靈魂的林徽因寫給他的信函。時在西南聯大文學院就讀的汪曾祺後來在〈跑警報〉一文中回憶說：聯大師生跑警報時沒有什麼可帶，因為身無長物，一般都是帶兩本書或一冊論文的草稿。「有一位研究印度哲學的金先生每次跑警報總要提了一只很小的手提箱。箱子裡不是什麼別的東西，是一個女朋友寫給他的信——情書。他把這些情書視如性命，有時也會拿出一、兩封來給別人看。沒有什麼不能看的，因為沒有卿卿我我的肉麻的話，只是一個聰明女人對生活的感受，文字很俏皮，充滿了英國式的機智，是一些很漂亮的Essay，字也很秀氣。這些信實在是可以拿來出版的。金先生辛辛苦苦地保存了多年，現在大概也不知去向了，可惜。我看過這個女人的照片，人長得就像她寫的那些信。」

汪氏這段話，很容易令讀者拿金岳霖對號入座，但也有人認為所指並非此老金而是彼老金，即北京大學的金克木教授，理由是金克木的強項是印度哲學，而金岳霖主打的是中國哲學和邏輯學。但問題是，汪曾祺寫的是在西南聯大跑警報，而金克木似未到昆明任教。原來只有小學文憑的金克木抗戰前到北京大學圖書館謀了一個小職員的位子，工作性質和比他早進入該館的毛澤東差不多。只是後來毛澤東跑到井岡山和延安的窯洞鬧起了革命，而靠自學成才的金克木卻堅守位子到一九三七年盧溝橋事變爆發。北大、清華、南開南遷長沙後，去了香港並被聘為《立報》國際新聞編輯（時北大的圖書基本沒有隨遷，低級圖書管理人員只能自謀生路），一九三九年又經友人介紹到湖南長沙省立桃源女子中學教英文，後因國立湖南大學缺少法文教師，金克木因自學過法文被聘為教員，自此正式登上了大學講壇。一九四一年金克木經緬甸進入印度，任一家中文報紙的編輯兼習印地語與梵語，後轉至印度佛教聖地鹿野苑研讀佛學兼及梵文和巴利文。抗戰勝利一年後的一九四六年十月，金克木歸國被聘為國立武漢大學哲學系教授，主講印度哲學史與梵文，一九四八年轉至北京大學東語系任教授，終生再未離開北大。

就以上事實推斷，汪曾祺文中所說的金先生其人，如果在金岳霖與金克木兩者中間選一，仍以金岳霖的可能性較大。假如此一推斷成立，金先生的這位「女朋友」當指林徽因無疑。

汪還說：當時昆明人「跑警報，大都要把一點值錢的東西帶在身邊。最方便的是金子——金戒指。有一位哲學系的研究生曾經按金岳霖教授的邏輯學說做了這樣活學活用的邏輯推理：有人帶金子，必有人會丟掉金子；有人丟金子，就會有人撿到金子，我是人，故我可以撿到金子。因此，他跑警報時，特別是解除警報以後，他每次都很留心地巡視路面。他當真兩次撿到過金戒指！邏輯推理有此妙用，大概是教邏輯學的金岳霖先生所未料到的」。

所謂有福必有禍，即福兮禍所倚也。金岳霖不但沒有料到他的學生會撿到金子小發一筆，同樣沒有料到自己那比金子還要寶貴的手稿會黃鶴一去不復返。

卻說有一次敵機突至、警報響起，老金同往常一樣夾起書稿向郊外逃奔。當趕到城北蛇山安全地帶後，日機在城內轟炸，他卻坐下來埋頭繼續修改書稿。想不到這次日機轟炸的時間比往日長了許多，老金又飢又睏、疲憊至極，以書稿當枕頭躺著休息。當敵機撤離昆明上空時，天已黑了下來。老金見警報解除，爬起身就走，恍惚中書稿被遺忘在山上。等回到宿舍記起時，急忙趕回去尋找，等待他的只有幾塊石頭和飄蕩的野草。書稿到底是被風捲走，還是被人撿去保存，或當作垃圾隨手扔掉？一切都不得而知，成為一個不解之謎。在一陣捶胸頓足之後，老金從巨大的懊喪與悲苦中逐漸恢復平靜，痛下決心來個「重開窯子另燒磚」，一切從頭再來。於是，這部後來在學術界影響巨大的哲學巨著於昆明創作了一部分，便藉休假的空隙，老金又攜來李莊繼續寫作。不過此稿最終完成時，已是七年之後的一九四八年年底了。老金之「癡」與「倔」再次彰顯於世。

處於戰爭歲月的知識分子，除了一連串的苦難，也有片刻的歡樂時光。每到下午四點鐘，梁思成與助手們便放下手中的工作，弄一個大茶壺，與老金等人喝起下午茶來，以消解苦難與身心的疲倦。此時嚴酷的暑熱已經退去，病中的林徽因也請人把行軍床搬到院內，與大家一道喝茶聊天，尋回一點生活的溫馨。

據梁思成後來對林洙說，有天下午，在慣例的「茶話會」上，梁、林等營造學社的同仁和老金談起了天府之國的文化。在昆明的時候，營造學社曾組織了一次川康調查，

一九三九年營造學社成員測繪西康（今四川）雅安高頤闕，正在記錄者即梁思成。

梁思成與學社同仁在調查古建築的旅途中，曾沿途收集四川的民間諺語，梁氏還專門記錄了厚厚的一本。當林徽因舊事重提時，梁思成興致大增，學著四川人擺龍門陣的架勢，向老金講起在旅途中聽抬滑竿的轎夫們獨特風趣的對話。梁思成發現，四川的轎夫們都是用詼諧、幽默的語言來講面前的事物，而且極具演講天賦，幾乎都是出口成章。如兩人抬滑竿時，因後面的人看不見前方的道路，前後兩人就要很好地配合。如果路上有一堆牛糞或馬糞，前面的人就會說「天上鷂子飛」，後面的那個就立即回答「地上牛屎堆」，於是兩人都小心地避開牛糞。西南山區的道路多用石板鋪築而成，時間久了，石板開始活動，一不小心就會踩滑摔跤，或被石縫中的泥漿濺個滿身。每遇此種境況，前面的人就會高唱「活搖活甩」，表示石板路不穩當，要多加小心，後面的人則應聲答道「踩中莫踩角」（據梁思成解釋，「角」，當地土語讀「國」，聽起來別有一番韻味）。倘要過一個很窄的小橋，前面的就喊「單橋一根線」，後者脫口而出「好馬射得箭」。講到此處，梁思成快活地搖搖頭道：「到現在我還弄不明白，這過橋和射箭有什麼關係？」靜心聽講的老金說道：「是不是好比一匹馬在箭杆上跑啊？」身旁的林徽因略加思索，說：「有這麼一點意思，但總覺得還不夠準確，這句話的神妙之處還是沒抓住。」梁思成說：「這話可能還得請史語所的李方桂才能搞得清

梁思成測繪的門闕圖。

楚，我們不是語言學家，只能靠瞎猜。不過你別看轎夫們生活貧苦，但的確是不乏幽默，他們絕不放過任何開心的機會。要是遇上一個姑娘，他們就會開各種玩笑。有一次我們坐滑竿上山，中途遇到了一個姑娘，前面的那個就說『左邊有枝花』，後面的立刻接上『有點麻子還巴家』。當時我不懂，就問轎夫剛才說的是啥意思。後面的那個就小聲對我說：『沒看見女人是個麻臉嗎？』我回頭一看，那個姑娘臉上的確有些麻子，心想這幫抬滑竿的也真會糟踐人。」林徽因接著說：「要是碰上個厲害姑娘，前面的剛說『左邊有枝花』，姑娘馬上就會回嘴說『就是你的媽』！」一句話惹得眾人噴水大笑。

李莊的日子就這樣一天天度過了。當老金休假期滿，準備離川回昆明時，傅斯年攜妻帶子又悄然來到了李莊，這對正處於艱難困苦中的梁家與史語所同仁，無疑是一個重大喜訊。

遂把他鄉當故鄉

一九四一年十二月七日，傅斯年攜妻俞大綵與兒子傅仁軌抵達李莊。

在如此嚴寒的冬季急著趕往李莊，除史語所的人員與一堆雜七雜八的事務放心不下，主要原因是傅的身體狀況已糟糕得不容許他再行代理中央研究院總幹事一職了。他必須離開重慶那烏煙瘴氣的官場，到這個偏僻的古鎮靜下心來，於日常工作中好好休養一下即將垮掉的大塊頭身子。

因冬季上水行船，行駛緩慢，連續五天的顛簸動盪，到達李莊板栗坳之後的傅斯年頭暈目眩、全身無力，幾不能行步。一量血壓，水銀柱猛地上竄，竟打破了先前的一切紀錄，高血壓症再度爆發，只得大把吃藥，迷迷糊糊地昏睡了一個多星期才稍有好轉。當他從床上爬起來，晃晃悠悠地走出房間，站在板栗坳的山頂上，眺望東流不息的長江時，大有「山中方幾日，世上已千年」之感。此時，日本艦隊已偷襲了珍珠港，美國太平洋艦隊幾乎全軍覆沒。隨著惱怒的美國對日宣戰，英國等國家也相繼對日宣戰，一個世界性反法西斯戰爭的格局形成了。

這年的十二月二十二日，蔣介石電令國民黨杜聿明第五軍、甘麗初第六軍、張軫第六十六軍編組，以羅卓英、杜聿明為正副司令官的中國遠征軍，入緬甸配合英軍對日作戰。

一九四二年一月三日，由美國總統羅斯福提議，蔣介石被正式推舉為中國戰區最高統帥，全權負責中國、泰國及越南地區聯軍部隊對日作戰的總指揮。

國際戰爭局勢明顯向著有利於中國的方向發展，但做為偏隅一地的小小李莊，卻一如既往，看不出有什麼明顯變化，所有的當地人和「下江人」仍在戰爭的威脅與物資極端匱乏的陰影中艱難度日。在此之前，史語所代所長董作賓已被諸種繁雜的事務搞得疲憊不堪，祈盼傅斯年早日回到李莊主政。從他此前給傅氏的信中不難看出心情之迫切。一九四一年五月二十一日，董作賓致電傅斯年，詢問「是否提前來李，當代籌備」；八月九日再發一電：「兄寓修成，弟當遷入，為兄守門戶，靜候返所。」八月二十七日，傅斯年從重慶致信董作賓，表示不日將回歸李莊。九月二十二日，董作賓再度致函傅斯年，告之曰：「兄之房子裝修後大致可用，弟偶工作於此，以示其屋有用……」

董作賓所說的房子，是專門為傅斯年預留的一個叫桂花坳的小地方。此地坐落在一個小山坡上，離板栗坳張家大院隔著幾塊水田，石頭壘起基腳，高出水田許多，視野比較開闊。在這個看上去既獨立又和張家大院整體上連在一起的地方，幾棟房子圍成一個三合院，房前屋後茂林修竹，風景倒也典雅別致。傅斯年全家入住後，甚感滿意，傅斯年夫人俞大綵曾回憶說：「那是一個水秀山明、風景宜人的世外桃源。我們結廬山半，俯瞰長江……在李莊幾年中，孟真在家時更少，常去重慶，心所焦慮，唯在國家之危急存亡。」這段記述，與梁思成、林徽因夫婦及梁再冰、梁從誡等記述有很大不同。在梁家人眼裡，這裡是個偏僻荒涼、寂寞的「名副其實的窮鄉僻壤」，除了潮溼、陰冷、簡陋的農舍，就是滿屋子亂竄亂爬的老鼠和臭蟲，可謂「簡直不是人住居的地方」（林徽因語）。而在傅斯年夫妻眼裡，這裡的環境除了如「世外桃源」外，僅住居條件而言，正如傅斯年給胡適的信中所說：「兩處皆是一片大好房子。」從大的角度看，梁家與傅家的住房條件在各方面都基本相當，之所以產生天壤之別的分歧，主要取決於各自的心境與在此地住居時間的長短，或許由於傅斯年一家住厭了達官貴人們整日吵鬧不止、令人心煩意亂的陪都重慶，來到李莊這塊僻靜之地短期住居，才產生了一種別樣的新鮮之感吧！但在國難當頭，就傅斯年的身體與生活條件而言，在來李莊之前和之後並不比梁家更好，這一點從俞大綵的回憶中可辨得分明：

傅斯年在李莊板栗坳的故居。（作者攝）

孟真屢年來，因為公務奔波勞碌、感時憂國，多年的血壓高症爆發，頭昏眩，眼底血管破裂，情形嚴重。不得已，在（重慶）郊區山中，借屋暫居，藉以養病。那時，他奄奄在床、瀕臨危境、悲身憂世、心境極壞，看不見他常掛在嘴角的笑容了。

那是一段窮困悲愁的日子。孟真重病在身，幼兒食不果腹。晴時，天空常有成群的敵機，投下無數的炸彈。廊外偶爾細雨紛飛，又怕看遠樹含煙、愁雲慘澹，我不敢獨自憑欄。

記得有一次，三五好友，不顧路途遙遠，上山探疾。孟真囑我留客便餐，但廚房中除存半缸米外，只有一把空心菜。我急忙下樓，向水利會韓先生借到一百元，沽餚待客（我與韓君，素不相識，只知他曾在北京大學與孟真同學，但不熟）。那是我生平唯一的一次向人借錢。

事隔一月，我已還清債務，漫不經心地將此事當笑話說與孟真聽。不料他長嘆一聲，苦笑著說：「這真所謂貧賤夫妻百事哀了。等我病癒，要拚命寫文章，多賺些稿費，絕不讓妳再覥顏向人借錢了。我好慚愧！」我很後悔失言，不料一句戲言，竟引起他的感慨萬千，因為他常為國家多難而擔憂，但他於個人生活事，從不措意！

孟真病稍癒，我們即遷李莊。（《憶孟真》）

由此可見，處在戰火硝煙中的傅家生活與梁家同樣艱難困苦。所不同的是，到達李莊的傅斯年，因遠離官場與政治中心，心情逐漸平靜，狂漲的高血壓症慢慢好轉，只是長久住在此地的林徽因，病情依然沒有恢復的跡象。更為嚴重的是，梁思成的弟弟梁思永——史語所最重要的支柱之一，此時已身染重疾、性命堪憂了。

當傅斯年來到李莊上壩月亮田營造學社住地，見到梁、林夫婦時，對於林徽因的病情沒有感到吃驚，當聞知梁思永的病況如此之重，大出意料，為之驚悚不安。

據石璋如回憶：「史語所在昆明時，梁思永曾抱怨此處的天氣不冷不熱，搞得人一點進取心都沒有，工作情形不佳。四川的天氣有冷有熱，人會精神得多，也就不會呆鈍，所以當芮逸夫在李莊找到房子後，梁思永很贊成搬家。」史語所遷往李莊，梁思永沒有隨大多數人進駐郊外山上的板栗坳，而是住進了李莊鎮羊街八號的羅南陔家中。

此時的羅家，自乾隆年間由湖北麻城遷到四川南溪地界已歷九代，羅南陔自幼喪父，靠母親含辛茹苦哺育成長，幼年即跟隨鄉村秀才的舅舅讀書習文。及長，一邊讀書，一邊跟舅舅出席當地士紳的社交場合。民國初期，受當地鄉紳官僚推薦，赴南溪縣政府開辦的「幹部訓練班」學習集訓。因此次機會，羅南陔結識了不少同僚和有識之士。從南溪至敘府（宜賓），經長江水路乘船必須路過李莊，往來的社會賢達、名流及各色官員，經常在李莊碼頭上岸拜會羅南陔。羅氏的處事方法是來者不

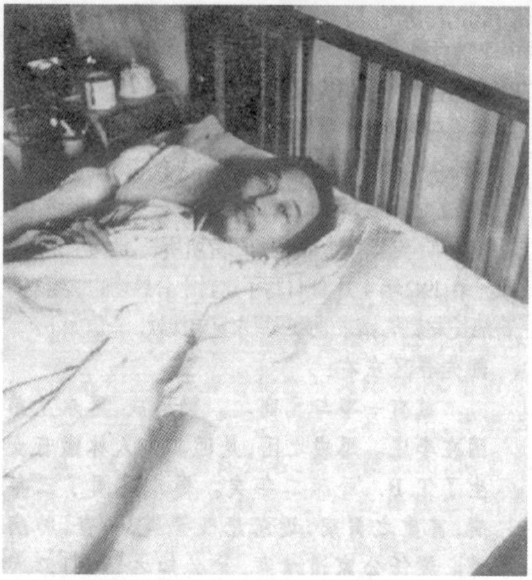

一九四二年在李莊板栗坳病榻上的梁思永，身體極度虛弱。

拒、熱情招待。如此一來二往，結識的人愈來愈多，影響愈來愈大，遂有了川南「小孟嘗君」之譽。

由於羅南陔的良好聲譽，被當時駐在重慶的第二十四軍軍長劉湘得知，遂有聘羅為祕書之意。但經派人洽談後，羅南陔自小處在一個孤兒寡母的生活環境中，受母親思想的影響極深，不願與武人一起共事，遂辭卻了劉湘之聘，在李莊照顧龐大的家業，並兼任一個國民政府李莊黨部調解主任的差事，以此做為與當地士紳與官僚溝通的橋梁。到了二〇年代，由於李莊張氏家族的張銘傳（後去臺灣，曾任國民黨中央委員）等人要在南溪競選「國大」代表，主動找到羅南陔，示意其不要與張氏家族競爭，交換的條件是張家聯合當地士紳官僚，讓羅南陔坐上李莊黨部書記的椅

位於李莊羊街梁思永舊居，身患肺病的梁思永在這裡度過了一段難忘的時光。（作者攝）

子。羅氏本無當官參政之意，很痛快答應了張氏家族的要求，其結果是雙方都如願以償。

羅南陔之所以在當地有如此名聲和地位，除了自身的條件，自然與他龐大的資財和家業支撐有關。據羅南陔的兒子羅萼芬說，當時在羅南陔名下的上等良田就有千餘畝，每年僅收糧租一項就達七、八百擔，每擔約相當於現在的三百斤左右，整體算來約為二十四萬斤，其家業之殷實可想而知。除了糧租，羅南陔還以「農業救國」的理想，創辦了川南轟動一時的「期來農場」，內含期望未來、走向未來、開創未來之意。按羅萼芬所述：「羅家的期來農場從外地引進了良種雞、北京鴨、桑蠶和義大利蜂等物種加以培育，效果非常好。當時法國在川南的一個傳教士參觀了期來農場，非常讚賞。後來傳教士從法國攜帶良好的種蛋過來，雞蛋與鴨蛋各二十個，由於雞蛋皮薄，在路途上壓破了十九個，只有一個送到農場，後來孵化出了一隻小雞。可惜這只雞長到半斤大的時候，不幸被一隻貓吃掉了，這法國的洋蛋也就算全部完了蛋。而鴨蛋皮厚，在船上一個

李莊羊街，抗戰中流亡此處的李濟、梁思永等居住於此街。（作者攝）

也沒壓破，送來農場，不長時間就繁殖開了。長大的鴨子全身雪白、毛髮光亮，很討人喜歡，據說跟北京吃的烤鴨是一個品種，很受當地人歡迎。」又說：「為了辦好農場，我父親羅南陔專門送我的一個哥哥到成都大學堂學農科，回來後主持農場的科學培育工作，還專門從外地大城市訂購了先進的機械設備，在各個方面應用。這些措施，使農場漸漸紅火起來，家中的財力、物力與勢力，在當地也就更加顯赫了。就在這個時候，中研院的芮逸夫隨同濟大學的王葆仁等來到李莊找房子搬家，我父親和當地士紳相商後表示歡迎他們搬來。當史語所一批人來的時候，李濟、梁思永等人覺得板栗坳有些偏僻，生活等各方面不太方便，想在李莊鎮內找地方，但住在何處一直沒定。我父親在年輕的時候讀過梁啟超的不少著作，對作者的思想和文才非常佩服。當從別人口裡知道梁思永是梁啟超的兒子後，出於對梁啟超的崇拜和尊敬，就主動邀請梁思永到自己家中住居了。」

當時年紀尚幼的羅萼芬清楚地記得自己跟父親前去邀請梁思永的情景。兩人見面後，羅南陔誠懇地說：「愚下已經叫兒子兒媳遷到鄉間石板田住下了，現將自家住房騰出一半，打掃就緒，特請先生與夫人前去察看，可否滿意？」

對方聽罷，大為感動，當場表達了一番謝意。靠了因緣際會，梁思永一家幾口算是在李莊鎮羊街八號院內落下腳來。如羅萼芬所說：「我家與梁家結緣，除了父親對梁啟超的崇敬，還有一個原因，那就是：當時『下江人』在川南一帶名聲不好，甚至被妖魔化，李莊鎮不少有房子的住戶因為不了解真相，不太樂意讓給他們居住。加之一下湧來了一萬多人，鎮內的房子突然緊張起來，陶孟和率領他的那股人馬在李莊轉了半年都沒得找到一個踏實的地方，手下人員和家眷被凍了個半死，有的因此身染重病，為什麼？就是因為當地房子緊張的關係。面對這種情況，我父親等當地士紳就動員大家，如果在鄉下有房子的戶主，要

羅萼芬（右）在家中院內向作者講述當年李莊的往事，身旁是盆栽的蘭花。羅氏說，當年梁思永院中的蘭花，其品種與長勢比現在好多了。（王榮全攝）

主動搬到鄉下一部分，騰出院子讓『下江人』住。當時我家老老少少的幾十口人，都搬到隔鎮十華里的石板田（現名雙溪村）鄉下居住，那裡有我家的幾處老房子。梁思永來我家後，在本地主事的父親對鎮內其他房主就有話好說了。很顯然，我的家人都搬到鄉下去了，空出的房子已住進了『下江人』，看你們得不得幹。其他的房主一看，不好說了，就陸續騰房讓同濟大學和中研院的人居住了。這才有了陶孟和率領的那支隊伍沒被凍死在街頭的幸事。陶老本人也在鎮子內離我家不遠的地方找到了一處住所，與陶師母沈性仁共同住在那裡。」

梁思永一家住進羅家院子後，因羅南陔屬於讀書人出身，無論是思想還是眼界都較一般人為高，雙方的關係愈來愈融洽。羅家當時種植了近三百盆蘭花，見梁思永身體比較虛弱，還伴有類似氣管炎的病症，當春天來臨時，羅南陔就命家人把幾十盆上等蘭花搬到羊街八號梁家院落，除了便於觀賞，還藉以改善環境、調節空氣。每當梁思永在緊張的勞作之餘，在院中望著碧綠的蘭花，嗅著撲鼻的芳香，心中自有一種說不出的喜悅。由於在李莊郊外上壩月亮田的梁思成，經常到羊街八號看望弟弟一家，羅南陔與梁思成也漸漸熟悉，並成為要好的朋友。當時羅家的農場僅菜地就達一百多畝，從開春到秋後，每當新鮮蔬菜下來時，羅家總是專門精選兩份，一份送給梁思永，一份送給梁思成一家，以接濟他們艱難的生活。梁家兄弟在李莊近六年，與羅家的這種親情一直保持下來。

據石璋如回憶，梁思永剛來李莊的時候，精神還不錯，每天都要從李莊鎮內羅家院子步行幾里地，再爬五百多級臺階到板栗坳上班辦公，吃完午飯之後，還會跟同仁打幾輪乒乓球。誰知當地的天氣對有肺病的人是極不利的，不久之後梁思永就犯了病，從此臥床不起，差點丟了性命。

史語所研究員石璋如在李莊板栗坳牌坊頭。

第八章

落花風雨更傷春

梁思永的生命旅程

所謂「冰凍三尺，非一日之寒」，梁思永的病症肇始於一九三二年的那個早春。

自美國哈佛大學學成歸國後，梁思永於一九三一年與在北平協和醫院社會服務部工作的李福曼結婚。李是梁思永母親李蕙仙的娘家侄女，小梁氏三歲，屬於姑表親，畢業於燕京大學教育系。按當時的社會風俗，梁、李這對表兄妹的結合，是屬於「親上加親」的婚姻典範，因而梁、李的結合被家人和社會視為天生的一對鴛鴦。事實上，在梁、李共同生活的十幾年短暫又漫長的歲月裡，兩人的確是心心相印、相濡以沫，共同度過了歡樂而又苦難的時光。

一九三二年春，二十七歲的梁思永告別新婚三個月的妻子李福曼，隨史語所組織的殷墟發掘團來到安陽殷墟，在一個叫後岡的地方，以「中國第一位考古專門學家」的身分和名譽參加發掘。也就在這一年秋季，發現並正確劃分了著名的「後岡三疊層」，揭開了中國考古史光輝的一頁。正當梁思永滿懷信心欲向新的高度躍進時，不幸於一九三二年在一次野外發掘時病倒。此次患病開始時只是普通的感冒，因田野發掘緊張、生活艱苦，梁思永來回奔波，不能稍離工地，病情未能得到及時控制，直至高燒幾日，轉成病情嚴重的烈性肋膜炎，才急忙轉

梁思永指揮的殷墟王陵發掘現場。

到北平協和醫院住院治療。由於延誤了最佳治療時間，梁思永的胸肋部開始大量化膿積水，協和醫生從他的胸腔內連續抽出了四瓶如同啤酒一樣顏色的積水。經加量用藥和多方設法救治，方穩住了病情。當時梁思永的妻子李福曼已懷有身孕，日夜守在丈夫病床前操勞照顧。這場突如其來的大病，直到一九三二年底才漸漸好轉，但未能完全康復，這一病症為年輕的梁思永留下了無窮的隱患。

一九三四年，梁思永再度參加安陽殷墟侯家莊南地和同樂寨的田野發掘。一九三五年，主持殷墟侯家莊西北岡的發掘。也就在這次發掘中，梁思永與夏鼐兩位在中國考古史上影響深遠的巨擘不期而遇。對於這次相會的情形，時隔二十年後，夏鼐仍記憶猶新，「我初次跟梁先生做野外工作，是一九三五年春在安陽侯家莊西北岡。雖是二十年前的事情，但留在我腦中的印象仍很鮮明。那次也是我們初次的會面。梁先生那時剛過三十歲，肋膜炎病癒後並不很久。瘦長的身材、蒼白的臉色，顯然身體還沒有完全恢復過來。但是在工地上，他是生龍活虎地工作著。他的那種忘我的工作精神，使他完全忘記了身體的脆弱。白天裡，他騎著自行車在各工地到處奔跑巡視。對於各工地在發掘中所顯露的新現象和產生的新問題，他隨時都加

梁思永在發掘工地留影。

一九三五年，梁思永在安陽殷墟西北岡大墓發掘工地，接待前來參觀的傅斯年與法國漢學家伯希和。

梁思永指揮發掘的殷墟王陵區 M1004 內鹿鼎、牛鼎出土的情形。

以注意、加以解決。他有時下坑親自動手、有時詳細指點助理員去做。那次的工作地範圍廣達數萬平方米，分成五、六個區域，但是幾乎隨時到處都有梁先生在那兒。四百多個工人和十幾個助理員，在他的領導之下，井然有序地工作著，像一部靈活的機器一般。晚間在油燈下，他有時和工作隊助理員談談當天發掘中的新發現、有時查閱各人的田野紀錄簿、有時看著助理員們剔花骨等整理當日出土品、有時和他們討論新問題——因之時常深宵還未入睡。」

抗戰後，當梁思永以中研院長沙委員會委員的身分，與李濟等組織全所同人攜帶物資由長沙經桂林、越南海防遷往昆明時，由於物價飛漲、入不敷出，一同隨梁思永流亡到昆明的妻子李福曼，不得不在街道兩邊擺地攤變賣家中稀有的一點衣物艱難度日，其悲苦之狀令人唏噓。據梁思永的外甥女吳荔明說：當梁思永一家從長沙撤往昆明繞道越南海防時，曾稍事停留，五歲的女兒梁伯有在商店看見一個模仿美國當時紅透世界的女童星外型設計的洋娃娃，便在櫃檯前轉來轉去不肯走，磨著媽媽李福曼要買下來。當時生活已極清苦，但梁氏夫婦實在不忍傷孩子的心，一咬牙買了下來。這個洋娃娃在昆明陪幼小的梁伯有度過了一段歡樂而難忘的時光，於戰時的西南之地給予她幼小心靈莫大慰藉。令人不忍追憶的是，一九四〇年冬，當梁思永攜妻李福曼和女兒梁伯有，隨史語所同人即將遷往四川李莊時，由於家中生活實在困難，李福曼忍痛把女兒那個已愛撫了兩年多的洋娃娃——秀蘭．鄧波兒，以十八元的價格賣給了一位富商的女公子。面對這一突如其來的「災難」，年僅七歲的梁伯有大哭不止，並在幼小的心靈中留下了無盡的傷痛。

來到李莊後，梁思永開始著手撰寫抗戰前殷墟西北岡發掘報告，並有「一氣呵成」之志。據石璋如追述，此報告自南京撤退長沙時即開始撰寫，梁思永一有機會便出示標本，加以整理。在昆明時已將西北岡的全部出土古物都摩挲過一遍，並寫下要點，對報告的內容組織也有了大致的輪廓，完成似乎是指日可待之事。

遺憾的是天不遂人願，未過幾個月，梁思永便一病不起。關於此次病情經過，梁思成在給他的妹妹梁思莊的信中有所披露：

三哥到此之後，原來還算不錯，但今年二月間，亦大感冒，氣管炎許久不好，突然轉為肺病，來勢異常凶猛，據醫生說是所謂gallopingT.B.（奔馬癆，一種肺病），好幾次醫生告訴critical（病情危急），尤其是舊曆端陽那天，醫生說anything may happen any time（隨時可發生意外）。形勢異常危急，把我駭的手足無措。其實也因二嫂已病了一年，醫療看護方面都有了些經驗，所以三哥占了這一點便宜。He was benifited by 二嫂 s' experience。幸喜天不絕人，竟度過了這難關，至六月中竟漸漸恢復常軌……

此信說的是一九四一年夏天之前的事。想不到秋後，梁思永的病情又開始反覆，有時不得不停下手中的工作，躺在病床上孤獨地忍受病痛的煎熬。一九四一年十月十六日，梁思永給正在重慶出差的李濟寫信彙報了三組的工作情況，並言及了自己的病況，信中說：

一、技術員張曼西君試用期滿，成績不佳，已於上月底辭去。三組繪圖員一席又虛懸，請兄就便在重慶招考。關於資格，弟意：學歷不必限制；年歲在二十五歲左右或以下，年輕一些好；能繪圖兼攝影為上選；繪圖以鋼筆黑墨畫為主（尤著重線條）；需能寫生兼機械畫。三組各報告大致都進行到繪製圖版之階段，此項技術人員之需要甚為急切；如研究所不能供應，工作只好讓實君（按：

指繪圖員潘慤）一人慢慢做，何年何月做得完，就無法估計了。三組現積之繪圖工作，非少數人短期內所能完成；這次招考，研究所如能取用兩人更好。如用兩人，其中至少一個須能兼攝影。

二、西北岡器物之整理，本預定十月底完畢。今因上月二十二日、本月八至十日弟之胃病大發了四次，八日至十日幾不能飲食，下山回家調養，耽誤約半個月，完工之期又展遲至十一月中旬。器物整理完畢之後，即開始繼續報告之編輯。報告中統計製表、編索引等機械工作，擬請研究所指派一專人協助。（李光謨輯《李濟與友人通信選輯》〔油印本・非賣品〕，一九九七年五月）

信中可看出，此時的梁思永尚能帶病堅持工作，並為撰寫殷墟西北岡發掘報告之事操勞。但隨著冬季的來臨，梁思永再度肺病復發，且來勢洶洶、發展迅速，梁氏自稱是「閃擊戰」，極大地威脅到生命存亡。來到李莊的傅斯年見狀，認為李莊鎮內羊街八號的房子雖好，但少陽光，且有些陰冷，這對肺病病人極其不利。經過反覆權衡商討，令人在板栗坳史語所租住的一個院內，專門騰出了三間上好的房子，請來當地木工安上地板、釘上頂棚、在窗上裝上玻璃、打造涼臺等等，讓梁思永搬來居住，以便能每日曬到太陽，並可在涼臺上做簡單的室內活動。此時的梁思永已病得不能走動，只得請人用擔架抬到板栗坳。但上山需跨越五百多級臺階，為求

一九四一年梁思永全家於四川李莊羊街八號院內合影。

萬無一失，傅斯年與梁思成親自組織擔架隊伍，先由梁思成躺在擔架上請人抬著在上山的臺階上反覆試驗，出現問題及時設法解決。感到切實可行後，方請人把病中的梁思永抬到板栗坳被稱作「新房子」的居所休養治療。

鑑於史語所與中國營造學社同仁的生活都已「吃盡當光」，只剩了一個「窮」字，傅斯年意識到非有特殊辦法不足以救治梁思永和林徽因之病症，於是一九四二年春天，貿然向中央研究院代院長朱家驊寫信求助。其文曰：

騮先吾兄左右：

茲有一事與兄商之。梁思成、思永兄弟皆困在李莊。思成之困是因其夫人林徽音女士生了T.B.，臥床兩年矣。思永是鬧了三年胃病，甚重之胃病，近忽患氣管炎，一查，肺病甚重。梁任公家道清寒，兄必知之，他們兩人萬里跋涉，到湘、到桂、到滇、到川，已弄得吃盡當光，又逢此等病，其勢不可終日，弟在此看著，實在難過，兄必有同感也。弟之看法，政府對於他們兄弟，似當給些補助，其理如下：

一、梁任公雖曾為國民黨之敵人，然其人於中國新教育及青年之愛國思想上大有影響啟明之作用，在清末大有可觀，其人一生未嘗有心做壞事，仍是讀書人，護國之役，立功甚大，此亦可謂功在民國者也。其長子、次子，皆愛國向學之士，與其他之家風不同。國民黨此時應該表示寬大。即如去年蔣先生賻蔡松坡夫人之喪，弟以為甚得事體之正也。

二、思成之研究中國建築，並世無匹，營造學社，即彼一人耳（在君語）。營造學社歷年之成績為日本人羡妒不置，此亦發揚中國文物之一大科目也。其夫人，今之女學士，才學至少在謝冰心輩之上。

三、思永為人，在敝所同事中最有公道心，安陽發掘，後來完全靠他，今日寫報告亦靠他。忠於其職任，雖在此窮困中，一切先公後私。

總之，兩人皆今日難得之賢士，亦皆國際知名之中國學人。今日在此困難中，論其家世，論其個人，政府似皆宜有所體恤也。未知吾兄可否與陳布雷先生一商此事，便中向介公一言，說明梁任公之後嗣，人品學問，皆中國之第一流人物，國際知名，而病困至此，似乎可贈以兩、三萬元（此數雖大，然此等病症，所費當不止此也）。國家雖不能承認梁任公在政治上有何貢獻，然其在文化上之貢獻有不可沒者，而名人之後，如梁氏兄弟者，亦復少！兩人所做皆發揚中國歷史上之文物，亦此時介公所提倡者也。此事弟覺得在體統上不失為正。弟平日向不贊成此等事，今日國家如此，個人如此，為人謀應稍從權。此事看來，弟全是多事，弟於任公，本不佩服，然知其在文運上之貢獻有不可沒者，今日徘徊思永、思成二人之處境，恐無外邊幫助要出事，而幫助似亦有其理由也，此事請兄談及時千萬勿說明是弟起意為感。如何？乞示及，至荷！

專此，敬頌

道安

弟 斯年謹上

四月十八日

弟為此信，未告二梁，彼等不知。

因兄在病中，此寫了同樣信給詠霓，詠霓與任公有故也。弟為人謀，故標準看得鬆。如何？

弟　年又白

（註：此信來自臺灣中研院《朱家驊檔案》，由當時的史語所副所長王汎森贈予赴臺訪問的梁思成胞妹梁思莊外孫楊念群，後在梁思莊之女吳荔明所著《梁啟超和他的兒女們》一書中首次披露，以下書信均轉載吳著。）

信中看出，傅斯年對梁氏兄弟大為讚頌，這除了梁氏兄弟的人品學問皆出類拔萃外，當然還有促使大權在握的朱家驊為之心動，並竭力襄助之意，此種處心積慮的安排，是一般人都可以理解的。令後人感到有些突兀的是，為何傅在頌揚林徽因的同時，突然從半路扯出一個冰心來為其墊背？且明確表示林的才學「至少在謝冰心輩之上」，此種語氣顯然含有對冰心輕視的意味。當時寫此信的傅斯年何以要弄出一個不相干的冰心，難道傅與冰心之間還有「客廳」的糾葛與過結嗎？

傅斯年對冰心的微詞

從傅斯年、冰心的人生歷程看，兩人沒有特別的交往，也沒有明顯的矛盾。據梁實秋與費孝通等人說，當年冰心留美時已是國內知名的女作家和詩人，加上外表文靜高雅，得到了許多熱血正盛的男生青睞，一時間求愛者雲集，在美利堅合眾國那塊充滿野性與朝氣的土地上，上演了一場好萊塢式的愛情追逐大戰。但在五彩繽紛又夾雜著刀光劍影的情場上，多路來攻的英雄豪傑只能在圍城之外來回兜圈徘徊，無法破門而入，來一個生擒活拿。縱然有強悍之將如顧毓琇者，用盡全身氣力，一次又一次發起強攻，其結果仍無法突破冰心那冰冷如鐵、固若金湯的防禦體系，大敗而歸。在各路進攻的人馬中，平時不聲不響的吳文藻堅信世間無不破之城與不盜之墓，乃抖起精神，以《孫子兵法》所宣導的巧取制勝之道，利用獨特的火攻戰術，幾個回合下來，冰心防線產生雪崩，從而一舉拿下，吳文藻取得了令人喝采又心懷嫉妒的輝煌戰績……而這部大片中上演的一切姻緣際會、愛恨情仇，與傅斯年皆毫無干係，可見傅對冰心的輕視，與世俗的愛情觀或佛洛伊德的情愛欲望理論都沒有直接關聯。

有人謂冰心當年寫〈我們太太的客廳〉小說，諷刺林徽因與「客廳」裡的知識分子，產生了牽一髮而動全身的負面影響，引得與「客廳」有聯繫的傅斯年大為不快，並對冰心如此輕率加輕狂的做法，產生了厭惡與輕視之感，從此懷恨在心。

一九三六年夏至一九三七年夏，吳文藻到歐美遊學，冰心隨同前往，先後到達日本、美國、英國、義大利等國家。此為該年冬夫婦兩人在羅馬郊外。

此次藉向朱家驊進言的機會，正好把林徽因與冰心放在一起做一對比，以揚林抑冰的方式，達到出一口惡氣的目的云云。

以上說法不能說沒有一點道理，但事情遠沒有如此簡單，從已披露的材料看，傅斯年對冰心的輕視，與她的丈夫吳文藻有極大關係。這一說法的證據是，晚年曾做過高官，且一直堅持認為建國後知識分子非來一場「改造」不可的費孝通，在接受上海大學教授朱學勤訪問時，曾斷斷續續地說過這樣的話，「在燕京，吳文藻同他們都不對的，他是清華畢業的，應當回清華的，因為冰心到了燕京。他們夫妻倆以冰心為主，她同司徒雷登很好的。這樣，吳文藻是被愛人帶過去的，在燕京大學他沒有勢力的，在燕京靠老婆。後來出了燕京，他才出頭。吳文藻的一生也複雜得很啊！我們燕京大學是跟老師的，一個老師帶幾個好學生，我是跟吳文藻的。」

在談到當時燕京與北大、清華及相互之間的關係時，費孝通明確表示北大、清華與燕京有很大不同，「吳文藻同傅斯年也不對的，搞不到一起的。吳文藻想自己建立一派，他看的比較遠，想從這裡面打出一個基礎來，通過Park這條思路創造中國這一派。他有自知之明，知道自己的力量不夠，他就培養學生。」又說：「雲南大學（校長）是清華的熊慶來，他請吳文藻去組建社會學系……但到了雲南大學沒有辦法發展。後來冰心不願意在雲南，她的朋友顧毓琇——我現在是說閒話——顧毓琇想追冰心，沒有追到。冰心厲害，看中吳文藻，吳文藻一生受冰心影響。」

最後，費孝通總結性地說：「對舊知識分子，我一直看不起。在我眼中，真正好的沒有幾個，好的知識分子，有點學問的，像馮友蘭、金岳霖、曾昭掄這批人，我是欣賞的。自然科學裡也有點好的，可是也不是好在哪裡，叫他們來治國、平天下，又不行。」因而，一九四九年之後，費孝通竭力主張要給這些不能「治國平天下」的舊知識分子來一場脫胎換骨的政治改造。（〈費孝通先生訪談錄〉，朱學勤等，載《南方週末》二〇〇五年四月二十八日）在上世紀六〇年代，數以萬計的知識分子進了牛棚，而有幸得到費氏「欣賞」的知識分子如曾昭掄等亦未能倖免，被活活整死。最後他自己也成了不折不扣的「牛鬼蛇神」。當然，在費氏看上的人物中，只有馮友蘭是個異數，他以御用文人「梁效」的身分，跟隨江青在中國政治舞臺上折騰了好一陣子，在得以保全性命的同時，也給這紛亂的世界留下了一個活生生的人生哲學命題標本。

費孝通是吳文藻的得意門生，在很長的時間裡一直唯吳的馬首是瞻，從費氏的談話中知道吳與傅斯年不

吳文藻、冰心結婚時，燕大校長司徒雷登（後）為之證婚。

合，但他沒有明確列舉不合的原因，只隱約透露了吳到雲南大學之後要建立一個社會學系，但又遇到強大阻力，最後只得放棄雲南赴重慶工作云云。這一點，從臺北傅斯年檔案館保存的傅斯年與顧頡剛、朱家驊等人通信中可窺知一個不為外界所知的側面。

一九三八年十月，顧頡剛應雲南大學校長熊慶來之聘，赴昆明任職，主要講授「經學史」與「中國上古史」兩門課程。並在距城二十里的北郊浪口村安居。據顧的女兒顧潮說：「出於排解不開的邊疆情結，父親到昆明不久，便在《益世報》上創辦《邊疆》週刊，集合許多朋友來討論。」想不到這一討論，引起了社會各界的廣泛關注，同時也引起了傅斯年的警覺。

此前，曾被魯迅呼曰李「天才」的李長之，因寫文章諷刺、批評雲南方面的人事而引起了軒然大波。對於這場風波，西南聯大政治系教授浦薛鳳晚年在回憶錄中曾有提及，他說道：「因校役之懶惰，想起李長之事。李清華畢業，在校主持週刊，而有色彩，專做攻擊學校、誹謗教師的文字。芝生薦於迪生為雲大國文系教員。近在《宇宙風》發表一篇小品文字，聞有雲南人不如牛之句（予未見原文），惹起本地人士反對，且事為龍主席所聞。據雲綏靖公署欲請去談話，李乃大恐，或云坐飛機離滇，或云坐長途汽車他往。聽說迪之亦且為此稱病若干時日。在滇人對此事固器量狹小，但李初出茅廬，學得士林惡習，得此教訓亦好。然本地人中殊有些偷懶習慣。」（《西南聯大在蒙自》，雲南民族出版社，一九九四年版）

浦薛鳳所說的芝生與迪之，乃馮友蘭與雲大校長熊慶來兩人的字。言及的李長之（一九一〇—一九七八年），乃山東利津人。一九二九年考入北京大學預科，在校期間發表散文作品〈我所認識的孫中山〉等等。一九三一年考入清華大學生物系，兩年後轉哲學系，參加了《文學季刊》編委會。一九三四年後，曾主編或創辦《清華週刊》文藝欄、《文學評論》雙月刊和《益世報》副刊等。二十四歲出版第一本詩集《夜宴》，一九三六年二十六歲出版《魯迅批判》——這是唯一一本經過魯迅看過的批評魯迅的書，因而在學術文化界產生了廣泛影響。該年自清華大學畢業，留校任教。以後又歷任京華美術學院、雲南大學、重慶中央大學等教職。一九四六年十月赴北京師範大學任副教授，並參與《時報》、《世界日報》的編務。期間文學研究著作頗豐，號稱一天能寫一萬八千到兩萬字的長文外加兩篇隨感。重要的著作有《司馬遷之人格與風格》、《中國文學史略稿》等，均獲學界極高讚譽。

《魯迅批判》首版書影。

因李長之早年在一篇文章中鼓吹「天才」理論，說自己是天才式人物，並謂「大自然是愛護天才的」云云，因而被魯迅譏諷為李「天才」。一九三五年九月十二日，魯迅在寫給胡風的信中，曾這樣說道：李「天才」正在和我通信，說他並非「那一夥」（指第三種人），投稿是被拉，我也回答過他幾句，但歸根結柢，我們恐怕總是弄不好的，目前也不過「今天天氣哈哈哈……」而已。

李長之到昆明雲南大學任教的時間是一九三七年秋，比聯大師生來昆明早四、五個月。初來乍到，對昆明印象不佳，激憤之下，於一九三八年三月寫了一篇〈昆明雜憶〉，發表於由上海遷往廣州的《宇宙風》雜誌。文中對昆明的地理環境、人的懶散、缺乏效率等進行了嘲諷與批判。特別獨出心裁地把牛與人放在一個時空裡對比，最後得出了一個「人不如牛」的結論。

正是李長之沒有注意這些關乎民族存亡的大事，專門在生活細節上做一些挑剌文章，並自以為是地嘲笑抨擊昆明人，就自然地引起了當地原住民的眾怒，整個雲南輿論界對此反應強烈，社會各界人士群起而攻之，據說連省主席龍雲也表示了「震怒」。在群聲喊打的情形中，李「天才」長之先生只好溜之乎也，或謂「被雲南人驅逐出境」（施蟄存〈滇雲浦雨話從文〉）。而邀請他來昆明的雲大校長熊慶來也為此大受連累，弄得苦不堪言。

抗戰時期中國人口流動量大增，「外來戶」與當地原住民或私下稱作「土包子」之間不團結、鬧矛盾、暗中較勁兒的現象普遍存在。當時的左翼作家茅盾晚年撰寫的回憶錄中，就曾敘述過抗戰期間自己在昆明與顧頡剛、朱自清、聞一多、吳晗等人交談的情形。據說茅盾曾讓朱自清派人去找過冰心，正好冰心外出不在家，未能參加。談話不久，茅盾就發現所謂的「外來戶」與「土包子」之間不團結的問題，遂當即決定「把話題轉到外來文化人與本地文化界如何聯絡感情加強團結的問題」。參加談話的顧頡剛在發言中曾說「大家步調一致是對的，但把單方面的意見強加於人就不對了」云云（茅盾《我走過的道路》，人民文學出版社，一九八八年版）。

《古史辨》書影。

差不多就在這個時候，針對顧頡剛在《益世報》上弄出的那個《邊疆》週刊及登載的文章，傅斯年通過對李長之事件和昆明社會各階層思想現狀分析，清醒地意識到民族矛盾是一個極為重要和敏感的問題，從團結的大局出發，毫不客氣地給予了批駁。傅在致顧頡剛的信中曾這樣說道：

有兩名詞，在此地用之，宜必謹慎。其一為「邊疆」。夫「邊人」自昔為賤稱，「邊地」自古為「不開化」之異名；此等感覺雲南讀書人非未有也，敝所刊行凌純聲先生之赫哲族研究時，弟力主不用「赫哲民族」一名詞。當時所以有此感覺者，以「民族」一詞之界說，原具於「民族主義」一書中，此書在今日有法律上之效力，而政府機關之刊物，尤不應與之相違也。今來西南，尤感覺此事政治上之重要性。夫雲南人既自曰「只有一個中國民族」，深不願為之探本追源；吾輩羈旅在此，又何必巧立各種民族之名目乎！今日本人在暹羅宣傳桂滇為泰族 Thai 故居，而鼓動其收復失地。英國人又在緬甸拉攏國界內之土司，近更收納華工，廣事傳教。即迤西之佛教，亦自有其立國之邪說，則吾輩正當曰「中華民族是一個」耳。此間情形，頗有隱憂，迤西尤甚。但當嚴禁漢人侵奪番夷，並使之加速漢化，並制止一切非漢字之文字之推行，務於短期中貫徹其漢族之意識，斯為正途。如巧立名目以招分化之實，似非學人愛國之忠也。

傅斯年正告顧氏：要盡力發揮「中華民族是一個」之大義，證明夷漢之為一家，並以歷史為證，「即如我輩，在北人誰敢保證其無胡人血統。在南人誰敢保證其無百粵苗黎血統，今日之雲南，實即千百年前之江南巴蜀耳。此非曲學也。」又說：「日前友人見上期邊疆，中有名干城者，發論云：『漢人殖民雲南，是一部用鮮血來寫的爭鬥史。在今日，邊地夷民，仍時有叛亂情事。』所謂鮮血史，如此人稍知史事，當知其妄也。友人實不勝駭怪，弟甚願兄之俯順卑見，於國家實有利也。」（歐陽哲生主編《傅斯年文集》第

七卷，湖南教育出版社，二〇〇三年版）

當此之時，顧、傅兩人已由北大同窗好友而演化成割袍斷義、互不來往，但為民族大義計，顧接信後，聽從了傅的勸說，即作〈中華民族是一個〉，刊於週刊。顧在文中主張「中國沒有許多民族，只有三種文化集團——漢文化集團、回文化集團、藏文化集團。中國各民族經過了數千年的演進，早已沒有純粹血統的民族。尤其是『漢族』這名詞，就很不通，因為這是四方的異族混合組成的，根本沒有這一族」云云。

顧氏如此說，當然不是屈服於傅的壓力，而是一種外力警醒下的自覺。當時中國雲南的政治情形正如本地出身的學者楚圖南在後來回憶中所言：「除蔣介石的『中央』與龍雲的『地方』之間控制與反控制的矛盾之外，在文化教育界，已經產生了本省人和外省人、雲大與聯大之間的隔閡，以及高級知識分子之間如留美派、留歐派、洋教授和土教授等門戶之見。」（楚圖南《抗日民族統一戰線在西南》，四川人民出版社，一九九〇年版）正是鑑於此一錯綜複雜的情況，顧頡剛在《自傳》中說道：「因為我到西北去時，在民國十七年回民大暴動之後十年，在這暴動區域裡，處處看見『白骨塔』、『萬

抗戰期間於重慶柏溪主編《文史雜誌》時的顧頡剛。

人塚』，太傷心慘目了，經過十年的休息，還不曾恢復元氣，許多的鄉鎮滿峙著禿垣殘壁，人口也一落千丈。到西寧時，一路上看見『民族自決』的標語，這表示著馬步芳的雄心，要做回族的帝王。我覺得如果不把這種心理改變，邊疆割據的局面是不會打破的，假借了『民族自覺』的美名，延遲了邊民走上現代化的日期，豈不是反而成了民族罪人。所以發表這篇文字，希望邊民和內地人民各個放開心胸、相親相愛，同為建立新中國而努力，揚棄這種抱殘守缺的心理。」

顧在一九三九年二月七日的日記中寫道：「昨得孟真來函，責備我在《益世報》辦邊疆週刊，登載文字多分析中華民族為若干民族，足以啟分裂之禍，因寫此文以告國人。此為久蓄於我心之問題，故寫起來並不難也。」又在《自傳》中回憶說：文章發表後，「聽人說各地報紙轉載的極多，又聽說雲南省主席龍雲看了大以為然，因為他是夷族人，心理上總有『非漢族』的感覺，現在我說漢人本無此族，漢人裡不少夷族的成分，解去了這一個癥結，就覺得舒暢多了。」（顧潮〈歷劫終教志不灰——我的父親顧頡剛〉）顧文的刊發，令當地原住民和省主席龍雲等甚感滿意舒暢，再也不會像對待李長之那樣「群聲喊打」或「驅逐出境」了。傅斯年當然也樂意看到這一結果，寫信謂顧氏深明國家民族大義云云加以讚揚，為此，兩人的心又拉近了一步。意想不到的是，就在群聲叫好中，卻惹惱了另一個山頭的派系，為首者乃吳文藻，馬前卒乃吳的學生費孝通。

吳與費當時同在雲南大學社會學系，費做吳的助手，師徒幾人在昆明搞了一個民族學會的山頭，並扯出大旗，占山為王，有聲有色地鬧將起來。眾所周知的是，以傅斯年為首的中央研究院歷史語言研究所，本來就有一個聲望頗大的民族人類學組，其人員由大字型大小「海龜」吳定良、凌純聲及著名學者芮逸夫等人構成，這個組至抗戰爆發時，已遍走中國大部分地區，特別對東北與西南地區少數民族有廣泛的調查研究，並動用了當時世界最先進的攝影機進行實際考察拍攝。這就是說，此組無論是人員還是裝備都是全國獨樹一幟，沒有任何一個同類團體和個人可以匹敵的。在這樣的背景下，吳文藻、費孝通輩，藉戰亂之機欲在雲南邊陲拉杆子、立山頭、豎大旗，占山稱王，這自然就被傅斯年與學術界同仁看作是對史語所甚至整個中央研究院的挑戰。

傅斯年本來就對由美國捐款支撐和供養的燕京大學及其師生頗為鄙視，當年在廣東中山大學時，顧頡剛因受不了傅斯年的火爆脾氣與壓迫，索性棄卻與傅共同籌備的中央研究院史語所，赴北平燕大任教。傅因失了面子甚覺惱火，再度暴跳起來，並找別人捎話轉告顧頡剛，「燕京有何可戀，豈先為亡國之準備乎？」顧頡剛聽後則反唇相譏曰：「我入燕京為功為罪，百年之後自有公評，不必辯也。」

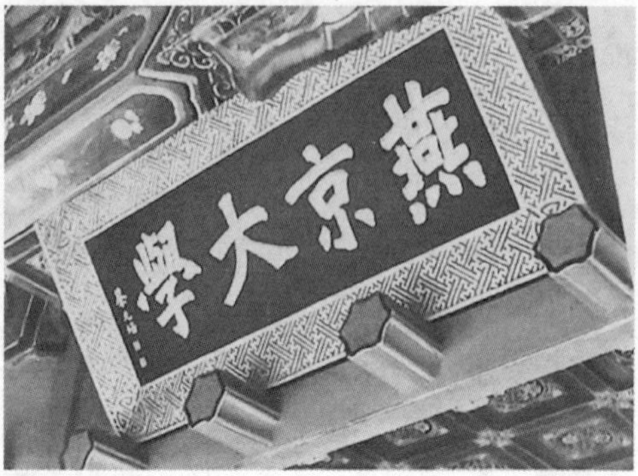

燕大匾牌。

一九四一年初冬，也就是傅斯年欲離重慶回李莊長期住居的前夜，燕大畢業生王世襄千里奔徙，行程一個多月流亡到重慶，找到自己哥哥在清華時候的同班同學梁思成（梁為籌款到重慶化緣）。在梁的陪同引薦下，慕名投奔傅斯年，欲在其治下的歷史語言研究所謀一飯碗。意想不到的是，見面後，傅斯年問清門第出身，當著梁思成的面，一句「燕京大學畢業的學生，不配到我們這裡來」，將對方轟了出來。灰頭土臉的王世襄在走投無路之際，只好跟隨梁思成乘江輪溯江西行，去南溪縣李莊中國營造學社暫住。而此時的梁思成在經濟上已是泥菩薩過河——自身難保，窮得連兒子一雙鞋子都買不起的地步，他和他主持的中國營造學社，依靠李濟主持的中國博物院撥給的幾個在編名額，勉強領一份薪水，再加上變賣自己的衣物艱難度日。但梁思成感念清華同學之誼，決定把王世襄留下，走投無路的王氏才算是在中國營造學社落下腳來，有了一個時刻都要摔碎、打掉的泥盆飯碗。許多年後，這位「麒麟送給世界的最後一個兒子」（車前子語）、「二十世紀中國十大文化名人」之一——王世襄，談起當年這段學界恩怨時，仍充滿了無盡的感慨與悲涼。當然，這是後話。

且說傅斯年眼看吳、費之輩高舉的大旗在雲南的高山峽谷中飄揚開來，自是怒火攻心，根據兵來將擋、水來土掩的兵家戰略，立即決定聯合一切可以聯合的力量，把吳、費聯盟扼殺在搖籃裡。於是有了顧頡剛與傅斯年關於「中華民族是一個的」主題論文發表，兵鋒所指，一目瞭然。已經占山稱王的吳文藻見傅、顧集團舞刀弄槍地向自己砍來，頗不服氣，認為顧、傅聯盟構築的理論堡壘乃牧豎之妄語，必須以「替天行道」的豪氣與正氣，堅決、徹底、乾淨地給予毀滅性打擊。於是，吳文藻親自秉燭焚香、籌畫密謀、坐鎮指揮，遣費孝通為大將，高擎「民族學會」的大旗，率領部分精兵強將一路喊聲震天地殺出山門，欲掃蕩顧、傅聯盟堡壘。面對來勢洶洶的敵對勢力，傅斯年揮舞令旗，一面急速從西南聯大、北大文科研究所、中央研究院史語所等陣營調兵遣將予以迎戰；一面致函朱家驊、杭立武兩位大權在握的學界統帥，「拉兄弟一把」，並給予自己道義與火力上的配合與支持，將來犯之敵一舉擊潰。

傅在致朱、杭兩人的密函中告之曰：

先是頡剛在此為《益世報》辦邊疆附刊，弟曾規勸其在此少談「邊疆」、「民族」等等在此有刺激性之名詞。彼乃連作兩文以自明，其一，論「中國本部」之不通；其二，論中華民族是一個。其中自有缺陷，然立意甚為正大，實是今日政治上對民族一問題唯一之立場。吳使其弟子費孝通駁之，謂「中國本部」一名詞有其科學的根據；中華民族不能說是一個，即苗、傜、猓玀皆是民族。一切帝國主義論殖民地的道理，他都接受了。頡剛於是又用心回答一萬數千字之長文，以申其舊說。

欲知此事關係之重要，宜先看清此地的「民族問題」。此地之漢人，其祖先為純粹漢人者本居少數，今日漢族在此地之能有多數，乃同化之故。此一力量，即漢族之最偉大處所在，故漢族不是一個種族，而是一個民族。若論種姓，則吾輩亦豈能保無胡越血統。此種同化作用，在此地本在進行中，即如主席龍雲，猓玀也；大官如周鍾嶽，民家也；巨紳如李根源，僰夷也。彼等皆以「中國人」自居，而不以其部落自居，此自是國家之福。今中原避難之「學者」，來此後大在報屁股上作文，說這些地方是猓玀、這些地方是僰夷……更說中華民族不是一個，這些都是「民族」，有自決權，漢族不能漢視此等少數民族。更有高調，為學問做學問，不管政治……弟以為最可痛恨者此也。

最後，傅斯年說：

夫學問不應多受政治之支配，固然矣。若以一種無聊之學問，其想影響及於政治，自當在取締之列。吳某所辦之民族學會，即是專門提倡這些把戲的。他自己雖尚未作文，而其高弟子費某則大放厥詞。若說此輩有心作禍固不然，然以其拾取「帝國主義在殖民地發達之科學」之牙慧，以不了解政治及受西洋人惡習太深之故，忘其所以，加之要在此地出頭，其結果必有惡果無疑也。

在顧、傅調集的聯軍及朱家驊、杭立武等各路精兵強將的強力支援、夾擊下，吳、費山頭不穩、派系不牢，最終力不能敵，丟盔卸甲敗下陣來。隨著吳文藻攜夫人冰心棄昆明轉重慶，整個「民族學會」陣營大有樹倒猢猻散之勢，傅斯年所說的「費某」也顧不得「大放厥詞」而不得不設法撤離山寨、殺出重圍、奪路而逃了。

正是鑑於這樣一種充滿了火藥味的政治、學術背景，深知費氏所言「吳文藻一生受冰心影響」的傅斯年，在反對、輕視吳氏的同時，對他認為的真正的幕後操縱者——冰心，沒有好感，並在致朱家驊的信中再度與林徽因同時提出來，並給予輕視性的評價，也就不足為奇了。

血性男兒柔情女

朱家驊收到信後對林徽因與「謝冰心輩」的才學做何評價，對傅斯年如此之對比又做何感想，不得而知，但此信發出後過了十一天而未見回音。恐重慶方面無能為力或深感為難，情急之下，傅斯年召開所務會，想出了一個新的援助辦法，再度寫信於中央研究院，滿懷摯誠與愛慕之情地歷數梁思永的功高過人之處，並請其核准史語所做出的決定。

騮先先生院長

企孫、毅侯兩兄　賜鑒：

梁思永先生病事，茲述其概。十年前，思永於一年過度勞動後生肋膜炎，在協和治癒，但結疤不佳，以後身體遂弱。自前年起，忽生胃病甚重，經兩年來，時好時壞。去年胃病稍好，又大工作，自己限期將殷虛（墟）報告彼之部分寫完。四個月前，即咳嗽，尚聽不出肺病聲氣。上月醫生大疑其有肺病，送痰往宜賓驗，結果是＋＋＋！所聽則左右幾大片。此次肺病來勢驟然、發展迅速，思永自謂是閃擊戰，上週情形頗使人憂慮，近數日稍好。思永之生病，敝所之最大打擊也。茲謹述其狀。

思永雖非本所之組主任，但其moral influence甚大，本所考古組及中央博物院之少年同志，皆奉之為領袖，濟之對彼，尤深契許。彼學力才質，皆敝所之第一流人，又是自寫報告，編改他人文章之好手，今彼病倒，殷虛（墟）報告之進行，一半停止矣。思永尤有一特長，本所同仁多不肯管公家事，或只注意其自己範圍事，弟亦頗覺到敝所有暮氣已深之感。思永身子雖不好，而全是朝氣。其於公家之事，不管則已（亦不好管閒事），如過問，絕不偏私而馬虎也。其公道正直及公私之分明，素為同仁所佩。弟數年以來，時思將弟之所長職讓彼繼任，然此事不可不先有準備。抗戰時，弟在京代總幹事，思永在長沙代弟，不特敝所翕然風服，即他所同在長沙者，亦均佩之也（孟和即稱道不置之一人）。以後弟在重慶時，曾有若干次託彼代理，其目的在漸漸養成一種空氣，俾弟一旦離職，彼可繼任耳。彼於代理殊不感興趣，強焉亦可為之。自胃病後，不肯矣。弟此次返所，見其精力甚好，前計又躍於心中，今乃遭此波折，亦弟之大打擊矣。

彼如出事，實為敝所不可補救之損失，亦中國考古學界前途之最大打擊也，故此時無論如何，須竭力設法，使其病勢可以挽回。此當荷諸先生所讚許也。查敝所醫務室現存之藥，在兩年中可以收入兩萬數千至三萬數千元（如照市價賣去，當可得六、七萬，今只是用以治同人生病之收入，故少）。擬於此收入中規定數千元為思永買其需要之藥之用（本所原備治T. B.之藥甚少，所備皆瘧、痢等）。此事在報銷上全無困難，蓋是免費（即少此項收入），而非另支用經費也。此意昨經敝所所務會議討論通過，敬乞賜以考慮，並規定一數目，其數亦不可太少，至為感荷！若慮他人援例，則情形如思永者亦少矣。以成績論，尚有數人，然以其在萬里遷徙中代弟職務論恐濟之外無他人，故無創例之慮也。如何乞考慮賜覆，至感！

專此，敬頌

日安！

傅斯年謹頌

四月二十九日

寫完此信，傅斯年思慎半天，覺得意猶未盡，許多具體的操作細節亦未言明，為了達到終極目的，還需做一點補充說明。於是，在昏暗的菜油燈下，傅氏喝口濃茶，振作精神，再次展紙，醮墨揮毫，做了如下追述：

騮先吾兄：

此函尚有未盡之意。思永是此時中國青年學人中絕不多得之模範人物，無論如何，應竭力救治，彼在此赤貧，即可賣之物亦無之（同人多在賣物補助生活中）。此種症至少需萬元以上。此信只是一部分辦法耳。去年弟病，兄交毅侯兄中央醫院費公家報銷，弟初聞愕然，託內子寫信給毅侯兄勿如此辦，內子謂，然則將何處出耶。弟後來感覺，去年之病，謂為因公積勞，非無其理，蓋一月中弟即自覺有毛病，而以各會待開，需自料理，不敢去驗，貽誤至於三月末，遂成不可收拾之勢，故去年受三千元，在兄為格外之體恤，弟亦覺非何等不當之事。思永身體雖原不好，然其過量工作，實其病暴發之主因。報銷既無問題，甚願兄之惠准也！

專此，敬頌

痊安！

弟　斯年再白

四月二十九日

與李濟不同，傅斯年與梁家並無深交，且自傅氏進北大及留學海外再歸國的那段歲月，梁啟超的思想光芒已經黯淡，影響力顯然大不如前，不但與時代脫節，且有倒退之嫌，再也沒有當年萬人景仰的盛況了。故吳宓奉校長曹雲祥之命代表清華研究院聘請梁啟超為導師時，發出了「新文化運動起後，宓始對梁先生失望，傷其步趨他人，未能為真正之領袖」的感慨。傅斯年在給朱家驊的信中也曾明言「弟於任公，本不佩服」。但無論如何，梁任公對社會改良及「其在文壇上之貢獻有不可沒者」。這就是說，梁啟超思想光芒的餘暉還是在吳宓、傅斯年這一代知識分子心中閃耀未絕，但也僅此而已。梁思永當年是受李濟的薦舉到傅斯年主持的史語所考古組效勞的，由此看出兩人此前並未有所接觸或極少接觸。後來傅、梁兩人一直做為上下級關係共事，其間亦無其他如俞大維、陳寅恪、傅斯年三人關係轉化的枝節橫生。兩人之交，如同一條直道的河流，只是在蒼茫大地上毫不喧囂地汩汩流淌，此景也壯觀，其情也綿綿，屬於自然界的正常互動，整個脈絡清澈明媚，沒有半點污濁之氣，可謂真正的君子之交淡如水也。

從梁思成與林徽因早期的交往圈子看，傅斯年偶有參與，如徐志摩乘機遇難時，傅斯年就曾與胡適等人一道參與了處理後事的討論，但仍不能說是深交。當年北平著名的「太太的客廳」也少有傅斯年出沒的身影，這自是與傅本人有一大段時間在南方有關，但徐志摩也並不是全部生活在北方，卻是「太太的客廳」最為活躍的座上客。兩相比較，可見傅與梁家交往之深淺。而今傅斯年之所以對梁家兄弟不遺餘力地關心幫助，確如傅氏所言：「名人之後，如梁氏兄弟者，亦復少！」是梁氏兄弟連同林徽因的人格魅力與出眾的才華，以及在學術上所做出的世界性貢獻，讓傅斯年心甘情願地負起了為之操勞關愛的使命。此點，除了傅斯年在李莊所做的努力，在昆明時，亦有證據足以資證。如一九四〇年三月五日，傅斯年在給駐美大使胡適的信中就這樣說道：

適之先生：

這一封信中先寫幾件事。一、營造學社事。此事之情形，先生大略知之。自思成、式能等南至昆明之後，他們的工作照舊努力。思成去年大病一場，大約又有一段脊椎髓硬化，所以鐵背心又加高一段。但尋出原因是由於Tonsil，把此物割去乃大見好轉。近來身體精神均極Vigorous。思成、式能兩位帶著助理走了四川一大躺（趟），發見（現）了好些建築的及其他考古的材料，歸來興致勃勃。目下朱桂翁（朱啟鈐）在北平杜門謝客，一切偽組織中敗類概未牽連，比之董康——乃至周啟明——

> 真好的萬倍。他對於此事尚很熱心，北平尚有一大部人非養著不可，不無可慮（此情形甚普遍），此老病在床上，已無募捐之力。故此會所恃以為生活者，即中基會之一萬五千元。然而天下事有難知者，去年減了兩千，成了一萬三。中基會之困難世人皆知，然減款似不當自此社始也。且今年更有再減或取消此款之議。論此社之成績，與我們所中之考古組差堪比擬，亦為國外知名，此時停止，至為可惜，且昆明生活漲了十倍，比我們來時，目下仍上漲不已。北平最近也漲了六倍。其中之助理紛紛思走。在此情形下，先生其有以助之乎？我以為助之之法可有兩途：一，函中基會請其今年務必設法通過一萬五千之原數，此亦不過多請政府借款耳。此事先生一言必有大力也。二，目下美金換十八元，故先生能逢機向美國人捐到一小數，如一千元乃至五百元之數，一換便是大數，自然能多捐更好。明知先生以大使之地位，不便捐款，然如遇到此等人，順便捐到一個 tips 或亦不為大失大雅體面，因此乃私立之機關，自降生即在捐款中（且多是零捐）度日中。中國建築，洋人頗有對之有一幻想者，或此行或不難遇到賞識之人也。一切乞斟酌，至感至感！

營造學社之在昆明，與傅斯年本人及他主持的史語所或北大文科研究所並無關涉，梁思成等人後來之所以與史語所毗鄰而居，實為借閱圖書方便也。傅斯年之大慈大悲，除前文已述的原因外，也是他的性格使然。正如他在給胡適的另一封信中坦言：「（若）在太平之世，必可以學問見長，若為政府 persecuted，也還如是，惜乎其不然也。只是凡遇到公家之事，每每過量熱心，此種熱心確出於至誠。」又說：「自己不自覺之間，常在多管閒事，真把別人的事弄成自己的事，此比有意識者更壞事，以其更真也。」遺憾的是，傅斯年一片熱情與摯誠，未能改變梁思成與他主持的營造學社貧困之命運，不但遠在美國的胡適沒能捐到一個 tips，即使近在眼前的中基會撥款也一減再減，直至逼得流亡到李莊貧病交加的梁家，靠變賣手表、舊衣物，甚至一支小小的自來水筆苦撐時日。或許，正是處於這樣一種境況的梁家，對傅斯年在李莊又一次所表現出的至誠至愛才更有切身之感。

未久，林徽因給傅斯年寫了一封長信，表達了自己的感念之情。

孟真先生：

接到要件一束，大吃一驚，開函拜讀，則感與慚並，半天做奇異感！空言不能陳萬一，雅不欲循俗進謝，但得書不報，意又未安。躊躇了許久仍是臨書木訥，話不知從何說起！

今日里巷之士窮愁疾病，屯蹶顛沛者甚多。因為抗戰生活之一部，獨思成兄弟年來蒙你老兄種種幫忙，營救護理，無所不至，一切醫藥未曾欠缺，在你方面固然是存天下之義，而無有所私，但在我們方面雖感到 lucky（幸運），終總愧悚，深覺抗戰中未有貢獻，自身先成朋友及社會上的累贅的可恥。

現在你又以成、永兄弟危苦之情上聞介公，叢細之事累及詠霓先生，為擬長文說明工作之優異，侈譽過實，必使動聽，深知老兄苦心，但讀後慚汗滿背矣！

尤其是關於我的地方，一言之譽可使我疚心疾首，夙夜愁痛。日念平白吃了三十多年飯，始終是一張空頭支票難得兑現。好容易盼到孩子稍大，可以全力工作幾年，偏偏碰上大戰，轉入井臼柴米的陣地，五年大好光陰又失之交臂。近來更膠著於疾病處殘之階段，體衰智困，學問工作恐已無分（份），將來終負今日教勉之意，太難為情了。

素來厚惠可以言圖報，惟受同情，則感奮之餘反而緘默，此情想老兄伉儷皆能體諒，匆匆這幾行，自然書不盡意。思永已知此事否？思成平日謙謙怕見人，得電必苦不知所措。希望詠霓先生會將經過略告知之，俾引見訪謝時不至於茫然，此問雙安。（吳荔明《梁啟超和他的兒女們》，上海人民出版社，一九九九年版）

此信略有殘缺，落款日期已難覓，因而具體時間已不可考。據輾轉得到這封信影印件的梁思莊（梁思成妹）之女吳荔明推測：朱家驊收到傅斯年的求援信後，與翁文灝等人設法做了援救之策，而傅斯年得知確切消息或收到款子後，在轉給梁思成的同時，順便把他給朱家驊信的抄件一併轉來，意在說明緣由。而此時恰逢梁思成外出（最大可能是去重慶辦理公務），信落到林徽因的手中。林看罷自是感激莫名，未等梁思成回李莊，便先行修書一封，表示對傅感謝，同時順便做些謙虛性的解釋，並問及其他事宜，如「思永已知此事否」等等。

至於傅斯年為梁家兄弟討來多少款子，吳荔明說：「因為當事人都已經謝世，無法妄測，只有耐心等待相關檔案後才能真相大白。但是，林洙舅媽記得二舅曾告訴過她：收條是傅孟真代寫的。……傅斯年為

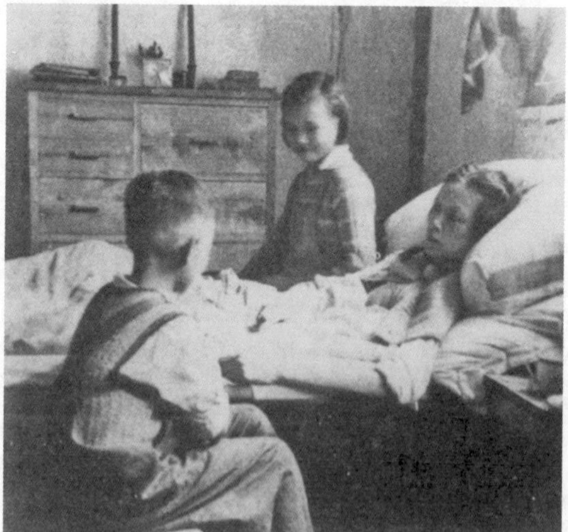
在李莊病中的林徽因與女兒梁再冰、兒子梁從誡。

思成、思永兄弟送來的這筆款子，無疑是雪中送炭，二舅媽林徽因和三舅思永，從此生活品質有了改觀。」（按：林徽因去世七年後，梁思成於一九六二年與清華建築系女同事林洙結婚。）

為了證明傅斯年確實送來了款子，吳荔明還引用梁思成給美國駐華好友費正清的信做補證，梁氏在信中寫道：「你們可能無法相信，我們的家境已經大為改善。每天生活十分正常，我按時上班從不間斷，徽因操持家務也不感到吃力，她說主要是她對事情的看法變了，而且有些小事也讓她感覺不錯，不像過去動不動就惱火。當然，祕密在於我們的經濟情況改善了。而最高興的是，徽因的體重兩個月來增加了八磅半。」（《梁啟超和他的兒女們》）

吳荔明的這個推測，有其合理的成分，但也有令人困惑之處，從梁思成致費氏的信中看，內中並未述及傅斯年送款之事，而後來費正清夫人費慰梅在寫梁思成與林徽因的傳記時，引用這封信之前是這樣說的：「可是，他（梁思成）已不再像從前那樣無憂無慮。他現在成了管理者，一個什麼都得管的『萬事通』，奔波在李莊和陪都之間籌集資金，成天忙於開會和連絡人等等，而不是從容不迫地專注於他的研究、繪圖和田野調查。」（《中國建築之魂——一個外國學者眼中的梁思成林徽因夫婦》，上海文藝出版社，二〇〇三年版）

從這段記載分析，似乎費慰梅更傾向於梁家生活的改善，是梁思成本人奔波的結果。

當然，要徹底推翻吳荔明的論斷是困難的，除了林洙一面之詞外，最能證明梁家得款的證據是林徽因在給傅斯年信中那句話，「希望詠霓先生會將經過略告知之，俾引見訪謝時不至於茫然。」倘若梁家未見成果，何以憑空生出「引見訪謝」之意？

這個謎團湮沒了六十多年後，於二十一世紀初有了破譯的線索。中國社會科學院近代史研究所得知翁文灝日記有一部分收藏於臺灣「國史館」後，經與翁的家屬和臺灣方面溝通，特派研究員李學通前往查閱核校。李從翁氏一九四二年的日記中發現了如下兩條記載：

九月十六日，訪陳布雷，談梁思成、思永事。又談魏道明為駐美大使，美方頗為不滿。

九月二十八日，接見周象賢、Fitzroy、周茂柏、李允成、黃人杰、張克忠、胡禕同、周國劍（送來蔣贈梁思成、思永貳萬元整，余即轉李莊傅孟真，託其轉交）。

（翁文灝著，李學通、劉萍、翁心鈞整理《翁文灝日記》，中華書局，二〇一〇年版）

如果沒有相牴牾的推理，這兩條日記就是梁氏兄弟得款過程和數目多少的鐵證，其操作程序當是朱家驊與時任國民政府經濟部資源委員會主任的翁文灝（詠霓）商談，由翁找蔣介石侍室一處主任陳布雷，再由陳向蔣呈報，蔣介石以他自己掌控的特別經費贈梁氏兄弟兩萬元，以示救濟。——這個環節得以破譯，上述三封信便可通解。

有一點必須提及的是，從傅斯年上書到蔣介石贈款的五個月裡，梁家兄弟的生活，特別是梁思永的病情一直有惡化的趨勢，必須隨時用藥物控制。而除了史語所有個醫務室和一位被同仁稱為「白開水」的專職醫務人員（南按：據石璋如說，每當同仁到醫務室看病，這位老哥就說多喝白開水，於是大家便送了他一個「白開水」的綽號），要從外部購點藥困難重重，傅斯年只好以割腕斷臂的方式打起了內部的主意，而這個主意產生的後果，正如八月六日傅斯年在給中央研究院總幹事葉企孫的信中所說：「又雲弟平日辦此所事，於人情之可以通融者無不竭力，如梁思永兄此次生病，弄得醫務室完全破產。」、「為思永病費，已受同人責言。」又，八月十四日信，「本所諸君子皆自命為大賢，一有例外，即為常例矣。如思永大病一事，醫費甚多，弟初亦料不到，輿論之不謂弟然也。」（歐陽哲生主編《傅斯年全集》第七卷，湖南教育出版社，二〇〇三年版）

由此可見，為了挽救梁思永的生命，傅斯年以他特有的霸氣加梁山好漢的哥們義氣，把醫務室本來並不厚實的家底，幾乎全部傾注在了梁思永身上，並出現了史語所同仁不滿和各種輿論的滋生，而傅斯年本人也感到進退不得、頗為惱火的情緒流露。事實上，在如此艱苦卓絕、生死茫茫的緊急關頭，因一個人的病情把整個史語所同仁、家眷所依靠的醫務室弄得破產解體，這對全所人員造成的惶恐是顯而易見的，輿論對傅氏的作法不以為然，甚至非議，也是一種必然。——若不如此，才是不可思議的。看來，即使在別人眼裡手眼通天、霸氣沖天、牛氣沖天的「三天」之才傅斯年，面對梁家兄弟這種特殊的情形，也有點力不從心之感。幸運的是，因有了蔣介石贈送的這筆款子，總算可以抬頭挺胸抹幾把額頭上的汗水，長噓一口氣了。

第九章 歲月如歌

就在傅斯年為梁思永、林徽因的病情處心積慮地謀畫籌款、醫治之時，史語所與中央博物院籌備處最為宏大和重要的支柱——李濟，由於家庭突遭不幸，又出現了坍塌崩毀的跡象。

抗戰爆發後，李濟帶著一家老少六口（父親郢客老人、妻子、女兒鳳徵和鶴徵、兒子光謨），從南京到重慶、長沙，再至桂林、越南、昆明，輾轉數千里，備受艱難困苦，總算有了一個喘息的機會。萬沒想到，一九四〇年夏，就在史語所議遷李莊時，十四歲的二女兒鶴徵突患急性胰腺炎，因得不到藥物及時治療而死去。一枝含苞待放的鮮花，無聲無息地凋落在紅土結成的高原之上，在西南邊陲那溫暖的陽光照耀下，永久地與青山茂林作伴了。

心中滴血的李濟夫婦在巨大的悲慟中，與逝去的愛女做最後辭別，含淚打點行裝，帶領全家匆忙遷往李莊，心頭的哀傷之情尚未淡去，一九四二年初春，在李莊宜賓中學讀書即將畢業的十七歲大女兒鳳徵又不幸身染傷寒，一病不起。因李莊缺醫少藥，終於不治，追隨早逝的妹妹鶴徵而去。愛女臨走的那天下午，握著父親李濟的手，有氣無力地說：「爸爸，我要活下去，我要考同濟大學，在李莊讀書，永遠不離開您和媽媽，還有爺爺……」但是，縱然如偉大的學者李濟博士，加之同濟大學醫學院的留德「海龜」醫學博士共同為之努力，置身於此種幾乎與世隔絕的艱難環境，亦回天乏術，只能眼睜睜地看著女兒美麗的雙眸悄然湧出兩滴淚珠，帶著無盡的遺憾走了。

當天中午，正在同濟大學附中讀書的李光謨放學回家，在羊街巷口與幾個同學玩鬧，只見平時稱謂張伯伯的同大醫學院教授提著一個小包袱從羊街六號跨出。待來到巷口，滿頭白髮的老教授眼圈紅紅的，上前拍了一把李光謨的肩頭，輕輕地說：「快回家吧，你姊姊去世了。」李光謨頭「嗡」地一聲響，撒腿跑回家中，撲到鳳徵的床前高呼姊姊，這位平日與自己經常嘻笑打鬧的姊姊，再也蕩漾不出那花一樣溫柔的笑容了，她以長久的沉默宣告了與弟弟的訣別。

鳳徵的墓地選在李莊郊外一座小山岡的平坦之處，這是李莊士紳張官周出於對郢客老人和李濟父子的敬重，特地從自家的園地中無償出讓的。小小的山岡之上，痛失愛女的李夫人撕心裂肺的呼喊，在荒草萋萋的山野迴蕩。李濟的眼裡汪著一潭痛楚的淚水，將一把把溫潤的泥土輕輕地撒落在女兒安息的墓穴裡。一片片於西南早春盛開的黃色花瓣被拋向天際，在這座新起的墳塋上空飄舞飛旋。沒有葬禮，

一九三五年春，歡迎李濟視察殷墟發掘團時合影。左起：王湘、胡厚宣、李光宇、祁延霈、劉燿（尹達）、梁思永、李濟、尹煥章、夏鼐、石璋如。（李光謨提供）

沒有悼詞，唯有滾滾的江水和陣陣襲來的山風，讓人感到生命的傷悲和淒美壯麗。

從一九四〇年到一九四二年的兩年間，李濟的兩個女兒就這樣走了，一個十四歲，一個十七歲。在不到兩年的時間裡，一「鶴」一「鳳」撇下風燭殘年的祖父、悲慟欲絕的雙親及年少的弟弟，悄無聲息地撒手人寰、乘風而去。

面對接踵而至的災難，李濟的夫人自不待言，即便見多識廣的熱血男兒李濟，心靈也遭受了前所未有的重創，在一夜接一夜痛苦的失眠與哀嘆中，精神支柱開始傾斜。過度的悲傷終於使李濟感到自己再也難以支持下去了，一個學術巨人即將倒下。李濟的父親李權（郢客）老人，這位清王朝末年的小京官、著名的詞人雅士，面對兩個從小團在自己身邊唧唧喳喳、小鳥般惹人愛戀的孫女不幸夭亡，更是悲情難抑，一夜之間身體便垮了下去。

很久以前，李老太爺在京城做官時，心中便有一種揮之不去的「身在異鄉為異客」的孤獨情結，故自號郢客，取郢（湖北）人客居異鄉之意。令他始料不及的是，自己不只成為北京城的異客，隨著戰爭的爆發，他以七十多歲高齡之身，隨李濟一家輾轉北京、南京、重慶、長沙、桂林、越南、昆明、李莊，萬里的顛沛流離，最後成了揚子江盡頭山坳裡的一名白髮蒼蒼的異客，其孤獨悲苦之情日甚一日。在李莊的日子，他將自己吟詩作賦的特長大加發揮，與史語所年輕人及李莊的士紳羅南陔、張官周等人唱和，藉以排遣對山河破碎的憂愁和心中的苦悶。當心愛的兩個孫女乘風而去後，李老太爺頓時陷入了白髮人送黑髮人的巨大悲慟中，身體如泰山之崩裂，不久即中風癱瘓在床，生活不能自理。老爺子自感將不久於人世，遂立下遺囑，一旦自己魂歸道山，讓家人在其墓碑上鐫刻「詞人郢客李權之墓」以示紀念。五年之後，當身衰體殘、骨瘦如柴的郢客老人在南京去世時，李濟按照父親生前的遺囑，一字未改地書寫了碑文，算是實踐了老人的遺願。當年李濟在清華讀書時，郢客老人就以自己的文化良知和對政治的敏感諄諄告誡兒子，「以後踏入社會，不要參與政治，不要做官，如果風雲際會，非要做官不可，那就退而求其次，寧做一個七品小京官，而不去當縣太爺，因為縣衙門是最傷天害理的地方。」這樣的人生洞見和教誨，對成長中的兒子影響至深。無論是出洋之前還是成為「海龜」之後，在李濟的心目中，搞政治這一職業是世界上最黑暗、最骯髒、最下流的行當，當官是要和政治糾纏在一起的，因而不管做什麼行業的官，都潛伏著與政治這股臭味熏天的污泥濁水同流合污的危險，稍有不慎，即踏入泥坑而不能自拔，甚而落入萬劫不復的深淵。

在一種淒涼悲苦的心境和「自覺」下，失去愛女的李濟找到傅斯年，於李莊郊外板栗坳那月高風清的晚上，兩人進行了一次秉燭長談。按李濟的想法，他要辭去史語所考古組主任和中央博物院籌備處主任之職，去掉安在自己頭上的兩頂「官帽」，以便擺脫行政事務煩擾，調整心態，做點案頭研究工作，以緩解日甚一日的精神苦痛。對李濟的處境和精神狀態，傅斯年深感這根宏大支柱一旦坍塌，對史語所和中央博物院籌備處的工作將意謂著什麼。在如此艱難困苦的緊要關頭，他所做的就是要盡可能地使對方從頹喪萎靡中振作起來，開拓出一片新天地。這個晚上，傅斯年與李濟所談的內容，外界已無法得窺全豹，後人只能透過李、傅兩人的通信管窺片羽。

一九四二年三月二十七日，李濟在李莊鎮張家祠內的中央博物院籌備處辦公室，以憂傷的筆調給傅斯年修書一封，派人送到幾里地外的板栗坳，信中說：「前日所談，感弟至深。弟亦自知最近生活有大加調整之必要，但恐西北之行（未嘗不願）未必即能生效，或將更生其他枝節。數月以來，失眠已成一習慣，中夜輾轉，竊念研究所自成立以來，所成就之人才多矣，而弟愧不在其列，有負知己，誠自不安，然此亦非弟一人之咎。弟自覺今日最迫切之需要，為解脫，而非光輝。衷心所祈求者為數年安靜之時間。若再不

能得，或將成為一永久之廢物矣。」（《傅斯年檔案》）

從信中可以看出，那天晚上的交談，傅斯年除了給予同情、理解和好言相慰，還為李濟想出了一些解脫之法，如到西北地方進行田野調查等等，以緩解對方的精神壓力與惡劣的情緒。但一直處於極度痛苦與悲傷中的李濟，雖被傅氏的真誠與熱情所感動，終未能回心轉意。

三天之後，傅斯年回信，再次以誠摯坦率之言勸慰，「惠書敬悉，深感深感！大約四十為一大關，過此不能不寶愛時光矣，弟之大症，有一好處，即能辭去總幹事也。雖今日治學未必有望，而在總幹事任中必無望。援庵之『開快車』（彼亦同感而言），寅恪之『損之又損』，前者弟不能，後者弟亦求其如是矣。兄目前之事，不在博物院，而在精神之集中。博物院事，似乎辦事人不比史語所少，兄可不必多操心（此人勸我語，兄或鑒於衷事，然彼等事不能再有，亦不可有反常之心理也）。安陽報告固為一事，此外似尚需有一大工作，方可對得起此生。弟所以勸兄一往西

中央博物院籌備處在李莊舊址。

北者此也。總之，治學到我輩階段，無所著述，甚為可惜。兄之一生，至少需於安陽之外再有一大事，方對得起讀書三十年也。然西北不過是一法；其他亦有法，要看戰事如何耳。我之一病大約是一無結局，故此等問題多不敢想也。」

傅斯年推心置腹的一席話，令李濟不好意思再僵持下去，只好帶著一顆悲傷、抑鬱、孤獨滴血之心，在史語所考古組與中央博物院籌備處之間艱難地支撐。此時的李濟心中也許清楚，對傅斯年的談話與書信請求，著實是自己內心太過於痛苦悲觀，且急欲擺脫這種苦痛所想到的並不高明的辦法。就當時的情形，無論哪一個方面，都不容許自己輕易地對嘔心瀝血為之經營的事業撒手不管。這對「剛毅木訥、強力努行」的李濟來說更是如此。何況此時以史語所為主體組織的西北科學考察團之事正在緊張地籌畫之中，中央博物院的主力人馬，對岷江流域彭山一帶的田野發掘剛剛取得大捷，並醞釀對牧馬山墓葬大規模發掘。頭戴史語所三組主任、中央博物院籌備處主任兩頂「官帽」的李濟，此時如同乾手插在了溼面裡，想抖得一乾二淨幾乎是不可能的。歷史給予他的只能如在駐美大使任上的胡適自嘲：「做了過河卒子，只能拚命向前。」

早在一九四一年春季，在李濟的倡議下，經傅斯年、朱家驊及國民政府教育部部長陳立夫等實權派要員批准，擬組織一個川康古蹟考察團，對四川、西康兩省的古蹟做一次大規模調查、發掘。考察團由中研院史語所、中博籌備處、中國營造學社三家機構聯合組成，主要成員為中博籌備處的專任副研究員與事務員吳金鼎、曾昭燏、夏鼐、王介忱、趙青芳（後參加）；史語所考古組的高去尋；營造學社的陳明達等。考察團以吳金鼎為團長，主持全面工作。根據李濟的指示，考察團著重於彭山、樂山一帶調查崖墓，以便於盡快取得成果，於學術界造出如同當年安陽殷墟發掘一樣的大動靜、大收穫。在吳金鼎的率領下，考察團於一九四一年五月初自李莊乘船溯江而上，沿岷江直奔彭山而去，開始了歷史上首次對彭山崖墓進行具

一九四一年發掘四川彭山崖墓主要人員合影。左起：吳金鼎、王介忱、高去尋、馮漢驥、曾昭燏、李濟、夏鼐、陳明達。（南京博物院提供）

有科學性質的考古調查發掘。

自一九四一年五月始，川康古蹟考察團在彭山江口鎮方圓百里的崎嶇山區展開調查。六月十四日，考察團對江口附近崖墓開始大規模發掘。此後以江口為座標，一直向西延伸，發掘地點計有寂照庵、石龍溝、丁家坡、豆芽坊溝、李家溝、砦子山等處。至次年底，共探明崖墓墓址九百餘座，先後發掘漢代崖墓七十七座、磚墓兩座，所發掘墓葬均有詳細的勘測紀錄，並繪製了精確的實測圖。

一九四二年十二九日，嚴寒的冬天已經到來，岷江水位急速消退，吳金鼎等人儘管心有不甘，但鑑於運輸所必須的水位尺度，不得不開始停工撤退。在吳金鼎的組織

發掘團發掘的四川彭山王家坨崖墓，墓前少年為陳明達專門找來攝影，以標誌墓的高度。

指揮下，發掘團人員把出土的各類隨葬品、所採集的石質建築實物標本等等，總量在二十噸以上，分裝三條大船從江口鎮啟程，順岷江浩浩蕩蕩駛往李莊鎮碼頭。抗戰期間最大規模的一次田野考古發掘，以豐富的收穫而宣告結束。自此，考古人員進入了室內整理和再度遠赴成都琴臺——永陵發掘的新的歷程。

成都永陵，乃五代前蜀皇帝王建之墓。王建（八四七—九一八年），字光圖，河南舞陽人，唐末五代時期傑出的封建統治者。其創立的前蜀政權是五代十國時期承唐啟宋重要的國家政權，對後世在政治、經濟、文化等方面產生了巨大而深遠的影響。王建死後葬於成都，號為永陵。永陵未發掘之前，歷經千年滄桑，漸被後人忘卻，陵墓高大宏偉的土塚被後人附會為漢代大詞賦家司馬相如的「撫琴臺」，並於其上修建了琴臺建築。

一九四〇年秋，為躲避日本飛機轟炸，天成鐵路局在撫琴臺北面修築防空洞。工程進行之中，突被一道磚牆所阻，當時人們誤以為是「琴臺基腳」。四川省考古學家馮漢驥聞訊後，親臨現場調查，斷定其為古墓葬。一九四二年秋，四川省教育廳廳長郭子傑撥教育經費資助琴臺考古發掘。九月至十一月，馮漢驥

王建墓。

王建墓地宮形制與隨葬品。

率四川博物館籌備處部分員工進行了第一期發掘清理工作。一九四三年早春，傅斯年、李濟、梁思成三人相商，決定派出川康考察團支援成都永陵發掘，順便對出土文物進行研究。考察團仍以吳金鼎為團長，由史語所王文林、中央博物院籌備處王天木（振鐸），以及中國營造學社的莫宗江、盧繩等專家學者組隊，在李濟親自率領下，前往成都與四川省考古人員一道進行第二期考古發掘清理工作。

李濟等人走後，在李莊的梁思成甚為掛念，一九四三年一月六日，梁思成致信李濟詢問詳情，信曰：

濟老：

別來兩旬，聞老兄一路行程順利，至以為慰。永陵發掘進行何如？建築方面如何？內部有無

architectural treatments？甚願知其詳。雕塑方面，除已掘出一像外，後來有無新發現？全部工作何時可完？一堆問題，暇時乞示一二。

成都金陵大學農場各種種籽甚佳，弟擬懇帶番茄種籽一包，歸來行篋中似尚可容下耶？勞駕勞駕。

日前長遠輪由南溪上駛，至筲箕背遇匪，在岸上十餘人開槍，船上死三人（兩女一男）、傷二十餘人，水急漕狹，匪徒用木船一擁而上，將旅客現款及隨身表筆之類搜集光淨，從容逸去。船回縣城，再由城及李莊派兵往剿，則已無匪蹤矣。出事地點去城僅六、七里，匪人亦太不顧縣長老爺面子了！

即請

旅安

弟思成　拜上

（李光謨輯《李濟與友人通信選輯》〔抽印本・非賣品〕，一九九七年五月）

有道是三句話不離本行，此時的梁思成最牽掛的還是這座陵墓地宮中的雕塑與壁畫等文物。天遂人願，在這座龐大的帝王陵墓中，真的出土了大量的石雕與壁畫，且有王建本人的石像雕刻。這一發現傳到李莊，讓傅斯年、李濟、梁思成等人頗為興奮。九月十一日，李濟由李莊寄了一封信往成都四川博物館轉琴臺永陵發掘工地「發掘團團長」吳金鼎，信中可以看出發掘的情形與李莊方面的動作，「據來函及天木口頭報告，大石座之周圍雕刻，顏色猶新。孟真先生與弟已商請營造學社梁思成、莫宗江及盧繩三先生來蓉做詳細校驗工作，並請莫、盧兩君詳繪石刻女樂等像（為中央博物院及將來印刷用）。梁先生等一行為此工作在成都之旅費，可由中央博物院認帳。祈妥為招待，至以為託，並祈告知郭子傑廳長及漢驥兄。」未久，梁思成帶領莫、盧兩人赴成都永陵，對出土的石刻雕塑進行了全面清理保護，從而使此次發掘獲得了巨大成功。出土的王建石像、謚寶、玉大帶、玉冊等稀世文物，證明「撫琴臺」正是令歷代古物學家與考古學家苦苦追尋而不得的五代前蜀皇帝王建的永陵。此次由幾方學術團體組成的聯合發掘，使南宋以後即隱沒的王建陵墓葬終於重見天日，揭開了流傳千古的所謂「撫琴臺」之謎。從此，「撫琴臺」在成都學術界被永陵或王建墓代之，但民間多數仍沿襲舊稱。王建的永陵是中國二十世紀首次科學發掘的古代皇帝陵墓，在中國考古史上寫下了輝煌的一頁。

墓內出土的王建石雕像，是現存唯一一尊中國古代皇帝的真容雕像。

李約瑟的李莊之行

就在傅斯年、李濟、梁思成派大隊人馬遠赴成都發掘永陵，並為出土大批珍貴器物而沉浸在激動興奮之中時，一位高個子、長鼻子、藍眼睛的「老外」走進了李莊，使這個偏僻寂寞的小鎮掀起了一點略帶鹹澀意味的波瀾。來者就是後來聞名於世的英國劍橋大學教授、科技史專家李約瑟（Joseph Needham, 1900-

1995）。

一九四二年秋，英國政府在「二戰」最為重要的轉折時刻，決定派遣一批著名科學家與學者赴中國考察訪問，並給予人道主義援助。做為英國皇家學會會員、英國學術院院士，兼及初通中文並對東方文明懷有濃厚興趣的劍橋大學教授李約瑟有幸被選中，他與牛津大學的希臘文教授E. R. 多茲組成英國文化科學使團，代表英國學術院和皇家學會前往中國。一九四三年三月，李與幾位同事從印度加爾各答經中國與外界相連的唯一的一條通道——著名的「駝峰」航線，飛越喜馬拉雅山高空，進入雲南昆明，開始了長達四年的在華考察生涯。

在昆明逗留期間，李約瑟訪問了西南聯合大學與中央研究院在昆明的天文、化學和工程研究所，並為這幾家機構輸送了部分圖書、儀器等緊缺物品。

一九四三年三月二十一日，李約瑟一行由昆明飛往重慶。六月，於重慶成立了中英科學合作館，李約瑟出任館長，辦公地點設在英國駐華使館一側的平房內，人員由六位英國科學家和十位中國科學家組成。

援華時的李約瑟。

就在這個機構組建之時，李約瑟擬在自己最感興趣的中國古代科技成就、科學思想及其人類文化史上的價值，做深刻研究與比較，寫一部專著，名為《中國的科學和文化》（按：即後來著名的《中國科學技術史》）。此舉受到了中國政府要員如陳立夫、朱家驊、翁文灝等的大力支持，李約瑟決定立即行動起來，開始自己所夢想的偉大而輝煌的事業。於是，在一九四三年的夏季，李約瑟帶上助手開始了中國西南之旅，從而有了與李莊科學、教育界接觸交流的機緣。

一九四三年六月三日，李約瑟完成了對四川成都、樂山一線幾所大學與科研機構的訪問。在遷往樂山的武漢大學石聲漢教授的陪同下，與助手黃宗興及祕書等人，於五通橋搭乘一條鹽船沿岷江漂流而下，次日下午到達坐落在李莊鎮中心禹王宮（後改稱慧光寺）中的同濟大學校本部。在校方的安排下，李約瑟為同濟大學師生用德語做了四次科學演講報告，並會見了同濟著名教授童第周等人。

六月七日下午，李約瑟移往板栗坳等地，開始對李莊的其他科研機構考察訪問。

李氏在他的遊記中記載道：「沿著河邊一條小路離城（鎮），小路穿行於在熱浪中閃亮的玉米地之間。過了不遠以後，開始攀登一條壯觀的石級小路進入山裡。路上經過一座優美的石橋。我們抵達那裡時看見房屋都很隱蔽。」（李約瑟等編著，李廷明等譯《李約瑟遊記》，貴州人民出版社一九九九年版）在這裡「有許多寬敞的大宅邸，中央研究院歷史語言研究所、社會學研究所就設在這裡。研究所分別由著名學者傅斯年博士和陶孟和博士領導，約有七十位學者，因而是研究院兩個最大的研究所」。

傅與李相識後，很快結下了深厚的友情，李還在傅家住

同濟大學師生聽演講。（李約瑟攝）

了一晚。由於傅斯年的慷慨熱情，訪問期間，李約瑟在板栗坳看到了史語所幾乎所有的珍貴藏品，如大量的銅器、玉器和著名的安陽殷墟出土的甲骨等等。此外，還觀摩了歷史組收藏的大量竹簡和拓片，只見上面寫著「孔夫子時代的經典，也有一些清朝初年的帝國珍貴檔案，包括給耶穌會士的信件、給西藏的政令、中國朝廷任命日本幕府將軍為王侯的公文。語言學組擁有每一個省分的方言的留聲機唱片等。圖書也精采極了——有宋朝的真跡、活字版印刷的書籍等等」。多少年後，李約瑟還清楚地記得，臨下山時，「歷史語言研究所所長傅斯年又送我一部善本的《天工開物》。」對於史語所諸位人員的才學和熱情，李約瑟掩飾不住心中的喜悅，對他的妻子李大斐表述道：「那裡的學者是我迄今會見的人們中最傑出的，因這個學科一直是中國學者特別擅長的，這也是意料之中的事。」

受傅斯年之邀，李約瑟在板栗坳牌坊頭大廳為史語所與社會學所的研究人員做了一次精采的講演後，連夜給妻子李大斐寫信，信中頗為自豪地說：「我比較緊張，但演講非常成功。」又說：「今天我們要去參觀營造學社。該社由偉大的政治家和學者梁啟超的一個兒子主持（妳會記得有一次和妳從蘇格蘭回來的火車上，我讀過梁的書，並且給我留下了深刻的印象）。我們也要去參觀疏散到這裡的中央博物院。」

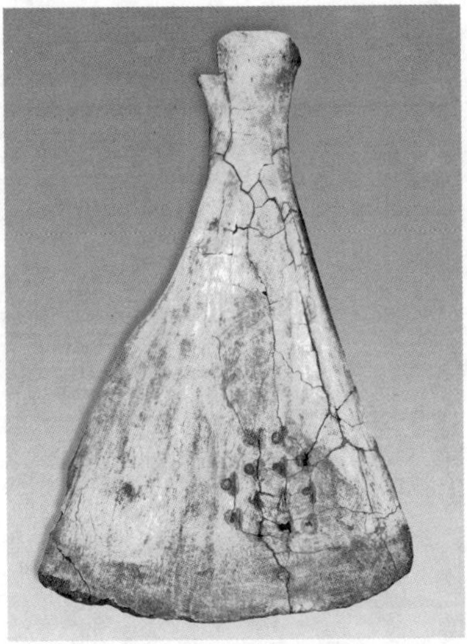

中央研究院史語所保存的殷墟出土的刻字甲骨。

在下山之前，李約瑟專門到門官田中央研究院社會學研究所訪問了所長陶孟和及湯象龍、梁方仲、巫寶三、羅爾綱等研究人員。此前，對李約瑟的科學計畫曾進行過「激烈爭吵」的美國大使館駐華官員費正清，於一九四二年十一月中旬，受他的好友梁思成邀請，在赴重慶參加會議的陶孟和陪同下來過此地。兩人搭乘一艘「破輪船上水」，經過三天三夜的動盪顛簸才到達李莊。一路上，費正清被中國內地千奇百怪的現象所吸引，費在回憶錄中曾專門提到一件趣事：當他看到一個呼吸困難的男子躺在地上，想上前幫助時，陶孟和卻不讓他多管閒事。陶說：「這也許是個圈套，你一旦碰了他，就很可能被纏住，迫使你花一筆冤枉錢。」費正清由此感嘆說：「可見做為社會學家的陶孟和對當時中國下層社會了解之深透。」

費正清來到李莊後，曾到過陶孟和在李莊鎮內租住的姚家院子和山中門官田社會科學研究所的辦公地點訪問，受到了研究人員平時難得一見的燒脆皮魚的特殊款待。當時費正清很想拜望一下在北平時就結識的好友、陶孟和的夫人沈性仁，遺憾的是沈氏同他的另一位好友林徽因一樣，因患嚴重的肺結核，已赴成都醫院接受治療，生死不明。費氏只好帶著無限的悵惘與陶孟和握別。

當李約瑟來到門官田見到這位著名的社會學家陶孟和時，陶正沉浸在巨大悲傷的陰影中未緩過氣來。他的妻子，曾經光彩照人、才華橫溢的民國時期一代名媛沈性仁死了。

當年浙江嘉興的沈家兄弟姊妹四人，其學識風度，名動公卿，海內外景仰。大姊沈性真，字亦雲，早年熱中於社會改革，辛亥革命時曾在上海組織女子軍事團，抗日戰爭中又創辦上海南屏女中，晚年寓居海外，所著《亦雲回憶錄》兩冊，頗受史家青睞。性真的丈夫乃國民黨元老黃郛，辛亥革命時，黃擔任滬軍第三師師長，與都督陳其美、團長蔣介石結為拜把子兄弟。北洋政府時期，擔任外交總長、教育總長、國務

陶孟和

總理；南京政府成立後，又擔任上海特別市市長、外交部長和北平政務整理委員會委員長等職。

沈性仁在家中排行老二，老三是他的弟弟沈怡，最後是小妹沈性元。沈氏家族的姊弟姊妹，頗類似宋氏家族的四姊弟，各自有著不同的政治抱負、不同的生活方式和人生追求。沈性元丈夫錢昌照（一八九九—一九八八年），出生於江蘇常熟書香門第，早年赴英國留學，就讀於倫敦政治經濟學院和牛津大學，師從拉斯基、韋伯等著名教授，並與他的學長陶孟和一樣深受費邊社的影響。學成歸國後，在張謇引薦下用一年時間遊歷了大半個中國，拜訪了張作霖、張學良、

沈氏兄妹等人合影。沈性元（左一）；二姊沈性仁（左二）；大姊沈性真（左三）；大姊夫黃郛（右三）；二姊夫陶孟和（右二）；兄沈怡（右一）。

閻錫山、吳佩孚、孫傳芳等實力派人物。不久，錢昌照與才高貌美的沈性元小姐訂婚，因沈氏家族的關係結識蔣介石，並受到蔣的重用，先後出任國民政府資源委員會副主任（翁文灝為主任）、國防設計委員會副祕書長等職。國共內戰爆發，國民黨兵敗如山倒時出走香港。一九四九年後從香港轉歸大陸，出任全國政協副主席、民革中央副主席等職。生前留下了一部《錢昌照回憶錄》，於他去世十年後出版。這部著作內容雖然簡略，但信息豐富，「為治民國政治、工業和教育史所不可忽視的重要資料。」從這部回憶錄中可知，在名噪一時的黃河三門峽工程開工之前，不只是國內的名流黃炎培之子黃萬里教授極力表示反對，海外也同樣傳出了極富前瞻性和高智商的不和諧之音，而發出這一

一九五五年，錢昌照（右一）一家與陶孟和（中）合影。

聲音的就是錢昌照的內兄、沈家的老三、早年畢業於同濟大學、後留學德國的水利專家沈怡。沈在留德期間專門研究黃河治理，二十世紀三〇年代歸國後從政，曾任上海工務局局長、資源委員會祕書、民國政府交通部次長、南京特別市市長等職。沈對黃河治理情有獨鍾，一九四六年夏，在南京市市長任上時仍沒有忘記黃河治理問題，曾專門組織黃河顧問團考察黃河流域，並聘請三位美籍顧問前來考察（包括薩凡奇、柯登，薩凡奇藉此機會第二次到國民黨擬建的三峽工程壩址查勘地形地質）。一九四八年，沈怡出任聯合國遠東防洪局局長，駐泰國數年，領導治理湄公河。再後來沈怡去臺灣，曾任「交通部」部長，後僑居美國，並於一九八〇年去世，享年七十九歲。沈怡早年有〈水災與今後中國之水利問題〉（一九三二年十一月《東方雜誌》第二十八卷，第二十二號）等論文，並有《黃河年表》（一九三四年出版）、《黃河問題》（一九三五年出版）等專著問世，是中國為數不多的黃河專家和市政工程專家。晚年罹患癌症之後，他的妹妹、錢昌照（時為全國政協副主席）夫人沈性元赴美探望。受水利部之託，沈性元將「長江三峽計畫」的資料帶去徵求意見，被沈怡拒絕。他說：「當初建造黃河三門峽時，我在國外撰文認為幹不得，中蘇專家不聽，鬧成笑話。我又何必再操這個心呢？」沈性元怕回國後不好交差，經一再勸說，沈怡才勉強看了一下資料，寫了幾條意見。當年沈怡反對黃河三門峽工程的具體意見如何，是否為國內高層和專家學者所了解，已不得而知。有研究者後來推測，「在當時，即使他的意見為國人所知，大概也會當作潛伏在國外的階級敵人的惡毒攻擊，反而會增加主建派的砝碼。」事實上，許多政治化的工程都是如此的命運。沈怡生前還著有《沈怡自述》，在他去世五年後於臺灣出版，其中對錢昌照的政治生涯特別是晚年的政治態度多有批評。

一代名媛沈性仁

做為民國時期一代名媛的沈性仁，早年留學歐美，在「五四」時期，就有翻譯戲劇作品《遺扇記》於《新青年》發表（第五卷第六期，第六卷第一、三期，一九一八年十二月和一九一九年一、三月）。此劇後來被譯為《少奶奶的扇子》和《溫德梅爾夫人的扇子》，曾搬上舞臺演出。這是外國話劇最早的白話語體翻譯劇本之一在中國發表，也是中國白話文運動的源頭。正是在這一探索性成果的基礎上，才產生了波瀾壯闊、影響深遠的白話文運動和新文學運動。此後，她與徐志摩共同翻譯了《瑪麗．瑪麗》等文學作品，並引起文化界廣泛的注意，特別受到林徽因的讚賞。

除文學戲劇外，沈性仁對社會經濟問題亦有較大的興趣。一九二〇年，他與丈夫陶孟和合譯的《歐洲和議後的經濟》（凱因斯著）被納入《新青年叢書》第六種出版。荷裔美國科普作家房龍的成名作《人類的故事》於一九二一年出版後僅四年，就由沈性仁翻譯成中文，由商務印書館出版（一九二五年），並在中國掀起了一股經久不衰的「房龍熱」。後來成為歷史學家、作家的曹聚仁曾回憶道：「二〇年代在候車時偶然買到《人類的故事》中譯本，於是那天下午，我發癡似的，把這部史話讀下去。車來了，我在車上讀。到了家中，把晚飯吞下去，就靠在床上讀，一直讀到天明，走馬觀花地總算看完了。這五十年中，總是看了又看，除了《儒林外史》、《紅樓夢》，沒有其他的書這麼吸引我了。我還立志要寫一部《東方的人類故事》。歲月迫人，看來是寫不成了。但房龍對我的影響，真的比王船山、章實齋還深遠呢！」儘管曹氏沒有談及沈性仁的翻譯之功，但若沒有沈氏的努力就不會如此快捷地看到《人類的故事》並大受影響，這一事實想來曹氏是不會否認的。

左為徐志摩詩集《落葉》封面，右為徐志摩與沈性仁合譯的《瑪麗·瑪麗》封面。兩個封面均為聞一多設計。

當年徐志摩自海外歸國，在北平發起了一個文學沙龍——新月社，常來石虎胡同七號參加聚餐會和新月俱樂部活動的人物有胡適、徐志摩、陳西瀅、凌叔華、沈性仁、蹇季常、林徽因、林語堂、張歆海、饒夢侃、余上沅、丁西林等大學教授和作家文人，也有黃子美、徐申如等企業界、金融界人士。還有梁啟超、林長民、丁文江、張君勱等社會、政界名流，可謂一時俊彥，大有「談笑有鴻儒，往來無白丁」之聲勢。據當時參與者回憶，這些出身背景、興趣和職業不盡相同的人物，所談話題從政治、經濟、文化、教育到文學，駁雜多樣，所關心的問題也不盡一致，雖然來俱樂部「社交」的目的是一樣的。

就在這一時期，沈性仁與梁思成、林徽因、徐志摩、金岳霖、胡適，甚至生性靦腆的朱自清等文人學者，相識相交並成為要好的朋友。後來，隨著梁思成、林徽因由東北返平，住進北總布胡同三號，以及「太太的客廳」的形成，陶孟和與沈性仁便成為「客廳」中的主要賓客。冰心的小說〈我們太太的客廳〉裡的「科學家陶先生」，指的就是陶孟和——假如一一對號入座的話。

對於沈氏高雅的儀態與沉魚落雁的容貌，做為女性的林徽因既羨且佩，而金岳霖與沈初次相見即驚為天人，大為傾心動情。深深愛著林徽因但並不常作詩的老金，與沈性仁相識後，也一反常態地做起愛情詩來，他在題贈沈性仁的一首藏頭詩中寫道：「性如竹影疏中日，仁是蘭香靜處風。」以婆娑的竹影與蘭花之香來比喻「性仁」之風采麗姿，其傾慕豔羨之情溢於言表。

被譽為「民主先生和自由男神」（唐德剛語）的胡適，曾主張做為一個具有現代知識的人，就需要有幾個女友，因為男女之間在觀察處理事物、性情陶冶方面常有互相彌補的益處云云。他在一九一八年四月五日由北平寫給家鄉母親的信中，說到當日應邀在丁（文江）先生夫婦家吃飯，同席有陶孟和及其未婚妻沈性仁，還有另外一位沈女士，大家在一起聚談。然後說：「我在外國慣了，回國後沒有女朋友可談，覺得好像社會上缺了一種重要的分子。在北平幾個月，只認得章行嚴先生的夫人吳弱男女士。吳夫人是安徽大詩人吳君遂（北山樓主人）先生的女兒，曾在英國住了六年，很有學問。故我常去和她談談。近來才認得上面所說的幾個女朋友。」無論是此前還是之後，胡適都需要有女朋友助談，特別是受過良好教育的女性朋友，而沈性仁正是他心中所謀求渴望做異性朋友的絕佳人選。

或許生性過於靦腆，或許心中過於憂傷，在清華任教的文學家朱自清，每見到漂亮或心儀的女人，都有精細的觀察，且在日記中有簡約記載。如：

一九二四年九月五日，由溫州乘船赴寧波任教。「船中見一婦人。臉甚美，著肉絲襪，肉色瑩然可見。

腰肢亦細，有弱柳臨風之態。」

一九三二年八月十六日，蜜月中遊完普陀，「到上海，赴六妹處，遇鄧明芳女士，頗有標格。」一九三三年一月二十二日，入城，在楊今甫處午飯，飯後論《啼笑因緣》及《人海微瀾》。「旋陶孟和夫婦來，陶夫人余已不見數載，而少年似昔，境遇與人生關係真巨哉。」朱氏記載的陶夫人即沈性仁，「少年似昔」，當是指已近中年的沈氏美貌風采均不減當年，仍是妙齡春色、甜怡誘人，而不是徐娘半老、風韻猶存的俗世比喻。從這句頗為含蓄的隱語中，可窺知沈性仁當年奪人心魄的高雅氣質和朱自清內心豔羨動情的波光流影。

一切都如朱自清筆下的荷塘月色般悄然流逝。抗戰爆發後，沈性仁隨陶孟和開始了流亡生活。幾年的戰亂與生活困苦，使她的身體受到巨大耗損，生命在磨難中一點點走向消亡。自從社會科學研究所由昆明遷到李莊後，由於環境和氣候的變化，特別是如德國人王安娜博士曾說過的重慶一帶的環境一樣，由於川南一帶含硫量很高的煤塊燒出來的煤煙混在一起成了煙霧，而這些瀰漫著硫黃味的濃煙整日徘徊於李莊及周邊地區上空不散，與林徽因的遭遇幾乎相同，沈性仁也患了嚴重的肺結核，且日甚一日，幾度臥床不起。陶孟和想方設法為其醫治，但鑑於李莊缺醫少藥的現狀，連同濟大學道業高深的醫學教授都深感無能為力，陶孟和只有看著俏麗文靜的夫人一天天消瘦下去。到了一九四二年秋，國民政府資源委員會組織一個考察團去西北各地旅行，陶孟和聞訊，找到連襟錢昌照，讓沈性仁順便搭車去蘭州治病。在陶、沈夫婦看來，或許西北清爽的空氣和蘭州城的醫療條件能使肺病有所控制。意想不到的是，這一去竟成永訣，一九四三年一月二十一日，沈性仁在蘭州撒手歸天。

沈性仁病逝的消息傳出後，除了她的家人悲慟欲絕，許多相識的朋友也為之灑下了悲傷的熱淚。費正清曾哀婉地慨嘆道：「她是我們朋友中最早去世的一個。」一月二十三日晚上，在昆明西南聯大的金岳霖接到沈性仁去世的電報後，「當時就像坐很快的電梯下很高的樓般，一下子昏天黑地。」等穩下來時，「又看見性仁站在面前。」沈性仁在去世的八天前，還親筆給遠在昆明的老金寫過一封信，「那封條理分明，字句之間充滿著一種淡味、一種中國人和英國人所最欣賞的不過火的幽默」的信，讓老金無法相信「八天的工夫就人天闊別」的殘酷現實。於是，金岳霖懷著悲天憫人的情感，寫下了一篇含血沾淚的悼文，以紀念這位在中國白話文運動史上做出過傑出貢獻的光彩照人的女性。

老金認為，沈性仁是「非常單純之人，不過她也許在人叢中住，卻不必在人叢中活而已」。「佛家的居心遇儒家的生活……單就事說，性仁能做的事非常之多；就她的性格說，她能做的事體也許就不那麼多了。」她是一個入山惟恐不深、離市惟恐不遠的真正高雅、淡泊、風韻無邊的人間女神。文中又說：

一九三二年，朱自清、陳竹隱與友人攝於清華大學圖書館門前。右一為陳竹隱，右四為朱自清。

認識性仁的人免不了要感覺到她確雅，可是她絕對不求雅，不但不會求雅，而且還似乎反對雅。……我猜想她雖然站在人群的旁邊，然而對於人的苦痛她仍是非常之關心的。在大多數人十多年來生活那麼艱苦的情形之下，雅對於她也許充滿著一種與時代毫不相干的紳士味……性仁雖然站在人群的旁邊，然而對於朋友她又推赤心於人、肝膽相照、利害相關，以朋友的問題為自己的問題。她是想像力非常之大而思想又百分的用到的人，可是想像所及的困難有時比實際上的困難還要大。她在李莊聽見昆明的物價高漲的時候，她深為奚若太太發愁，恨不能幫點小忙。然而她無法可想，而在那束手無策的狀態之下，她只有自己想像而已。想的愈多，困難也就愈大。這不過是一例子而已，這一類的景況非常之多。朋友們的處境困難常常反比不上性仁為她們著想而發生的心緒上的憂愁。她的生活差不多以自己為中心，有的時候我簡直感覺到她的生活是為人的生活，不是為自己生活。也許她這樣的心靈是中國文化最優秀的作品。

金岳霖這篇〈悼沈性仁〉的敘事散文，堪稱民國史上所有散文作品中寫女人寫得最細膩、最優美的文字之一，文中蘊涵了英國紳士式的從容、清純、灑脫、飄逸，伴著中國古典的深厚綿長和淡淡的哀傷，讀之感人肺腑，韻味綿長不絕。金岳霖不僅有一顆哲學家的頭腦，還應當算是世上最為難得的一位好男兒、好情人。假如把老金與風流成性的情種徐志摩相比，金氏對女人的了解和洞見要比徐更透徹、更遼遠、更有深度，也更能切近女人的心扉。

據沈性仁的小妹、錢昌照夫人沈性元說：「回憶到金老（岳霖）對我二姊性仁的尊重理解。金老認為，性仁二姊的性格是內向型的。她文靜、深思、內涵比較充實……金老稱之為『雅』。性仁二姊待人誠摯、處事有方，這些我們父母所留給她的品格，也許由於她愛好文藝所獲取的哲理而更深化了些。」又說：「二姊處在多難的舊中國，身居在知識分子經濟不寬裕的家庭，家務之外，有不少朋友的社交活動，還能抽出時間勤於譯著，她翻譯了房龍的名著《人類的故事》，此外也譯有英文中篇小說。這些也是金老所欽佩的一方面吧！」

金岳霖對沈性仁傾心已久，沈對老金也極為敬佩。沈性元說：「我從二姊偶然的話語裡，得知金老搞邏輯學，寫作有個少有的特點：常常費了不少工夫寫成厚厚的一疊稿了，當發現其中有不滿意處，他會把全部稿子毀棄，絕不『敝帚自珍』，更不會以為『文章是自己的好』。他會重新開始，有疑義就再作廢而不惜，絕不把自己所不滿意的東西問世饗人。金老，當年的『老金』就是這般著作治學的，他得到二姊的衷心欽佩。」（沈性元〈不失其「赤子之心」的學者——對金岳霖先生的點滴回憶〉，載《金岳霖的回憶與回憶金岳霖》）

做為與沈性仁相濡以沫，共同經歷了世間滄桑、生死離亂的陶孟和，沒有專門寫下懷念愛妻的文字，但其內心的苦楚與孤寂自是非文字所能表述於萬一。據當時在社會科學研究所的研究人員巫寶三回憶：「李莊雖是一個文化區，但與西南聯大所在地的昆明大有不同。同濟是一理工醫大學，無文法科，因此陶先生同輩友好在此不多，經常來晤談者，僅梁思成、思永兄弟，李濟、董作賓等數人而已。同時陶老的夫人當時健康欠佳，後去蘭州休養，在抗戰後期病故。陶先生大半時間住在李莊，生活孤寂可知。但處境雖然如此，他對扶植研究事業的熱忱，一仍往昔。在夏季，他頭戴大草帽、身著灰短褲，徒步往返於鎮上及門官田的情景，猶歷歷在目。」

梁家的烤鴨

當李約瑟到來時，陶孟和似乎還沒有從失去夫人的哀慟中完全解脫出來，剛剛五十七歲就已是頭髮花白、身軀佝僂，變得沉默寡言，且有幾分恍惚，望之令人辛酸。這個時候的陶孟和正領導所內部分研究人員，以「抗戰損失研究和估計」為題進行調查研究。此前，陶氏對第一次世界大戰交戰國各方面的損失估計，以及戰後和會各方代表談判情形有過詳細了解。抗日戰爭爆發後，他極富政治戰略眼光地向國民政府提出，「戰時經濟狀況及其損失應做為一個重大課題及早調查研究，以做為抗戰勝利後和會談判的依據。」在這一戰略思想指導下，一九三九年在昆明開始，陶孟和就集中精力組織人力調查研究淪陷區工廠及其他經濟文化機構遷移情況。來李莊後，整個研究所的工作由原來的經濟、法律、社會學等諸領域，轉到了經濟學，並確定了以戰時經濟研究為主的總方針，開始了由調查問題、揭示問題、向協助政府解決問題的轉化。在此期間，陶氏與研究所同仁著手編纂抗戰以來的經濟大事記，並出版了對淪陷區經濟調查報告及經濟概覽。受翁文灝主持的國民政府經濟部委託，專題研究了戰時物價變動情況，同時受國民政府軍事委員會參事室委託，調查研究並完成了《一九三七—一九四〇年中國抗戰損失估計》等科學性論證報告。

令陶孟和為之扼腕的是，他與他的同事輾轉幾萬里，含辛茹苦，耗時八年，以國際通用的科學計算方法調查研究出的科學報告，因戰後國共兩黨與日本政府的複雜關係，竟成了一堆廢紙，被當局棄之而不再理會。最後的結局是：中國人民八年艱苦卓絕的抗日戰爭打贏了，但國共雙方分別代表自己所統領的人民大眾，卻主動放棄了對日本方面的戰爭索賠，中國在戰爭中折合當時美元計算數額高達一千億以上的各種經濟損失，全部付之東流，未得到一分一厘的賠償。而從李莊走出來的社會科學研究所，自一九五二年被戴上了一頂「偽科學」的鐵帽子而宣告解體。陶孟和做為一個失去了專業依託的老人，晚年的人生也隨之步上了另一段高聳雲端、搖晃不止、虛無縹緲的天梯。在忽忽悠悠地騰雲駕霧中，陶氏再次發出了久積於心的呼喊：「夢想是人類最有害的東西。」憂鬱而終。這是當時在李莊時期的陶孟和與社會學研究所的全體人員沒有料到的。（按：二〇〇四年，一個撿垃圾的老漢在北京某地一個丟棄的廢墟中，撿到一麻袋文件，經近代史研究所專家鑑定，這正是當年陶孟和等人所做的戰爭期間中國損失調查。但對這堆「廢物」做何處理，仍無人理會。）

陶孟和等人在李莊撰寫《一九三七－一九四〇年中國抗戰損失估計》科學報告的辦公室舊址。（王榮全攝並提供）

卻說李約瑟來到門官田社會科學研究所，與陶孟和及其他大大小小的研究人員進行了交談，索取了部分資料，對各位人員的精神風貌和研究成果給予了充分的理解，並在日記中寫下了「由此可見，即使在困難時期，川西的生物學、社會學的研究也很豐富」等讚語。

在李約瑟訪問板栗坳史語所時，他就通過傅斯年託人捎口信，要去拜訪心儀已久的主持中國營造學社工作的梁思成。由於梁啟超巨大的光芒和社會影響力，可能當時介紹的人沒有提到也許更能令李約瑟心馳神往的一代才女加美人林徽因，否則以他好奇和愛美的性情，不會不在自己的文字中加以提及。而事實上，他當時在給夫人的書信和後來撰寫的遊記中，只提到了「偉大的政治家和學者梁啟超的兒子」梁思成。

在上壩月亮田農舍的梁思成得到消息後，儘管對於李約瑟其人未曾相識，亦不了解底細，但想到既然對方號稱為了中英文化交流而來，做為東道主就要盡其所能地招待一番。只是此時梁家包括整個營造學社幾乎一貧如洗，平時吃飯都成問題，哪裡還有特殊的條件予以招待。半年前，當費正清與陶孟和一道從重慶來到李莊時，這位來自美國的文化官員親眼目睹了知識分子貧困的生活條件。當費氏看了梁家與營造學社的窘迫狀況後，曾勸梁思成賣掉自來水筆、手表等物，以換取急需的食物來維持生計，並表示日後將盡力設法在經濟上給予協助。後來費正清頗為感慨地說道：「依我設想，如果美國人處在此種境遇，也許早就拋棄書本、另謀門道、改善生活去了。但是這個曾經接受過高度訓練的中國知識界，一面接受了原始淳樸的農民生活，一面繼續致力於他們的學術研究事業。學者所承擔的社會職責，已根深柢固地滲透在社會結構和對個人前途的期望之中了。」（費正清《費正清對華回憶錄》）

李約瑟來李莊之前，營造學社人員經歷了一陣迴光返照式的興盛之後，又無可挽回地再度陷入了衰落。因為「主要成員梁思成、劉敦楨由於當時環境，在工作上意見相左，遂造成不能合作之局，其他同仁亦有相繼離去者」。劉敦楨已於半年前攜家帶口離開李莊，乘船赴重慶中央大學任教，盧繩等人也各奔東西。原本就風雨飄搖的營造學社，兩根宏大支柱突然折掉一根，梁思成獨木苦撐、掙扎度日，大有樹倒猢猻散之危。據說，當劉敦楨決定離開李莊另謀高就的那天，梁、劉兩人談了一夜，最後都流了眼淚。世事滄桑，聚散分離，本屬正常，只是在這樣的境況下訣別，令人倍感淒涼傷心。

此次面對李約瑟的到訪，家徒四壁又好面子的梁思成，抓耳撓腮地在院子裡轉了幾圈後，突然發現鴨子們還不知憂愁地呱呱亂叫。這是梁家自春天就開始餵養的幾隻本地鴨，除指望下幾個鴨蛋補助一下林徽因與梁思永的病體外，還準備秋後宰殺幾隻，好好犒勞平日難見油星的營造學社同仁。如今貴客臨門，梁思成只好忍痛割愛，決定先宰殺兩隻公鴨以款待客人。前來的李約瑟當然不知這一令人辛酸的背景，只是以驚喜的心情飽嘗了一頓美味。這一情形，林徽因在寫給費正清夫婦的信中有過表述：「李約瑟教授剛來過這裡，吃了炸鴨子，

李莊上壩月亮田中國營造學社舊址。一九四〇—一九四六年中國營造學社從昆明遷到四川南溪縣李莊鎮。梁思成、林徽因等在這裡完成了《圖像中國建設史》英文著作，該書成為日後此領域的學術經典。

已經走了。開始時人們打賭說李教授在李莊時根本不會笑，我承認李莊不是一個會讓客人過度興奮的地方，但我們還是有理由期待一個在戰爭時期不辭辛苦地為了他所熱愛的中國早期科學而來到中國的人會笑一笑。」

事實上，李約瑟見到他心目中的「偉大的政治家和學者梁啟超的兒子」梁思成，以及躺在病床上的「兒子」的媳婦林徽因，並做了簡短交談後，這對夫婦的才華和美貌外加不凡的舉止，令李約瑟大為驚喜的同時，也出人意料地露出了笑容。他當著眾人的面表示自己能與梁、林夫婦在李莊這個偏僻的小鎮上相會，感到非常高興和自豪。同時李約瑟也沒忘記以英國紳士的風度，誇讚一代才女林徽因那帶有愛爾蘭口音的英語。林徽因在信中對費正清夫婦說：「我從不知道英國人對愛爾蘭還有如此好感。」這個時候的梁、林夫婦尚不知道，愛爾蘭正是李約瑟生命中最難忘的成長之地。林徽因的愛爾蘭口音，正好給予了對方他鄉遇故知的知音之誼，在戰亂流離的異國他鄉，能遭逢如此快事，做為對故鄉懷有深情眷戀的李約瑟焉能不露出真誠的笑容？

李氏詳細觀看了營造學社的研究課題，親眼目睹了在如此艱苦卓絕的環境中研究人員的工作態度，心靈受到強大震撼。他在自己所寫的遊記中，曾真誠地預言道：「如果戰後中國政府真正大規模地從財政上支持研究和開發，二十年後，中國會成為主要的科學國家。中國人具有民主的幽默感和儒家高尚的社會理想。認為中國人會屈從於日本帝國主義侵略者的誘降是不可思議的。」

六月十三日，李約瑟來到位於李莊鎮張家祠內的中央博物院籌備處進行訪問，並做李莊之行的告別演講。在演講之前，一個意外插曲的出現給眾人留下了深刻印象——這就是傅斯年與陶孟和的握手言歡。

傅斯年與陶孟和之爭

陶孟和儘管是傅斯年的師輩，且兩人除了在中央研究院擔任一個級別的所長外，同為國民政府參政會參議員，但傅一直不把陶氏當長輩看待，究其原因頗為複雜，但有一點不可忽略，這就是當年陶孟和脫離北大後，是靠著籌建北平社會調查研究所另立山頭起家的。後來中央研究院成立，也弄了一個社會學所，於是在南京的蔡元培、丁文江等人便感到在北平的陶孟和有與自己爭地盤、搶鋒頭之意，根據一山不容二虎的處世哲學，蔡、丁與傅斯年等人便決定勸陶率部歸降中央研究院，但陶死活不從。蔡元培、丁文江連同傅斯年見陶氏敬酒不吃、想吃罰酒，遂大怒，絕計以武力征伐之。當時陶部的經費來源由中基會撥付，丁文江、傅斯年便採取斷絕糧道之策，與中基會總幹事任鴻雋串通一氣，給予致命重創。陶孟和眼看所部要流浪街頭，萬般無奈中，只好按蔡、丁、傅等人指出的路子，「放下武器，接受改編」。於是，陶孟和含淚把隊伍由北平拉到南京，自此成了中央研究院下屬的一個研究所。

出身水泊梁山之鄉的傅斯年深知御人之道。當年眾弟兄造反起事時，來自少華山的史進、朱武弟兄被以晁蓋、宋江領導的梁山武裝集團兼併改編後，於後來的眾勢力平衡和兄弟排座次中，史進被列入三十六天罡這一領導層內，朱武居為七十二地煞星之首。陶孟和率部接受改編後，按傅斯年的建議，其隊伍仍按梁山的辦法，沒有遭到分割肢解，仍按原建制保留，只是為了與舊體制、也就是「少華山」山頭有所區別，讓各位被改編者認識到此處非彼處，需好自為之，原名稱改換成中央研究院社會科學研究所，陶孟和以中央研究院「十一罡星」的身分出任高級領導層的所長一職，副所長也由陶的舊部擔任，算是「地煞星」之一。

當新的格局形成後，歷史給予陶孟和一個可以立於不敗之地的契機，那就是盡快招兵買馬，培植自己的班底。由於陶氏在北大任教多年，樹大根深，具有一定的號召力；在此之前，原北平社會調查所的人員全部來自北大；而此時做為「北大之父」兼中研院院長的蔡元培，對這所學府和學子的影響與號召力，自然是陶孟和輩不能望其項背的。於是，在併入中研院之後，陶氏改變了原來的戰略戰術，除從北大招收人員外，開始在清華、燕京、南開、武漢、復旦、中大（南京）等高校廣泛撒網，招收畢業生入自己主持的研究所，以這種特有的雜交混血式的新生力量，為自己連同研究所本身在中研院的立足奠定基礎。因陶孟和想一舉做大，在氣勢上壓倒群雄的求勝心理，加之各大學的畢業生來勢凶猛，陶孟和已無力選拔、延聘留學國外的「海歸派」，直到抗戰爆發前，陶氏所主持的研究人員與儲備人員共五十餘眾的研究所，只有梁方仲等四位為「海歸派」，其他人則黨性色彩混雜，且這僅有的四位「海歸派」皆屬於名聲不大的「小海歸派」，根本無法與學術「大鱷」如傅斯年、陳寅恪、趙元任、李濟、梁思永、李方桂等武功蓋世的特大型「海歸派」相提並論，而傅、陳、梁等人又出身名門，非常看重家學淵源與本人在學界的身分地位，因而中研院其他所的人員，包括史語所的傅斯年、陳寅恪等人，戲稱陶孟和的調查所為「土鱉」或「土包子」調查所，大有輕視之意。

抗戰軍興，陶部在一路流亡動盪中雖有些變化，但與其他幾個相比，仍未見大的改觀，歐風美雨很難沾到自己身上，頗有風颳不透、水潑不進的頑石狀加外來單幹戶的味道。在藏龍臥虎的「水泊梁山」族群中，這支隊伍也只能是謹言慎行、如履薄冰、委曲求全地居於花和尚魯智深、母夜叉孫二娘等列位大哥大嫂之下了。

與此相反的是，做為最早入夥「水泊梁山」的傅斯年，自有一種先到為主、占山為王的霸氣、驕氣與傲氣「三氣」疊加之態勢。據時任《中央日報》主筆的程滄波回憶，「我與孟真接觸頻繁，在中央研究院成立時，蔡先生常常住在當時南京成賢街的中央研究院總辦事處，我常去盤桓，和楊杏佛陪著蔡先生吃飯的機會更多。蔡先生是不吃飯的，在飯桌上，蔡先生席位上是一暖壺紹興酒，大概是六兩。蔡先生一個人獨酌，我們陪他吃飯。蔡先生酒吃完，接著吃幾塊烤麵包。孟真也常去吃飯，當時孟真見著人，總是昂起了頭，有時仰天噓幾口氣，就是在蔡先生旁也依然如此。」當時程氏只看到對方仰天噓氣的霸王神態，可能還沒領教傅斯年狂話連篇、目空一切的沖天豪氣。據傅斯年自己坦言，國民黨北伐成功之後，傅氏與幾個同學在蔡元培家中吃飯，神情亢奮中，蔡元培與幾人均喝了不少的白酒，傅斯年趁著酒興，站在餐桌旁振臂狂呼道：「我們國家整好了，不特要滅了日本小鬼，就是西洋鬼子，也要把他趕出蘇伊士運河以西，自北冰洋至南冰洋，除印度、波斯、土耳其以外，都要『郡縣之』……」此番張牙舞爪、不知天高地厚地大呼小叫，令蔡元培大為不快，他「聲色俱厲」地喝斥道：「這除非你做大將！」（《傅斯年檔案》）

傅氏聽罷，轉頭看看蔡元培盛怒的面色，頓時酒醒三分，遂不再吭氣。試想，在「北大之父」蔡元培身旁尚且氣焰如此囂張的傅斯年，又何以把一個普通師輩的所長如陶孟和者放在眼裡？

除了此一客觀的存在，更深層的原因還在於傅、陶兩人各自所持的政治思想、人生觀等諸方面，或如後來中國內地宣傳部門宣稱的「意識形態」不同與分歧所致。

陶孟和在英國倫敦大學求學時，主要研究社會學，接受的是韋伯夫婦的影響和理論體系。當時的韋伯與曾獲諾貝爾文學獎的蕭伯納等共同創立了一個費邊社，在英國從事所謂的社會改良主義運動。傅斯年在英國留學時，與韋伯夫婦和蕭伯納曾有過接觸。但傅氏對兩人特別是蕭伯納本人頗為輕視，或曰大為反感。傅在他的〈我對蕭伯納的看法〉一文中說道：蕭伯納「自己實在無多創造的思想，而是善於剽竊別人的思想」。他所剽竊最得力的人就是魏伯（按：即韋伯）夫婦。而魏伯夫婦則是一對「社會主義的新官僚派，人道主義的色彩甚淡，效能的觀念甚重，而謂人道主義者為幻想家」。傅在文章中還頗負氣地指責道：「魏伯夫婦晚年大大讚賞蘇聯，以為是一個新的文明。在東方的民族中，三個人都極其佩服日本，因為中國人『亂哄哄』、『不會辦事』（好個帝國主義的看法）！魏伯遊中國後，說中國人是劣等民族，蕭伯納遊日本，路過上海幾有不屑上岸的樣子。」最後，傅斯年對蕭伯納做出的總體結論是，「他在政治上，是看效能比人道更重的；在思想上，是剽竊大家；在文章上，是滑稽之雄；在戲劇上，是一人演說；在藝術上，是寫報紙文字。」總之，在傅斯年的眼裡，蕭伯納是一個極其糟糕、一無是處、臭狗屎一樣的騙子、妄人加街頭小混混式的醜八。

一九三三年蕭伯納來華時在上海與蔡元培、魯迅合影。

陶孟和除接受了韋伯夫婦「社會調查」的思想並照章行動外，對蘇聯的一切人事大加讚賞。一九二四年一月二十四日，列寧去世，已從英國回到國內的陶孟和表示了深切的悼念。二月二十六日，他與李大釗、馬敘倫、郁達夫、丁西林、沈尹默等四十七位教授致函北京政府外交總長顧維鈞，要求政府與蘇聯恢復邦交。函中特別指出「蘇俄以平民革命推倒帝制……其顯揚民治，實吾良友」云云。由於對蘇聯革命的贊成與崇敬，陶氏的政治思想逐漸滑向「左」傾，並對中共的思想與做法表示同情和理解。

傅斯年與之相反，他對中共與蘇聯皆無好感，並公開表示反對。陶孟和早年曾對蔣介石本人和國民政府寄予了很大希望，並與蔣本人有過接觸。按金岳霖的說法，「從他的家庭著想，他是可以當蔣介石的大官的，可是他沒有。我有一次在南京，疑心他要做南京的官了，因為他住的地方真是講究得很。可等待了好久，他仍然沒有做南京的大官，我疑心錯了。」又說：陶孟和的「思想偏左，不是舊民主主義者，也不是共產黨人。他的政治思想可能最近社會民主，但是也沒有這方面的活動」。（《金岳霖的回憶與回憶金岳霖》）

金岳霖所言大體不差，陶孟和不是一個刻意追求做黨國大員的人。抗戰期間，他以無黨派人員和自由知識分子的身分，出任了國民政府參政會參議員，開始涉足政界。但隨著對國民黨及蔣家王朝認識的逐漸加深，他由失望到反感。在李莊時，對於國民黨政府的腐敗情形，他曾引用原清華大學校長、時任農林部長周貽春的話，對社會科學研究所的同事說：「國民政府已經爛到核心了（Rotten to Core），就是說不可救藥了。」但面對這個「不可救藥」的政府，有一些所謂社會名流，還在不知好歹地趨炎附勢、竭力維護這個「核心」。為此，陶孟和以嘲諷的口氣舉例說：「這種人見到政治高層人物，屁股坐在椅子邊邊上，不管對方說什麼，他只公雞啄米似的不住點頭，哈喲哈喲地連連稱是，一副漢奸奴才之相，望之令人生惡。」可見這個時候的陶孟和，除了保持自己做為一個自由知識分子的大節外，對國民黨政府及「核心」確是深惡痛絕。由於國民政府「核心」的腐爛，導致陶孟和在苦悶與痛苦中思想愈來愈「左」傾，最終走上了「棄暗投明」，全面倒向中共的人生之旅。

既然傅氏對「老大」介公和其操控的黨國政府深以為然，且大有一榮俱榮、一損俱損之勢，這就決定了他與陶孟和雖同住李莊一隅之地，卻「雞犬相聞，老死不相往來」的政治宿命。只是沒有想到，由於李約瑟的到來，兩人暫時擯棄前嫌，兩雙手又握到了一起。

傅、陶兩位學術巨頭是以何等的心境和緣由，在這樣的時間和場合走到了一起，歷史沒有留下詳細的紀錄，只是後來林徽因在給費正清夫婦的信中透露了隻言片語，信中稱：「有人開玩笑說，梁思成成功地使平時有嫌隙的陶孟和博士與傅斯年博士在李約瑟的講演會上當眾握手言和，應當獲諾貝爾和平獎。這件事因為在大庭廣眾下發生，更具戲劇效果。它剛好在李教授在中央博物院大禮堂做講演之前那一刻發生的。據報導，許多人暗自為這件事鼓了掌。李濟博士走上前去和梁思成握了手，並且私下說要授給思成諾貝爾和平獎。」林徽因在信中特別提及讓費正清夫婦放心，並言「人類總的來說還是大有希望的」。最後又突如其來地補了一句：「這次和解的基本工作還得歸功於某位人士。這位人士有拚命捲入別人是非的癖好，而且盡人皆知。」

林徽因所說的「某位人士」，隨著當年在李莊的知情者一個個凋謝而難以查考。金岳霖晚年曾說過一句話：「陶孟和先生是我的老朋友，後來在四川李莊同我發生了矛盾，但是，那是個人之間的小事。」話到此處沒有接著說下去，具體細節不得而知。或許，這個矛盾與林氏提到的「某位人士」捲入金、陶或沈性仁之間的是非有關，但真相如何尚不能確定，大概這個插曲將成為永久不解之謎了吧！

第十章

勝利前後

京都、奈良的恩人

李約瑟走後，李莊小鎮復歸平靜。隨著國際形勢的變化，中國的抗戰已由戰略防禦轉入戰略反攻，大道小道的各種消息水陸並進向這個長江盡頭的古鎮傳來。

一九四三年七月七日，也就是「盧溝橋事變」爆發六週年紀念日，美國總統羅斯福贈與蔣介石中國戰區最高統帥勳章，以示支持和鼓勵。

十一月二十三日，蔣介石以中國國家元首和世界級政治巨頭的身分，出席了中、美、英三國首腦參加的開羅會議。其間與羅斯福單獨舉行會談，主要討論被日本占領的中國領土的歸還問題。雙方一致同意：東北三省、臺灣及澎湖列島在戰後一律歸還中國，琉球由中美共管；日本天皇制是否維持應由日本人民自決；朝鮮的獨立可予保障。

一九四四年七月，中太平洋美軍接連攻占吉爾伯特群島、馬紹爾群島和馬利安納群島。十一月，美軍出動B-29遠程轟炸機，從馬利安納群島的塞班島、關島起飛，直撲東京，實施連續大規模轟炸。另一路美軍從西太平洋沿新幾內亞北部進攻，與英、澳、荷軍隊會師後，攻占新幾內亞西部。

一九四五年二月，兩路美軍勝利會師，重返菲律賓。四月，美軍迫近日本國門，號稱天下第一無敵戰艦的「大和號」巨艦被擊沉，日本海軍全部被摧毀。

在中國本土戰場上，由於中國軍民堅持不懈的抵抗與反擊，終於粉碎了日軍企圖以戰養戰、把中國占領區變為太平洋戰爭「兵站基地」的計畫，有力地配合、支持了盟軍對日實施全面反攻。

在這樣一種全新的戰略戰術與政治格局下，為了保障各戰區文化遺產免於戰火，國民政府專門成立了中國戰地文物保護委員會，配合盟軍對地面文物實施保護。做為中國營造學社的負責人、古建築學家的梁思成被徵召至重慶，以委員會副主任的身分，負責編制一套淪陷區文物目錄，包括寺廟、古塔、陵園、考古遺址、博物館等等一切重要人類文化遺產。與梁思成同時來到重慶的，還有他的助手羅哲文。

羅哲文是中國營造學社一九四〇年底在李莊招收的練習生。當時梁思成等人剛從昆明遷往李莊，急需一個青年人幫助學社同仁處理雜務和繪圖等事宜，決定在當地招收一位可堪造就的青年學生前來工作。據羅氏本人回憶：「那時，我還是一個不到二十歲的青年，剛從中學出來，在宜賓的一家報紙上看到一則中國營造學社招考練習生的廣告。至於這一單位是幹啥子事情的並不知道。只見考題中有寫字、畫畫、美術等內容，我對此很感興趣，便去投考了。喜出望外，果然被錄取了。後來才知道，眾多的考生中只錄取了我一個人。」（《建築創作》二〇〇四年第五期）

美國戰時宣傳畫。一個中國人在用「頂好」來叫賣中緬印戰區的美軍內部報紙《Ex-CBI Roundup》（遠征中緬印綜合雜誌）。

羅哲文來到營造學社後，先是幫助劉敦楨抄寫、整理文章和插圖，後做為梁思成的助手，做整理資料和測繪等工作。許多年後，羅哲文在回憶這段生活時，仍忘不了林徽因對他的教誨，「徽因師已因當時無法治療的疾病——肺結核所折磨，躺在了病床之上，但是還在病床上不懈地為學社的事情、古建築調查研究想辦法。對我這個新來的小青年更是非常關心愛護。那時生活雖然艱苦，但是學風很好。她對我說，你年紀還輕（當時十七歲），你到學社來除練習繪圖、抄寫文稿外，還要學習其他知識。她躺在床上還教過我們英語。她的英語很好，每逢休息日，中央研究院、中央博物院的專家學者教授陶孟和、李濟、傅斯年等常來看望她，用英語交談，對答如流。」又說：「我進入學社啟蒙學習古建築，就是讀梁思成先生《清式營造則例》一書，這是思成師最重要的古建築研究成果之一，一直做為學習中國建築史和古建築的重要課本，到目前大專院校、古建築研究和保護維修部門也還以之為不可不讀的專業書。」

羅氏原名羅自福，進營造學社之後，隨著美、英、蘇、中等國結成軍事聯盟，共同抗擊德、義、日三個邪惡軸心國，美國總統羅斯福、英國首相邱吉爾，包括蘇聯的史達林等人物的名字廣為人知。青年羅自福與美國總統羅斯福諧音，於是營造學社與李莊其他科研機構的相識，甚至包括李莊鎮百姓和光屁股的孩子，見面之後總是對羅自福高聲呼曰「羅大總統」。如此之「尊稱」，弄得羅自福哭笑不得，頗為尷尬。後來當梁從誡的一幫同學來到營造學社玩耍並高呼「羅大總統」時，梁思成聞聽覺得有些彆扭，將孩子們轟跑之後，微笑著對羅自福道：「自福呵，這個『羅大總統』的雅

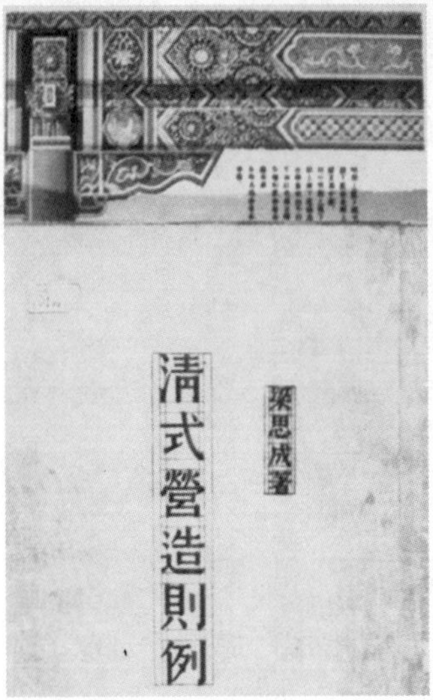

一九三四年，梁思成於李莊編著的《清式營造則例》，由中國營造學社出版。

號聽起來很響亮，不過在李莊這個小鎮關起門來做總統，總給人一種『偽』的感覺。現在中國偽的東西已經夠多了，什麼偽政府、偽主席、偽軍、偽北大、偽中大等等。汪兆銘建了個偽民國政府，搞得天怒人怨，像過街的老鼠，人人喊打。你要再弄個偽美國政府，那天下不就更要大亂了。我看就不要在咱這個院兒裡做美國總統了，還是改個名字，做個平常的中國繪圖員吧！」於是在梁思成的建議下，羅自福遂改名羅哲文，很有些文人雅士的儒家味道。再後來，「大總統」的名號就慢慢消失了，羅哲文三個字倒在古建築學界傳開。

這次由「羅大總統」縮水而成的羅哲文隨梁思成到達重慶後，先把文物目錄一條條編好，然後再在軍用地圖上仔細標出準確位置。目錄為中英兩種文字編成，並附有照片，印成若干份，發給各戰區指揮員和盟軍飛行員以供參考，防止砲火與飛機投放的炸彈焚燬這些目標。據梁的好友費慰梅說，梁思成編制的文物目錄，「有一份還傳到了周恩來手上，顯然引起了他的注意。」或許，幾年後內戰爆發，解放軍兵臨城下，圍困國民黨駐守的北平時，中共軍隊祕密派人潛入清華園，請梁思成繪製一份全國重點文物地圖，就來自這次編制目錄的啟示。

就在梁思成編制淪陷區文物目錄的同時，對人類文明成果極其重視的盟軍司令部，通過中方請梁思成把日本的重要文物古蹟列表，並在地圖上標出位置，以便在轟炸中留意，並盡可能地予以保護。梁思成與羅哲文工作了一個多月才完成任務，在送交地圖時，梁通過中方代表明確表示：如果對日本本土的毀滅性轟炸不可避免，其他城市均可炸，但京都、奈良不可為，日本民族的文化之根就存留於這兩座古城之中。現在的日本民族猶如太平洋孤島中一棵風雨飄搖、電擊雷劈的大樹，即將面臨亙古未有的毀滅性災難，樹的枝芽可以毀而再長，根卻不能再生，京都、奈良古建築與文化，是世界人類文化財產不可或缺的一部分，必須在轟炸中特別注意，把根留住。

當時，此項工作皆在不為外人所知的情況下祕密進行，按照「不該說的不說，不該問的不問」這一鐵打的保密規矩，梁思成與助手羅哲文完成這項任務後，又埋頭於保護其他文化、文物事宜的策畫之中，對自己的建議究竟落實得如何，未再過問，也不便過問了。而這時由於盟軍遇到日本本土日軍的頑強抵抗，不得不再度擴大空中轟炸的力度，日本四島連同附屬小島，幾乎所有的城市均被美軍空投的炸彈炸得滿目瘡痍，著名的東京大轟炸也愈演愈烈，整座城市陷入血與火交織的漩渦中。在飛機轟鳴、彈片橫飛的大失控、大混亂中，幾乎所有的日本人都認定，像東京、大阪這樣世界矚目的城市皆成廢墟，那麼，古老的京都、奈良必然面臨滅頂之災。對此，精明的日本人做了最壞的打算，除了模仿中國的方式，把兩座古城大

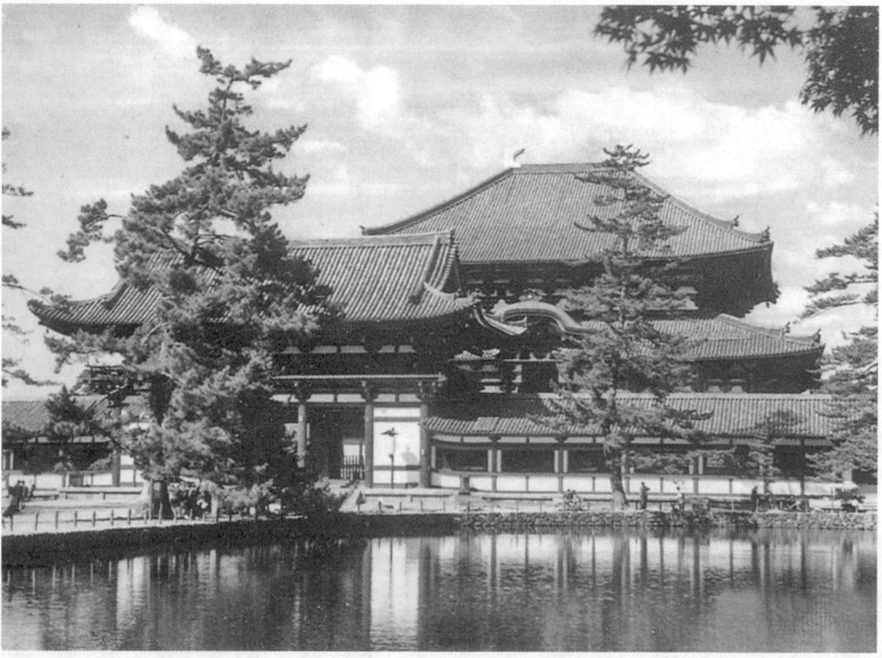

奈良東大寺大佛殿外景。

位於京都的東寺，原建於九世紀。

量的珍貴文物遷移到遠處深山祕藏外，還發明了一種更絕的辦法，對極具價值的歷史遺跡，特別是地面建築，全部拆除搬遷，待戰後再按原型恢復。由於建築古蹟極多，工程浩大，加之人心惶惶，拆遷工程進展緩慢。然而，讓日本人感到不可思議的是，在盟軍鋪天蓋地的轟炸中，唯獨奈良、京都這兩座古城，奇蹟般地始終未遭到真正意義上的空襲。待日本人費盡九牛二虎之力把著名的京都御所整個木構長廊全部拆遷之後，戰爭即宣告結束，遍布於兩城內的宮殿、古寺、古塔等古建築，在戰火中全部得以倖免。

多少年過去了，因為知情的梁思成很少提及這段往事，沒有人把京都、奈良的保全與一位中國建築學史家聯繫在一起。當年隨導師第一次進駐陪都重慶，卻沒機會飽覽山城景色的青年助手羅哲文，也在記憶中漸漸淡忘了自己為此揮汗繪圖的情景。

一九八六年，羅哲文應邀到日本參加在奈良

舉辦的「城市建設中如何保護好文物古蹟」的國際學術研討會，其間和奈良考古研究所的學術部主任管谷相遇。管谷得知羅早年出於梁思成門下，一九四四年前後正跟梁在一起，便熱情地向他講述了「二戰」中的一些軼聞趣事。管谷說：在「二戰」後期，美軍在日本本土進行轟炸時，古建築文物最多的京都、奈良倖免於難，此事可能和梁思成有極大關係。據前年到日本訪問的北京大學考古系主任宿白教授透露，梁思成於一九四七年到北大講過課，在講到文物古蹟是人類共同的文化遺產時，曾舉過抗戰時期為保護日本的古都，他曾向美軍建議不要轟炸京都、奈良，留住日本民族之根，也是世界人類文化之根的事例。管谷此次想從羅哲文口中進一步了解事情的經過。

羅哲文聽罷，大為驚訝，立即回憶起當年在重慶的情景。羅說：「到了重慶，我們住在上清寺中央研究院的一座小樓裡，專門給了我一個單獨的房間。先生每天拿了一捆曬藍圖紙來，讓我按他用鉛筆繪出的符號，用圓規和三角板以繪圖墨水正規描繪。我雖然沒有詳細研究內容，但大體知道是日本占領區的圖，標的是古城古鎮和古建築文物的位置，還有一些不是中國的地圖，我沒有詳細去區分，但是日本有兩處我是知道的，就是京都和奈良。因為我一進營造學社的時候，劉敦楨先生寫的奈良法隆寺、玉蟲櫥子的文章我就讀過了，而且日本也正在和我們打仗，為什麼要畫在日本地圖上呢？我沒有多問，因為我覺得是不宜多知道的。」

經過羅哲文與管谷的共同分析推斷，認為梁思成出生在日本，又在那裡生活了很長時間，對古城京都、奈良十分熟悉，對此地文物古蹟懷有深厚的感情，加之他一貫主張：古建築和文物是人類共有的財富，人類有共同保護的責任。當時所標、繪的圖，既關乎文物古蹟，又涉京都、奈良，因此他提出保護的建議順理成章，於他的性情和理念也正相吻合。對此，羅哲文還回憶了古建築學家鄭孝燮與自己說過的一個事例：

一九五一年的某一天，在清華園的梁思成突然把年輕的鄭孝燮叫住，以哀婉的心情說道：「孝燮，告訴你一個不幸的消息，日本奈良法隆寺戰爭未毀，卻被火燒了，真是太可惜呵！」說罷，兩眼滿含淚水。

孤證難立，有了羅哲文的回憶，綜合宿白與鄭孝燮所言，可知當年梁思成在北大講課時所言不虛。京都、奈良免於被炸燬的厄運，梁思成至少起了一定作用。真相終於在湮沒四十二年後大白於天下，日本朝野得知此情，均對梁思成的人品、學識報以敬佩之情，日本媒體紛紛撰文報導，稱梁思成為「古都的恩人」。此時離梁思成去世已十四年矣。

除了羅、鄭等人提供的證據外，在李莊還流傳著這樣一個段子。據羅南陔之子、原南溪縣政協委員羅萼芬說：「美國投放到日本的兩顆原子彈，為什麼沒投到京都、奈良？這個故事就發生在我家。當時羅斯福要向日本扔原子彈，但不知道扔到哪裡合適，就問蔣委員長，介公也不知扔到哪裡是好。於是有人建議把梁思成接到重慶，徵求一下他的意見，看這原子彈咋扔合適，讓他畫個圈圈。梁思成臨走時，

京都三十三間堂所奉千軀十一面千手觀音像。

專門來到我家，找到我的父親羅南陔，要他好好照顧梁思永，還說美國要炸日本本土，但不知炸哪裡好，圈圈畫在何處也心中沒數。當時梁氏兄弟與我父親就商量，最後說哪裡都可以炸，但就是不能炸京都、奈良，因為那裡有很多古建築，一炸就太可惜了。梁思成很同意這個看法，說了些話就走了。日本決定投降後，梁思成從重慶回李莊，又來到我家看梁思永。我父親與他兄弟倆聊天，梁思成說，美國這次轟炸，日本的城市毀壞得很厲害，但最後還是按照我們商量的建議，沒有炸京都、奈良。後來羅斯福說光用常規炸彈還不行，需要扔幾顆原子彈，要不日本人不得幹，來問我。我還是那個建議，扔哪裡都可以，但就是別扔到京都、奈良。後來美軍就參考了我畫的圈圈，就把原子彈扔到了廣島和長崎。」羅萼芬說：「梁思成說這話的時候，我正好在旁邊給他們倒茶，就聽到了。所以說美國炸日本和扔原子彈，故事就發生在我家。這個事從我家傳出去以後，李莊的百姓就說：『不是美國原子彈，日本投降不得幹；美國丟下原子彈，打得日本直叫喚。』後來羅哲文來李莊，問我這個事，我告訴他，他才把事實真相寫出來。」（二〇〇三年九月二十六日，作者在李莊採訪紀錄）

羅萼芬老先生的這段話，自然是孤證難立，目前仍沒有找到其他材料可以佐證，羅哲文確實回李莊訪

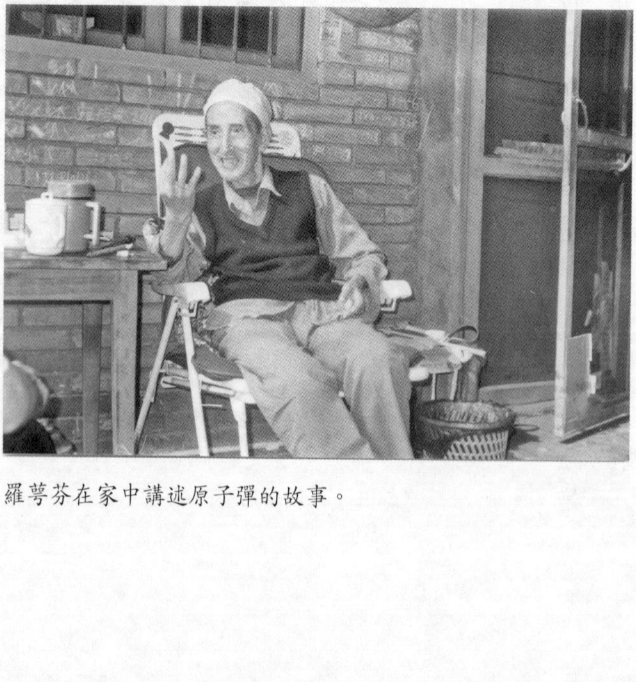

羅萼芬在家中講述原子彈的故事。

問過，但對此說總有些懷疑。既然羅老先生說得言之鑿鑿，就只能做為一說，姑妄言之，姑妄聽之吧！

無論如何，就當時的國際形勢而言，屬於梁思成能做的，他已無可遺憾地盡到了責任，至於其他的一切，就不是一個學者所能管得了的了。有道是，多行不義必自斃。天作孽，猶可違；自作孽，不可活。強大的盟軍給日本那奄奄一息的軀體致命一擊的最後時刻到來了。

狂歡的節日

一九四五年七月二十六日，中、美、英三國聯合發表了促令日本投降之「波茨坦公告」。公告云：「直至日本製造戰爭之力量業已毀滅，有確實可信之證據時，日本領土經盟國之指定，必須占領。」又說：「日本政府立即宣布所有日本武裝部隊無條件投降，並對此種行動誠意實行予以適當之各項保證。除此一途，日本將迅速完全毀滅。」

公告發布後，日本政府在軍部強硬分子的操縱下，宣布「絕對置之不理」。素以鷹派著稱的新任美國總統杜魯門雷霆震怒下決心給日本以毀滅性打擊（按：羅斯福於一九四五年四月十二日在喬治亞州的溫泉因突發腦溢血去世，時任副總統的杜魯門繼任總統。）。

八月六日，被激怒的美國在日本廣島投下了第一顆原子彈。

八月八日，蘇聯根據雅爾達會議決定對日宣戰。次日，蘇聯紅軍迅速進入中國東北地區，並向朝鮮北部和庫頁島進軍，一舉殲滅近百萬日本關東軍。蔣介石聞訊，以中國政府主席的名義致電史達林，謂：「貴國對日宣戰，使全體中國人民奮起。」又說：「本人相信由於貴國壓倒性的力量加入，日本的抵抗必會迅速崩潰。」

八月九日，怒氣未消的美國在日本長崎投下第二顆原子彈，整座城市化為一片廢墟。當晚，已被打得急了眼的日本天皇在御前會議上不顧軍部強硬分子的阻撓與蠱惑，最後裁決：以不變更天皇地位為條件，接受中、美、英三國提出的一切投降條件。

八月十日晚八時，日本廣播宣布日本政府接受中、美、英「波茨坦公告」，決定無條件投降，正式照會已經託瑞士及瑞典政府轉致中、美、英、蘇四國。稍後，重慶中央廣播電臺播放了此一振奮人心的消息。在這具有重大歷史意義的非凡的傍晚，播音員熱血澎湃、感情激盪，已無平日圓熟的素養與技巧，任由情感隨著話筒噴湧，廣播結束時嗚咽著說：「諸君，請聽陪都歡愉之聲！」

是時，收音機中傳出了響亮的爆竹聲、鑼鼓聲及外國盟友「頂好」、「頂好」的歡呼聲。緊接著，「日本小鬼投降了！」、「抗戰勝利了！」、「中華民國萬歲！」的歡呼聲如春雷般炸響開來，整個重慶形成

美軍拍攝的原子彈投放日本廣島爆炸後情形。

一九四五年八月二十三日，日本軍方代表今井武夫洽降時的情景。

了一片歡騰的人海。

是時，傅斯年仍在重慶，當勝利消息猝然降臨時，先是目瞪口呆，接著方寸大亂、欣喜若狂。平時滴酒不敢沾的他從一個牆角抓起一瓶不知何時存放的瀘州大麯，搖晃著高大肥胖的身軀衝出門外，加入奔跑歡跳、揚臂高呼的人流之中。許多年後，同在重慶的羅家倫還記得這幕經典場景。羅在回憶文章中第一句話就是「孟真瘋了」。接下來說道：「他從聚興村的住所裡，拿了一瓶酒，到街上大喝。拿了一根手杖，挑了一頂帽子，到街上亂舞。結果帽子飛掉了，棍子脫手了，他和民眾、盟軍還大鬧了好一會兒。等到叫不動了，才回到原處睡覺。第二天下午我去看他，他還爬不起來，連說：『國家出頭了，我的帽子掉了，棍子也沒有了，買又買不起。哎！』」

傅斯年醒來後，按捺不住心中的狂喜，

立即展紙揮毫給遠在李莊的妻子俞大綵和兒子仁軌寫信，讓他們同自己一起分享勝利的歡樂。信中說：「接到參政會通知，大家到祕書處慶祝。我九時半到，則已三十多人，愈到愈多，皆哈哈大笑，我現在方知舊戲中兩人見面哈哈大笑之有由也。抱者、跳者、kiss者，想要安靜一下，談談如何遊行，幾乎辦不到。……出門時，我遇見熟人打招呼，皆抱之以拳，段書詒後來說，他簡直吃不消。出門遇吳鼎昌，他說，你不要太興奮（彼與我皆患高血壓也），我即將其一搖再搖。」又說：「本來預備到美軍司令部及英、美、蘇三大使館的，在國府，蔣先生說尚未完成投降，尚有條件磋商，所以就回去。在參政會又很熱鬧，下午三時方歸，頓覺大病，一直睡下去，第二天方好。」

同傅斯年一樣，梁思成是時也在重

一九四五年八月，日本不得不向中國及世界反法西斯盟國宣布無條件投降。重慶軍民聞訊歡慶勝利，駐渝美軍也加入了狂歡的人流。

慶，他的好友費慰梅為此留下了永生難忘的精采鏡頭：

思成和兩位年輕的中國作家還有我，一起在美國大使館餐廳共進晚餐。酒足飯飽，我們把籐椅拉到大使館門廊前的小山頂上，坐在臺地納涼。那天晚上熱得直冒汗，看長江對岸山上的燈亮起，像銀河掉下來一片燈籠，圓光點點，童話般放著光。思成談著很久很久以前泰戈爾訪問北京的事。忽然間，他不說話了。他和其他在座的人就像獵狗一樣，一下子變得緊張而警覺。他們聽到了什麼聲音，我也不得不靜下來，用耳諦聽。遠遠地，傳來警報聲。難道又有空襲？這是荒謬的，然而以他們每個人多年的親身經歷，對各種可能性都十分警覺。如果不是空襲，難道是在通知勝利？

在我們腳底下，勝利的消息似野火般蔓延了全城。在這高高的山坡上，我們差不多可以觀察到整個過程。一開始是壓抑的嘁嘁喳喳，或許是一些人在大街上跑，然後就是個別的喊叫聲、鞭炮聲噼噼啪啪響，大街早已熱鬧成了一片。最後四處都是一群群喊叫著、歡呼著、鼓掌的人們，好像全城在一陣大吼大叫中醒過來。

思成頓時覺得有幾分寂寞，一直等了八年，可是消息來到的時候他卻不在家。我們全都來到大街上，混在人群中。這種時候需要有點象徵的東西：旗子、V形手勢、伸大拇指。大街上彷彿放起一把火，漫天鞭炮一路點了起來，愈傳愈近，愈響愈密。焰火的紅光和探照燈的白光，在空中交織成帶五個角的星星。滿載歡慶人群的吉普、卡車和大客車自動排列成遊行隊伍，浩浩蕩蕩駛過大街。汽車在大街上擦身而過，車上的乘客沿路就和對方握手同慶勝利。當思成最後回到中研院招待所的時候，他發現那裡的學者們也高興地勾肩搭背，笑啊，跳啊，飲著一瓶久藏的白酒慶祝勝利。

是呵，這口氣整整憋了八年，八年的苦難、辛酸、屈辱、悲憤、忍耐，直至抗爭與浴血奮戰、生死一搏。一旦勝利到來，被壓抑了八年之久的神經需要痛快地宣洩，人們的情緒如同被地殼壓扎得太久，而終於像井噴與火山一樣轟然爆發，拘謹的變得放縱，沉鬱的變得豪邁。辛酸而艱苦的日子總算沒有白過，慶祝活動通宵達旦。

遙想當年，在那個寒風凜冽的嚴冬，中國軍隊在一片混亂中棄守首都南京，日本軍隊用超乎想像的野蠻，慘絕人寰地屠殺放下武器的戰俘和中國平民，瘋狂強姦無辜的婦女。而與獸性大發的日軍遙呼相應的日本國民，紛紛擁向東京街頭，提燈遊行，慶祝狂歡。想不到事隔七年之後這個夏天的夜晚，提燈遊行，慶祝狂歡的人群已換了人間。

「誰會笑，誰最後笑。」這是南京淪陷、日本東京狂歡之時，一位名叫魯道源的滇軍師長，在奉命率部馳援東南戰區的軍事集結中，說出的一句暗含劍鋒的話語。

這是一個隱喻，也是一種宿命。它預示了中國人民在經歷九九八十一難之後，最終將修成正果，迎來勝利的歡笑；它暗合了中華民族必將在這場震天撼地的戰爭中，鳳凰涅槃、浴火重生的玄機奧祕。這一切，都隨著重慶街頭那炸響的爆竹和狂歡的人潮而得到了歷史性驗證。八年抗戰，如果自「九一八」算起，則是十四年的苦難與抗爭，死者無聲的託付，生者的籲求，都遙遙羈繫在這片風雨迷濛中升浮而起的聖地之上。

重慶不眠，中國不眠，整個中華民族將伴隨著這個不眠之夜開始新的歷史紀元。

就在傅斯年滿臉疲憊地給家人寫信之時，沉浸在興奮與激動中的梁思成歸心似箭，他要以最快的時間趕回李莊，與病中的妻子、家人及李莊的同事們分享勝利的喜悅。在費正清的幫助下，梁思成攜助手羅哲文與費慰梅共同搭乘一架美軍C-47運輸機，經過四十五分鐘的飛行抵達宜賓機場。此時的宜賓機場草深沒膝，但飛機還是強行著陸了。梁、費等三人轉乘一艘小汽船，沿著白燦燦的水面順江而下，很快抵達李莊碼頭。待他們登上岸時，迎面撲來的是滿街的標語和被熱浪裹挾著的喜慶氣氛——看來閉塞的李莊也早已得知了勝利的消息。

李莊方面能夠及時得知消息，所有的人認為應當感謝在同濟大學任教的德國人史圖博教授。正是這位略通中國話的醫學專家，於八月十日晚上那個關鍵的歷史性時刻，從自己那部破舊收音機裡聽到了重慶中央廣播電臺關於日本投降的廣播。據說，史圖博聽到後，像全身觸電般抖了一下，怔愣片刻，立即抓起收音機跑出去，首次不顧禮貌地撞開了一位中國教授的家門。於是，消息像狂漲的山洪風暴，「嘩」一聲衝出，在李莊全鎮瀰漫、蕩漾開來。夜幕中沉寂的李莊古鎮，一扇又一扇門被撞開了，一雙又一雙眼睛睜大了，匯集的人群在大街小巷狂呼竄跳開來。「日本投降了！」、「勝利了，我們勝利了！」喊聲如天空中一聲聲驚雷，炸開了沉悶的黑夜與鬱悶的心靈。李莊古鎮一座座古廟、一戶戶農舍、一道道院落，男女老少，呼呼隆隆地衝出，或搖著毛巾，或挑著床單，或拿著臉盆、

長江第一古鎮李莊臨江一角。

水桶，或抱著菜板，拖著燒火棍，敲打著，叫喊著，歡呼著，狂跳著，亂舞著，在泥濘的大街小巷和田間小路上奔流湧動。學生、教授、農民、工人、小商小販、北岳廟的和尚、南華宮的道士、當地的百姓手搖燈籠火把，擠在一起，抱成一團，哭哭笑笑，打打鬧鬧。教授與小販擁抱，老漢與少女牽手相攜，鎮內鎮外，人聲鼎沸，口號震天，燈光搖擺，人影綽綽，狗聲吠吠，李莊所有的生物都調動起了敏感的神經，為等待了八年之久的勝利時刻齊歡共鳴。

住在李莊鎮內的中央博物院籌備處李濟、曾昭燏、郭寶鈞、王天木、趙青芳等研究人員，連夜參加了遊行活動。第二天一早，李濟召集中央博物院籌備處人員開會慶賀，講話中，他做為在這一大背景下極為罕見的清醒者，極富理智與科學遠見地指出，「日本投降……昭告原子能新時代之來臨，我們每個人都當有新的認識，也有了更重要的新責任。」

住在鎮郊山頂上板栗坳及門官田的中研院史語所與社會學所的學者們，夜裡忽聽山下傳來人喊犬吠的吵嚷呼叫聲，以為又是土匪進村搶財劫色，當地軍警與治安隊群起緝拿，因而並未特別在意，各自關門或繼續在燈下讀書爬格子、或熄燈就寢。等第二天拂曉

中央研究院史語所研究人員在板栗坳租住的房屋。

尚未起床，同濟大學的青年教師和學生組成的遊行隊伍已到達舍外。被驚醒的學者連同家屬認為土匪進得山來包圍了宅院，急忙提了菜刀與燒火棍，還有早些時候傅斯年專門讓李方桂為史語所同人購買的小銅鑼，膽戰心驚地走到室外，悄悄趴在門縫觀察動靜。只見滿山遍野飄蕩著用床單、枕套、破舊衣服，甚至廢舊報紙做成的花花綠綠的旗幟，旗幟下是一群群情緒激昂的男女學生。當從對方的呼喊聲中得知日本鬼子投降的消息後，學者們與被一同驚動的當地百姓，立即扔掉手中的切菜刀與燒火棍，只拎著一只小銅鑼，打開大門，一個個「嗷嗷」亂叫著衝入人群，在山野田疇狂奔亂舞，叮叮噹噹地敲起了銅鑼。史語所合作社總經理、時常拖著標準北平腔的魏善臣——幾年前曾受過土匪搶劫與一頓胖揍的「魏總」，聽到門外動靜，認為土匪一到，大難臨頭，急抓起一把自己前些時候託李莊鎮鐵匠打造的類似於豬八戒使用的五齒鋼耙，準備與土匪拚個你死我活。待弄明真相，「嗖」地一聲扔掉鋼耙，搖晃著肥胖的身軀拱出門外，嘴裡吐著哼哼唧唧的聲音，一蹦三跳地竄到坐落在牌坊頭的合作社，從一個箱子裡掏出兩瓶酒，拉著正站在牌坊頭觀望的董作賓、石璋如等幾位資深研究員，高喊著「勝利了，我請客」的話語，連拖帶拉地來到板栗坳最高處一個山坡，面對滾滾東逝的長江水，相互向對方嘴中灌酒。當兩瓶酒見底之後，一個個淚流滿面，醉臥於山野荒草之中。

當梁思成等來到李莊上壩月亮田營造學社時，林徽因仍躺在床上，蒼白、瘦削的身子，宛如她那首〈靜坐〉詩中的描述：「一條枯枝影，青煙色的瘦細。」費慰梅看罷不禁唏噓。在李莊鎮內參加學生遊行的女兒梁再冰中途跑回家中，氣喘吁吁告訴了母親外面世界的精采盛況，林徽因「聞之狂喜」，頓時變得神采飛揚，大有「積屙頓失」之感。見夫君與好友費慰梅風塵僕僕地從遠方趕來，林徽因再也按捺不住心中的興奮之情，她提出要在這歷史轉折的偉大時刻，親自趕到李莊鎮加入遊行隊伍，傾吐憋在心中八年的塊壘，為抗戰勝利發出自己的歡呼之聲。

一架自製的滑竿很快捆紮而成，林徽因坐在滑竿上，羅哲文等幾個年輕人抬起，梁思成與費慰梅跟隨兩邊，如同北方黃土原上大姑娘出嫁一樣，一行人說著笑著，呼呼啦啦、晃晃悠悠，頗有些滑稽意味地向李莊鎮中心進發。這是林徽因自從舊病復發後，近五年來第一次來到這個古老小鎮的街巷，想不到竟是以這樣的心境和方式出現。

滿街的標語，滿街的人流，滿街的歡聲笑語。沒有人認得這位名冠京華的一代才女，更沒有人知道她那非凡的人脈背景，但所有與之相遇的大學師生或平常百姓，無不對其報以真摯的致意與微笑。林徽因望著一群又一群滿臉塵土與汗水、似曾相識的青年學生，驀地想起八年前盧溝橋槍聲響起時北平街頭的情景。在那個酷熱的夏季裡，那些滿臉汗水交織、一家一家收集麻袋幫助國軍修築工事的學生們，不知現在流落何方。假如他們還活著，或許就在眼前這樣的遊行隊伍之中吧！這樣想著，林徽因的熱淚順著瘦削、蒼白的臉頰緩緩流了下來。

一九四五年八月十五日，日本裕仁天皇發布了「停戰詔書」，正式宣布三百三十萬垂死掙扎的日軍放下武器無條件投降。美聯社在這一天向全球播發的電文稱：「最慘烈的死亡與毀滅的匯集，今天隨著日本投降而告終。」

同日，蔣介石以中華民國政府主席的名義，在重慶中央廣播電臺發表了抗戰勝利對全國軍民及全世界人民的廣播演說，指出：「我們的抗戰，在今天獲得了勝利。正義戰勝強權，在這裡得到了最後的證明。」

頒布還都令

抗戰勝利後，所有戰時遷往後方的機關、團體、學校、工廠及逃難的百姓，皆如打開閘門的洪水，波捲浪湧地向已收復的失地奔騰而去。一時間，整個中國的天空大地、江河湖海，到處是回歸的人流。不同身分、地位的各色人等，一個個八仙過海、各顯神通，四處尋找、爭搶著回歸的交通工具。天空中飛機騰雲駕霧，馬路上車輪滾滾，江河中帆影點點，每一個人都行色匆匆、歸心似箭。山野草莽中，挑筐搭擔、攜兒帶女的逃難者風餐露宿、晝夜兼程，向著淪陷得太久、思念急切的家鄉滾滾奔去。

此時，蟄伏在李莊一隅之地的科研人員及同濟大學師生，也開始蠢蠢欲動，熱切盼望盡快走出這個偏僻的小鎮和憋悶得幾乎透不過氣來的連綿山坳，回到夢牽魂繞的都市，重溫那失散得太久的陳年舊夢。在還都建國的呼聲、吵

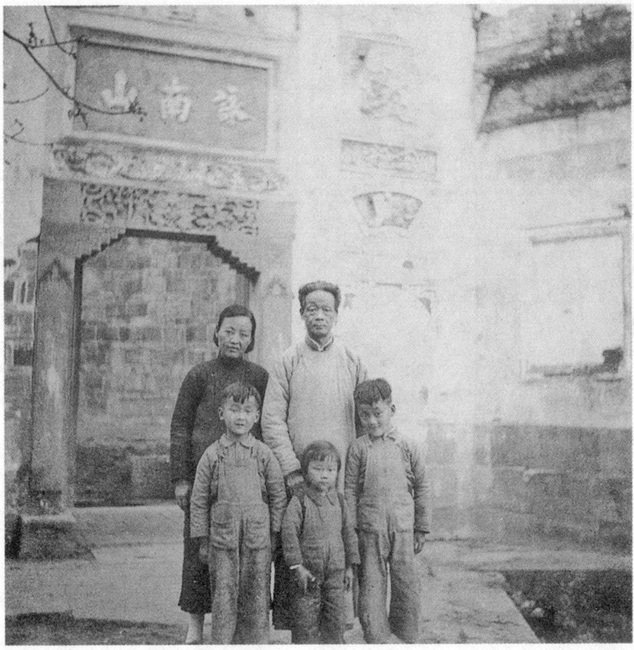

抗戰勝利後董作賓一家於板栗坳牌坊頭留影。後排左為董夫人熊海平，前排右起為董敏、董萍、董興。

嚷聲剛剛響起的時候，同大師生與史語所的青年學者們也開始了喧嘩與騷動。史語所代理所長董作賓眼看無力統率眾位弟兄，異常焦慮又感力不從心，且他本人也有盡快結束這段流亡生活、重返故都安身立命之意。在同仁的催促與家屬們的嚷嚷聲中，董作賓連連給傅斯年拍發電報和書寫信函，請求對方速返，以維持即將潰散的局面，共商復員返京之大計。

一九四五年九月十八日，董作賓再次致信傅斯年，謂：「陶器及不用之書已著手裝箱，將來遷移須全部停止工作，搬家時，盼兄能回李一行。」（《傅斯年檔案》）

這個時候的傅斯年除史語所長之外，又被任命為西南聯大常委兼北京大學代理校長，正在重慶、昆明、南京與北平之間來回穿行，大部分精力都投入到北大復員和處理西南聯大事務方面上來，對於李莊諸事心有餘而力不足，只有靠董作賓一人設法處理。而窩在山坳裡的董作賓對外部消息知之甚少，對搬遷的具體事宜又無法做主，只能不間斷地以電報與信函向傅斯年請示問計。

一九四六年五月一日，國民政府正式頒布「還都令」，宣布於五月五日「凱旋南京」。

傅斯年得此消息，不再猶豫，立即指示董作賓組織人員盡速裝箱搬運，同時派員到重慶與民生公司商談，請對方派專輪運送史語所人員和物資。董接到指令後，立即行動，除委派本所助理員李孝定等人火速赴重慶商談租船之事，又從李莊鎮找來大批強壯青年，由板栗坳住地向李莊鎮張家祠運送甲骨、書籍、青銅器等珍貴物品。史語所物品繁多、貴重，經過差不多兩個月的時間，才把大部分藏品運往靠近長江碼頭的張家祠。一箱箱貨物堆積在一起，如同小山般龐大壯觀。

李莊儘管偏僻閉塞，但就交通條件而言，與昆明相比，更適宜於外鄉人回歸疏散。如西南聯大等在昆明的師生，要翻越許多座崇山峻嶺方能回歸到平坦的長江以北地區。而身處李莊的「下江人」可直接在自家門口碼頭乘船，沿長江這條天賜的通衢大道順流而下，一路暢通無阻，直達重慶、南京與上海。當然，這種便捷只限於平常歲月，在抗戰勝利全國各界爭相復員回歸的節骨眼上，情形就大不相同了。正如當時在重慶的費慰梅所言：「政府把所有的船隻和飛機全部管制。為了避免混亂，每個部門和機構的搬遷依次序排了號碼。當然，陪都的高級官員和戰時暴發戶利用來歷不明的交通工具，提前到達東岸，而窮得要命的李莊戰時難民，則沒有這種機會。他們只有依靠政府送他們回去，而且只能在驚人的通貨膨脹中慢慢等待。」

在焦慮中等待的梁思成在致費慰梅的信中則說：中國營造學社和中央博物院一起走，但這兩個機構一起排在第四十七號，而據說「排在第一號的是中央大學，還不知幾時動身。在戰爭結束之前，我們以為很快可以把所有的破爛扔掉，坐飛機走，但一切我們知道還得用上好一段時間」。此前的流亡之路布滿了艱辛與痛苦，想不到回歸的路同樣充滿了焦慮與不安，此等情形，只能讓這些以研究為業、無權無勢的「下江人」徒嘆奈何了。

一九四六年十月五日，前往重慶接洽船隻的人員已與民生輪船公司談妥，史語所返京在即。身在北平的傅斯年電示董作賓，「公物即搬山下，弟已分電京、渝接洽，船隻恐必須在重慶換船，弟月中返京，盼十月中本所能遷移。前因停船及沿途困難未敢即動，今因江水將落勢須速辦。」董作賓接電後，迅速組織所內人員行動起來。

在這座山坳裡一口氣憋了六年，終於盼到了重返京都的一天，所內男女老少聞此消息皆精神振奮、情緒昂然，大有杜工部當年〈聞官軍收河南河北〉之心情，「塞外忽傳收薊北，初聞涕淚滿衣裳。卻看妻子愁何在，漫捲詩書喜欲狂。」眾人於淚眼婆娑中收拾行李、打點包裝，盤算著回到戰後的首都南京將怎樣開始新的生活。

一九四六年十月中下旬，民生公司的幾艘長遠號貨輪停靠在李莊碼頭，史語所、中央博物院籌備處、中國營造學社等機構，開始搬運貨物，日夜兼程，緊張而忙碌地裝船。除了各機構的公物和個人生活用品外，尚有一些特殊情況需特別對待。此前史語所歷史組勞榦的母親於李莊病逝，九月二十一日，勞榦專門向董作賓打報告，謂：「家慈靈柩尚暫厝李莊，竊思此次自李莊到京輪船為本所包船，謹懇賜以方便予以裝載。所有運費並乞暫記於私人名上。」與此相同的是，李濟在李莊夭折的愛女的靈柩，也需要船載運回，而李濟的老太爺郢客老人因痛失孫女精神崩潰，致全身癱瘓不能行動，只好僱人連抬加拖抱進船艙。幾具棺材加癱瘓的老人隨著亂糟糟的人流在碼頭上來回折騰，其悲苦淒楚之狀令人心碎。

經過幾天的緊張忙碌，一切準備就緒，長遠號輪船就要拔錨啟程了。整個李莊鎮長江沿岸已是人山人海，李莊鄉民幾乎傾巢出動，為相處了六年之久的學者與家屬們送行。眾位學人連同隨行的家屬們即將告別庇護了自己六年的李莊和父老鄉親，在這告別的最後一刻，招呼聲、問候聲、互道珍重聲，伴隨著嚶嚶哭泣聲、低沉的嗚咽聲，此起彼伏。「剪不斷，理還亂，是離愁，別是一番滋味在心頭。」平時沒有特別放在心上的這個偏僻鄉鎮，竟突然變得令人戀戀不捨，並為之黯然神

民生公司輪船在裝運史語所文物。

傷。隨著一根又一根粗壯的纜繩緩緩解開，所有人的心「咚」地一沉，如同撕裂般滾過一陣劇痛。悠長而令人心焦的汽笛緩緩響起，長遠輪回身轉首，劈波斬浪向江心駛去。碼頭上萬千隻揮動的手臂漸漸變得模糊，聳立在岸邊的魁星閣那翹起的高高的飛簷尖角，漸漸被淹沒在青山翠竹遮蔽的綠色裡。漸行漸遠的長遠輪在拉響了最後一聲告別汽笛後，突然加大馬力，抖動著龐大的身軀，順滾滾江水疾速而下。

抗戰勝利後，中央研究院南京接收人員與日本交接人員合影。左起：谷田龍康、趙子銘（地質所）、王家楫（仲濟）主任、高玉華（總務處）、石璋如（史語所）。

浩瀚的江面上，幾艘長遠輪前後一字排開，乘風破浪，順流而東，船上的人員在波滾浪湧中漸漸擺脫了離別的憂傷，精神變得活躍起來。許多年後，據同船而行的史語所研究人員張秉權回憶：眾人顧不得秋風蕭颯的寒冷，一個個爬出船艙，佇立甲板，「盡覽長江勝景，尤其三峽的雄偉天險，令人嘆為觀止。記得夜泊巫山的那晚，縣城在半山腰，下瞰灩澦灘，眺望白帝城，惜別之情油然而生。第二天一早駛進夔門，兩岸峭壁聳天，江心險灘處處，暗礁無數。有一艘運軍糧的帆船，從下游逆水而上，大概無法避開我們那艘小輪的航道，急得向駕駛臺放了一槍，山鳴谷應，全輪震驚，人心惶惶。然而領船的那位師傅，不慌不忙，從容鎮定，用手勢指示航道，終使兩船均能安然無恙地脫離險境。」

「長風破浪會有時，直掛雲帆濟滄海。」順長江，出三峽，抵東海，不只是千百年來文人墨客的夢想，它同樣是一個民族精神追求與圖騰的感召。遙想抗戰初期，上海淪陷、南京淪陷、武漢淪陷、宜昌淪陷，國民黨軍隊節節潰退，日軍步步緊逼。揚子江一線，砲火連連，血水湧動，人頭滾翻，在中華民族生死存亡的緊要關頭，三峽做為一道天然屏障保全了中國。當然，三峽的意義不只是自然地理和軍事上的，更是精神上的一種標誌。中國所走的路途之迂曲，正像曲折的長江，但是它前進的毅力與方向始終未變，滔滔江水不屈不撓，日夜不停地奔騰前進。在抗日戰爭最為艱苦卓絕之時，馮玉祥將軍於三峽宏大的夔門之上，奮筆題詞「衝出夔門」四個大字以銘心志。由此，整個抗戰八年，夔門成了中華民族抵擋外虜、誓不屈服的旗幟與象徵，置於絕地而後生的中華民族最終會打出去收復失地的——這滿載文化菁英與大批國之重器，劈波斬浪、飛流直下的航船就是明證。

血色黃昏

當史語所與中央博物院大部分人員返回南京後，傅斯年從北平急急飛赴南京，滿懷興奮與歡喜之情，在中央研究院大樓的演講廳設宴款待。為把宴會辦得更加紅火熱鬧，也為了讓流離失所八年的故朋新友有個歡聚一堂的高興機會，傅斯年特地邀請由美歸國不久的北京大學校長胡適，專程赴京參加這場具有歷史紀念意義的盛宴。胡適當仁不讓，欣然應命前來助興。

據當時參加宴會的史語所研究人員張秉權回憶：「我們是最後一批抵京的。傅所長為犒勞同仁押運圖書古物安然返所，設宴招待全體同仁，席間有胡適先生，那是我第一次見到適之先生。他談笑風生、親切感人。傅所長稱他為史語所的姑媽、娘家人。無論老少，每個人都自然而然地很願意親近他，他也的確讓人有如沐春風的感覺。傅所長對於新進後輩，似乎特別客氣，一一握手致意，表示歡迎熱忱。」而據傅斯年的山東同鄉、當時受傅之命曾親至機場迎接胡適的助理研究員何茲全說：「那天史語所家屬、小孩都有，很熱鬧。傅先生在講話時說：『人說我是胡先生的打手，不對，我是胡先生的鬥士。』」此說引得眾人一陣哄笑。

席間，最令人難忘的還是傅斯年在演說中對史語所歷次搬遷的追憶，在講到抗戰歲月八年顛沛流離、艱苦卓絕的生活時，說到動情處，幾次哽咽淚下，在場的人無不為之深深感染而同聲悲泣。最後，傅斯年端起酒杯、打起精神，滿懷激情與信心地說著「慶祝大家都能幸運歸來，同時過去的種種辛苦都已經結束了，從此之後我們可以安心工作，史語所八年的流離可說是告一段落了。搬回來之後永不搬遷」等充滿期待的話語。

外國記者眼中的內戰時國軍。

這個時候的傅斯年和出席宴會的所有人員都不曾想到，僅僅是兩年後，史語所大隊人馬就再度踏上流亡之路。此時，國共兩黨的軍隊已劍拔弩張，關於「兩個中國之命運決戰」的歷史時刻到了。

一九四六年六月，在美國武裝部隊軍艦、飛機的協助下，國民黨兩百萬正規軍，已有一百五十萬調集到長江以北地區，其中有五十四萬精銳為美國動用海空力量直接運送。蔣介石認為一舉殲滅共產黨軍隊的時機已到，便於六月二十二日密令劉峙指揮部署在中原地區的國民黨軍隊向各預定進攻地點集結。二十六日，開始大舉進攻中原解放區。人民解放軍奮起還擊，血與火交織的內戰在滿目瘡痍的中國大地上拉開了序幕。

一九四六年十一月二十七日，蔣介石在南京召集國民代表大會，並發表講話，謂：「這次修改憲法，就是為了打擊共產黨。」又說：「現在是本黨的危急存亡關頭，大家要聽我的話，則有前途，否則完了。」話音剛落，眾人驚駭，蔣氏的這一句「完了」，竟成讖語。

國共雙方經過一年的拉鋸式戰爭，國民黨頹勢已現、大廈將傾。至一九四七年六月，人民解放軍以損失三十餘萬人的代價，殲滅國民黨正規軍與雜牌軍達一百一十二萬人。自此，人民解放軍由內線轉入外線、由戰略防禦轉入了全國範圍的大規模戰略進攻階段。

就在整個中國大地砲火連天、血肉橫飛，國共兩黨殺得昏天黑地、日月無光之時，中央研究院首屆院士評選會議，又在亂哄哄的首都南京轟轟烈烈地搞了起來。面對此一行動，學術界意見不一、眾說紛紜。傅斯年在給胡適的信中稱：「話說天下大亂，還要選舉院士，去年我就說，這事問題甚多，弄不好，可把中央研究院弄垮臺。大家不聽，今天只有竭力辦得他公正、像樣、不太集中，以免為禍算了。」

此時，傅斯年正在美國療養。他是一九四七年六月偕夫人與兒子傅仁軌前往美國波士頓伯利罕醫院治療的，四個月後移居康乃狄克州紐黑文休養。就在傅離開南京之前，董作賓也應美國芝加哥大學之邀赴美講學。

關於選舉中央研究院院士一事，早在抗戰勝利初期即開始醞釀，並有所行動，但因內戰硝煙驟起，使這一行動延緩下來。據物理學家吳大猷回憶，「（民國）三十五年由評議會籌辦院士選舉，先由各大學院校、專門學會、研究機構及學術界有資望人士，分科提名候選人，約四百餘人。三十六年由評議會審定候選人一百五十人。」到一九四八年初，中央研究院評議會評議員再次提出，無論戰爭局勢如何發展，一定要在中研院成立二十週年之際選舉出首屆院士，以為科學、民主爭得地位和榮譽，並為後世開出一條關乎國家民族命運的光明道路。按原定計畫，院士選舉分為數理、植物、人文三個組。由中央研究院代院長朱家驊總負其責，總幹事薩本棟負責數理、植物組；胡適、傅斯年、李濟、陶孟和等人負責人文組，並提出候選人名單。最後由中央研究院評議會評議員提出各自的意見，並投票選出。

在第一輪正式推舉之前，做為主要決策者的胡適擬定的人文組名單是：

哲學：吳敬恆（稚暉）、湯用彤、金岳霖。

中國文學：沈兼士、楊樹達、傅增湘。

史學：張元濟、陳垣、陳寅恪、傅斯年。

語言學：趙元任、李方桂、羅常培。

考古學及藝術系（史）：董作賓、郭沫若、李濟、梁思成。

人文地理民族學：想不出人名。

大約同時，傅斯年從美國寫信給胡適，透露了他推薦的名單，其中涉及人文組的有：

中國文學：吳稚暉、胡適、楊樹達、張元濟。

史學：陳寅恪、陳垣、傅斯年、顧頡剛、蔣廷黻、余嘉錫或柳詒徵（柳不如余，但南方仍不可無一人）。

考古及美術史：李濟、董作賓、郭沫若、梁思成。

哲學：湯用彤、馮友蘭、金岳霖。

語言：趙元任、李方桂、羅常培。

胡、傅兩人擬定的名單大同小異，可謂英雄所見略同，只是胡適擬定的名單上沒有自己，而霸氣十足、目空一切的傅斯年則當仁不讓地簽上了自己的姓名。從名單擬定的視角也可看出，胡、傅兩人的性格及處事方式大不同。或許正是這種外露且不知收斂的性格，使傅斯年一生譽滿天下，但謗亦天下。當年有人曾公開向傅斯年叫板曰：「中央研究院各研究所所長都是大學問家，傅斯年會什麼，怎麼居然也當了所長？」這些透著不服氣與攻擊性的說辭，是與傅之性格及為人處世有很大關係的。

當時正在美國講學的董作賓聞訊，於一九四八年二月二日由芝加哥致信胡適，特意談到了他對此次選舉的關注與態度，信中說：「春間中研院選院士，您必出席，關於考古學方面，希望您選（梁）思永或（郭）沫若，我願放棄。因為思永在病中，應給他一點安慰，沫若是外人，以昭大公，這是早想託您的。」不知同樣的信是否還寄給傅斯年，但從胡與傅推薦的名單看，郭沫若一直在兩人的推薦名單之中，後來梁思永也得以被提名推薦。

一九四八年三月二十五日至二十七日，中央研究院代院長兼評議會議長朱家驊在南京主持召開了最後一輪院士選舉會。經過入會者五輪無記名投票，原定要選出的一百名院士，因許多名流在投票中紛紛落馬，導致六十九人票數未能過半，最後只有八十一人被通過。按既定規矩，凡通過者即正式成為國民政府中央研究院第一屆院士。名單如下：

數理組（二十八人）

姜立夫、許寶騄、陳省身、華羅庚、蘇步青、吳大猷、吳有訓
李書華、葉企孫、趙忠堯、嚴濟慈、饒毓泰、吳　憲、吳學周
莊長恭、曾昭掄、朱家驊、李四光、翁文灝、黃汲清、楊鍾健
謝家榮、竺可楨、周　仁、侯德榜、茅以升、凌鴻勳、薩本棟

生物組（二十五人）

王家楫、伍獻文、貝時璋、秉　志、陳　楨、童第周、胡先驌
殷宏章、張景鉞、錢崇澍、戴芳瀾、羅宗洛、李宗恩、袁貽瑾
張孝騫、陳克恢、吳定良、汪敬熙、林可勝、湯佩松、馮德培
蔡　翹、李先聞、俞大紱、鄧叔群

人文組（二十八人）

吳敬恆、金岳霖、湯用彤、馮友蘭、余嘉錫、胡　適、張元濟
楊樹達、柳詒徵、陳　垣、陳寅恪、傅斯年、顧頡剛、李方桂
趙元任、李　濟、梁思永、郭沫若、董作賓、梁思成、王世杰
王寵惠、周鯁生、錢端升、蕭公權、馬寅初、陳　達、陶孟和

隨著名單的公布，中國有史以來的首屆院士選舉塵埃落定。從以上名單可以看出，史語所中有相當多的人當選本屆院士。其中專任研究員有傅斯年、陳寅恪、趙元任、李方桂、李濟、梁思永、董作賓、吳定良。兼任研究員有馮友蘭、湯用彤。通訊研究員有胡適、陳垣、梁思成、顧頡剛、翁文灝。整個人文組有一半院士與史語所有關。除中研院下屬各所外，院士多出自清華、北大，南開位數較少，與同濟大學有關聯的僅童第周一人。而一門兩院士者，只有梁思成與梁思永兩人，假如梁啟超活在人世，看到這樣一個選舉結果，不知做何感想。

這年夏天，在美國的傅斯年突然提出回國，夫人俞大綵勸他再靜養些時日，但傅執意欲歸，並曰：「國內要做的事太多，豈能偷閒而安居異國乎？」於是乃歸。八月抵達南京，重新執掌史語所事務。

一九四八年九月二十三日至二十四日，中央研究院第一屆院士暨紀念中央研究院成立二十週年大會在南京北極閣舉行。為表示對科學與知識分子的尊重，蔣介石撇下前線十萬火急的戰事，親自出席會議，並做了講話，場面極其隆重熱烈——這是國民黨統治時期中國知識分子群體在苦難中深受矚目和倍感榮光的絕響。未久，這批名震天下的八十一名院士，就在戰爭的硝煙砲火中被迫分道揚鑣、天各一方了。據石璋如

回憶：「當時在研究院辦了很熱鬧的慶祝活動。上午開會，晚上就請吃飯，從總辦事處到地質研究所前頭的空曠處，桌子一路排開，放上酒和點心，夜裡燈火通明，稱作遊園會。剛開始的時候人很多，愛去哪桌喝酒都可以，可是天公不作美，打了響雷下起陣雨，大家就集中到總辦事處的演講大廳去了。」石璋如沒有繼續描述此後諸位的心境，可以想像的是，眾人或許都已清楚地意識到那串不期而至的驚雷，將是「主大凶」的卜相預兆——這是老天為蔣家王朝在大陸的統治敲響的一聲喪鐘。

就在這喪鐘聲聲、風雨迷濛的淒苦之日，前線傳來了國民黨軍隊一個又一個戰敗覆亡的凶訊：

一九四八年九月十二日，人民解放軍所屬東北野戰軍在遼寧省西部和瀋

一九四八年中央研究院首屆部分當選院士合影。

陽、長春地區，對國民黨軍衛立煌部發起攻勢，史稱遼沈戰役。此役東北野戰軍以傷亡六十九萬人的代價，殲滅國民黨軍四十七萬餘人，並繳獲了大批美製武器裝備。國民黨軍隊元氣大傷，徹底踏上了衰亡敗退之路。

九月十六日，華東野戰軍以三十二萬人的兵力圍攻國民黨重點守備的戰略要地濟南城，歷時八天，國民黨軍隊一百零四人被殲，最高指揮官王耀武被俘。

十一月六日，華東、中原野戰軍與地方武裝共六十餘萬人在以徐州為中心，東起海州、西至商丘、北至臨城、南達淮河的廣大區域內，向集結在此一地區的七十萬國民黨軍隊發起強大攻勢，是為淮海戰役（按：國民黨稱之為徐蚌會戰）。解放軍攻勢凌厲，兵鋒所至，所向披靡，國民黨政府首都南京岌岌可危。

面對山河崩裂、天地改色及搖搖欲墜的國民黨政府，蔣介石困獸猶鬥，在決心背水一戰的同時，沒有聽天由命，而是採納了歷史地理學家出身的著名策士張其昀的縱橫捭闔之術，決定著手經營臺灣，做為日後的退身之所和反攻大陸之地。在國民黨軍隊大舉敗退臺灣之前，根據蔣介石密令，除把約十億美元的黃金和銀元祕密運臺外，根據國民政府的訓令，科學教育界能搬遷的人、財、物盡量搬遷，先以臺灣大學為落腳的基地，爾後慢慢站穩腳跟，以達到求生存、圖發展之目的。因臺灣大學原校長莊長恭履任半年就攜眷悄然離職開溜，國民黨政府決定由傅斯年接任臺大校長，著力經營關乎科學教育這一立國之本的重要基地。經朱家驊和傅斯年多次晤談，傅勉強表示從命，欲「跳這一個火坑」。

一九四八年十一月底，朱家驊奉命召開中央研究院在京人員談話會，要求南京地區文物、圖書、儀器、文卷等先行集中上海，由安全小組封存，伺機再南運臺灣等等。

會議之後，各所組織人員攜公私物資陸續向上海撤退，以「靜觀待變」。

未久，根據蔣介石和時任國民政府行政院院長翁文灝的指令（按：翁接替宋子文任該職，宋十一月二十六日辭職，做逃跑準備），在南京的故宮博物院、中央博物院籌備處、中央圖書館、中央研究院歷史語言研究所四家機構所藏的珍貴文物、圖書和歷史檔案，全部裝箱運往臺灣。由教育部次長、故宮博物院理事會祕書、中央博物院籌備處主任杭立武全權指揮。待一切準備就緒後，海軍司令部派來「中鼎號」運輸艦與一個團的官兵協助裝運。

此船共裝運四家機構運來的古物和歷史檔案、標本、儀器等七百七十二箱，由李濟擔任押運官，全程負責運輸、裝卸事宜。這時的李濟已辭去中央博物院籌備處主任之職，此次是以故宮博物院理事與史語所考古組主任的身分負責這項事務的。在搬遷之前，中共方面已得到消息，急派一個加入中共地下黨的李濟的學生出面勸阻，但李並未聽從，並告之曰：「保護這批古物是我的職責，自盧溝橋事變之後，我已護送這批珍寶跋涉了大半個中國，終得以保全。現在我同樣不能眼看著祖宗留下的國寶毀於戰火。國共之戰我管不了，但如果我能保全這批文物而撒手不管，是為

中鼎號軍用運輸艦，該艦輸送文物至臺後，於一九四九年初，再度輸送國民黨官兵南撤。

不忠不孝，同樣對不起後世子孫。」

當李濟這位學生不能阻止後，中共方面又轉而找到同情共產黨的陶孟和對李濟委婉相勸，但李仍不買帳，決定一意孤行，並對陶曰：「如果你陶孟老能保證這批古物不在戰爭中被毀，並有科學證據說服眾人，同時能擔當起這個責任，那我就放棄。」此時的陶孟和當然拿不出科學證據，更不敢擔當這份與江山社稷緊密相連的「國之重器」存亡之重責，於是乃罷。對此，李濟以譏諷的口氣說道：「你陶孟老不是也帶人跑到上海的租界躲起來了嗎？對於我們做的事又橫加指責，這不是五十步笑百步嗎？臺灣與南京同為中國的領土，並不是外國人的領地，在整個大陸都籠罩在砲火的非常時刻，中華民族的珍寶應該放到祖國領土的最安全的地方。」陶孟和聽罷，不再與之辯，遂聽之任之。

一九四八年十二月二十日，滿載國之重寶的「中鼎號」軍艦拔錨啟程，由上海進入激流洶湧的臺灣海峽，向陌生、神祕的基隆港駛去。據隨李濟押運的那志良回憶說：在行程中，因「這一隻船是平底的，遇到風浪，船搖搖擺擺、顛簸不定，船上的箱子又沒捆好，船向左傾，箱子便滑到左邊來。船向右傾斜，箱子又滑到右邊去了，隆隆之聲，不絕於耳。海軍司令又託船長帶了一條狗。牠又在那裡不住地狂吠，加以風聲、濤聲，這些押運人員覺得是世界末日要到了」。這艘軍艦在大海裡顛簸了一個星期，直到二十七日才到達臺灣基隆。據蔣復璁說：「在古物裝上船後，又傳來幾天前在海峽，海浪打沉一條船的消息，許多老友勸李濟不要跟船走，李回答說，物在人在，免得子孫唾罵千年。從南京到基隆，文物安全抵達，老先生也差點癱倒，其精神壓力之大可想而知。」

由於前方戰事吃緊，海軍一時無船可派，第二批運輸便包租了一艘招商局的海滬輪，由於船艙較大，僅史語所的古物、資料就裝載了九百三十四箱。該船於一九四九年一月六日啟航，僅三天即到達基隆。

第三批是海軍部派來的一艘「崑崙號」運輸艦，當古物裝載時，海軍部的人員眷屬拖兒帶女呼呼隆隆地擁向船艙搶占座位。杭立武仍用老辦法請出海軍司令桂永清前來勸阻。此時國民黨戰事更為不利，人心愈發焦灼慌亂，當桂永清命令眾人下船時，「大家都哭了，希望老長官原諒他們，幫他們的忙。那種淒慘的樣子，使得總司令也落了淚。他沒有辦法可想，只有准許他們隨船去了。」該艦自一九四九年一月二十九日開出，直到二月二十二日才抵達基隆。至此，四家機構共四千兩百八十六箱古物、資料、珍貴圖書、檔案等全部運完，無一件損壞。南京故宮博物院運去的珍貴文物就多達兩千九百七十二箱，這批文物後來存放於臺北故宮博物院。而史語所僅「內閣大庫」檔案就多達三十一萬一千九百一十四卷（冊），其中明代檔案三千多卷（件）。此物先借放於臺北楊梅鐵路局倉庫，後轉南港史語所辦公大樓資料庫永久保存。

就在四家機構的古物、圖書、檔案等倉皇運臺的同時，朱家驊奉命動員中央研究院各所人員全部遷臺。令他大為失望的是，大多數人員不願隨遷，仍要在南京、上海「靜觀待變」。陶孟和等人則堅決反對遷臺，堅持要留在大陸，靜候解放軍的到來。一九四八年十一月三十日，陶參加在京人員談話會時，很不客氣地對朱家驊說：「搬不搬要同全所同仁商量，以多數人意見為依歸。」十二月九日，面對朱家驊的催促，陶孟和以所務會已開過，「全所人員多一票」決定不遷為由，對朱做了簡單的答覆。朱聽罷又急又怒，當場以「出席人員中包括助理研究員，不符合規定」企圖強行令對方搬遷，但陶卻置之不理，並以各種辦法拖延下去。面對朱家驊的步步進逼，陶孟和給社會學所的同人打氣說：「朱家驊是我的學生，我可以頂他，他不敢把我怎麼樣。」意思是你們這些小的們不要怕，一切事由我這棵大樹頂著。社會學所人員聽從了陶的建議，繼續堅持拖延下來。一九四九年五月，竺可楨由杭州潛往上海，聽任鴻雋、陳衡哲夫婦說：「陶孟和頗贊成共產，近來大發議論，於首都陷落前赴京……」此時的陶孟和整個身心顯然已轉向了共產黨一

人留了下來。

在中央研究院各所中，當屬傅斯年主持的史語所遷臺較為積極，在傅的奮力蠱惑下，全所大部分人員開始於惶恐紛亂中，攜妻帶子緊急逃亡臺灣海峽那邊的孤島。只有夏鼐、郭寶鈞、吳定良、逯欽立等少數人留了下來。

當眾人心懷淒涼之境，在風高浪急的臺灣海峽動盪顛簸時，傅斯年沒有離去，他仍繼續留在南京，在觀望中奔波忙碌著新任臺灣大學校長那一份無法逃避的職責。

一九四八年十一月二十九日，東北野戰軍會同華北軍區主力共一百萬人，在北平、天津、張家口地區聯合發起平津戰役，與國民黨軍傅作義部六十萬人展開決戰。十二月十二日，北平城被解放軍包圍，南苑機場失守，國民黨氣脈已竭、力不能支，蔣介石急派飛機空投手諭致平津守軍各軍長，以鼓舞士氣。手諭末尾以悲壯無奈的口氣道：「固守待援，不成功，便成仁。」十三日，北平西郊砲聲隆隆，彈片從清華園「嗖嗖」掠過，校內教職員工大為驚恐，清華校方宣布停課，師生員工自尋出路。

在風雨飄搖、大廈將傾的危急時刻，朱家驊、傅斯年、杭立武、蔣經國、陳雪屏等在蔣介石授意下，緊急磋商謀畫「平津學術教育界知名人士搶救計畫」的細節辦法，並擬定了「搶救人員」名單。名單包括四類：（一）各院校館所行政負責人；（二）因政治關係必離者；（三）中央研究院院士；（四）在學術上有貢獻並自願南來者。四類人員約六十人，連同眷屬共約三百人，由北大、清華的鄭天挺、石樹德等教授負責組織聯繫，國民黨北平「剿總」予以協助，分期分批運往南京。傅斯年在致鄭天挺的電文中特別要求，「每人只能帶隨身行李，通知時請其千萬勿猶疑，猶疑即失去機會。」又稱：「機到即走，不能觀望稍有遲疑不決。」所需運載機由時任交通部長的俞大維全權調度。

南京方面特別電催在北平主持北大、清華校務的胡適、梅貽琦，統率被「搶救」人員火速南下，但這時的胡適以正忙著籌備北大五十週年校慶為由不肯起身，梅貽琦也在磨蹭觀望。當時北平城中風傳北大將要南遷，身為北大校長的胡適再三闢謠，「北京大學如果離開北平就不能稱為北京大學了，以絕無搬遷之理。」實際上，不僅北大確無南遷之意，就是胡適本人也完全沒有任何離去的準備。

直到一九四八年十二月十二日，胡適接到南京教育部長朱家驊親自拍發的電報，說「明天派專機到平接你來京」，他才突然改意決定離開北平。十四日，蔣介石兩次親自打電報催促胡適、梅貽琦率中央研究院院士及對學術有貢獻者飛南京，並派專機迎接，「然以故都局勢陡緊，機場不能使用，致專機無處降落，乃延至十五日始完成是項使命。」

就在胡適率領的陳寅恪等教授學人飛臨南京的第六天，即十二月二十一日，清華大學校長梅貽琦率領第二批被「搶救」的學人飛離北平，抵達南京，同機者有李書華、袁同禮、楊武之、江文錦等二十四位教授。梅貽琦一下飛機即對記者抱怨「市內新機場跑道太軟，只能載重三千磅」云云，似是有可以多載幾人而不能的惋惜之意。三天後，國民黨政府授予他教育部長之職，梅表示不能從命，幾天後正式宣布辭職，由此成了國民黨在大陸時期最短命的教育部長（後由杭立武繼任）。梅自稱未能將大部分北平教授接運出來，深感慚愧。當記者「詢以如北方各校之校長及教授南來，是否仍如抗戰時期相同，設立聯合大學」時，梅貽琦滿臉愴楚淒然地答道：「現與抗戰時期不同，另設聯大或無可能。」

繼梅貽琦之後，在北平的著名教授毛子水、錢思亮、英千里等也被「搶救」而出，飛抵南京。

不久，蔣介石給胡適冠以「總統資政」的頭銜，仍堅持胡適前往美國，既不當大使，也沒有具體任務，只是希望胡「出出看看」。胡適在經過一番心靈的煎熬後，決定服從這一委派，重返美國為政府「做點面子」。

一九四九年一月九日，被解放軍圍困在徐蚌戰場達六十六個日夜的徐州「剿總」副總司令杜聿明，向蔣介石發出了最後一封電報，稱「各部隊已混亂，無法維持到明天，只有當晚分頭突圍」。是夜，國共兩軍展開激戰，國民黨軍隊全面潰敗。整個淮海戰役，解放軍以傷亡十三萬人的代價，殲滅國民黨軍隊五百五十五萬人，國民黨軍隊總指揮杜聿明被俘。

一月十五日，解放軍占領天津，北平危在旦夕。

一月十九日，傅斯年去意已決，決定搭乘軍用飛機赴臺。這天晚上，在慘澹的星光照耀中，傅斯年偕夫人走出了史語所大院中的家，胡適與傅氏夫婦在前，祕書那廉君殿後，一行人在漆黑寒冷的夜色中悄無聲息地走著，沒有人再說話，千言萬語已說盡，最後要道的「珍重」又遲遲不能開口。當那扇寬大厚重的朱紅色大門「咯咯」推開時，沉沉的夜幕下，把門的老工友接過傅斯年手中的行李，在送向汽車的同時，嗚咽著道：「傅先生，今日一別，還能相見嗎？」傅聽罷，悲不自勝，滾燙的熱淚「唰」地湧出眼眶，順著冰涼的面頰淌過嘴角，又點點滴滴地隨著夜風四散飄零。「好兄弟，等著我，我會回來的。」傅說著，握住老工友的手做了最後道別，然後登車倉皇離去。

當夜，傅斯年飛抵臺北。此次一去，竟是「回頭萬里，故人長絕」了。

一月二十一日，蔣介石在李宗仁、白崇禧、閻錫山等派系的聯合打壓下，乘「美齡號」專機飛離南京抵達杭州，並發表「引退公告」，宣布由副總統李宗仁代理總統，與共產黨進行「和平談判」。此後躲在老家溪口母墓旁之「慈庵」，暗中指揮操縱國民黨及其軍隊繼續與中共對抗。

一月二十二日，國民黨平津「剿總」總指揮傅作義統率所部二十五萬人向北平城外集結，接受解放軍的改編。此役國民黨軍隊損失五十二萬人、解放軍傷亡三十九萬人。

一月三十一日，解放軍占領北平城，並宣布北平和平解放。

隨著淮海、平津戰役的終結，國民黨政府已到了倉皇辭廟之日，再無心力「搶救」學人了，這個「搶救大陸學人計畫」最終未能像搶運大批的金銀國寶一樣順利完成。據後來統計，除胡適、梅貽琦等幾十位教授之外，中央研究院八十一位院士有六十餘位留在了大陸，各研究所除傅斯年領導的史語所算是較完整遷臺，其他的幾個如數學所等只有一少部分人員與儀器遷臺。而此時被「搶救」出的學人，亦有一部分人最終去了香港和美國，而不是臺灣。

四月二十一日，毛澤東主席、朱德總司令發布向全國進軍的命令，中共中央軍委一聲令下，百萬大軍在西起九江東北的湖口、東至江陰，總長達一千里的戰線上，強渡長江，蔣介石苦心經營達三個半月，號稱「固若金湯」的長江防線轟然崩潰。四月二十三日，解放軍占領南京，國民黨政府南遷廣州。

一九四九年二月，南京機場，一國民黨士兵看守飛機殘骸。

八月十四日，毛澤東在為新華社寫的〈丟掉幻想，準備鬥爭〉一文中，對胡適、傅斯年、錢穆三人進行了點名抨擊，「為了侵略的必要，帝國主義給中國造成了數百萬區別於舊式文人或士大夫的新式的大小知識分子。對於這些人，帝國主義及其走狗——中國的反動政府只能控制其中的一部分人，到了後來，只能控制其中的極少數人，例如胡適、傅斯年、錢穆之類，其他都不能控制了，他們走到了它的反面。」

一九四六年，蔣介石赴北平與傅斯年協商偽北大教員處置問題，特到文天祥祠合影，以示對傅斯年的支持。

一九四九年十月一日，毛澤東在北京天安門城樓上宣告中華人民共和國中央人民政府成立。十月十四日，人民解放軍攻占廣州，「國民政府」再遷四川，蔣介石隨之出山，匆忙趕到重慶指揮戰事，並在此度過了大陸的最後一個生日——六十三歲誕辰。

十一月三十日，重慶被解放軍攻占，蔣介石逃往成都。十二月七日，「行政院長」閻錫山率包括中央研究院在內的「國民政府」各部門從成都逃往臺灣。十二月十日下午二時，一代梟雄蔣介石帶著兒子蔣經國，在瑟瑟寒風中，從成都鳳凰山機場起飛逃往臺灣。此時解放軍攻城的砲聲正緊，為了逃命，蔣介石都來不及詳細看一眼大陸河山。此時的他沒有想到，此一去，再也不能回到故國神州了。正是：無限江山，別時容易見時難。

第十一章

離愁正引千絲亂

歸骨於田橫之島

一九四九年一月二十日，傅斯年正式就任臺灣大學校長。臺大中文系教授黃得時仰慕傅的聲名，請其寫幾個字做為留念，傅揮毫寫下了「歸骨於田橫之島」的短幅相贈。眾人見之，頓生淒愴之感，更想不到竟一語成讖。

赴臺後的傅斯年仍兼任隨遷後的「中央研究院」史語所所長，但主要精力則投入到臺大的興建改革之中。

坐上臺大校長交椅的傅斯年，再度施展了他當年敢打硬衝、「凡事先騎上虎背」（傅斯年語）的處事風格，對臺大積習實實在在地來了一番大刀闊斧的改革。這一改革行動使一部分人為之叫好歡呼的同時，也觸及了許多權貴的利益，令對方極為不快和惱怒。當時臺大師生反對國民黨腐敗無能、以權謀私等令人激憤的醜行及蔣介石集團統治的學潮一浪接一浪連續不斷，傅的對立面藉學潮運動乘機發難。有國民黨政客在報紙上發表致傅斯年的公開信，指責臺灣大學優容共產

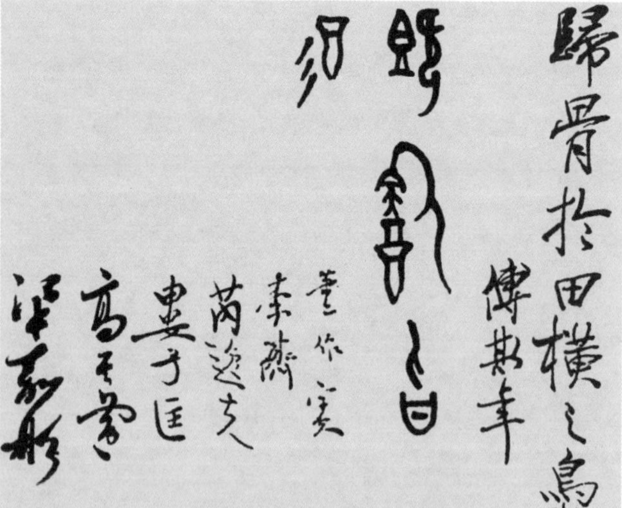

右為傅斯年手書「歸骨於田橫之島」，左為董作賓用甲骨文補寫的「既飲旨酒」，其他為史語所人員簽名。

黨，並指名道姓地說法學院院長薩孟武「參共親共」，某某院長、系主任是「共產黨分子或參共分子，他們把持院系，排除異己」，把各院系變成培植「親共勢力」的溫床等等，企圖置傅氏於不忠不孝不仁不義之絕地。

此時的傅斯年對臺大師生特別是當地的臺灣原住民反蔣倒蔣活動一直持反對態度，對學生中有真憑實據的共產黨員亦不寬容，每有發現均嚴懲不貸，但對別有用心者則採取另類措施。當傅斯年讀了報上對臺灣大學師生的指責後，既惱又怒，毫不顧及地以「他媽的」開罵起來，爾後採取以牙還牙的戰略進攻態勢，在報上兩次發表措辭強硬的檄文予以反擊，文中疾呼：「學校不兼員警任務，我不是員警，也不兼辦特工。」又說：「若當局有真憑實據說某人是共產黨，我將依法查辦，但是我辦理這種事，絕不能含糊其詞、血口噴人。」最後忿然聲明道：「反共需有反共的立場，貪官污吏及其他既得利益階級而把事情辦壞了的，我不能引以為同志。」（《傅斯年檔案》）

一九五〇年一月二十三日，針對「校外校內傳言斯年將去國、將辭職」的傳言，傅斯年在校刊上發表了「致臺大同事同學」的公開信，信中說：「半年多來，校外攻擊斯年者，實不無人，彼等深以不能以臺大為殖民地為憾。然彼等原不知大學為何物，故如遂其志，實陷本校於崩潰。鑑於一年來同事同學對斯年之好意，值此困難之時，絕不辭職，絕不遷就，絕倍加努力，為學校之進步而奮鬥！」

正是這種內外交困的局面與本人剛烈的性格，導致傅斯年血壓驟然增高，身體漸漸垮了下來。一九五〇年夏天，傅身患膽結石，不得不到醫院做手術。出院時醫生勸他至少要在家中休養一週，但臺大的事務紛亂如麻，根本無法辦到。對此，朱家驊曾以十分傷感的心情回憶說：「在他（傅斯年）去世的前幾天，閒談之中，他忽然對我說：『你把我害苦了，臺大的事真是多，我吃不消，恐怕我的命欲斷送在臺大了。』

當時我只以為他因感覺辦事的辛苦，而出此苦語。不意數日之後，便成讖言。」（《朱家驊檔案》）

一九五〇年十二月二十日上午，傅斯年出席由蔣夢麟召集的農復會的一次會議，討論農業教育改進和保送臺大學生出國深造問題。在這個會上，傅提了不少意見，據在現場的人回憶說，他一會兒用漢語講話、一會兒用英語和美國人交談、一會兒漢英交雜，滔滔不絕地大發宏論。兩個多小時的會議，他講的話比任何人都多。午飯後稍事休息，傅又於下午二時許趕往省議會廳，列席臺灣省參議會第五次會議。這一天，參議會上所質詢的問題全是有關教育行政方面的事務。下午會議開始後，傅斯年登臺講話，但主要是臺灣省教育廳長陳雪屏作答。大約到了五時四十分左右，具有好勇鬥狠之稱與「郭大砲」之名的本地土著參議員郭國基，突然蹦將起來質詢有關臺大的問題。傅不得不第二次登臺講話。在回答完上述兩個問題之後，傅針對郭的無知和無畏，開始予以反擊，在講臺上大談其辦學的原則、規矩、計畫與理想等等，講著講著情緒激動起來，他說道：「獎學金制度，不應廢止，對於那些資質好、肯用功的學生，僅僅因為沒有錢而不能就學的青年，我是萬分同情的，我不能把他們屏棄於校門之外。」最後高聲說道：「我們辦學，應該先替學生解決困難，使他們有安定的生活環境，然後再要求他們用心勤學。如果我們不先替他們解決困難，不讓他們有求學的安定環境，而只要求他們用功讀書，那是不近人情的……」講完話時，大約是六時十分，傅斯年慢步走下講壇。就

傅斯年在臺大辦公室。

在即將回歸座位時，突然臉色蒼白，步履踉蹌，坐在臺下的陳雪屏見狀，趕緊上前攙扶，傅只說了一句：「不好！」便倒在陳雪屏懷中昏厥過去。較近的議員劉傳來趕緊跑上前來，把傅斯年扶到列席人員的坐席上，讓其躺下，順便拿陳雪屏的皮包做了枕頭。從此傅進入昏迷狀態，再也沒有醒來。

臺灣的陳誠、何應欽、王世杰、程天放、羅家倫、朱家驊等政界要人，以及學術界人士李濟、董作賓、毛子水、薩孟武、英千里、勞榦等聞訊，紛紛趕來探視病情。蔣介石得知後，立即指令陳誠，動員臺灣所有名醫，不惜任何代價搶救傅斯年的生命，並要陳誠每過半個小時打一次電話報告傅斯年的病情。至十一時二十三分，所有的醫護人員回天乏術，傅斯年因腦溢血不治停止了呼吸。

十二月三十一日，亦即一九五〇年的最後一天，治喪委員會在臺灣大學法學院禮堂（當時臺灣大學本部尚無大禮堂）舉行傅斯年追悼大會。禮堂正中，懸掛著蔣介石親筆書寫的「國失師表」的輓幛，國民黨高級官員、名人學者的輓幛、輓聯分掛兩旁。蔣介石親臨致祭，各界要人亦皆前來，竟日致祭者達五千餘人。

傅斯年去世後，錢思亮為臺大校長。一九五一年十二月二十日，傅斯年逝世一週年忌辰，臺灣大學為紀念傅氏開創臺大一代新風之功績，按照美國維吉尼亞大學為傑佛遜總統專門在園內建造陵墓的先例，特在臺大實驗植物園內專門畫出一塊地建造羅馬式紀念亭，亭中砌長方形墓一座，墓前立有無字碑、修有噴水池。園中有兵工署捐贈的一座紀念鐘，鐘上鑄有傅斯年提出的「敦品勵學，愛國愛人」八字校訓。由錢思亮校長主持，將傅斯年的骨灰安葬在紀念亭內大理石墓室中。自此，此處被稱為「傅園」，紀念鐘為「傅鐘」，墓與鐘掩映在碧綠的椰林大道旁的鮮花翠柏之中，渾然一體，蔚為壯觀。

同傑佛遜的墓園供人憑弔一樣，臺大校園內的傅園供人瞻仰，傅鐘更成為臺大每日上課、下課的鳴鐘。每當深沉悠揚的鐘聲響起，在激起臺大師生工作、學習熱情的同時，也從流逝飄散的歲月中喚起對已故校

臺大校園的傅鐘。（陳惠錚攝並提供）

長傅斯年的懷念之情。每年的十二月二十日，臺灣大學都在傅園布置鮮花瓜果以誌紀念。而三月二十六日，即傅斯年的誕辰之日，則由史語所和臺灣大學輪流舉行學術演講紀念活動。自一九五四年始，此項活動做為一種傳統延續下來，歷久不輟。

傅園建成十幾年後，在臺灣新竹的清華大學也建立了一座與之相應的梅園——以此紀念「歸骨於田橫之島」的「清華之父」梅貽琦。

一九四八年那個寒冷的冬天，梅貽琦頂著圍城的砲火硝煙搭機南下，在南京堅辭國民黨政府硬給扣上的教育部長官帽，轉道香港做短暫停留，旋於一九四九年七月至巴黎參加聯合國教科文年會，同時出任中華民國政府常駐代表。一九五〇年初由法到美，在紐約華美協進社管理清華在美基金。

關於梅貽琦當年是在怎樣的心境下，如何撇下凝聚著他光榮與夢想的清華園孤獨地出走這一史實，梅本人沒有留下任何回憶文字，親朋至友的回憶則大多支離破碎，且說法各異，令後人難窺虛實。據梅的學生袁隨善回憶，大概是在一九五五年，梅貽琦和夫人韓詠華路過香港，主動跟他說起當時離開北平的情形，梅說：「一九四八年底國民黨給我一個極短的通知，什麼都來不及就被架上飛機，飛到南京。當時我捨不得也不想離開清華，我想就是共產黨來，對我也不會有什麼，不料這一晃就是幾年，心中總是念念不忘清華。」（《懷念梅貽琦老校長》）

袁氏這一說法顯然過於離奇，可信性頗值得懷疑。據當時同在清華任教的資深教授吳澤霖回憶說：梅貽琦離校那天，我在學校門口碰見梅，我問梅是不是要走，梅說：「我一定走，我的走是為了保護清華的基金。假使我不走，這個基金我就沒有辦法保護起來。」（《在回憶梅貽琦先生座談會上的講話》）另據葉企孫在「文革」中的「交代材料」披露：清華復員以後，葉曾一度向梅貽琦說：「倘有短期出國研究物理學或科學史的機會，吾可以考慮。後來，美國某基金會（我記不清哪一個了）來信，說已給我一個研究科學史的學侶補助金（fellowship stipend），研究地點在麻省理工學院或哈佛大學。吾收到這封信時，人民解放軍已接近北京郊區。吾願意留在清華，等候解放。我沒有答覆基金會來信，也沒有去領款。」當葉決定放棄這個機會時，梅貽琦準備拉葉離開北

一九五二年，梅貽琦與夫人韓詠華、兒子梅祖彥在美國。

平，並有了與葉同到福建省利用海外一批基金重新建立清華大學基地的打算。但葉在經過一番搖擺、觀望後，最後「自信作孽無多，共產黨也需要教書匠」，便決定既不出國也不南飛，堅持留下來迎接對他來說並不了解的新政權。後來由於國民黨政權在大陸迅速土崩瓦解，梅貽琦南飛後在福建重建清華的夢想破滅。

據梁從誡回憶：「一九四七年冬，母親住院做腎切除大手術，正在美國講學並參與聯合國大廈設計工作的父親，特地趕回來照顧她。耶誕之夜，我和姊姊忽然接到清華梅貽琦校長的邀請，要我們姊弟到他們家過節。但是去後發現只有我們兩個小『客人』，梅校長也不說話，我們顯得十分拘束。不久，就聽說梅校長從城內東單臨時機場飛離了北京。他當時請我們姊弟，也許是有意藉此向我們的父母表示告別吧？」（〈北總布胡同三號——童年瑣憶〉，載《不重合的圈》）

從以上幾位當事者的回憶分析，梅出走北平之前一定有過複雜的思想鬥爭，最後才下定決心離平赴京。縱觀梅貽琦在大陸的歲月，雖沒有做過不利於共產黨的事情，甚至可以說，在掌校期間於學生運動中的共產黨學生還曾盡量保護過，但這種作法更多的還是為保護學校與青年學生本身所計，並不是說他就贊成共產黨與馬列主義，或者贊同共產黨的政治思想與作法。此點他在昆明時已表達得明白。當他看到聞一多、吳晗等人以「鬥士」的身分與國民黨政府「鬥」起來之後，他在日記中明確表示：「余對政治無深研究，於共產主義亦無大認識，但頗懷疑。」這個「懷疑」既是他心跡的流露，也代表了當時相當一部分知識分子對時局的看法，因而當一九四八年底吳晗以中共軍代表的身分，奉周恩來之命來到清華勸說梅留下來時，梅沒有聽從此一建議，而是像胡適一樣毅然決然地搭機南飛。相比而言，吳澤霖的說法當更加可信，梅貽琦之所以南下，後來又由香港轉法國，再轉赴美國，真正的意圖就是像抗戰初期胡適赴美一樣，為一件「大事因緣」而來——攬住清華在美國的一批基金。只要基金尚在，梅做為清華校長的名望即在，無論是戰後清華的復興還是重建，這批基金都無疑是一個相當重要的籌碼。梅氏飛抵南京時，長江以南還在國民黨手中，假如蔣介石能保住這半壁江山，梅向葉企孫所說的到福建或廣州等地另建清華，或許並不是癡心妄想；後來在臺灣新竹建起的清華大學，實際就是這一構想的延續。只是國民黨太不爭氣，兵敗如山倒，轉瞬灰飛煙滅，梅貽琦不得不在美國為他心中的「大事因緣」苦守觀望。至於梁從誡所說梅氏向梁思成、林徽因告別的良苦用心，或許當是事實，只是梁氏所說的故事發生在一九四七年似乎不確，這一年底，林徽因的確是在醫院動大手術，但梅貽琦卻是第二年冬天才離平南下。期間隔了整整一年的時間，要說梅於此時就準備棄清華園而去，似乎不太可能，唯一的可能是，確有其事，但梁從誡在時間上記憶有誤。

再回到袁隨善所說梅貽琦被匆忙架上飛機的說法上來，當時與梅一同飛南京的有李書華、袁同禮、楊武之、江文錦等眾多教授，而這些教授在事後的回憶中，從沒提到過梅是被「架」上飛機一事，倒是當天的《申報》記者在採訪剛下飛機的梅貽琦時，梅頗為愧疚地抱怨飛機跑道太軟，沒有把更多的同仁「搶救出來」云云。假如他是被外力強行架上飛機，又何以說出這些「抱愧」之語？因而只能說袁隨善所言是一個頗為離奇且有點像警匪片般刺激的故事，但故事卻顯得過於離譜。假如將梅的另一位同事、清華大學外文系教授、後出任國民黨政府「外交部長」的葉公超對梅的評價加以對比鑑別，或可從另一側面得出梅出走北平的真實原因。一九六五年，也就是梅貽琦去世的第三個年頭，葉在回憶梅貽琦的文章中說道：「梅先生是個外圓內方的人，不得罪人，避免和人摩擦；但是他不願意做的事，罵他打他他還是不做的。」（《憶梅校長》）短短幾語，已觸到了梅貽琦內心深處。葉公超是清華當時知名的教授，與梅共事多年且私誼較深，他對於梅貽琦的評價當不是似是而非的外交辭令。就梅貽琦的性格和為人處世而言，他是不會「什麼也來不及就被架上飛機」的。通過如此排比對照鑑別，梅貽琦出走的歷史公案應該就此休矣。

梅貽琦到美國後，於風雨飄搖中艱難支撐、運窮命蹇的臺灣當局，曾多次欲動用他手中掌控的清華在美基金，但梅始終堅持這批基金必須用於教育事業的方針，雖對方用盡軟硬手段而堅決拒絕。一九五五年和一九五六年，梅貽琦兩次赴臺，與當局商定了在臺灣建立清華研究所，並附辦研究生院事宜。因當時臺灣急需發展電力以恢復經濟，而原子能在戰後成為一種最熱門的高效能源，梅與當局協商先辦原子能研究所，以進行自然科學與和平利用原子能研究，然後慢慢改建大學，選定離臺北不遠的新竹縣做為新校址興建辦公樓。一九五六年十月，新竹清華研究所第一屆研究生入學，梅貽琦主持所務。一九五八年七月，臺灣當局任命梅貽琦為「教育部長」，兼任原子能委員會主任，主持制訂《國家長期發展科學計畫綱領》等事務。因工作繁重、簡食少眠，終於積勞成疾，一九五九年九月病倒，入臺大醫學院治療，一九六〇年二月辭去「教育部長」職務，七月在臺大醫院施行前列腺手術，醫生認為病情嚴重，將不久於人世。當時梅貽琦親自從美國購進的原子爐設施正在緊張地安裝，為讓梅看到自己為之勞苦奔波的這一新興成果成功，在蔣介石、陳誠等高層掌權者的親自過問下，靠大量輸血以延續生命。這年十二月，原子爐全部安裝完備，梅貽琦在病榻上象徵性地摁按鈕啟動原子爐，之後病情不斷惡化。期間胡適因心臟病住進該院，兩人進行了多次推心置腹的長談（胡氏於一九五八年由美返臺，出任「中央研究院」院長）。按梅貽琦的病情，當時醫生和外界皆認為梅要走在胡的前邊，未曾想，身體狀況比梅好的胡適竟捷足先登，不辭而別了。

一九六二年二月二十四日，「中央研究院」舉行第五次院士會議，選舉新一屆院士。在臨別的酒會上，端著酒杯始終微笑著的胡適，突發心臟病倒地而亡。

胡適突然撒手歸天，消息傳到臺大醫院，躺在病床上的梅貽琦深受刺激，病情進一步加重，幾度昏迷不醒。兩個月後的五月十九日，梅貽琦與世長辭，享年七十三歲。

為紀念梅氏對中國教育事業特別是清華的貢獻，臺灣當局於這年夏季在新竹清華研究所的基礎上，正式成立了清華大學，並招收本科生。同時在校園內為梅貽琦修建了墓園，取名梅園，以誌緬懷紀念。自此之後，每年都有來自世界各地的清華師友到梅園弔謁致敬。而就在這個時候，北京的清華大學已被「五馬分屍」，只剩一個工科於風雨飄搖中獨立寒秋。整個清華園已被高鼻深目的蘇聯專家與一色中山裝的「革命家」所挾制，維繫了幾十年的校務委員會與「教授治校」等一切規矩，全部被做為臭狗屎拋進了歷史的垃圾坑。之後，站在不同思想陣線的教授們，許多被戴上了「右派分子」或「反動學術權威」的帽子。在秋風掃落葉式的政治風暴中，全國上百萬大大小小的知識分子遭此厄運。茫茫蒼穹秋風漸緊、寒氣襲人，鋪天蓋地的大風雪即將壓城而來，清華園內，一個個齒搖髮蒼的老「海龜」很快就被紅色革命小將們捉上「鬥龜（鬼）臺」……

當年梅貽琦於那個砲聲隆隆的寒冬匆匆離平南下，為的是一件「大事因緣」。經過了萬水千山，嘔心瀝血的勞作，這一「大事因緣」終於修成正果。倘若梅貽琦地下有知，一定會含笑九泉。

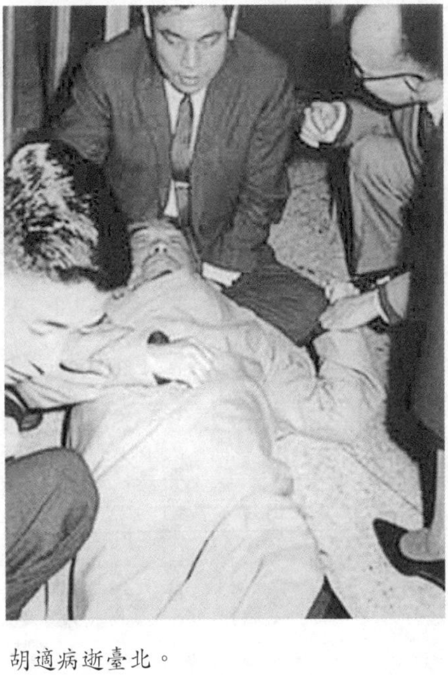

胡適病逝臺北。

群星隕落

在短短的三個月內，中國學術界這道燦爛的星河中最亮麗的巨星相繼隕落，臺島社會各界及海外學人陷入了莫大的悲愴與哀戚之中。為使科學事業不致因巨星隕落而停滯，同時也盡快掃除世人心頭上的陰影，就在胡適去世不久，國民黨政府再度任命李濟為「中央研究院」代院長。李推辭不過，只好從命。

李氏自一九四九年底拒絕了他的學生與陶孟和等人三番五次的勸阻，毅然決然地押著他視若生命的國之重寶，毫髮未損地渡過波浪滔天的臺灣海峽，在基隆安全登陸後，國民黨政權大勢已去，可謂兵敗如山倒，一批批官僚、政客、奸商、投機分子、散兵游勇等各色人物，像蝗蟲一樣嗡嗡叫喚著，蜂擁至這座孤懸於汪洋大海中的地瓜狀的島嶼。

因地小人多、時局混亂，來臺人員大多無處安身。李濟率領押船的部分史語所人員，勉強在臺大醫學院的教室中搭個簡單的床鋪暫住下來。據石璋如回憶：史語所人員來臺後，因無其他地方可住，暫時被安置到臺大教室，「人多的可以住一間教室，人少的就兩家住一間教室，我就跟蕭綸徽家共住一間教室。教室有前後兩門，蕭走前門，我走後門，兩家中間用帳子拉起來隔開。公家只給一家做了一張方形大床，上頭可以擱兩張榻榻米，全家人就擠在一起，睡在上頭。這就是我們的住。李濟先生比我們早來一段時間，家眷多，也住在臺大醫學院。雖然我們到這裡很苦，可是我們從基隆下船一早來到臺大安頓行囊之後，休息到第二天，史語所三組的同仁就在李濟先生的帶領下，步行到圓山做遺址調查去了。」

在遷臺的最初幾年，儘管孤懸一島、前程甚憂，曾有過「心情迷亂，考古興趣喪失殆盡」的情緒，但李濟以一個國際級學者的風範和文化良知，很快振作起來，重新投入到學術中去。除領導並參加了著名的圓山貝塚發掘外，還參加了臺中瑞岩泰雅族的體質人類學調查，組織對桃園尖山遺址發掘、環島考古調查，整理安陽殷墟出土陶器、青銅器等事宜。在研究中國上古史的時候，李濟以一個人類學者的身分，而不是以一個狹隘的考古專家的身分與角度，展現了他在學術上的磅礴大氣與深刻洞見。

在朱家驊、傅斯年等人的支持下，李濟於一九四九年創辦臺大考古人類學系，並於秋季正式招生。李除繼續擔任史語所考古組主任之職，開始兼任該系系主任，並聘請史語所的同仁芮逸夫、董作賓、石璋如、凌純聲、高去尋等到該系任教。這是第一次在中國土地上把訓練職業考古學家列入大學計畫之內，開創了大學教育體系設立考古專業的先河，為中國考古學繼往開來做出了劃時

蔣介石到中研院視察，右一為李濟，右二為胡適。

李濟向海外抵臺學術界名流介紹史語所考古陳列。左起：吳大猷、吳健雄、袁家騮、李濟、劉大中、李光宇。（一九六二年二月二十四日攝於南港）

代的貢獻。儘管這一學科創辦之初，限於當時的條件和大眾對這一「烏龜殼研究會」的陌生與偏見，招生很少，但總算為考古學的未來播下了種籽。

到了一九六三年，史語所最重要的支柱董作賓不幸去世。這一年走在他前面的老熟人還有兩位，一是朱家驊，另一位就是董同龢。

對於三人的死，石璋如晚年曾以哀婉的心情說：「五十二年真是不幸的一年，有好幾位同仁過世。一月三日晚，王志維電告朱前院長於當日下午去世。朱先生是研究院奠基南港的重要人物，任期也長，對研究院有所貢獻，老同仁對他都有感情，聽說了訊息都非常難過。」朱家驊去世後，於五月十五日安葬於陽明山。按石璋如的說法，「由於上山耗時較久，十點鐘始舉行安葬式，稍微公祭一下，十點半即結束，比起胡先生簡單得多。」很顯然，與胡適比起來，朱氏的葬禮「簡單得多」的根本原因，恐怕不是一個上山費力耗時可以解釋的，其背後深層的原因自是複雜。但不論如何推斷聯想，這個在政壇、學界曾呼風喚雨、威震朝野、縱橫三十餘年的重量級大鱷，就這樣從芸芸眾生的視線中消失了。

朱家驊入葬三十三天後，即六月十八日，董同龢隨之而去。「董同龢先生是我們同輩之中最聰明能幹、也最用功的人，常有自己的主張，連傅先生也說服不了他。在抗戰大後方，他還是副研究員的時候就獲得過楊銓獎學金，可見才氣之高。」石璋如所說的董獲獎金之事是在四川的李莊，那時的董同龢可謂風華正茂、意氣風發、心高氣傲，大有緊隨傅斯年「目空天下士」的氣勢。可惜天妒英才，不幸患了肝癌這一不治之絕症，未能掙脫死神的召喚，空留後人為之扼腕長嘆。

石璋如在野外考察時情形。（陳存恭提供）

「到十一月二十三日，董作賓先生也過世了，恰逢美國總統甘乃迪（甘迺迪）遇刺身亡日，我們說董先生是大人物，能與甘乃迪同日過世。董先生的身體底子並不壞，只是不愛運動，而且董先生既忙著《大陸雜誌》社的事，又擔任所長，去香港任教回臺又擔任甲骨文研究室主任，事情非常忙，因此同仁曾勸他裝假牙，但他忙到沒有空去。牙齒不好就吃不好，連帶消化不好影響健康。董先生要是早日治好牙齒的問題，身體就容易養好了。」做為同鄉兼同事、一起共事幾十年的石璋如所說的這段話，可謂對董作賓具有深透的了解。但世間的事往往旁觀者清、當局者迷，董作賓可能意識不到一個牙齒的問題竟引來這多麻煩，且引得死神找上門來糾纏不休，最後竟把命丟掉。不過，石氏之說也只是一家之言。據董作賓的兒子、曾給蔣介石當了幾十年御醫的董玉京說，董作賓在此前許多年就已患有高血壓、心絞痛、心肌梗塞和家族性遺傳的糖尿病等等，正是這成堆的疾病綜合症，導致董在「不該中風的年紀就已得過一次輕癱，而且一直未能復原」。就是在這樣一種多病交織的情形中，人送外號「老天爺」的董作賓歸天而去了。

董作賓的去世，標誌著史語所考古組最堅實、宏大的支柱之一轟然倒塌，堪與這根宏大支柱並列匹敵者，只有李濟與石璋如等幾人在暮年的風雨黃昏中苦苦支撐。整個史語所從此進入了風雨迷濛的歲月。在這一困境中，有許多國外大學邀請李濟前往任職，均遭拒絕。為此，一直對恩師此一作法不太理解的張光直，直到自己晚年才有所頓悟，「我強烈地意識到，李濟一生之所以一再拒絕美國一些大學提供職位的邀請，沒有移民過去，最根本的原因是他感到自己必須留在國內看到安陽研究的全過程。到了李濟先生逝世前，殷墟發掘出來的大部分資料均已公之於世。為此我們不能不感謝李先生數十年如一日盡守他領導殷墟發掘的職責。」張光直所言，其意在說李濟與梅貽琦一樣，同樣是為了一件大事因緣而來臺灣，並性堅如鐵，不為外力特別是名利所動。當這件「大事因緣」一旦了結，他也離自己整日刨掘的那些墳墓不遠了。在進入八十歲高齡的生命後期，自知將撒手人寰的李濟傾盡最後力氣，用英文寫成了一部全方位總結安陽殷墟發掘的具有經典意義的劃時代著作《安陽》（*Anyang*），先後在美國和日本等國家出版。

這部大作在最後定稿前，李濟曾請他與梁思成、林徽因共同的朋友費正清、費慰梅夫婦進行審讀和潤色。當時正在集中精力收集中國學者的資料，並且準備為梁思成與林徽因撰寫一部傳記的費慰梅，藉此機會，專門讓李濟口述了與梁思成夫婦交往的歷史過程。一九七八年二月二十日，費慰梅由美國致信李濟，就「口述歷史」紀錄一事詢問李，信中說道：「我希望你已經收到我所寫的在一九四七年會見梁思成時的幾頁談話紀錄。當我打下那份談話紀錄時，我體會到：思成沒能親自核對一下我寫的內容，並增添一些我可能寫得過於簡單的重要之點，失去這個機會真是損失太大了。」

費慰梅寫這封信時，林徽因已病故二十四年，梁思成也已去世六個年頭，對於費在傳記中的紀錄，梁、林兩人已不可能看到了。費慰梅在感到這是一件無法彌補的、大大的遺憾的同時，轉向李濟求助，費說：「這提醒我注意起去年九月我跟你的那兩次太短暫談話的紀錄了，我現在把它列印下來附寄給你。當然，你要回答我提出的一些問題。……希望它是準確的。」

李濟讀罷，強力支撐著病體，於一九七八年八月二日覆信費慰梅。此時李濟本人已進入垂垂老矣的人生晚年，再過三百六十四天就要與世長辭，因而信中所述，在直白真切中暗含一股淡淡的惆悵與淒涼。信中說：「幾個月來我受到某種無意識的禁忌所抑制，沒有寫任何東西，甚至跟我的好友和親屬也沒有通信。究竟這是由於佛洛伊德式的情緒失調，還是什

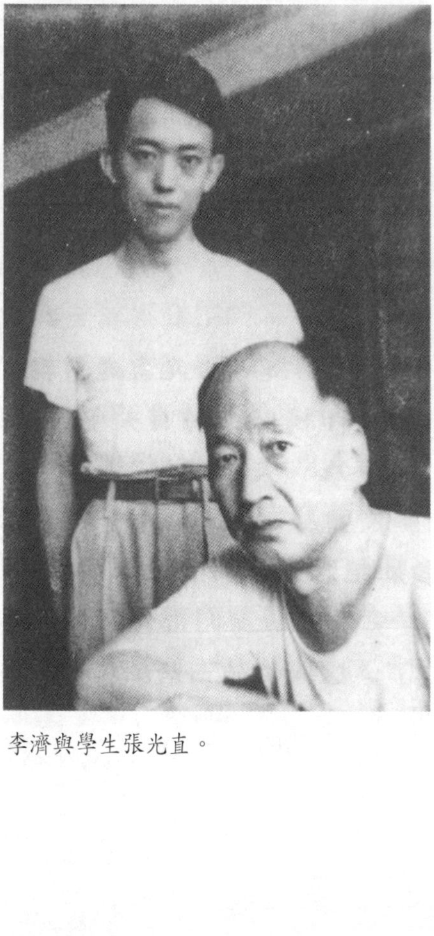

李濟與學生張光直。

麼荷爾蒙的作用，我現在還無法解釋。……社會條件和政治條件的飛速變化，這是你十分清楚的。是否這些身邊的新事物觸犯了我的情緒，我也說不好。但是，和我有著同樣觀點和感情的老友們一個個地逝去，無疑削弱了我對周圍事物的親密感。」

在談到梁思成、林徽因的情形時，李濟說道：「關於妳寫的梁思成傳記的那份材料，我讀了幾遍。應當說，讀起來頗感興味：妳說的好些事是我以前所不知道的，譬如關於他的童年。我認識他的父親，但不算知交，他是最早一個鼓勵年輕一代學習西方科學的先行者。李莊時期，我開始更進一步了解思成和他的營造學社，因為我們住得很近。在妳寫的傳記中提到的有關中央博物院和營造學社，以及中央研究院之間的合作情形，大體上是準確的，但細節我也記不真了。我不知道記載這些合作事業的文件究竟是被我留在南京了，還是存在這裡的故宮博物院。有一次我探詢了一下，但沒有下文，不過有一件與思成有關的事是值得一記的。二戰結束後，我決定辭去中央博物院籌備處主任一職，當時我推薦思成來擔任，他沒有接受。杭立武繼我之後接任此職。當時梁家兄弟，思成和思永兩家都返回北平了。勝利之後，我有一次在去瀋陽途中來到北平；我在那裡逗留了兩星期，但沒來得及會見他們。……這是我心緒正常時所能寫的一封夠長的信了。向妳和正清致最誠摯的問候。」（李光謨輯《李濟通信選輯》，抽印本）

一九七九年八月一日，李濟因心臟病猝發在臺北溫州街寓所逝世，是日恰為他親手創建的臺灣大學考古人類學系成立三十週年。正如張光直所言：「隨著他的過世，一個巨人消失了。」

梁思永之死

當胡適、梅貽琦、朱家驊、傅斯年、李濟、董作賓等學術界大腕被國民黨政府「搶救」而出，並相繼出走臺灣和美國，連同中央研究院史語所、中央博物院等機構的大部分人員倉皇撤離南京與上海之時，有幾個人卻在大失控、大混亂、大逃亡的世紀性變局中悄悄地留了下來，這便是梁思永、丁聲樹、夏鼐、郭寶鈞、曾昭燏等人。

抗戰勝利後，梁思成與梁思永兄弟兩家回到北平，思成一家進了清華園，思永住城內家中養病。當時他的病情決定了已不能遠行，在國共兩軍激戰正酣、國民黨奮力「搶救學人」之時，即使梁思永有意隨所撤退，也當是心有餘而力不足了，且梁氏尚沒有如此打算。已從中博籌備處轉到史語所服務的郭寶鈞，想起當年殷墟發掘時，傅斯年故意「嗚哩哇啦」地說著英語，和自己這位壓根兒不懂英語的土學者對話，就有些憋氣和惱火（按：有人謂傅斯年是故意戲弄沒留過洋的土包子學者），遂產生了藉此混亂之機擺脫傅斯年與史語所，另謀生路的念頭，遂向史語所同事、留英博士夏鼐問計。聰明過人的夏鼐毫不猶豫地對郭說：「我們不要走，我們還有前途，我們留下還有許多事情要做。」正是聽從了夏鼐這極富戰略性和前瞻性的分析與忠告，郭寶鈞才下決心留下來，以迎接新時代的到來。聰明過人的夏鼐打定主意後，在一片紛亂中悄然回到家鄉溫州，靜觀時局，等待著命運的轉機。

夏鼐的夢想也很快成真。一九四九年底，他應邀來到北京，與梁思永、郭寶鈞共同進入中國科學院考古研究所，在郭沫若和鄭振鐸的領導下，「展開了中國田野考古學的新天地。」只是世事紛繁，有些事是無法預料的，這片看起來廣闊無涯、浩瀚無邊的「新天地」，竟是荊棘叢生、陷阱密布，稍不留神即被穿刺得遍體鱗傷、哀苦不已，甚或身陷囹圄，落得個求生不能、求死不得的悲涼境地。

一九四九年五月十一日，也即國民黨敗局已定，新中國成立的前夜，《人民日報》發表了一封時任輔仁大學校長陳垣〈給胡適之的一封公開信〉，謂胡適等舊思想使他「一直受著蒙蔽」，藉此希望胡能「轉向人民，幡然覺悟」云云。儘管胡與陳在三個月前還信函往還、交誼篤深，但三個月後，年已七旬的陳垣竟能如此痛快與絕情地與胡決裂，說明世道人心已發生了巨大裂變。一九五〇年九月二十二日，香港左派報紙《大公報》發表了胡思杜的〈對我父親──胡適的批判〉一文，這篇文章是胡思杜在華北人民革命大學政治研究學院畢業時「思想總結」的第二部分。未久，這篇文章在《人民日報》與《中國青年》等報刊再度刊出。這是胡適離開大陸後，最早向他打出的兩發子彈。具有歷史況味的是，一個是出自胡適的老朋友，另一個是出自他的小兒子之手。

隨著這兩發穿甲彈的打出，舉國上下一場針對胡適及其徒子徒孫傅斯年等人的大批判運動開始了。

經過一連串的砸壺（胡）倒壺運動，曾經身為中國學界領袖、儒林之宗的胡適，變成一個頭戴多頂帽子、臭名昭著的「反動人物」與

一九五三年梁思永到梁思莊家（北京大學中關園九十六號）休養，每天上午都要在園中葡萄架前曬太陽。

「美帝國主義走狗」，或者成了一個在人們印象中「破壺破摔」的跳梁小丑。沉浮於政治浪濤中打滾而難以自拔的沉默大多數，開始談「胡」色變，以致對胡姓產生了極度的厭惡感。在當時和之後出現的一些小說、革命樣板戲或革命題材的影片中，其反面人物開始以胡姓出現，如《林海雪原》中的胡彪、《沙家濱》中的胡傳魁、《閃閃的紅星》中的胡漢三等等。這些獨有特色、刻畫得惟妙惟肖的胡姓人物，給世人留下了深刻而長久的印象。

就在全國學術文化界「滿腔憤怒」地叫喊著「批胡倒胡」之時，大陸最著名的考古學家梁思永死了。抗戰勝利不久，躺在李莊板栗坳病床上的梁思永偶然從一本外文雜誌上看到一個新的醫學成果，即患肺病者如去掉肋骨可使有病的肺萎縮下來，健康的肺將發揮更大作用。這個消息令臥病在床飽受病痛折磨長達四年之久的梁思永極度興奮，他當即決定赴重慶實施手術。得到傅斯年同意後，在梁思成的幫助下，梁思永攜家眷乘船來到了重慶，入住高唐奎醫院，並在著名胸外科專家吳英凱的主持下，切除了七根肋骨（一說切除六根）。自此，梁思永一直在重慶醫院休養。當一九四六年全國性的復員開始時，傅斯年通過時任交通部長俞大維的私人關係，讓梁思永一家搭乘一架軍用飛機飛往北平。當時梁的身體尚未恢復，他躺在一張帆布椅子上被抬上飛機。考慮到路途的困難，傅斯年再以個人的名義發電報，讓時在北平的妻兄俞大孚幫忙接機。梁思永一到北平，即由俞大孚等四人抬下飛機舷梯，專車護送到梁在北平的大姊梁思順家暫住。一個星期後搬到東廠胡同原黎元洪大總統居住的院內三間北房居住、休養，此後病情稍有好轉，但仍無力赴南京到史語所工作。

一九四八年七月二日，李濟由南京致信住在北平的梁思永，除了業務上的交談，還對梁致以親切的慰問之情。信曰：

思永吾兄：

《考古學報》第三冊近已出版，拙著《記小屯出土之青銅器：上篇》抽印本，今晨寄到，特航寄一本，送呈吾兄評正。此文於付印之前，未能就正於兄，為弟一大憾事。排印期間，校讎數次，仍有脫誤。原文尚有數處未做到十分滿意，諸祈指正，曷勝盼禱。中篇《鋒刃器》已將脫稿。「小刀子」一節擬藉用侯家莊材料做比較參考之用，至希惠允為感。又上篇亦有數處用到侯莊材料，以為旁證，並希吾兄加認。近日第四期已可集稿；本組同仁，均努力異常，一年以來，不少佳作，此亦窮苦生活中之另一境界也。尊體近日何似？嫂夫人想必康健。柏有讀書想必大有進步。自令姊令嫻夫人北歸後，即未得兄消息，但心中無日不念也。餘不盡，專此並頌

暑安

弟
李濟　謹啟

（李光謨輯《李濟與友人通信選輯》〔抽印本．非賣品〕）

此信前半部所言，反映的是史語所考古組一項不成文的規矩，即凡田野發掘的出土物或其他發現，主持發掘人有第一研究權，其他人若要在論文或報告中使用，需徵得對方同意。因梁思永在安陽殷墟主持了這一出土材料的發掘，故李濟用此材料著文，就需按規矩取得梁的認可。

同年八月五日，梁思永回信：

濟之我兄：

《考古》第三冊抽印本和裡面附帶的信收到了，多謝。大著已拜讀過，佩服佩服。偶有鄙見與尊說不盡合之處，也只是彼此看法上稍有差別，且多涉及枝節問題，無關緊要。他日會見時再當面請教。侯家莊材料請兄隨便使用，三組工作兄所領導，何需如此客氣。

弟五月底入協和醫院，住院十二日。檢查身體，結果是右肺健全，左肺壓塌狀態良好，胃腸透視都沒有發現毛病。除了氣管裡的結核病灶可能尚未痊癒外，可以說沒有病了。不過身體經過這幾年跟病菌鬥爭之後，真有如戰後的英倫，雖然戰勝敵人，但元氣消蝕殆盡，就要恢復到小康的局面，也萬分困難。為了肅清氣管裡病菌，現正試用鏈黴素。已注射了六十三克，似頗有效。預備再注三十七克就停止。

弟近間起坐之時已加多，且能出到院中行走。只可恨注鏈黴素後發生頭暈現象，走起路來搖搖擺擺，不很穩當。

看情形秋後大概可以開始做點俯（伏）案工作。欲想乘機整理兩城報告。不過在這動盪不定的大局中，把珍貴的稿子拿到北方來，又覺不甚妥當。盼兄分神考慮考慮這問題。內子小女託庇粗安。即此順祝

暑安　嫂夫人、光謨統此問候。三組同人，見面時祈一一代候。

弟
思永拜上

據此信的整理者、李濟之子李光謨推斷，這是梁思永在生命的暮年，與史語所同仁的最後一次通信，信中顯露出他們彼此的學術情誼、相互尊重，以及各自在研究工作上的良好願望。自此海峽阻隔，便成永訣。

一九五〇年八月，梁思永以他在考古學界巨大的影響力，被人民政府任命為中國科學院考古研究所副所長，名列夏鼐之前。儘管梁的身體仍虛弱無力不能出門直接指導所內事務，但可在家中參加或主持所內一些重要會議。據夏鼐說：「他（梁）在考古所成立後初次看見我時，便很興奮地談著關於考古研究所的計畫。他說：『所中一切事情都由鄭所長和我來管好了。只希望你和所中具有田野工作經驗的幾位，帶著一班年輕朋友們，在外面多跑跑，訓練年輕的人才是目前最迫切的任務。這種訓練是需要在當地實際工作中親手指點的。』因此，我到所後一年半中的大部分時間是在外地工作，沒有多替他在所內分勞。」（〈考古學家梁思永先生〉，載《新建設》一九五四年第六期）

自一九五〇年秋開始，考古所人員幾乎傾巢出動，在夏鼐的帶領下，先後對河南輝縣琉璃閣和趙固、北泉等地東周遺址進行了大規模發掘，發現車馬坑數座，出土了大量青銅器物。梁思永不僅在家中主持考古所的日常工作，還為撰寫《輝縣發掘報告》的青年考古學家具體輔導，並親自撰寫報告參考提綱。據時為剛進所的青年學生、後成為著名考古學家的安志敏回憶，「從我們到考古所那天起，（梁）便給我們布置了必讀的書目和學習計畫，每週還要填表逐日彙報學習和工作情況，並經常同我們談話以便做更深入的了解，從治學方法到思想修養無所不包，以督促和愛護的心情幫助我們克服思想上和學習上的缺陷，為考古研究所培養了一批新的骨幹。」

一九五三年二月，梁思永心臟大幅度衰竭，身體更加虛弱，只得脫離工作，安心在家休養。到了一九五四年春天，心臟病發作，入北京人民醫院救治。三月八日，梁思永讓夫人李福曼打電話叫自己的妹妹、時在北大圖書館工作的梁思莊到醫院，當梁思莊匆匆趕來時，梁思永握著她的手說：「我將不久於人世，要和大家永別了！」（《梁啟超和他的兒女們》）

據梁思莊的女兒吳荔明回憶，在梁思永生命垂危的最後階段，都一直沒有為自己的病情和痛苦哼一聲，一直默默堅持著，為戰勝病魔奮鬥著。突然有一天，「三舅（梁思永）對著和他相廝相守二十二年的三舅媽平靜地說：『我不奮鬥了，我奮鬥不了啦，我們永別了！』一九五四年四月二日，我照常騎車到了人民醫院，傳達室老大爺說：『姑娘，不用拿牌子，快上去吧，妳舅舅去世了。』我不能相信他的話，我轉身看見很多小臥車停在院中，我腿軟了，扶著樓梯兩邊的扶手一步一步上了樓，在灰暗的樓道裡我一眼看見二舅（梁思成）那瘦小駝背的身軀，我輕輕走到他身邊叫了一聲『二舅』，他悲傷地拍著我的肩膀，示意我進病房去……三舅媽鎮定地坐在一旁，柏有姊傷心至極已哭不出聲，倒在門口一個床上，我拉著她的手輕輕叫著：『蹦子，妳哭啊，妳哭啊！』我自己的淚水止不住地往下流。」

一顆考古學巨星在他五十歲的英年隕落了，同仁聞訊，無不傷感悲泣。梁思永的遺骨被安放在北京八寶山革命公墓，由梁思成親自設計的漢白玉臥式墓碑，上刻有郭沫若撰寫的墓誌銘，「中國科學院考古研

病中的梁思永與夫人李福曼。

究所副所長梁思永先生之墓。一九〇四年十一月十三日生，一九五四年四月二日卒。郭沫若敬題」。

梁思永隨風飄逝，但墓誌銘卻長久地留在了華夏大地。對於梁思永的墓誌銘，許多年後，有人認為公正的銘文必須在首位加上「著名考古學家」或相應的學術頭銜才顯得對逝者的公正與厚道，此段新論，倘若郭沫若地下有知，亦不知同意否？

據說梁思永在去世前，向前來看望的考古所同仁回顧自己一生事業時，最令他牽掛惦念的是殷墟侯家莊西北岡墓葬發掘報告的命運。這是梁思永在抗戰前後最看重並親自動手操作的一項工作。梁去世後，夏鼐在紀念文章中專門提及此事，並說：「一九四一年我在李莊和他（梁）會面時，他正工作得非常起勁。他將全部的出土古物，都已摩挲過一遍，並寫下要點。對於

安陽殷墟發掘工作夥伴與師友（名牌上有編號者為「十兄弟」長幼順序編號）。本圖根據中研院史語所印行之「殷墟發掘八十週年學術研討會海報」製成。董敏製作。

報告的內容組織，也已有了大致的輪廓。這報告的完成，似乎是指日可待了。不幸一九四二年初夏，他的肺結核病轉劇，只好將這工作中途停止了。但是他仍念念不忘這件工作。」回憶至此，夏鼐筆鋒一轉，用哀婉的口氣說道：「抗戰勝利後，他復員到北京，這批材料留在南京，解放的前夜又被劫往臺灣去了。這部報告不能在梁先生手中完成，不僅是先生的不幸，也是中國考古學的不幸。」（《考古學家梁思永先生》）

此時的夏鼐沒有想到，這批材料被運往臺灣後，在他的老師李濟的具體組織主持下，由當年參加殷墟發掘的中央研究院史語所考古學家高去尋在梁思永原稿的基礎上加以輯補編寫，並以《侯家莊》為總標題分冊出版。自一九六二年始，已出版一〇〇一號墓（一九六二年）、一〇〇二號墓（一九六三年）、一二一七號墓（一九六八年）、一〇〇三號墓（一九七〇年）、一〇〇四號墓（一九七〇年）、一五五〇號墓（一九七〇年）、一五〇〇號墓（一九七四年）等多座大墓的發掘報告（按：每冊報告重達十幾公斤）。由於梁思永的原稿僅是一個提綱性質的未成品，在後來的編輯補寫過程中，高去尋做了大量宏繁的工作，在許多地方是自己另起爐灶重新寫就的，但為了紀念梁思永對此所付出的努力和做出的特殊貢獻，《侯家莊》全稿仍用梁思永的名字發表。對此，報告的組織者和主持者李濟在第一冊序言中說道：「關於這批資料的『取得』以及『保管』，實在不是一件容易的事。梁思永先生，中國的一位最傑出的考古學家，已經把他的全部生命貢獻於這一件事了。他雖部分地完成了這一發掘工作，並將報告的底稿做了一個詳細的布置，也寫成了一大半，卻不及見這報告的出版。現在——他的墓木已拱了罷！——我們才能把這一本報告印出來。我們希望由於這一本報告的問世，研究中國史的學者，對於這位考古學家的卓越貢獻，得些真正了解。」（《侯家莊》序）

舉世聞名的殷墟西北岡發掘成果，能在這樣的時間以這樣的特殊形式出版問世，倘梁思永地下有知，一定會為之慶幸的！

飛去的蝴蝶

就在梁思永去世一年差一天的時候，與其同庚的林徽因於北京醫院病逝，時為一九五五年四月一日。

當抗戰勝利，國民政府各機構準備復員之時，在李莊的梁、林夫婦實際主持的中國營造學社，由於經費來源斷絕，面臨著兩種抉擇：一是率領本部人馬投奔復員後的清華大學這個學界重量級山頭，於清華園設系建院，打拚出屬於自己的一小塊地盤，以便立穩腳跟、創造輝煌；二是將本部人馬徹底與中博人馬合併（按：此時為了飯碗問題，梁思成等人的編制配額已在中博名下），由梁思成出任中央博物院籌備處主任，統領全域，創造另一方天地。最後，梁、林還是選擇了投奔清華大學。關於此事，李濟後來在致費慰梅的信中曾有所提及。李說：「二戰結束後，我決定辭去中央博物院籌備處主任一職，當時我推薦思成來擔任，他沒有接受。杭立武繼我之後接任此職。」

就當時的條件和個人感情而言，梁、林自然更傾向於清華，因為復員後的中博在南京，清華則在北平，而北平是兩人留下青春和夢想的情感聚集之地，且整個家族成員多在北平。同時清華中有許多相濡以沫的鐵桿朋友，如張奚若、錢端升、老金、陳岱孫、周培源等等。北平有令人難以忘懷的「太太的客廳」，而南京則闕如。正如林徽因於戰後的昆明致她的好友費慰梅信中所言：「我們是在遠離故土、在一個因形勢所迫而不得不住下來的地方相聚的。渴望回到我們曾度過一生中最快樂的時光的地方，就如同唐朝人思念長安、宋朝人思念汴京一樣。」正是置於這樣的考慮，梁思成早在抗戰勝利前的三月九日，就致信梅貽琦，建議清華大學增設建築學系，戰後再成立建築學院。梅貽琦接受了這一建議，並擬聘梁為建築學系主任。當然，按梅的設想，戰後的清華不只是增設建築學系，還要增設考古人類學系、語言人類學系等多個系院，並欲將傅斯年從清華挖走的幾員大將如陳寅恪、趙元任、李濟，再加上清華出身的李方桂等重量級學術大師，全部招募到自己旗下，再展當年清華研究院的雄風。此舉從一九四六年三月一日清華文學院院長馮友蘭自昆明聯大寫給李濟的信中可以看出。信中說道：「茲謹將清華聘書寄上，乞將應聘書擲下為感。兄所任功課總以考古及人類學為限……清華習慣系主任職責最重。語言人類學系主任一職，將俟方桂、元任及兄諸公到後再為商定。」令梅、馮兩人大為遺憾的是，這一計畫最終未能實現，李方桂、趙元任一直留在美國未能回歸，李濟留在了南京中央研究院史語所，只有雙目失明的陳寅恪一人輾轉回到了他記憶中的清華故園。

抗戰之勝利，儘管林徽因神情振奮，但由於八年離亂，長期遭受病痛與貧困的折磨，雖正值盛年卻是形貌憔悴蒼老，宛如風中殘燭，最後的光焰即將熄滅。一九四五年初秋，林徽因在李莊致信重慶的費慰梅談到自己的病情，「使我煩心的是比以前有些惡化，尤其是膀胱部位的劇痛，可能已經很嚴重。」就在此種病痛折磨中，林徽因趕在復員之前堅持寫完了她醞釀已久的學術論文《現代住宅的參考》，並在《中國營造學社彙刊》第七卷第二期發表。同時做為這一期《彙刊》的主編，林徽因在撰寫的「編輯後語」中指出：「戰後復原時期，房屋將為民生問題中重要問題之一。」這一極具前瞻性戰略眼光的學術觀點，很快得到了應驗。

一九四五年十一月初，在枯水期最後來臨之際，林徽因在梁思成的陪同下，乘江輪來到重慶，住進上清寺聚興村中央研究院招待所，準備檢查身體和接受醫療。這是林徽因流亡李莊五年多來首次出行，自此便永遠地離開了這個令她終生難忘的江邊古鎮。

林徽因來到重慶，受到了傅斯年等人的熱情關照，在費慰梅的幫助下，梁思成請來在重慶中國善後救濟總署服務的著名美國胸外科醫生里奧·艾婁塞爾（Leo Eloesser）為其做了檢查。艾婁塞爾斷定：林徽因的兩片肺和一個腎都已感染，在幾年內，最多五年，就會走到生命的盡頭。

就在此期間，外界傳出林徽因病故的消息。於淪陷的上海蟄住的作家李健吾得知這一凶訊，在《文匯報》發表了〈咀華記餘·無題〉一文，表達了對林徽因與另外三位女性作家的思念。文中說：「在現代中國婦女裡面，有四個人曾經以她們的作品令我心折。我不想把她們看作流行的『女作家』，因為侮辱她們，等於傷害我的敬意。」這四位作家，「一位是從舊禮教中出來的丁玲，綺麗的命運挽著她的熱情永遠在向前跑；一位是溫文爾雅的淩叔華，像傳教士一樣寶愛她的女兒，像傳教士一樣說故事給女兒聽；一位是時時刻刻被才情出賣的林徽因，好像一切有歷史性的多才多藝的佳人，薄命把她的熱情打入冷宮；最後一位最可憐，好像一個嫩芽，希望長成一棵大樹，但是蟲咬了根，一直就在掙扎之中過活，我說的是已經證實死了的蕭紅。」又說：「但是，我前面舉出的四位作家，

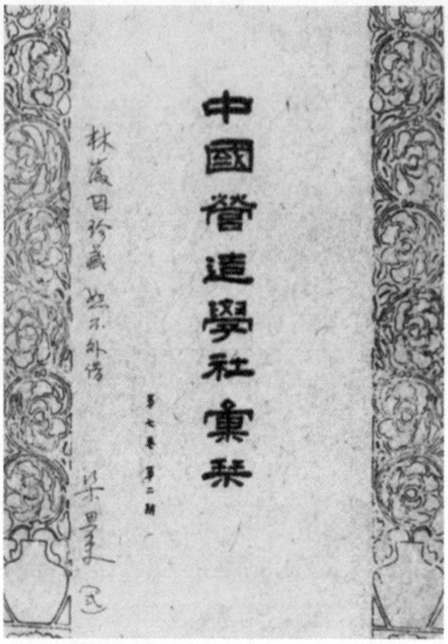

梁思成手抄石印、自己裝訂的《中國營造學社彙刊》第七卷第二期，上面有梁思成親筆寫的「林徽因珍藏，恕不外借」字樣。

死的死（據說林徽因和蕭紅一樣死於肺癆），活的活……林徽因的聰明和高傲隔絕了她和一般人的距離。」

就在這篇文章發表不久，李健吾確切地得知了林徽因尚活在人間的消息，驚喜之餘又寫了一篇題為〈林徽因〉的文章，表達他的感佩敬意之情。文中說：「足足有一個春天，我逢人就打聽林徽因女士的消息。人家說她害肺病，死在重慶一家小旅館，境況似乎很壞。我甚至於問到陌生人。人家笑我糊塗。最後，天彷彿有意安慰我這個遠人，朋友忽然來信，說到她的近況，原來她生病是真的，去世卻是誤傳了。一顆沉重的愛心算落下了一半。」當李健吾發表此文時，已轉入戰後美國駐華使館新聞處工作的費正清夫婦，表示邀請林徽因到美國長住和治病，林卻以「我要和我的祖國一起受苦」為由婉言拒絕了。

一九四六年二月十五日，林徽因搭機赴昆明休養，與她日夜思念的清華老朋友張奚若、錢端升、老金等人相會於張奚若家中，其「他鄉遇故知」的喜悅心情，正如林徽因在致費慰梅的信中所言：「在這個多事之秋的突然相聚，又使大家滿懷感激和興奮。直到此時我才明白，當那些缺少旅行工具的唐宋時代詩人們在遭貶謫的路上，突然在什麼小客棧或小船中或某處由和尚款待的廟裡和朋友不期而遇時的那種歡樂，他們又會怎樣地在長談中推心置腹！」又說：「我們的時代也許和他們不同，可這次相聚卻很相似。我們都老了，都有過貧病交加的經歷，忍受漫長的戰爭和音信的隔絕，現在又面對著偉大的民族奮起和艱難的未來……我們的身體受到嚴重損傷，但我們的信念如故。」

在林徽因赴昆明的日子裡，梁思成回到李莊繼續做復員準備工作，並為他的英文本《圖像中國建築史》做最後的撰寫，這部著作終於趕在復員前全部完成。梁思成在這部煌煌大著的「前言」中滿含深情地寫道：「最後，我要感謝我的妻子、同事和舊日的同窗林徽因。二十多年來，她在我們共同的事業中不懈地貢獻著力量。從在大學建築系求學的時代起，我們就互相為對方『幹苦力活』。以後，在大部分的實際調查中，

一九四七年，病中的林徽因再訪昆明。

她又與我作伴，有過許多重要的發現，並對眾多的建築物進行過實測和草繪。近年來，她雖然罹患重病，卻仍保其天賦的機敏與堅毅。在戰爭時期的艱難日子裡，營造學社的學術精神和士氣得以維持，主要應歸功於她。沒有她的合作與啟迪，無論是本書的撰寫，還是我對中國建築的任何一項研究工作，都是不可能成功的。」這是一個丈夫對妻子的讚譽，更是一位獨立的學者對另一位學者、同事的摯誠感念。

令梁思成沒有想到的是，這部傾盡了他們夫婦與中國營造學社同仁無數心血的經典之作，卻一度在國外失落近四十年，幸虧得到費慰梅的多方幫助與查找，歷經曲折，才使這一「國之重典」失而復得，並於一九八四年由美國麻省理工學院出版社出版。此著出版後，引起了世界建築學界與建築史學界的廣泛矚目與重視，當年即獲全美優秀圖書獎。

這年七月初，林徽因、梁思成分別自昆明與李莊聚會重慶，並拜訪在此辦理復員事宜的梅貽琦，對復員後的工作計畫進行了多次詳談。梅貽琦在七月三日的日記中有「思成偕徽因來談頗久，十點餘別去」的記述；七月四日又載曰：「午飯約思成夫婦及其子女及龍蓀在一川館便飯，用七千餘元，實不費也。飯後，至珊瑚壩中航空公司過磅檢查行李。歸途遇葉楷兄，購小西瓜兩斤餘、七百餘元，實並不佳，聊以去暑耳。」（按：從記載看，梅與梁、林夫婦等人用餐費，等於二十斤西瓜之價。）席間，對復員後的清華及籌備建築學系的問題再次進行了討論，梅貽琦對梁、林夫婦寄予了厚望。

七月三十一日，在焦急地等了近一個月後，梁、林夫婦與金岳霖等清華教授，自重慶乘西南聯大包租的專機飛抵北平，回到了離別九年的故園。

回到北平的梁氏夫婦與老金等人暫住在宣武門內國會街西南聯大復員教職員工接待處。重返北平，難免有一種「國破山河在，城春草木深」之感慨。遙想九年前的北平，差不多就在同樣的時刻，隨著國民黨軍隊潰退的何基澧將軍，面對淪陷的北平和緊隨不捨的青年學生們喊出「北平……我們還要回來的！」豪邁誓言。想不到當真的回來時，恍惚已是九年的時光。面對熟悉又陌生的古城舊地，激動中蘊含著辛酸的淚水，可謂百感交集。正如梁從誡所說：「母親愛北平。她最美好的青春年華都是在這裡度過的。她早年的詩歌、文學作品和學術文章，無一不同北平血肉相關。九年的顛沛生活，吞噬了她的青春和健康。如今，她回來了，像個殘廢人似的貪婪地要重訪每一處故地，渴望再次串起記憶裡那斷了線的珍珠。然而，日寇多年的蹂躪，北平也殘破蒼老了，雖然古老的城牆下仍是那護城河、藍天上依舊有白鴿掠過，但母親知道，生活之水不會倒流，十年前的北平同十年前的自己一樣，已經一去不復返了。」

不久，梁思成一家搬入清華大學教授宿舍新林院八號，梁思成正式出任清華大學營建系（後改為土木建築系）主任，林徽因以特邀教授的身分參加創辦新系的工作（按：梁再冰稱林徽因為清華建築系一級教授，有誤。根據清華原有的夫婦兩人不能同時在清華任教的規定，林始終是以特邀的身分擔任教授工作的，未有正式名分）。原中國營造學社的人員除王世襄轉入故宮博物院外，劉致平、莫宗江、羅哲文，連同梁思成原

梁家居住的新林院。

一九四九年梁再冰參軍前和父母在清華新林院八號門前合影。

來的學生吳良鏞等一干人馬，全部投奔到以梁思成為掌門人的清華營建系門下任教。一個全新的格局在美麗的水木清華形成，中國營造學社就此成為歷史。也就在這一年，從李莊憲群中學穿著草鞋走出來的梁再冰考入北京大學西方語言文學系就讀。

一九四七年三月，費慰梅欲返國就職，在離開中國前，專程從南京飛北平與林徽因、金岳霖等朋友話別。此一別標誌著林徽因與對方的永訣。同年冬，結核菌侵入林徽因的一個腎體內，必須手術切除。林氏帶著渺茫的希望入住醫院，並留下遺書樣的書信致費慰梅，內有「再見，親愛的慰梅！」等告別的傷感之語。所幸手術取得了成功，林徽因又從死神的魔掌中掙脫出來。但整個健康狀況卻進一步惡化，傷口幾個月才勉強癒合。

一九四八年十二月十三日，解放軍進駐清華園，進逼北平城。整個平郊砲聲隆隆、硝煙瀰漫，北平古城危在旦夕。憂心忡忡的梁思成每天站在校門口向南眺望，傾聽著遠處陣陣砲聲。一邊來回轉圈，一邊自言自語地道：「這下子完了，全都完了！」

出乎意料的是，不久，幾位頭戴大皮帽子的解放軍代表由張奚若陪同來到梁家，請梁思成、林徽因在軍用北平地圖上標明需要保護的古建築與文物存放所在地點，以便在攻城中加以保護。儘管梁思成意識到可能是當年自己在重慶給盟軍製作轟炸日本本土文物保護圖時，送給周恩來的一份複件起了啟示作用，但他面對解放軍領導親自上門請教的作法，依然深為感動。

正是懷著這種理想與對中共的點滴了解，梁思成、林徽因夫婦沒有出走國外或臺灣，自願留在了清華園，並在歷史的轉捩點上，揭開了人生新的一頁。

一九五〇年，與梁再冰一同從李莊穿著草鞋走出來的梁從誡考入清華大學歷史系就讀。四年前，梁再冰最初報考的是清華大學，未被錄取。時林徽因曾疑清華判分有誤，當通過有關人員調看女兒的試卷後，認可無誤，遂讓梁再冰改投北大。當梁從誡投考時，先報清華建築系，結果因兩分之差未被錄取。梁從誡後來說，由於自己考建築系落榜，讓父母感到很丟人，不得已而改為錄取分數稍低的歷史系。對於再冰與從誡報考事，後世許多人表示不可理喻，認為憑梁思成夫婦的地位和權力，遂兩個孩子的心願並不是一件難辦的事，但梁思成夫婦沒有這樣做。於是有文章贊稱梁、林夫婦人格特別不得了、思想特別高尚云云。梁氏夫婦的人格與思想高尚是當然的，但就當時的情形而言，清華乃至整個教育界的風氣尚屬清廉，還沒有太大的歪風邪氣，教授們的思想差不多都是這個樣子，特殊的例子倒是少見。在與梁、林同時代的教授們看來，如果自己的孩子不能錄取而託關係找門子，甚至不惜把別的考生擠掉而霸王硬上弓，強行塞將進去，這樣的霸道作法才是不可思議的。

新中國成立後，林徽因除了繼續清華的教學工作，還出任北京市都市計畫委員會委員、人民英雄紀念碑建築委員會委員等職。同時當選為北京市第一屆人民代表大會代表、全國文代會代表等等。按林徽因的說法，從這時起，她才真正以林徽因自己，而不是以「梁太太」的世俗身分投身於新的政權和新的社會改造、建設之中。

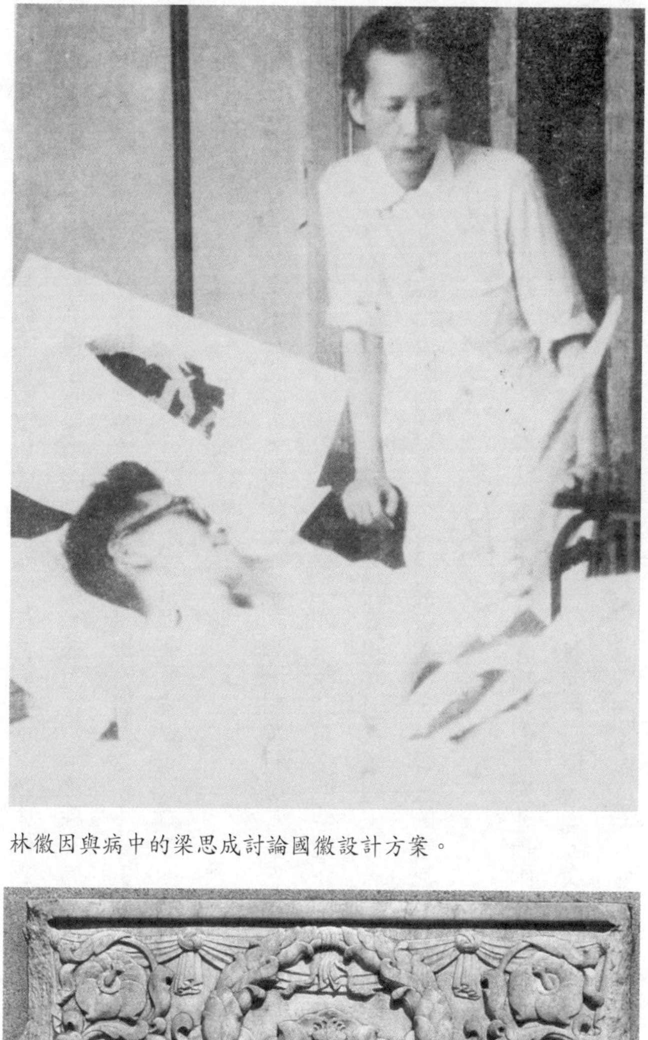

林徽因與病中的梁思成討論國徽設計方案。

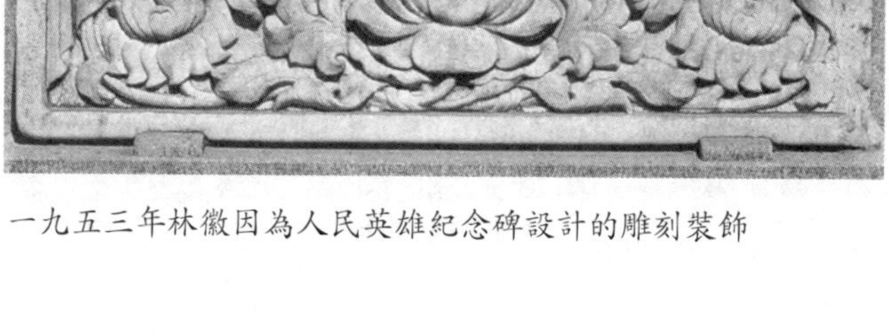

一九五三年林徽因為人民英雄紀念碑設計的雕刻裝飾

在此期間，林徽因頗為自豪地與梁思成等清華同仁共同參與了新中國國徽與人民英雄紀念碑的設計，並具體擔任了紀念碑碑座紋飾和花圈浮雕的設計任務。據說，當毛澤東主席在政協全國一屆二次會議上宣布清華大學設計的國徽圖案獲得通過時，坐在臺下的林徽因激動得流下了熱淚。

一九五〇年五月，梁思成、林徽因夫婦被邀參加北京舊城改造討論會，梁、林提出保護北京古城牆，並在城牆上闢建城牆公園的設想，但未被採納。

一九五二年八月，北京市召開各界人民代表會議，專門討論拆除長安左門、長安右門事宜。林徽因在會議發言中強烈反對拆除左右兩門，並慷慨陳詞，「如果說北京從明代遺留下來的城牆妨礙交通，多開幾個城門不就解決了？」林的意見得到了部分與會者的贊同，但會議的主持者按上層的意旨，私下做代表們的政治思想工作。在當時政治掛帥的情形下，會議最終置梁、林等人的意見於不顧，在「掌聲雷動」中通過了全拆、快拆的方案。

據陳從周回憶，一九五三年夏，梁、林夫婦在清華園招待他與劉敦楨兩人，林徽因身體已不太健康，但還是自己下廚房，親製菜肴招待客人，談笑風生，沒有因病而稍遜態。次日晚，文化部副部長兼文物局長鄭振鐸，以官員的名義請陳、劉兩人連同梁、林夫婦在歐美同學會聚餐。與會者還有北京市的幾名官員，當時已離開清華教授職位、出任北京市副市長的吳晗亦在座，可謂談笑有鴻儒，往來無白丁。陳從周說道：「那晚主要是談文物保護工作。當然無可否認的，因為建國之初，急於基本建設，損壞了一些文物與古建，正如席間鄭振鐸同志呼籲的那樣，推土機一開動，我們祖宗遺留下來的文化遺物，就此壽終正寢了。林先生的感情更是衝動了，她指著吳晗同志的鼻子，大聲譴責，雖然那時她肺病已重，喉音失嗓，然而在她的神情與言辭中，真是飽含了句句深情。」（《林徽因集》序）據當時在場者的補充回憶，林徽因指著分管文教工作的吳晗的鼻子指責的話是「你們把真古董拆了，將來要後悔的。即使再把它恢復起來，充其量也只是假古董」。當時的吳晗並沒有太把林的指責當回事兒，即使當回事兒也阻擋不住當權者既定的思維模式，以及拆掉一個舊世界的鐵腕旨令。幾十年後，當被拆掉的北京城內一個個假古董又雨後春筍般冒出來時，人們才真切地感知林徽因當年的那杜鵑啼血般的焦慮急迫之情，與對民族文化傳統的拳拳愛戀之心。

一九五四年秋，林徽因病情開始急劇惡化，完全喪失了工作能力。是年底，病危，入住北京同仁醫院搶救。一九五五年一月，梁思成積勞成疾，入住同仁醫院林徽因隔壁病房治療，與林徽因成了病友。待梁的病情稍有好轉，每天到妻子房中探視、陪伴，但此時的

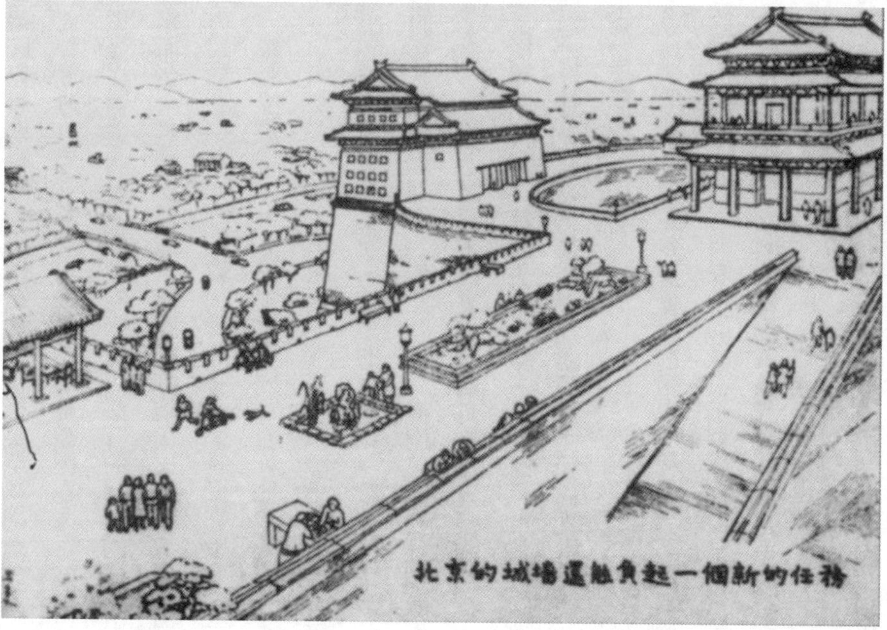

梁思成設想的北京城牆公園風貌。梁氏認為北京的城牆可以變成城牆公園，城樓可以變成一個個博物館。現在只有德勝門城樓變成了博物館。

林徽因已衰弱得難以說話，最後拒絕吃藥救治。

一九五五年三月三十一日夜，林徽因進入了彌留之際，梁思成從隔壁病房來到她的床前，此時的林徽因臉上已沒有一點血色。看到妻子痛苦掙扎的神情，梁思成放聲痛哭，喃喃自語道：「受罪呀，徽，受罪呀，妳真受罪呀……」

夜深之後，梁思成回到自己的病房休息。未久，林徽因自知不久於人世，用微弱的聲音告訴護士，她要見梁思成最後一面，並有話要說。蠻橫的護士以「夜深了，有話明天再說」為由予以拒絕。但此時的林徽因已沒有氣力等到天亮了，最後一個心願竟未能實現。四月一日清晨六時二十分，林徽因撒手人寰，終年五十一歲。她在生命的最後一刻，究竟要對夫君梁思成說些什麼，隨著林徽因的去世而成為一個不解之謎。

拆除北京城正陽門甕城時情形。

林徽因去世後入葬八寶山革命烈士公墓，人民英雄紀念碑建築委員會決定，把林徽因親手設計的一方富於民族風格的花圈與飄帶的漢白玉刻樣移做她的墓碑，碑上鐫刻著「建築師林徽因之墓」字樣。按照梁、林夫婦此前約定的「後死者為對方設計墓體」的承諾，梁思成親自為妻子設計了墓體——一個美麗的詩人與建築學家就此長眠。

弔唁儀式上，眾多親朋故舊、好友學生送來了花圈輓聯，最醒目的當是林徽因生前的摯友金岳霖、鄧以蟄聯名撰獻的輓聯：「一身詩意千尋瀑，萬古人間四月天」。

一身詩意的林徽因在春意盎然的四月隨風飄逝，她美麗的心靈與曠世才情將循著瀑布的飛騰撒向人間大地。她為中國文學與建築史學留下的不朽佳作名篇，將做為一個時代的典範永垂後世。當年，曾被英國首相邱吉爾豔羨地稱為「上帝的傑作」的費雯麗（Vivien Leigh，1913-1967），於一九四〇年憑藉《亂世佳人》一片榮獲奧斯卡最佳女演員大獎時，評委宣讀的獲獎理由與賀詞是：「她有如此的美貌，根本不必有如此的演技；她有如此的演技，根本不必有如此的美貌。」這是一個寓言，也是一句讖語。這位天蠍座的巨星為電影《亂世佳人》所付出的，是她永遠無法重新得到的——拍攝影片所需要的紅色塵土令她染上了肺結核而不得不入院治療。這一年，身在遠東大陸的林徽因剛剛流亡到李莊，並因肺結核復發臥床不起。比林徽因小九歲的費雯麗是宿命的天蠍、易殞的蝴蝶，所有的敏感與投入只能讓她光潔的皮膚與健康狀況一次次在悲慘的角色塑造中消損：《魂斷藍橋》中的瑪拉因為愛而死在車輪下，《忠魂鵑血離恨天》中的艾瑪因為尊嚴而失去了一切，《欲望街車》中的

林徽因墓。墓體由梁思成設計，墓碑是由林徽因本人為人民英雄紀念碑設計的花圈刻樣。

布蘭奇最後被強行送往精神病院……這些角色讓她用自己的肉身承載了太多別人的不幸，每一次完美的演出背後都是身心俱疲的煎熬，當天蠍座的苦難開始浮現在她的生活中的時候，蝴蝶的美麗也開始褪去往昔的神采。費雯麗羸弱的身軀愈發不勝這種忘我的摧殘，終於使她在度過五十三個春秋又八個月的浪漫與孤寂的人生之後，因肺結核復發而香消玉殞。此時的林徽因在抗戰八年的顛沛流離，經歷了國恨家難、貧病愁苦的慘痛煎熬後，這位遍體鱗傷的人間精靈，最終化作一縷淡淡的彩虹在西天消失。著名詩人何尚說：「造物主賦予林徽因驚豔的美貌，就不必再賜給她絕世才情；而賜予她絕世才情，就無須再給她光輝燦爛的淒豔之美。既然兩者兼而有之，則必假上帝之手設法令其不壽。」天耶？命耶？

大道無形，大音希聲。林徽因的仙逝，或許是仁慈的上帝對這位下凡人間的天使特有的愛戀與惠顧，以免其潔白真誠的身心遭受侮辱與蹂躪。假如她再活下去，那就不是只被砸毀一塊墓碑的侮辱了（按：林氏墓碑在「文革」中被清華紅衛兵砸毀），很可能導致被拋骨揚灰的下場。林徽因的早逝，是上帝的愛撫，是她不幸之中的大幸。至於她的家人與好友仍在世間的大風雨中摸爬滾打，直至慘遭不幸，則是天國裡的她所無法顧及的了。

最後的大師

事實上，隨著林徽因的匆匆離去，在政治夾縫中苟延殘喘的梁思成，其悲劇性命運就已經注定了。

自一九五五年始，在全國範圍內陸續展開了對「以梁思成為代表的資產階級唯美主義的復古主義建築思想」的批判。一九五六年一月，做為全國政協特邀代表、北京市政協副主席的梁思成，被迫在全國政協大會上做公開檢查，承認建築界的「復古主義」、「形式主義」等設計理念與中央領導高層的思想發生偏差錯位，自己有不可推卸的責任，甚至罪過。同時表示要向黨靠攏，接受黨的教育、監督、批評，「以今日之我宣判昨日之我」云云。

同年二月六日，梁思成藉出席全國政協二屆二次會議的契機，「懷著激動的心情」給毛澤東寫信，強烈要求加入中國共產黨，並託周恩來轉呈毛。據說，周在接信的當天，即在國務院一張便箋上用毛筆批示道：「梁思成要求入黨的信，即送主席閱。」毛讀信後，於二月二十四日做出批示，「劉、彭真閱，我覺得可以吸收梁思成入黨。交北

梁思成（右二）在二十世紀五〇年代與周恩來交談。

京市委酌處。」劉少奇圈閱後，北京市委第一書記彭真也理所當然地做了口氣相同的批示。等內部申報的一圈繁瑣程序批轉下來，倏忽間已是三年。於是，梁思成終於在一九五九年一月夢想成真，「光榮地加入了中國共產黨。」（林洙語）

加入共產黨的梁思成倍感榮幸，自此幹勁大增、鋒頭強健。可惜好景不長，「史無前例的文化大革命」開始了，這一中共中央高層組織發起的「革命」，竟把戴著共產黨員保險帽的梁思成的性命給三下五除二地「革」掉了。

「文革」開始後，梁思成被「造反派」打成與彭真一夥的「反黨分子、混進黨內的大右派、反動學術權威」而受到批鬥（按：彭此時已被打倒，成了「不齒於人類的狗屎堆」）。據林洙回憶：「我最怕的事終於發生了。那天我正在系館門口看大字報，突然一個人從系館裡被人推了出來，胸前掛著一塊巨大的黑牌子，上面用白字寫著『反動學術權威梁思成』，還在『梁思成』三個字上打了一個『×』。系館門口的人群『轟』的一聲笑開了。他彎著腰踉蹌了幾步，幾乎跌倒，又吃力地往前走去。我轉過臉來，一瞬間正與他的目光相遇。天啊！我無法形容我愛的這位正直的學者所表現出來的那種強烈的屈辱與羞愧的神情。……那一天回到家裡，我們彼此幾乎不敢交談，為的是怕碰到對方的痛處。從此他一出門就必須掛上這塊黑牌子。看著他蹣跚而行的身影，接連好幾天我腦子裡一直在重複著一句話：『被侮辱與被傷害的。』」（按：一九六二年梁思成與清華大學建築系資料室資料員林洙結婚，其話載《困惑的大匠》。）

一九六六年八月，戴紅袖章的紅衛兵「造反派」以「破四舊」（按：破除舊思想、舊文化、舊風俗、舊習慣）的名義，開始在校園內外幹起了打砸搶的勾當。清華園中的梁家時刻擔心遭到洗劫，但這一天還是到來了。大約九月中旬，一個涼風突起的夜晚，一群「紅衛兵革命闖將」用鐵榔頭砸開了梁家的院門，氣勢洶洶地衝了進來，為首的頭目高聲叫喊著讓梁思成全家站在一個地方，然後衝進屋內翻箱倒櫃地搜查起來。半個小時後，見沒有找到心中渴望的值得賣錢的文物和存款，一個頭目模樣的紅衛兵垂頭喪氣地把在廚房擺放的西餐具中的全套刀叉收到一起（大小共三十六件），爾後一把將站在門口惶恐不安的梁思成拽過來，聲色俱厲地質問道：「家裡藏這麼多刀子幹什麼，是不是想謀反暴動，搞反革命政變？」站在一旁的林洙剛要開口辯解，「啪」地一聲挨了一記耳光，林大感委屈又不敢抗爭，雙手捂臉抽泣起來。正在這時，突然從老太太（按：林徽因之母，一直隨梁思成一家生活）的房間裡哇哇亂叫著衝出兩位「闖將」，手裡搖晃著一把寒光閃耀的短劍，大聲嚷道：「蔣介石，蔣介石，我們發現了蔣幫特務的罪證。」眾人大譁，紛紛擁上前去觀看，只見短劍上鐫刻著「蔣中正贈」四個字。梁氏一家老小見狀大驚失色，梁思成剛要上前解釋，就被一頓亂拳打倒在地，抽泣中的林洙衝上前欲救梁，被幾腳踹翻，倒地不起。紅衛兵頭目學著偉人的樣子，乘勢把手往空中一揮，牙縫裡蹦出一個重重的「走」字，一行人攜劍帶刀（具），另抱著一堆搜查的東西，戰果輝煌般「轟」地湧了出去。老太太見短劍被人掠走，「嗚嗚」地放聲大哭起來。

事後林洙才知，這把短劍是老太太的兒子林恆當年於空軍航空學校畢業時，校方以「名譽校長」蔣介石的名義頒發的用於禮服上的佩劍，當時凡蔣介石擔任校長或名譽校長的軍事院校，學員在畢業時都可得到一把精製的鐫刻「蔣中正贈」的佩劍。在當時的軍人看來，這把佩劍象徵著身分與榮耀，當然還有保家衛國、抵禦外侮的天職。一九四〇年底，林恆在成都陣亡後，梁思成前往處理後事，並把他的遺物帶回李莊，先是藏起來未做聲張，當老太太終於得知此一噩耗後，便把部分遺物包括這把佩劍交給林的母親保存。林母在哀慟中把遺物包裹在一個黑色包袱裡，並放進一個木箱的箱底，以做永久珍藏。這把短劍隨梁家越過千山萬水，終於在北京安頓下來。事隔多年，當梁家老少已經逐漸遺忘的時候，短劍又橫空出世，大禍

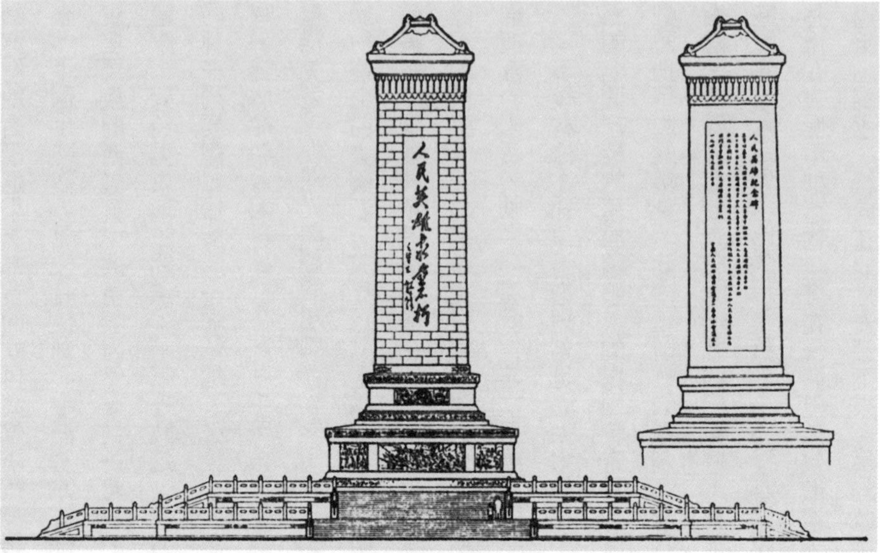

梁思成主持設計的人民英雄紀念碑的北立面（左）和南立面。

隨之降臨。

從梁思成家「抄出蔣介石親自贈送的寶劍」的消息很快在清華園傳開，立即引起了各種政治派系的高度關注，梁思成遂以「國民黨潛伏特務」的罪名，被革命造反派從家中揪出門外，關到清華建築系一個場館內，與外界隔離起來，以防「與國民黨內外勾結，助蔣幫竄返大陸」。此時的清華園早已籠罩在極度恐怖之中，造反派在全校展開大搜捕，大批教授被抓，開始在皮帶與棍棒的交織爆響中接受殘酷的折磨，幾乎每個星期甚至每一天都有自殺和被殺的消息傳出，整個清華園浸染在人哭鬼叫的哀嚎之中，梁思成就在這陣陣哀嚎聲中遭受著日甚一日的殘酷蹂躪與折磨。

當年林徽因在〈哭三弟恆〉中寫下的悲憤詩句，「而萬千國人像早已忘掉，你死是為了誰！」此語在歷史的回聲中再次得到了印證。假如林恆地下有知，他一定會為當年的舉動痛苦地反思並自問：我的死到底是為了誰？

一九六八年十一月，梁思成在遭受長期的折磨、摧殘下，心力衰竭，呼吸短促，生命垂危，急需入院救治。在周恩來的親自過問下，梁被造反派放出，送進北京醫院搶救。當病情稍微穩定後，又被接回清華園繼續接受造反派的批鬥。此時的梁思成身體已虛弱得不能站立和走動，經學校革委會正、副主任特批，每次召開「批鬥會」，學校便派人把梁思成從家中抬出來，放在「一輛全清華最破的手推車上，讓他坐在上面，像耍猴似的推到會場」接受批鬥。鬥完後，再用小推車推回家中。而每次回家，梁思成都像死人一樣長時間緩不過氣來。經過日復一日的折騰，梁思成已被鬥得奄奄一息，不得不再次入院治療。但按清華革委會的規定，在治療期間必須繼續寫檢查，交代自己對國家和人民犯下的「滔天罪行」。此時的梁思成已無力握筆，只得由夫人林洙代勞，但往往又被以「假檢查，真反撲」一次次退回重寫。在如此反覆的折磨殘害中，梁思成終於走到了生命的盡頭，他於絕望中對悲慟的家人長嘆道：「抗戰八年，我跋山涉水，先長沙，後昆明，再李莊。面對飢餓與疾病的折磨，我是過關斬將，終於迎來了勝利之日。現在看來，我是過不了『文革』這一關了！」

梁思成不幸而言中，一九七二年一月九日黎明，一代建築學宗師溘然長逝。

就在梁思成生命垂危的日子，與其相交相知而終生不移的金岳霖，卻因政治關係而不能前去探望。一九七二年四月三十日，已是七十八歲高齡的老金，對專程從河南省息縣「五七幹校」來看他的學生劉培育抱怨道：「文化大革命使我不敢跟老朋友來往了，我至今還沒有解放……」言談中透著一股無法言狀的怨憤與無奈。

自梁思成、林徽因與老金等從重慶返回北平後，雙方在清華園共同開始了新的生活。一九四九年九月，隨著國民黨軍隊退卻與解放軍節節勝利，未受共產黨高層喜歡的原清華哲學系主任馮友蘭知趣地提出辭職。

一九四九年林徽因（前中）送梁再冰（前左）參軍前與張奚若之子女張文樸（前右）、張文英（後中）、金岳霖（後右一）、沈銘謙（後右二）、梁思成（後右四）、林徽因之母於北京合影。

根據吳晗等人的意見，由與共產黨交情尚好的金岳霖繼任清華哲學系主任。幾個月後，老金官運亨通，又被任命為清華文學院長兼校務委員會委員，並有幸參加了《毛澤東選集》一卷的英文版翻譯定稿工作。

一九五二年院系調整，全國六所大學（即北京大學、清華大學、燕京大學、南京大學、武漢大學、中山大學）的哲學系合併為北京大學哲學系，老金調任北大哲學系主任。一九五三年三月五日，聲震寰宇的史達林撒手歸天，毛澤東前往蘇聯駐中國大使館弔唁。三月九日，毛澤東發表了〈最偉大的友誼〉一文，以此悼念史達林。老金覺得無產階級最重要的領袖去世了，思想上「開始有保衛黨的要求」。是年，經朱伯崑、任繼愈串通說和，老金加入了中國民主同盟，後曾任民盟中央常委等要職。

據老金說：「解放初，張奚若忙得不可開交，梁（思成）林（徽因）參加國徽設計工作也忙得不亦樂乎。我好像是局外人。有一次在懷仁堂見到毛主席，他對我說：『你搞的那一套還是有用的。』這我可放心了，我也就跟著大夥前進了。」（《清華校友通訊》復刊第五期）

金岳霖在清華的故居，現為勝因院三十六號。（作者攝）

老金的心一放下，不是跟著「大夥前進」，而是後來者居上，衝鋒在前，健步如飛，很快超越了梁思成、林徽因等「大夥兒」，差一點到了「可向九天攬月」的程度。

據當時北大哲學系學生羊滌生等人回憶：當年老金已年近花甲、視力衰退，精力大不如前。但「在這段時期裡，金老擔負繁重的行政、教學科研工作，又要孜孜不倦學習馬列主義，還要以他切身經歷教育同學，與同事促膝談心，互相幫助，共同進步。金老不服年老，始終保持著高昂的革命激情。因為金老已下定決心，終身獻給黨的教育事業。金老的一次發言是我們永遠難忘的，他緊捏著拳頭，捶著桌子，鏗鏘有力地說：『我決心在黨和毛主席的領導下，做一個真正的人民教師！』語言剛勁有力、激情奔放，它打動了在座的師生，大家含著熱淚迎上去表示歡迎，這時金老早已熱淚盈眶。」（劉培育主編《金岳霖的回憶與回憶金岳霖》）。

一九五五年春，老金奉調到中國科學院哲學研究所籌備會，九月被任命為中國科學院哲學研究所副所長兼邏輯研究組組長。老金晚年在回憶從清華到哲學所這段生活時曾說：「解放後調整到北大。周培源先生說要我做北大的哲學系主任。我說我不幹，還說艾思奇擺在那裡，不去找他，反而來找我。周培源說：『要你做，你就得做。』我就做起系主任來了。不久就有人當面大罵我一頓。這樣的事，在舊社會不是開除他，就是我辭職。在新社會怎麼辦呢？不知道。結果他不走，我也不辭。事也辦不了，更談不上辦好辦壞。」又說：「到了哲學所，另一副所長張鏞說我應該坐辦公室辦公。我不知『公』是如何辦的，可是辦公室我總可以坐。我恭而敬之地坐在辦公室，坐了整個上午，而『公』不來，根本沒有人找我。我只是浪費了一個早晨而已。這以後沒有多久，哲學所的同志做出決議，解除我的行政職務，封我為一級研究員。顯然，他們也發現我不能辦事。如果我是一個知識分子的話，我這個知識分子確實不能辦事。」

據查，老金所說的解除職務一事是他的糊塗或誤會，當時的哲學所沒有、也無權解除老金的行政職務，只是決定老金不必每天到所坐辦公室辦「公」了。

此前，林徽因去世給老金很大打擊，一度悲傷落淚而不能自制。許多年後，他的一位學生周禮全還記得自己看到的一幕。一九五五年四月初，周禮全到北大哲學樓辦事，順便到系主任辦公室看望老師。當時屋內有幾位老師在交談問題，老金一見周進來就說：「禮全，你等一等，我有事同你談。」約一小時後，其他人陸續走了，老金起身把門關上，周禮全問有什麼事？老金先不說話，後來突然說：「林徽因走了！」言畢，就嚎啕大哭起來。只見老金兩隻胳膊靠在辦公桌上，頭埋在胳膊中間，哭得極

一九六三年，金岳霖攝於北京寓所前。

其沉痛、悲哀、天真。周禮全靜靜地站在他身旁，不知說什麼好。過了一會兒，老金慢慢停止哭泣，抬頭擦乾眼淚，靜靜地坐在椅子上，目光呆滯，一言不發。周禮全陪在身邊默默坐著，待老金心情稍微平靜一點，才伴送他回到了燕東園居處。當晚，放心不下的周禮全又約了早年畢業於清華哲學系的王憲鈞一起到燕東園看望老金。這時老金已恢復了平日那種瀟灑輕鬆的風度，只談了幾句林徽因病逝的情況，便把話題轉移到邏輯課程的改革問題上。

一九五六年六月十日，老金在北京飯店請客。老朋友接到通知後都納悶，不知是為什麼要請客。待人到齊後，老金突然起身宣布：「今天是徽因的生日。」來者無不驚詫，並為老金的一片癡心真情所感動。

儘管老金心中一直思念著林徽因，但在感情的大海中有時也翻起點異樣的漣漪，投下另一種影子。據與金岳霖相識的中共黨員、民盟中央副主席李文宜於一九九三年回憶，二十世紀六〇年代後期，老金做為民盟中央常委，經常參加民盟組織的學習活動。在學習期間與同組的名記者浦熙修過從甚密（浦氏新中國成立前與袁子英結婚並生有一對兒女，後離異，再與政界名人羅隆基相戀未果。新中國成立後曾任上海《文匯報》副總編輯兼該報駐北京辦事處主任，並被選為民盟候補中央委員、全國政協委員。一九五七年劃為右派，一九五九年任全國政協文史資料辦公室副主任，一九七〇年四月二十三日病逝，終年六十歲）。金常約浦到自己家中用餐，因為金家有一位高手廚師做得一手好菜，無論中西餐都讓金老滿意，也得到浦熙修的賞識。不久，他們便相愛了，並準備結婚。不巧的是，此時老金因病住院，浦熙修也確診患了癌症。當時正在批判彭德懷的右傾機會主義（浦熙修的三妹浦安修是彭德懷夫人）。同時得知浦熙修的女兒恰好又是彭德懷愛侄的未婚妻。在當時的歷史條件下，李文宜考慮到這兩代人的婚姻可能為政治問題所牽連，並且老金是黨員，又很單純，不一定了解這些情況的複雜性。於是，李在去醫院探望金時，婉轉地勸他「不要急於結婚，再考慮一下」云云，並將浦熙修的病情和她女兒與彭德懷侄子的關係告訴金。老金聽後立刻嚴肅地說：「這是件大事。」他出院後便去看望浦熙修，此時，由於病情發展很快，浦已臥床不起了。老金終於沒有結婚。李說：「這件事至今回想起來仍感到遺憾。」

李文宜沒有明言她所遺憾的是自己不該向老金透露浦的政治瓜葛，還是暗含其他方面的內疚，但可以肯定的是，像李氏這樣的馬列主義老太太，是不會對當年與政治緊密相連的所作所為說半個「悔」字的。所謂的「遺憾」也只是一種言之無物的模糊概念，甚或只是隨口一說罷了。

據可考的資料顯示，老金申請加入中國共產黨的具體日期是一九五六年九月二十九日，他在志願書上寫道：「中華人民共和國成立後，人民確實站起來了。……在這樣一個人口眾多的大國裡，我認為我們非有相當多的人無條件地服從黨的領導、接受黨的任務不可。我要求把自己投入到這個偉大的革命建設潮流中，因此，我申請入黨。」同時，老金還寫道，有幾本馬列的書對自己影響很大，如《實踐論》、《唯物論與經驗批判論》、史達林的《辯證唯物主義和歷史唯物主義》、《馬克思主義和語言學問題》等等。

鑑於老金的思想境界已臻化境，十二月十一日，中國科學院黨委批准其為中共預備黨員。從此，老金「從民主、愛國主義，轉變為共產主義，終於成為共產主義先鋒戰士」。

由一名自由知識分子一夜間變成「戰士」的老金，深知自己腦海裡還殘存著當時仍在中山大學任教的陳寅恪所堅守不移的那種不合時宜的「獨立之精神，自由之思想」。於是，下定決心要洗心革面重新做人，主動放棄青壯年時代立志研究的邏輯哲學，開始「如飢似渴地學習馬列主義、毛澤東思想，認真解剖自己，以提高思想覺悟」。並與「舊的自己」和自己搞的那一套哲學體系毫無保留地、徹底地決裂。同時公開表示：「學好馬列主義、毛澤東思想，一年不行，用兩年；兩年不行，用五年；五年不行，用十年；十年不行，

用二十年！」誓要做一個黨指向哪裡就打到哪裡，刀山火海也敢闖的無產階級先鋒戰士。（劉培育編《金岳霖年表》）

一九五六年除夕，毛澤東請金岳霖、章士釗等幾位儒生吃飯。毛對老金道：「數理邏輯還是有用的，還要搞。希望你寫個通俗小冊子，我還要看。」據老金後來說，自這一次開始，至「文革」爆發前的十年間，毛主席一共請他吃過四次飯，還知道他是湖南人，並專門夾給他幾根辣椒品嘗云云。對於這四次吃飯，老金終生都念念不忘，即使到了晚年思維頹衰得過去的事都已忘卻，對此事卻牢記心懷。每向人說起，言情中總透著無比得意和自豪。或許，這是老金一生中最感榮光的事情吧！

和毛主席吃過飯的老金，立志改造思想與世界觀的決心雖大，但又總擺脫不了舊知識分子的名士氣與頭腦中固有的思想觀。新式的馬列主義、毛澤東思想學了好長時間也沒有學好。對此，晚年的老金深居簡出，不再「捏著拳頭、熱淚盈眶」地熱中於政治風潮了。此事被毛主席聞知，在最後一次吃飯中，毛不再主動給老金夾辣椒了，並在席間有些不滿地擲給老金一句話：「你要接觸接觸社會。」此時已七十多歲高齡的老金受到毛主席的當頭一棒，大駭，立即意識到這可能是自己在祖國真正的心臟——中南海——最後的晚餐了。為了爭取與毛主席共同吃上第五次飯，老金當場信誓旦旦地向毛主席表示要想方設法「接觸社會」。

老金暈暈乎乎地回到家中，老金連續三天皆是「停杯投箸不能食，拔劍四顧心茫然」。在寂靜的夜裡，老金想著飯桌上偉人的不滿與批評，如芒在背，輾轉反側不能入睡。按照自己一生所學強項——大邏輯、小邏輯及其他各種不同邏輯的推理論證，苦熬了三天三夜之後，終於謀畫出了一個「接觸社會」的對應方略。

第四日一大早，老金神情亢奮地走出家門，在胡同口找到一個三輪車夫，相約每天上午由三輪車夫拉老金到王府井大街轉一圈兒。於是，三輪車夫按時來到老金的家門，老金則梳洗打扮，拄著枴杖走出來，顫顫悠悠地爬上平板三輪車。三輪車夫在車水馬龍的路上緊蹬快踏，老金一手按枴杖、一手死死把住車夫屁股底下那個坐凳，以免中途被甩下來，像燒地瓜一樣被眾車輪輾得粉身碎骨。當一路有驚無險地到了熙熙攘攘、摩肩接踵的王府井大街後，三輪車夾在人群中像一隻蛤蟆於稻田中遊走穿行，老金則坐在蛤蟆背上，說不清像什麼地兩眼亂轉、東張西望，認真「接觸社會」。如此這般風雨無阻的兩年下來，終於被好事者傳到毛主席的耳中，毛澤東聞知後哈哈大笑，曰：「我那不過是一句玩笑話，他竟放到了心上，也真是愚得可以。」

老金輾轉探知這一評語後，認為毛主席對自己的所作所為，儘管沒有太放在心上，但總體上是認可的，憋壓在心中的苦悶有點消散，於是抖起精神，高呼著「仰天大笑出門去，爾輩不是蓬蒿人」的詩句，欲上車好好地展示一下「烈士暮年」的壯士風采，盡快與毛主席再共同吃上一餐擺著湖南辣子的飯菜。想不到一時興奮過度，剛出大門就被一塊頑石絆了一跤，此後再也爬不上那輛平板三輪車了——自然，苦盼了兩年之久的那第五餐飯也黃了。

一九七四年春，也就是梁思成去世兩年之後，已是八十歲高齡的老金身體狀況大不如前。梁從誡感念老金與梁家幾代人的真摯友誼，不忍一位老人長期不能「接觸社會」，也沒有人同他一桌吃飯，身處寂寞孤獨之中，於是攜家搬到老金在東城干面胡同的處所共同起居。自此，老金又重新回到了當年「太太的客廳」時代，只是客廳的主人不是自己的摯友梁、林夫婦，而是年輕的小字輩了。在這個充滿著友情摯愛的溫馨家庭裡，梁從誡一家一直視老金為親人，並呼曰「金爸」，而老金也視梁從誡為兒子，無論生活中的大事小事都與梁從誡相商，特別對自己弄不清、道不明的「社會」中事，他總是以梁從誡所說為然。

一九八〇年十一月，老金因肺炎住進首都醫院，此時他認為自己是高級幹部，結果卻弄了笑話。老金說：「哲學所的領導小組曾解除我的行政工作，封我為一級研究員。我想一級研究員當然是高級幹部。無論如何我認為我是高級幹部。」又說：「自進首都醫院住院後，他們把我安排在一間前後都是玻璃通明透亮的大房間。我是怕光的，帶眼罩子帶了幾十年的人住在那樣一間房子真是苦事。要單間房，首都醫院不能照辦，據說是因為我不是高級幹部。後來我住到郵電醫院去了。病好出院我向梁從誡提及此事，他說我根本不是高級幹部。我看他的話是有根據的。這樣，我這個自以為是高級幹部的人才知道我根本不是高級幹部。」

不是高級幹部而被迫離開首都醫院的老金，自郵電醫院出院後已不會走路了，只能長期臥床療養。一九八二年，老金覺得死神已在家門守候，即將魂歸道山，於三月七日特給社科院哲學所黨組寫信，謂：「我可能很快結束。我要藉此機會感謝黨、感謝毛澤東同志、感謝全國勞動人民把中國救了。瓜分問題完全解決了。四個現代化問題也一定會解決。」又說：「我死之後，請在我的存款中提出三千元獻給黨。請勿開追悼會，骨灰請讓清風吹走。」

一九八四年十月十九日，老金在北京寓所逝世。

一九八三年夏金岳霖在寓所。

十月二十三日，《人民日報》發表消息：「著名哲學家、邏輯學家、中國人民政治協商會議全國委員會委員、中國科學院前哲學社會科學部委員、中國社會科學院哲學所副所長、中國共產黨優秀黨員金岳霖，因病醫治無效，於十月十九日下午三時三十五分在北京逝世，終年八十九歲。」

至此，梁思成、林徽因及他們同時代的大師們，在經歷了九九八十一難之後，全部凋零花落、隨風而逝。老金做為在黃昏中風雨飄搖的最後一盞燈影，悄然寂滅。

主要參考書目

1、歐陽哲生主編《傅斯年全集》第一至七卷，長沙：湖南教育出版社，二〇〇三
2、聊城師範學院歷史系等編《傅斯年》，濟南：山東人民出版社，一九九一
3、岳玉璽、李泉、馬亮寬《傅斯年——大氣磅礡的一代學人》，天津：天津人民出版社，一九九四
4、南京博物院編《曾昭燏文集》，北京：文物出版社，一九九九
5、費慰梅著，成寒譯《中國建築之魂》，上海：上海文藝出版社，二〇〇三
6、吳荔明《梁啟超和他的兒女們》，上海：上海人民出版社，一九九九
7、林洙《困惑的大匠：梁思成》，濟南：山東畫報出版社，二〇〇一
8、梁從誡《不重合的圈》，北京：百花文藝出版社，二〇〇三
9、李濟《安陽》，石家莊：河北教育出版社，二〇〇〇
10、李光謨《從清華園到史語所》，北京：清華大學出版社，二〇〇四
11、黃延復、小寧整理《梅貽琦日記》，北京：清華大學出版社，二〇〇一
12、訪問：陳存恭、陳仲玉、任育德，記錄：任育德《石璋如先生訪問紀錄》，臺北：中研院近代史研究所，二〇〇二
13、《殷商史的解謎者——董作賓百年冥誕特輯》，臺北：藝術家出版協會，一九九四
14、《新學術之路》，臺北：中研院歷史語言研究所，一九九八
15、李光謨《李濟與清華》，北京：清華大學出版社，一九九四

16、夏鼐著，王世民、林秀貞編《敦煌考古漫記》，北京：百花文藝出版社，二〇〇二
17、石舒波《龍山春秋》，鄭州：大象出版社，二〇〇八
18、李勇、張仲田《蔣介石年譜》，北京：中共黨史出版社，一九九五
19、李約瑟《李約瑟文錄》，杭州：浙江文藝出版社，二〇〇四
20、李約瑟、李大斐編，余延明等譯《李約瑟遊記》，貴陽：貴州人民出版社，一九九九
21、羅常培《蒼洱之間》，瀋陽：遼寧教育出版社，一九九六
22、耿雲志主編《胡適遺稿及祕藏書信》，合肥：黃山書社，一九九四
23、王世儒、聞笛《我與北大》，北京：北京大學出版社，一九九八
24、趙新林、張國龍《西南聯大——戰火的洗禮》，上海：上海教育出版社，二〇〇〇
25、孫敦恆《清華國學院研究史話》，北京：清華大學出版社，二〇〇二
26、宗璞、熊秉明主編《永遠的清華園——清華子弟眼中的父輩》，北京：北京出版社，二〇〇〇
27、蕭乾《北京城雜憶》，北京：三聯書店，一九九九
28、陳平原、王楓《追憶王國維》，北京：中國廣播電視出版社，一九九七
29、李方桂著，王啟龍、鄧小詠譯《李方桂先生口述史》，北京：清華大學出版社，二〇〇三
30、劉培育主編《金岳霖的回憶與回憶金岳霖》，成都：四川教育出版社，一九九五
31、那志良《典守故宮國寶七十年》，北京：紫禁城出版社，二〇〇四
32、羅玉明《抗日戰爭中的湖南戰場》，北京：學林出版社，二〇〇二
33、李莊鎮人民政府《四川省歷史文化名鎮——李莊》

後記

本書是我十年來撰寫「大師系列」作品較早的一部，緣起是二〇〇三年春到四川宜賓李莊鎮考察，在那座古鎮郊外的上壩月亮田，我拜謁了抗戰時期流亡到此地的梁林的故居，並在當地民眾中訪問了梁、林夫婦在此生活的一些往事，情之所感，便有了寫一寫這對終生以學術研究和教育事業為追求的才子佳人，以及他們身邊朋友的計畫。幾年之後，書稿完成，定名為《一九三七—一九八四：梁思成、林徽因和他們那一代文化名人》，於二〇〇七年由海南出版社出版。

倏忽間五年過去，今天由中華書局再版發行，甚感榮幸。

可告慰者，本次再版相較於初版有了一些進步，主要有三：

第一就是對史實的考證。此書再版前我又去了一趟四川李莊鎮，對書中所涉人事模糊不清或讀者指出的疑點再次做了深入的調查、採訪，還原了歷史的真實情形。除此之外，隨著新資料不斷發現，原書幾個懸而未決的謎團得以解開，最典型的例子是傅斯年在李莊為病中的林徽因與梁思永向當局請款補助一事。這個事件猶似一個神龍見首不見尾的傳奇，原來的研究者只肯定了傅斯年確實從當局手中要來了錢，但這筆款子是多少？從哪個機關或個人手中流出？一無所知。想不到隨著《翁文灝日記》透出的線索，此案才真相大白。

另一個案例是，原西南聯大學生汪曾祺在〈跑警報〉一文中，記載的那個經常攜帶一小箱，且小箱裡裝著情書的金先生到底是誰？我在前一版本中斷定為金岳霖。有讀者在網上發帖駁難，認為是北大的金克木。此次修訂，我對兩者的經歷做了詳細研究，認為是金岳霖的可能性更大些。此段考證讀者已經看到，不再贅言。

第二是對書中插配的照片進行了補拍和精心挑選，使整部書在「圖文並茂」方面有了進步。

最後是在文字上加工潤色，使讀者在閱讀中更感順暢、自然一些。

要說的大體就這些，因水準有限，還請各位方家指教。

本次修訂，責任編輯徐衛東兄及中華書局幾位同仁付出了艱辛的勞動，使拙著增色不少，在此一併表示感謝。

岳南

二〇一二年四月十八日於臺灣新竹清華大學

歷史大講堂
民國才女林徽因和她的時代

2013年7月初版　　定價：新臺幣380元

著者　岳南
發行人　林載爵

出版者　聯經出版事業股份有限公司
地址　台北市基隆路一段180號4樓
編輯部地址　台北市基隆路一段180號4樓
叢書主編電話　(02)87876242轉225
台北聯經書房　台北市新生南路三段94號
電話　(02)23620308
台中分公司　台中市北區健行路321號1樓
暨門市電話　(04)22371234ext.5
郵政劃撥帳戶第0100559-3號
郵撥電話　(02)23620308
印刷者　文聯彩色製版印刷有限公司
總經銷　聯合發行股份有限公司
發行所　新北市新店區寶橋路235巷6弄6號2樓
電話　(02)29178022

叢書編輯　黃崇凱
特約編輯　林俶萍
整體設計　江宜蔚

行政院新聞局出版事業登記證局版臺業字第0130號

本書如有缺頁，破損，倒裝請寄回台北聯經書房更換。　ISBN 978-957-08-4232-6 (平裝)
聯經網址：www.linkingbooks.com.tw
電子信箱：linking@udngroup.com

本書中文繁體字版由中華書局（北京）授權出版

國家圖書館出版品預行編目資料

民國才女林徽因和她的時代/岳南著．
初版．臺北市．聯經．2013年7月（民102年）．432面．
17×23公分（歷史大講堂）
ISBN 978-957-08-4232-6（平裝）

1.林徽因 2.傳記

782.886 102013712